"十三五" 国家重点出版物出版规划项目

现代机械工程系列精品教材

普通高等教育汽车类系列教材

汽车维修工程

宋年秀　　刘瑞昌　　刘宏飞　等编著

王耀斌　　主审

U0367438

机械工业出版社

本书为"十三五"国家重点出版物出版规划项目。

本书根据实际教学需要，以本科理论教学内容为主，同时又融入了维修工艺及维修技术实践内容，旨在加强培养汽车类相关专业的学生在汽车维修实践方面的能力。

本书共 10 章，主要内容包括：汽车可靠性理论、汽车零部件的失效理论、汽车维护工艺、汽车修理工艺、汽车零件的修复、汽车发动机维修、汽车底盘的修理、汽车电气设备维修、汽车车身的修理和汽车维修质量及评价。

本书可作为汽车服务工程、交通运输和车辆工程等专业教材，也可作为高职高专的汽车检测与维修及相关专业的教材，还可作为从事汽车维修工程的科研和企业管理人员的参考书。

本书配有 PPT 电子课件，可免费赠送给采用本书作为教材的教师，可登录 www.cmpedu.com 下载，或联系编辑（tian.leee9913@163.com）索取。

图书在版编目（CIP）数据

汽车维修工程/宋年秀等编著. —北京：机械工业出版社，2017.12
（2022.1 重印）

"十三五"国家重点出版物出版规划项目. 现代机械工程系列精品教材
普通高等教育汽车类系列教材
ISBN 978-7-111-58536-7

Ⅰ.①汽… Ⅱ.①宋… Ⅲ.①汽车-车辆修理-高等学校-教材
Ⅳ.①U472.4

中国版本图书馆 CIP 数据核字（2017）第 300894 号

机械工业出版社（北京市百万庄大街 22 号 邮政编码 100037）
策划编辑：宋学敏 责任编辑：宋学敏 李 然
责任校对：刘秀芝 封面设计：张 静
责任印制：郜 敏
北京富资园科技发展有限公司印刷
2022 年 1 月第 1 版第 7 次印刷
184mm×260mm·23.5 印张·576 千字
标准书号：ISBN 978-7-111-58536-7
定价：54.00 元

电话服务   网络服务
客服电话：010-88361066   机 工 官 网：www.cmpbook.com
          010-88379833   机 工 官 博：weibo.com/cmp1952
          010-68326294   金 书 网：www.golden-book.com
封底无防伪标均为盗版   机工教育服务网：www.cmpedu.com

前　言

本书是"十三五"国家重点出版物出版规划项目，适用于汽车服务工程、交通运输和车辆工程等专业。

本书根据实际教学需要，以本科理论教学内容为主，同时又融入了维修工艺及维修技术实践内容。在编写过程中，编者通过教学内容改革的实际课堂体验，力争解决当前课程学时数减少而知识量要求不降低的问题，删减了传统教材过多的理论内容，增加了实际操作步骤等实际内容，以突出应用能力的培养。同时，注重加强学生综合能力培养和提高解决实际问题的能力，以便适用当前的社会用人要求。

本书以学生掌握汽车可靠性理论和维修工艺、维修原理等知识为目标，旨在加强培养他们汽车维修的实际能力。在掌握可靠性理论基础上，能够分析汽车零件的失效缘由，掌握基本的修理方法、修理工艺和汽车维修质量的评价指标与方法，并准确做出修理性质评价，培养学生以可靠性理论来指导汽车维修与管理工作的素养。

本书在介绍维修基础理论基础上，对汽车修复方法和工艺做了较详细介绍。本书按照汽车类相关专业的培养计划要求、学生的认知规律及对知识体系完整性的要求，以培养社会急需的应用型和技能型人才为出发点，在内容安排上既有理论又有应用，既考虑了实际应用的需要，也考虑了不同层次学生的学习需要。

本书由宋年秀、刘瑞昌、刘宏飞等编著，王耀斌教授主审。具体分工为：第1章、第2章、第3章、第4章由宋年秀编写；第5章由刘瑞昌、刘亚光编写；第6章由刘宏飞编写；第7章由章小平、苑风云、邹旭东编写；第8章由张科、项菲菲、项忠珂、贠海涛编写；第9章由王超、刘兆惠编写；第10章由吴峰、高志彬、褚易凡编写。

对本书参考文献的作者和提出宝贵意见的专家，借此机会表示衷心的感谢。

由于编者水平有限，书中难免有不当之处，希望广大读者批评指正。

编著者

目 录

前言
第1章 汽车可靠性理论 …………… 1
  1.1 汽车可靠性概述 …………… 1
  1.2 汽车故障的类型及其分布规律 … 7
  1.3 汽车系统可靠性 …………… 15
  1.4 汽车可靠性设计 …………… 19
  1.5 汽车可靠性试验和数据采集与
     分析 …………… 22
  1.6 可靠性管理 …………… 28
  思考题 …………… 30

第2章 汽车零部件的失效理论 … 32
  2.1 汽车零部件失效概述 …………… 32
  2.2 汽车摩擦学基础 …………… 35
  2.3 汽车零件的磨损失效 …………… 41
  2.4 汽车零件的疲劳断裂失效 … 57
  2.5 汽车零件的腐蚀失效 …………… 61
  2.6 汽车零件的变形失效 …………… 63
  2.7 失效模式影响及危害性分析
     （FMECA）…………… 66
  2.8 故障树分析（FTA）…………… 72
  思考题 …………… 78

第3章 汽车维护工艺 …………… 80
  3.1 汽车维护概述 …………… 80
  3.2 汽车维护周期的确定 …………… 92
  3.3 汽车维护工艺的组织 …………… 96
  3.4 汽车维护工艺规范 …………… 98
  思考题 …………… 107

第4章 汽车修理工艺 …………… 108
  4.1 汽车修理工艺过程 …………… 108
  4.2 汽车的接收 …………… 114
  4.3 汽车清洗 …………… 117
  4.4 汽车零件的检验分类 …………… 124
  4.5 汽车总成装配的技术要求 …………… 141
  4.6 汽车总装配与验收 …………… 151

  思考题 …………… 155
第5章 汽车零件的修复 …………… 156
  5.1 汽车零件的修复方法 …………… 156
  5.2 零件修复方法的选择 …………… 180
  思考题 …………… 183

第6章 汽车发动机维修 …………… 184
  6.1 发动机维修概述 …………… 184
  6.2 曲柄连杆机构的检修 …………… 188
  6.3 配气机构的检修 …………… 218
  6.4 润滑系统的检修 …………… 228
  6.5 冷却系统的故障诊断与检修 …………… 230
  6.6 汽油机电子控制系统维修 …………… 236
  6.7 发动机的装配与调试 …………… 258
  思考题 …………… 263

第7章 汽车底盘的修理 …………… 264
  7.1 离合器的维修 …………… 264
  7.2 普通齿轮式变速器的维修 …………… 267
  7.3 自动变速器的维修 …………… 271
  7.4 万向传动装置 …………… 282
  7.5 驱动桥的维修 …………… 284
  7.6 悬架系统的维修 …………… 287
  7.7 转向系统的维修 …………… 292
  7.8 制动系统的维修 …………… 296
  思考题 …………… 309

第8章 汽车电气设备维修 …………… 310
  8.1 汽车电子点火系统故障诊断 …………… 310
  8.2 汽车起动系统故障诊断 …………… 315
  8.3 汽车照明与信号装置的维修 …………… 316
  8.4 汽车电子控制装置故障检测 …………… 319
  思考题 …………… 328

第9章 汽车车身的修理 …………… 329
  9.1 汽车车身常见的损伤形式 …………… 329
  9.2 车身尺寸的测量 …………… 330
  9.3 轿车车身的校正 …………… 332

9.4 车身钣金的修复 …………… 336

9.5 车身表面的漆工修复 …………… 340

思考题 …………………… 345

第10章 汽车维修质量及评价 …… 346

10.1 汽车维修质量概述 …………… 346

10.2 汽车维修质量控制 …………… 350

10.3 汽车维修质量保证体系 ………… 357

10.4 汽车维修质量的评价 ………… 359

思考题 …………………… 367

参考文献 …………………… 369

第1章

汽车可靠性理论

汽车可靠性理论是近三四十年由故障分类学、统计学、失效物理学、环境科学和系统工程学等学科综合发展起来的新兴学科。汽车可靠性理论以概率论和数理统计等为理论基础，以试验和调查数据为资料，以电子计算机为辅助手段，按照系统工程的分析方法权衡经济得失，进行精确设计、合理制造、正确地使用维修和科学管理将汽车的可靠性提高到令人满意的程度。

1.1 汽车可靠性概述

随着汽车工业的发展，汽车向着高性能、多功能、高新技术方向发展。汽车可靠性越来越受到人们的重视，汽车可靠性差，汽车生产企业将失去企业信誉，失去营销市场。汽车生产者为了企业生存的需要必须提高汽车的可靠性，汽车使用者选择汽车时，在价格、性能、可靠性等因素中总是把汽车可靠性作为首要因素考虑。

1.1.1 可靠性定义

汽车可靠性是指汽车产品，在规定的使用条件下，在规定的时间里，完成规定功能的能力。

从汽车可靠性定义可以看出，汽车可靠性包含四个要素，即汽车产品、规定条件、规定时间、规定功能。汽车可靠性四个要素的含义如下。

（1）**汽车产品** 汽车产品包括整车、总成和零部件，它们都是汽车可靠性研究的对象。

（2）**规定条件** 规定条件包含工作条件、运用条件、维修条件和管理条件。

1）汽车产品的工作条件，包括气候情况、道路状况、地理位置等环境条件。

2）汽车产品的运用条件，包括载荷性质、载运种类、行驶速度等因素。

3）汽车产品的维修条件，包括维修方式、维修水平、保养制度等因素。

4）汽车产品的管理条件，包括存放环境、管理水平、驾驶人技术水平等。

这些条件都对汽车的可靠性产生影响。

（3）**规定时间** 规定时间是指汽车使用量的尺度，可以是时间单位（小时、天数、月数、年数），也可以是行驶里程数、工作循环次数等。在汽车运用工程中，保用期、第一次大修里程、报废周期等都是重要的特征时间。

（4）**规定功能** 规定功能是指汽车设计任务书、使用说明书、订货合同以及国家标准规定的各种功能、性能和要求。不能完成规定功能就是不可靠，称为发生故障或失效。故障包括：汽车停驶的完全性故障（或称硬故障）（complete failure）；汽车不能正常工作的间歇故障（intermittent fault）；汽车性能逐渐下降到最低规定限度而不能正常使用的衰退性故障（或称软故障）（failure recession），例如汽车制动性能逐渐衰退，超出交通法规限制范围，影响汽车的安全行驶，为交通管理部门所不容许；又如发动机动力性下降，输出转矩减小，爬坡能力不足等，都属于重要的衰退性故障，应当引起使用者或维修人员的重视。

汽车的可靠性可分为固有可靠性和使用可靠性两种。固有可靠性用于描述汽车及其零部件的设计和制造的可靠性水平；使用可靠性综合考虑汽车及其零部件设计制造、工作环境、维修和使用因素，主要用于描述汽车在使用环境中的可靠性水平。

可靠性内容包括可靠性基础理论与可靠性专业技术。可靠性基础理论包括可靠性数学、可靠性管理和可靠性物理等；可靠性专业技术包括可靠性设计、试验、维修性设计、系统可靠性和软件可靠性等。

1.1.2 可靠性历史

人类从制造最简单的工具开始，就知道工具应该耐用、少出毛病，即使有毛病也要易修理，这就是可靠性最初的概念；但是可靠性发展成一门学科并应用到工业生产上，还是近代的事，其历史大约可以追溯到 40 多年前，回顾可靠性的发展历史，大致可分为四个阶段。

（1）**摇篮期** 可靠性的研究始于第二次世界大战，美军因飞行故障损失的飞机是被击落的 1.5 倍，飞机上的电子设备有 60% 不能使用。这些惊人的数据引起了人们对可靠性的高度重视，可靠性研究首先在电子领域开展起来，并取得初步效果。

（2）**奠基期** 20 世纪 50 年代起，可靠性问题越发突出，美国军用雷达因故障不能工作的时间占 84%，陆军电子设备在规定时间内 65%~75% 因故障不能使用。1952 年美国国防部设立了"电子设备可靠性咨询小组"，1957 年发表了著名的"军用电子设备的可靠性报告"，提出了在研制、生产过程中对产品可靠性指标进行试验、验证和鉴定的方法，以及包装、储存、运输过程中的可靠性问题和要求。这个报告被认为是电子产品可靠性工作的奠基性文件，可靠性理论的研究从此开始起步。美国成立了可靠性管理机构，制定了可靠性工程大纲和可靠性标准，出版了可靠性手册，建立了可靠性数据中心，举行了各种可靠性学术会议。可靠性工程开始成为一门独立的工程学科。

（3）**普及期** 从 1959 年开始，汽车产品实行保用里程制度。在质量管理（QC）活动中，提出了质量保证（QA）的概念，既要负责 $t=0$ 的质量（出厂质量），又要保证 $t>0$ 的质量（可靠性）。1960 年以后，可靠性工程从电子工业向其他工业部门迅速推广，从最复杂的包含 720 万个元件的阿波罗登月飞船，到洗衣机、汽车、电视机等，都应用了可靠性设计和可靠性管理技术，并且有了明确的可靠性指标。

（4）**成熟期** 进入 20 世纪 70 年代，人们在消费主义思想的支持下，提出了大量产品责任的问题，它是指因产品缺陷而使消费者受到损失，从而引起在法庭上进行赔偿损失的争议问题。在此时期，日本产品的可靠性工作取得了很大的成就，1978 年在日本召开的第四届国际质量管理会议（ICQC）上，成立了可靠性分委员会，会上对日本的可靠性研究工作给予了很高的评价。可靠性研究工作在世界范围内已达到成熟阶段。

我国的可靠性工作起步也比较早，1958 年 11 月 15 日建立海南汽车热带试验站（海南汽车试验研究所），可以进行温热带环境暴露试验。1972 年组建了我国唯一的电子产品可靠性与环境试验研究所，着手可靠性与环境试验、失效分析、数据处理等研究工作。20 世纪 70 年代中期，我国电子、机械、仪表、邮电、航天、航空、电力等系统陆续开展了可靠性工作，采取从调查研究、可靠性教育入手，建立可靠性管理、研究、试验、数据、情报等工作机构，制订可靠性标准，对产品提出指令性的可靠性指标，进行可靠性考核与可靠性试验，对试验中发生的失效进行失效模式与机理的分析研究，提出纠正措施。

从 1983 年开始到 1984 年，汽车行业组织了空前规模的汽车可靠性试验，并开展了以"汽车可靠性考核与试验方法研究"为中心的科学研究活动，取得了很多成果。

1）初步摸清了汽车可靠性状况，指出国产汽车的平均故障间隔里程仅为 500～1000km，问题相当严重。在 2500km 之前汽车故障频繁，故障率高，而大部分是由于生产管理造成的。

2）试验研究结果引起了汽车企业的高度重视，以一汽、东风为首的很多汽车企业着手汽车质量管理，使汽车平均故障间隔里程成倍增长，早期的可靠性获得了极大提高。

3）汽车行业开始普及可靠性知识，举办关于可靠性的学习班。把可靠性评价方法列入"汽车产品质量评定办法"（即"蓝皮书"）中，在全行业贯彻实施，因而很多可靠性术语和概念为企业领导和工程技术人员所接受。在汽车工程学会中成立可靠性专业委员会，举办可靠性的学术交流活动，发表众多关于可靠性的文章、著译作等，同时在吉林工业大学（现为吉林大学）、长春汽车研究院开始可靠性方面的研究生培养。

1985 年以后，汽车可靠性活动继续在汽车行业各企业事业单位深入开展，中国汽车工业公司通过质量监督检查，继续对骨干企业的汽车产品可靠性进行考核。1988 年在海南汽车试验场组织了四个轻型汽车骨干企业的 25000km 可靠性试验。同时根据原国家机械工业委员会"关于公布机械工业第二批限期达到可靠性指标的产品的通告"要求，中国汽车工业联合会对包括上述四个轻型汽车产品在内的 12 种汽车产品进行了可靠性考核。

经过几年的努力，汽车的可靠性不断得到提高。四个轻型汽车骨干企业汽车产品平均故障间隔里程达到了 3276km，但与国外先进水平（10000km 以上）还有很大差距。

总的来说，同世界汽车的可靠性先进水平相比较，我国汽车可靠性仍处于初级阶段，汽车行业的可靠性工作还需要做好以下几方面。

1）提高对可靠性工作的认识，而首要的是企业各级管理人员要把可靠性作为汽车企业工作的重要内容。

2）大力普及可靠性知识。可靠性工程内容与方法在汽车行业中的普及程度很差，尤其是在管理层与设计部门中，因而他们是今后可靠性知识普及的重点。

3）组织制定汽车行业或汽车企业的可靠性工作大纲及系列标准，使可靠性管理规范化、标准化，并通过行政渠道贯彻实施。

4）在设计（产品设计与工艺设计）中，推行可靠性方法。如设计评审制度、FMEA、FTA、可靠性分配、概率设计等。

5）建立用户信息反馈网络，加强可靠性试验与检测工作。由于可靠性研究 $t>0$ 时的质量，因此用户信息及可靠性试验结果是对产品可靠性的最终评定，是沟通整个可靠性工程的纽带，是提高可靠性活动的动力。

6）抓好抓紧汽车零部件的可靠性工作是提高整车可靠性的基础。要制定外购、外协件的可靠性管理办法，制定和修订零部件的可靠性标准。同时还要通过相关工业部门，共同解决材料、元器件等的质量保证问题。

1.1.3 可靠性的评价指标

汽车可靠性是汽车所具有的寿命质量方面的一种能力。它可以从不同角度、用不同的评价指标来描述，常用的可靠性评价指标主要有可靠度、不可靠度、故障概率密度、故障率、平均无故障工作时间、平均首次故障时间、平均维修时间、可靠寿命等。

1. 可靠度

汽车可靠度是指汽车产品，在规定的使用条件下，在规定的时间里，完成规定功能的概率，用 R 表示。

概率，是反映随机事件在 n 次试验中发生 r 次故障的可能性。概率通常是通过频率来表达的，所谓频率是指在 n 次试验中，产生 r 次某种结果，那么出现这种结果的频率就是 r/n，显然 $0 \leqslant r/n \leqslant 1$。

【例1-1】 有 n 个某种汽车零件，在规定的工作条件下和规定的时间内，有 r 个失效，其余（$n-r$）还在继续工作，那么这批零件的可靠度为

$$R = \frac{n-r}{n} = 1 - \frac{r}{n} \tag{1-1}$$

设产品的规定时间为 t_0，产品从开始到发生故障的连续工作时间为 T。现设有 n 个汽车零件，从开始使用到出现故障时的数目为 $r(t)$，则产品的可靠度就是连续工作时间 T 超过产品的规定时间 t_0 的概率，由下式表示：

$$R(t) = P(T > t_0) = \lim_{n \to \infty} \frac{n - r(t)}{n} \tag{1-2}$$

$$0 \leqslant R \leqslant 1$$

图1-1所示为可靠度函数 $R(t)$ 随时间 t 的变化曲线。曲线反映：产品使用的初期，可靠性最高为1，随着时间的推移，产品的可靠度越来越低，以至最终完全失效。

2. 不可靠度

不可靠度是指汽车产品，在规定的使用条件下，在规定的时间里，不能完成规定功能的概率或者发生故障的概率，记为 $F(t)$。

设产品的规定时间为 t_0，产品从开始到发生故障的连续工作时间为 T。现设有 n 个汽车零件，从开始使用到出现故障时的数目为 $r(t)$，则产品的不可靠度就是连续工作时间 T 小于或等于产品的规定时间 t_0 的概率，由下式表示：

$$F(t) = P(T \leqslant t_0) = 1 - R(t) = \lim_{n \to \infty} \frac{r(t)}{n} \tag{1-3}$$

不可靠度和可靠度的关系为

$$F(t) + R(t) = l \tag{1-4}$$

在可靠性研究中，通常以 $F(t)$ 为主要研究对象。因为 $F(t)$ 的大小直接反映故障的概率，反映了在 t 时刻以前累积故障的情况，也反映了故障与时间 t 的函数关系，故又称 $F(t)$ 为累积故障概率函数。可靠度与不可靠度的关系如图1-2所示。

3. 故障概率密度

由概率论知，若不可靠度函数 $F(t)$ 连续可导，则故障概率密度函数 $f(t)$ 可由 $F(t)$ 求

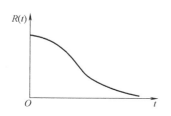

图 1-1 可靠度函数 $R(t)$ 随时间 t 的变化曲线

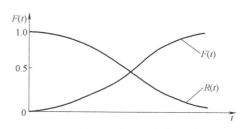

图 1-2 可靠度与不可靠度的关系

导得出

$$f(t) = \frac{\mathrm{d}F(t)}{\mathrm{d}t} \tag{1-5}$$

式 (1-5) 表示产品出现故障的概率随时间变化的规律,即反映了单位时间的失效概率。可进一步得出 $F(t)$、$R(t)$ 和 $f(t)$ 之间的关系如下:

$$F(t) = \int_0^t f(t)\,\mathrm{d}t \tag{1-6}$$

$$R(t) = 1 - F(t) = 1 - \int_0^t f(t)\,\mathrm{d}t = \int_0^\infty f(t)\,\mathrm{d}t \tag{1-7}$$

$f(t)$、$F(t)$ 和 $R(t)$ 之间的关系如图 1-3 所示。由图可见,t 时刻前的面积代表不可靠度,t 时刻以后的面积代表可靠度。图中曲线 $f(t)$ 下的面积为 1,可靠度 $R(t)$ 与不可靠度 $F(t)$ 成互补关系,不可靠度 $F(t)$ 与故障概率密度函数 $f(t)$ 成微积分关系。

图 1-3 $f(t)$、$F(t)$ 和 $R(t)$ 之间的关系

4. 故障率

(1) 故障率的定义 在对产品进行可靠性分析时,人们希望知道单位时间内有多少产品发生故障,或者说在某时刻 t 以后单位时间内有多少产品失效。而这些失效产品在时刻 t 以前应是处于无故障工作状态,由此引入了故障率的概念。

故障率是指工作到某时刻尚未失效的产品,在该时刻后单位时间内发生故障的概率,称为该产品在 t 时刻的故障率,记为 $\lambda(t)$。

假设在规定条件下产品的寿命为 T,规定的工作时间为 t,其累积故障概率为 $F(t)$,故障概率密度函数为 $f(t)$,则用 "$T > t$" 表示 "产品工作到 t 时刻尚未发生故障" 事件,用 "$t < T \leq t + \Delta t$" 表示 "产品在 $(t, t+\Delta t)$ 内失效" 事件。

产品工作到 t 时刻后,在 $(t, t+\Delta t)$ 内发生故障的条件概率为 $P(t < T \leq t + \Delta t \mid T > t)$,将此条件概率除以 Δt 就可得到 Δt 时间内产品的平均故障率。当 Δt 趋于 0 时,就可得到 t 时刻的失效率为

$$\lambda(t) = \lim_{\Delta t \to 0} \frac{P(t < T \leq t + \Delta t \mid T > t)}{\Delta t} \tag{1-8}$$

$$P(t<T\leqslant t+\Delta t \mid T>t) = \frac{P(t<T\leqslant t+\Delta t, T>t)}{P(T>t)} = \frac{P(t<T\leqslant t+\Delta t)}{P(T>t)}$$

$$= \frac{F(t+\Delta t)-F(t)}{R(t)} \tag{1-9}$$

$$\lambda(t) = \lim_{\Delta t\to 0}\frac{F(t+\Delta t)-F(t)}{\Delta t}\frac{1}{1-F(t)} = \frac{\mathrm{d}F(t)}{\mathrm{d}t}\frac{1}{1-F(t)} = \frac{f(t)}{1-F(t)} = \frac{f(t)}{R(t)} \tag{1-10}$$

（2）故障率函数和其他函数的关系 可靠度 $R(t)$、不可靠度 $F(t)$、故障概率密度 $f(t)$ 和故障率 $\lambda(t)$ 的相互关系见表 1-1。

表 1-1 $R(t)$、$F(t)$、$f(t)$ 和 $\lambda(t)$ 的相互关系

可靠性函数	$R(t)$	$F(t)$	$f(t)$	$\lambda(t)$
$R(t)$		$1-F(t)$	$\int_t^\infty f(t)\mathrm{d}t$	$\exp\left[-\int_0^t \lambda(t)\mathrm{d}t\right]$
$F(t)$	$1-R(t)$		$\int_0^t f(t)\mathrm{d}t$	$-\exp\left[-\int_0^t \lambda(t)\mathrm{d}t\right]$
$f(t)$	$-\dfrac{\mathrm{d}R(t)}{\mathrm{d}t}$	$\dfrac{\mathrm{d}F(t)}{\mathrm{d}t}$		$\lambda(t)\exp\left[-\int_0^t \lambda(t)\mathrm{d}t\right]$
$\lambda(t)$	$-\dfrac{\mathrm{d}\ln R(t)}{\mathrm{d}t}$	$\dfrac{\mathrm{d}F(t)}{\mathrm{d}t}\dfrac{1}{1-F(t)}$	$\dfrac{f(t)}{\int_0^t f(t)\mathrm{d}t}$	

5. 平均无故障工作时间

对可维修产品，平均无故障工作时间是指汽车故障的平均间隔时间，记为 MTBF（Mean Time Between Failure），它是汽车产品最常用的可靠性指标，通常也称为平均寿命，表达式如下：

$$\mathrm{MTBF} = \mu = \frac{1}{N}\sum_{i=1}^{N} t_i \tag{1-11}$$

式中，t_i 为两次故障的间隔时间。

6. 平均首次故障时间

平均首次故障时间是指汽车产品首次故障时间的平均值，它体现了产品第一次可能发生故障的早晚。由于人们越来越重视产品可靠性，平均首次故障时间是一个很重要的指标。记为 MTTFF（Mean Time To First Failure）。

7. 平均维修时间

平均维修时间是指修复时间的平均值，记为 MTTR（Mean Time To Repair）。当修复时间服从指数分布时，平均维修时间为修复率的倒数，即

$$\mathrm{MTTR} = \frac{1}{\mu(t)} \tag{1-12}$$

式中，$\mu(t)$ 为修复率，是指某时间还在维修的产品，在该时刻后的单位时间内修复的条件概率。

8. 可靠寿命

可靠寿命是指汽车产品可靠度达到规定值 R_0 时所用的时间，用 T_R 表示。如 $T_{0.99}$ 表示

可靠度 $R(t) = 99\%$ 时产品的寿命。

由可靠度函数 $R(t)$ 知，若给定时间就确定了可靠度；若确定了可靠度，即可求出相应的寿命，即为可靠寿命。

$$R(T_R) = R_0 \tag{1-13}$$

若寿命服从指数分布，则

$$R(T_R) = e^{-\lambda T_R} = R_0 \tag{1-14}$$

$$e^{-\lambda T_R} = R_0 \tag{1-15}$$

$$T_R = -\ln \frac{R_0}{\lambda} = -T \ln R_0 \tag{1-16}$$

在可靠性工程中，与寿命有关的参数有平均寿命、特征寿命、中位寿命和额定寿命等。

（1）**平均寿命**（average life）　平均寿命是寿命的平均值。

（2）**特征寿命**（characteristic life）　可靠度 $R(t) = \exp(-1) = 36.8\%$ 时的可靠寿命，称为特征寿命。

（3）**中位寿命**（median life）　可靠度 $R(t) = 50\%$ 时的可靠寿命，称为中位寿命，记做 $t_{0.5}$。

（4）**额定寿命**（ruting life）　可靠度 $R(t) = 90\%$ 时的可靠寿命，称为额定寿命，记做 $t_{0.9}$。

1.2　汽车故障的类型及其分布规律

在进行汽车维修管理及故障分析时，应了解、掌握故障的分类，以便明确各种故障的物理概念，从而进一步分门别类地解决各种类型的故障。

1.2.1　故障定义

根据 GB/T 2900.99—2016《电工术语　可信性》，故障是产品因内在状况丧失按要求执行的能力的状态。产品的故障产生于产品自身的失效，或者由寿命周期早期阶段，诸如产品规范、设计、制造或维护的不足引致的失效。失效是产品完成要求的功能的能力的中断。由故障和失效的含义可知，失效用于描述不可修复的产品，而故障常用于描述可修复的产品。

通俗地讲，故障是产品在规定的条件下，在规定的时间内，不能完成规定功能的现象。

汽车故障的发生不但与使用环境和汽车本身的原因有关，同时也与使用者能否正确操作汽车有关。由汽车本身的问题而引发的故障，称为本质故障；由操作者失误而引起的故障，称为误用故障。在汽车质量考核评定中，仅考核本质故障。从汽车故障发生的原因或后果来描述，可分为一次故障或二次故障。把最初发生的故障称为一次故障，把由此导致的相关部分或上一级系统的故障称为二次故障。描述故障模式时，原则上说的是一次故障，而将二次故障作为该一次故障的后果。但当二次故障或更高次故障不可避免时，可以用二次故障或更高次的故障模式来描述，而将一次故障视为故障的原因。

1.2.2 故障分类

1. 按故障模式分类

故障的表现形式称为故障模式。故障模式是指对给定的要求的功能，故障产品的一种状态（GB/T 2900.99—2016）。

故障模式是通过人的感官或测量仪器得到的。例如发动机怠速不稳、离合器打滑等状态，它相对于给定的规定功能即发动机怠速稳定、离合器传递规定的转矩的状态。

故障描述要尽可能地从零部件的故障模式来进行。只有在难以用零部件的故障模式描述或无法确认是某一零部件发生故障时，才可用总成、子系统的故障模式来描述，如汽车变速器异响、转向沉重等。整机性能方面的故障，以整机故障模式描述，如汽车动力性下降、油耗过高等。

汽车及其零部件的故障模式大致可分为损坏、退化、松脱、失调、堵塞与渗漏、整机及子系统故障等类型。

按故障模式分类有如下 6 种。

1）损坏型故障。如断裂、碎裂、开裂、点蚀、烧蚀、变形、拉伤、龟裂以及压痕等。

2）退化型故障。如老化、变质、剥落以及异常磨损等。

3）松脱型故障。如松动、脱落等。

4）失调型故障。如压力过高或过低、行程失调、间隙过大或过小、干涉以及卡滞等。

5）堵塞或渗漏型故障。如堵塞、气阻、漏油、漏水以及漏气等。

6）性能衰退型或功能失效型故障。如功能失效、性能衰退、公害超标、异响以及过热等。

2. 按汽车故障定性分类

按照 QC/T 900—1997《汽车整车产品质量检验评定方法》，汽车故障分为致命故障、严重故障、一般故障和轻微故障 4 种，见表 1-2。

表 1-2　汽车的故障类型及分类原则

故障类型	分类原则
致命故障	涉及人身安全，可能导致人身伤亡；引起主要总成报废，造成重大经济损失；不符合排放、噪声等法规要求
严重故障	导致整车主要性能下降；造成主要零部件损坏，且不能用随车工具或易损备件在短时间（约 30min）内修复
一般故障	造成停驶，但不会导致主要零部件损坏，并可用随车工具或易损备件在短时间（约 30min）内修复；虽未造成停驶，但已影响正常使用，需调整和修复
轻微故障	不会导致停驶或性能下降，不影响正常使用，也不需要更换零部件，用随车工具在短时间（5min）内能轻易排除

汽车常见故障的定性分级举例见表 1-3～表 1-6。

表 1-3　致命故障举例

序号	零部件名称	故障模式	故障表现特征
1	气缸体	裂纹	缸体严重裂纹，发动机报废
2	曲轴主轴承盖	断裂	造成发动机失效

（续）

序号	零部件名称	故障模式	故障表现特征
3	变速器	失效	由于轴断或齿轮损坏造成变速器损坏
4	传动轴	脱落	万向节或花键轴脱开
5	主减速器	失效	主减速器严重损坏,导致后桥报废
6	前轴	断裂	行驶中突然断开
7	转向节	断裂	行驶中突然断开
8	前轮辋挡圈	脱落	行驶中脱落
9	转向系统	失效	行驶中突然方向失控
10	转向盘	脱落	行驶中固定螺母脱落
11	转向摇臂轴	断裂	行驶中断裂
12	制动系统	泄漏	行驶中漏气、漏油,制动失效
13	制动油路	气阻	行驶中气阻,制动失效
14	制动管路	断裂	行驶中断裂,制动失效

表 1-4　严重故障举例

序号	零部件名称	故障模式	故障表现特征
1	整车	动力性下降	25000km 可靠性试验后性能复试,动力性能下降超过 5%
2	发动机	油水混合	由气缸盖裂纹引起,无法修复,需更换
3	曲轴	断裂	轴颈或曲柄断裂
4	进气阀	断裂	进气阀脱落
5	连杆	断裂	未造成发动机报废
6	离合器摩擦片	龟裂	需更换
7	变速器	掉档	行驶中自动脱档
8	传动轴中间支承	断裂	需更换
9	主减速器齿轮	剥落	齿面严重剥落,需更换
10	桥壳	断裂	未造成后桥报废
11	车架横梁铆钉	松动	一根横梁半数以上铆钉松动
12	钢板弹簧	断裂	第一片断
13	转向系统	转向沉重	转向明显沉重,正常保养不能排除
14	转向垂臂	松动	行驶时方向难控
15	空压机缸筒	拉伤	严重拉伤,需更换

表 1-5　一般故障举例

序号	零部件名称	故障模式	故障表现特征
1	发动机	过热	由于节温器损坏
2	气缸盖	裂纹	局部微小裂纹,尚可使用
3	曲轴油封	漏油	由油封变形引起
4	活塞	烧蚀	稍有烧蚀尚可使用

（续）

序号	零部件名称	故障模式	故障表现特征
5	离合器	发抖	分离杆调整不当
6	变速器	乱档	经调整可排除
7	十字轴轴颈	剥落	工作不正常
8	主减速器	漏油	容易排除
9	车架	裂纹	尚可使用
10	钢板弹簧	断裂	断一片（非第一片）
11	减速器	失效	换档困难,磨损严重
12	转向直拉杆	干涉	有明显的摩擦痕迹
13	转向器	漏油	油封损坏或壳体砂眼
14	转向摇臂	裂纹	解体时发现裂纹,尚未断裂
15	制动器	跑偏	经调整可以排除

表 1-6　轻微故障举例

序号	零部件名称	故障模式	故障表现特征
1	气缸盖罩	漏油	螺母松动,紧固可排除
2	放水阀	漏水	松动引起
3	气门挺杆	剥落	轻度剥落或麻点,尚可使用
4	气缸垫	烧蚀	拆缸时发现损坏
5	汽油泵	漏油	连接螺栓松动
6	离合器	分离不开	经调整可排除
7	离合器踏板回位弹簧	脱落	踏板不回位
8	变速器放油螺栓	渗油	紧固可排除
9	转向主销黄油嘴	脱落	不能注油
10	轮胎螺栓	松动	个别松动
11	驻车制动	间隙超差	调整可排除

1.2.3　汽车故障的基本规律

汽车可能由于各种原因而失效,失效率（或故障率）曲线反映产品总体在整个寿命期失效率的情况。图 1-4 所示为典型的失效率曲线,一般称其为浴盆曲线。失效率随时间变化可分为三个时期。

（1）**早期故障期**　早期故障期（如图 1-4A 段所示）的失效率曲线为递减型,出现在产品工作的初期,特点是故障率高,且故障率 $\lambda(t)$ 随时间而下降。早期故障通常主要是由于设计、制造、贮存、运输等造成的缺陷,以及调试、跑合、起动不当等人为因素所造成的失效设计、制造或检验的差错,以及装配欠佳引起的。一般可通过强化试验或磨合加以排除,称为故障率减少型,相当于磨合期。

（2）**偶然故障期**　偶然故障期（如图 1-4B 段所示）的失效率曲线为恒定型,出现在早期故障期之后、耗损故障期之前的这段时期。这个时期是产品工作的良好阶段，也称为有效寿命期。它的特点是故障率低而稳定，故障率 $\lambda(t)$ 近似为常数。这一期间的故障是随机性的，与产品新旧无关。故障一般是由于操作疏忽、润滑不良、维护欠佳、材料隐患、工艺及结构缺陷或应力突然超过极限值等因素所引起的。一般通过提高管理水平，包括提高驾驶人操作水平，加强产品维护来减少偶然故障的发生。由于失效原因多属偶然，故称为偶然故障期。

(3) 耗损故障期　耗损故障期（如图 1-4C 段所示）的失效率是递增型，出现在产品使用的后期，其特点是故障率随时间的增加而显著增加。这是由于汽车经长期使用后，产品老化、疲劳、磨损、蠕变、腐蚀等所谓耗损的原因造成的。针对耗损失效的原因，应注意检查、监控、预测耗损开始的时间，在产品进入耗损期前及时提前进行维修，使失效率不上升，以延长有效寿命。如

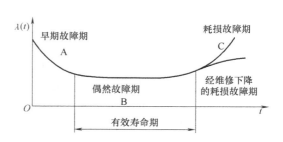

图 1-4　典型的寿命曲线

果在上升期间稍前一点更换或修复即将耗损的零件，可减少故障率，延长汽车使用寿命。若修复所需费用太高（高于新品价格 60% 以上）而寿命延长不多，则不如报废、更新更为经济合理。

1.2.4　汽车可靠性常用故障分布

汽车产品故障的发生是随机的，故障时间是一个随机变量，遵循一定的规律，描述这种规律的函数称分布函数。在研究分析汽车及其零部件可靠性时，必须掌握故障随时间变化的分布规律，这样就可以进行故障规律分析，为产品可靠性评价和改进提供依据。

汽车可靠性研究中所用的理论分布类型有很多，常用的有指数分布、正态分布、对数正态分布和威布尔分布。

1. 指数分布

指数分布是连续型随机变量分布形式中最基本的一种，由于它计算简便，因而在可靠性工程中获得广泛应用。

指数分布的密度函数为

$$f(t) = \lambda e^{-\lambda t} \tag{1-17}$$

指数分布的累积分布函数为

$$F(t) = 1 - e^{-\lambda t} \tag{1-18}$$

指数分布的数学期望为

$$\mu = \frac{1}{\lambda} \tag{1-19}$$

指数分布的方差为

$$\sigma^2 = \frac{1}{\lambda^2} \tag{1-20}$$

可靠度函数为

$$R(t) = e^{-\lambda t} \tag{1-21}$$

故障率为

$$\lambda(t) = \frac{f(t)}{R(t)} = \frac{\lambda e^{-\lambda t}}{e^{-\lambda t}} = \lambda \tag{1-22}$$

寿命特征如下：

方差寿命为 $\qquad$ $D(t) = \dfrac{1}{\lambda^2}$ $\qquad$ (1-23)

可靠寿命为 $\qquad$ $T(R) = \dfrac{1}{\lambda} \ln \dfrac{1}{R}$ $\qquad$ (1-24)

中位寿命为 $\qquad$ $T(0.5) = 0.693 \dfrac{1}{\lambda}$ $\qquad$ (1-25)

特征寿命为 $\qquad$ $T(\mathrm{e}^{-1}) = \dfrac{1}{\lambda}$ $\qquad$ (1-26)

2. 正态分布

正态分布是一种最常用的连续型分布，它可以用来描述许多自然现象和各种物理性能，也是机械制造、科学试验及测量技术进行误差分析的重要工具。在可靠性工程中，它对强度和应力的分布、磨损件的失效分布、可靠性设计等方面都起着重要作用。

(1) 正态分布特征 正态分布的故障密度函数为

$$f(x) = \frac{1}{\sigma\sqrt{2\pi}} \mathrm{e}^{-\frac{(x-\sigma)^2}{2\sigma^2}} \qquad (1-27)$$

正态分布的故障密度函数曲线如图 1-5 所示，其特征如下：

1) μ 为均值。

2) σ 为标准差，$f(t)$ 曲线在正态随机变量 $X = \mu \pm \sigma$ 处存在拐点。

3) $f(t)$ 曲线在 $X = \mu \pm \sigma$ 区间的面积为 68.26%；在 $X = \mu \pm 2\sigma$ 区间的面积为 95.46%；在 $X = \mu \pm 3\sigma$ 区间的面积为 99.73%。

(2) 正态分布的不可靠度函数

$$F(x) = \int_{-\infty}^{x} f(x)\,\mathrm{d}x = \frac{1}{\sigma\sqrt{2\pi}} \int_{-\infty}^{x} \mathrm{e}^{-\frac{(x-\mu)^2}{2\sigma^2}}\,\mathrm{d}x \qquad (1-28)$$

正态分布的不可靠度函数曲线如图 1-6 所示。

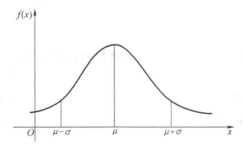

图 1-5　正态分布的故障密度函数曲线

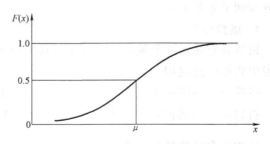

图 1-6　正态分布的不可靠度函数

(3) 正态分布的不可靠度函数

$$R(x) = \int_{x_1}^{\infty} f(x)\,\mathrm{d}x = \frac{1}{\sigma\sqrt{2\pi}} \int_{x_1}^{\infty} \mathrm{e}^{-\frac{(x-\mu)^2}{2\sigma^2}}\,\mathrm{d}x \qquad (1-29)$$

(4) 正态分布的寿命特征值 若产品的工作寿命是正态分布的随机变量，则其寿命的特征值如下：

平均寿命为 $\qquad$ $E(X) = \mu$ $\qquad$ (1-30)

方差寿命为 $$D(X)=\sigma^2 \qquad (1\text{-}31)$$

可靠寿命为 $$T_R=U_P\sigma+\mu \qquad (1\text{-}32)$$

式中，

$$U_P=\frac{T_R-\mu}{\sigma} \qquad (1\text{-}33)$$

中位寿命为 $$T(0.5)=\mu \qquad (1\text{-}34)$$

3. 对数正态分布

正态分布虽然应用比较普遍，但其分布规律对于均值有对称性这一特性，往往在一些场合的使用过程中受到一定限制，如汽车零件的疲劳寿命，属于不对称型的分布。另外，理论上在 $t\to\infty$ 时，正态分布的失效率为零，或者说当 $t=0$ 时，表明有的试样未经使用就失效了，显然与实际不符。对数正态分布是一种不对称分布，可较好地描述零件寿命。

若随机变量 T 的对数值 $\ln t$ 服从正态分布，则该随机变量 T 就服从对数正态分布。这里引进另一个相关的随机变量 X，且有

$x=\ln t$，或 $t=e^x$，即 $X\sim N\ (\mu,\ \sigma^2)$，则 $T\sim LN\ (\mu,\ \sigma^2)$，因 X 服从正态分布，则

$$f(x)=\frac{1}{\sigma\sqrt{2\pi}}\exp\left[-\frac{1}{2}\left(\frac{x-\mu}{\sigma}\right)^2\right] \qquad (1\text{-}35)$$

$$F(x)=\frac{1}{\sigma\sqrt{2\pi}}\int_{-\infty}^{x}\exp\left[-\frac{1}{2}\left(\frac{x-\mu}{\sigma}\right)^2\right] \qquad (1\text{-}36)$$

分布函数为 $$F(t)=\int_{0}^{1}\frac{1}{t\sigma\sqrt{2\pi}}\exp\left[-\frac{1}{2}\left(\frac{\ln t-\mu}{\sigma}\right)^2\right] \qquad (1\text{-}37)$$

密度函数为 $$f(t)=\frac{1}{t\sigma\sqrt{2\pi}}\exp\left[-\frac{1}{2}\left(\frac{\ln t-\mu}{\sigma}\right)^2\right] \qquad (1\text{-}38)$$

$\mu=0$，$\sigma=1$ 的对数正态分布曲线如图1-7所示。对数正态分布概率密度函数曲线是单峰的偏态分布。

4. 威布尔分布

汽车零部件可靠性的数据处理，一般都采用威布尔分布。在美国、日本普遍应用。完整的威布尔分布由三个参数决定，其表达式如下：

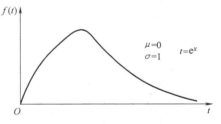

图 1-7　$\mu=0$，$\sigma=1$ 的对数正态分布曲线

可靠度函数为 $$R(t)=\exp\left[\frac{-(t-r)^m}{t_0}\right] \qquad (1\text{-}39)$$

不可靠度函数为 $$F(t)=1-\exp\left[\frac{-(t-r)^m}{t_0}\right] \qquad (1\text{-}40)$$

故障概率密度函数为 $$f(t)=\left[\frac{m\ (t-r)^{m-1}}{t_0}\right]\exp\left[\frac{-(t-r)^m}{t_0}\right] \qquad (1\text{-}41)$$

故障率为 $$\lambda(t)=\frac{f(t)}{R(t)}=\frac{m\ (t-r)^{m-1}}{t_0} \qquad (1\text{-}42)$$

式中，m 为形状参数；t_0 为尺度参数；r 为位置参数。

在实际工程问题中，位置参数 r 常为0，故上述三参数的分布简化为两参数的分布，即

$$R(t)=\exp\left(-\frac{t^m}{t_0}\right) \qquad (1\text{-}43)$$

$$F(t) = 1 - \exp\left(\frac{-t^m}{t_0}\right) \tag{1-44}$$

$$f(t) = \left(\frac{m\ t^{m-1}}{t_0}\right) \exp\left(\frac{-t^m}{t_0}\right) \tag{1-45}$$

$$\lambda(t) = \frac{m\ t^{m-1}}{t_0} \tag{1-46}$$

式中，形状参数 m 影响分布函数曲线的形状特征。当 $m=1$ 时，有

$$R(t) = \exp\left(\frac{-t}{t_0}\right) = -\exp(-\lambda t) \quad \left(\lambda = \frac{1}{t_0}\right) \tag{1-47}$$

$$F(t) = 1 - \exp\left(\frac{-t}{t_0}\right) = 1 - \exp\ (-\lambda t) \tag{1-48}$$

$$f(t) = \left(\frac{1}{t_0}\right) \exp\left(\frac{-t}{t_0}\right) = \lambda \exp\ (-\lambda t) \tag{1-49}$$

$$\lambda(t) = \frac{1}{t_0} = \lambda \tag{1-50}$$

即当 $m=1$ 时，为指数分布；当 $m=2$ 时，为瑞利分布；当 $m=2.7 \sim 3.7$ 时，为近似正态分布；当 $m=3.13$ 时，为正态分布。

因此，在汽车零部件可靠性试验处理中，除非有把握知道属于某种分布，一般都采用威布尔分布。

威布尔分布的三个参数 m、t_0、r，在数学上有明显的几何意义；在物理意义上，它们代表了产品不同的性能（不同的失效模式）。

（1）**形状参数 m** 形状参数 m 值的大小决定了 $f(t)$、$\lambda(t)$ 的曲线形状，分别如图 1-8、图 1-9 所示。

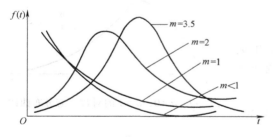

图 1-8　m 值对 $f(t)$ 的影响

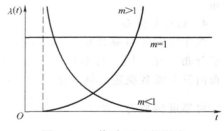

图 1-9　m 值对 $\lambda(t)$ 的影响

$\lambda(t)$ 随时间的变化反映了产品的寿命变化规律，如图 1-10 所示。

取不同的 m 值，其威布尔分布曲线的形状也随之变化。

当 $m<1$ 时，失效率随时间增加而递减，反映了产品早期失效过程的特征，即 DFR 型。

当 $m=1$ 时，失效率等于常数（$\lambda = -1/t_0$），反映了随机失效过程的特征，即 CFR 型。

当 $m>1$ 时，失效率随时间增加而递增，反映了耗损失效过

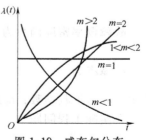

图 1-10　威布尔分布的失效率曲线

程的特征，即 IER 型。

根据求得的 m 值的大小，可以判断造成该零件失效的原因。

（2）尺度参数 t_0。　尺寸参数不影响曲线变化的形状和位置，只是改变曲线纵、横坐标的标尺，如图 1-11 所示。

（3）位置参数 r　位置参数 r 不同时，威布尔分布的概率密度函数曲线形状不变，只是曲线起点的位置发生变化。r 增大，曲线沿着横轴正方向平行移动，如图 1-12 所示。

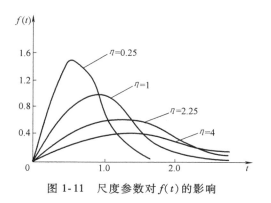

图 1-11　尺度参数对 $f(t)$ 的影响　　　　图 1-12　位置参数对 $f(t)$ 的影响

1.3　汽车系统可靠性

1.3.1　系统可靠性的定义

1. 系统的定义

由若干个部件（可以是整机、元器件等）相互有机地组合成一个可完成某一功能的综合体，称为系统。组成系统的部件，称为单元。

汽车由很多零件、部件及总成组合而成，发动机、传动装置、车轮、车身、车架、悬架、转向、制动、润滑及仪器仪表等通过彼此间的联系，来完成特定的功能。

系统与单元的含义是相对的。如果研究对象为整车，则单元就是指发动机、传动系统、转向系统、制动系统、行走系统、车身系统、灯光信号系统、车厢、专用装置等。如果研究对象是发动机，则单元就是指机体、曲轴连杆、配气机构、冷却系统组件、润滑系统组件、燃料系统组件等。因此，对系统须做分层处理，把汽车分为一级子系统、二级子系统、三级子系统等。在可靠性研究中，对不同的研究对象，确定不同的研究层面。

2. 汽车可靠性功能逻辑框图

对汽车系统进行可靠性分析时，必须了解各总成、零部件的功能，了解各单元在可靠性功能上的联系，了解这些单元的功能、失效模式对汽车整车功能的影响。为了表达系统与单元功能间的逻辑关系，就必须建立功能逻辑框图。

系统功能逻辑框图是用方框表示单元功能，用短线连接表示单元与系统功能的关系。汽车整车系统逻辑框图如图 1-13 所示。

在计算系统可靠度时，首先要明确单元、系统功能、失效模式，并相应地绘制系统逻辑框图，然后进行计算。

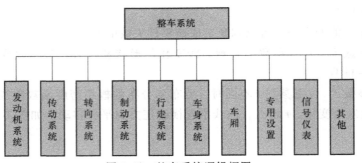

图 1-13　整车系统逻辑框图

1.3.2　简单系统的可靠性

在可靠性设计方案的研究过程中，常常要依据系统和单元之间的可靠性功能关系，计算所设想的系统可靠性指标。

根据系统的分类不同，系统可靠度计算方法有串联系统可靠度计算、并联系统可靠度计算、串并联组合系统可靠度计算三种。

1. 串联系统

若组成系统的各零件，只要有一个零件发生故障，系统便发生故障，则该系统称为串联系统，如图 1-14 所示。

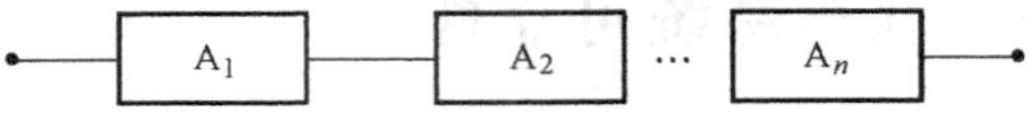

其系统可靠度为

$$R_S = R_{A_1} R_{A_2} \cdots R_{A_n} \qquad (1-51)$$

图 1-14　串联系统

由此可见，串联系统的系统可靠度总是小于系统中任何一个零件的可靠度。因此，在串联系统中要尽可能避免有特别薄弱的环节。在串联系统中，零件数目越多，系统的可靠度就越小。例如，由 20 个等可靠度 $R = 0.95$ 的零件所组成的系统，其可靠度仅为 $R_S = 0.95^{20} = 0.358$。因此，从可靠性观点来说，对于一个串联系统，应尽量用较少的总成或零件来组成。同样，若系统可靠度已确定，其组成的零件越多，则对每个零件的可靠度要求也越高。

汽车及其各总成绝大多数可视为串联系统。

2. 并联系统

若组成系统的各个总成或零件中，只要其中一个总成或零件还在工作，就能维持整个系统继续工作，称为并联系统，如图 1-15 所示。

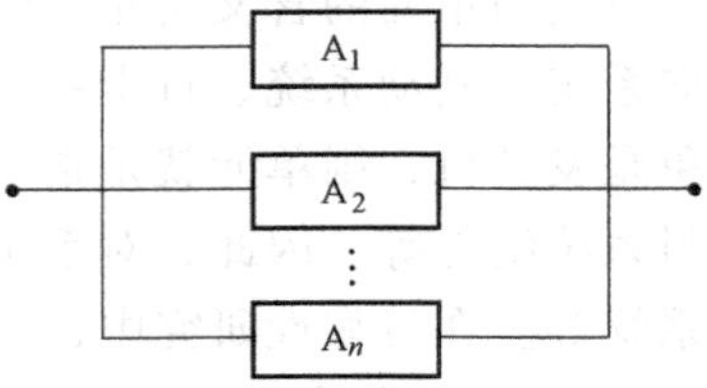

其系统可靠度为

$$R_S = 1 - \prod_{i=1}^{n} (1 - R_{A_i}) \qquad (1-52)$$

图 1-15　并联系统

可见，并联系统的系统可靠度总是大于系统中任何一个零件的可靠度。因此，它与串联系统正好相反，并联的零件越多，系统可靠度越大，或每个零件所要求的可靠度越低。由于并联系统具有如上特征，故可利用它为完成系统的功能附加一些并联的零件，以此做到即使其中之一发生故障，而整个系统仍可正常工作，这种系统常称为有贮备的系统。

3. 串并联组合系统

串并联组合系统由串联子系统和并联子系统组合而成，图 1-16 所示即为一种常见的形式。

为计算系统可靠度，将 B 和 C 两零件并连，构成并联子系统，然后再与零件 A 串联组成等效串联系统，如图 1-17 所示。

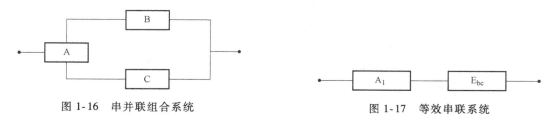

图 1-16　串并联组合系统　　　　　　　　　图 1-17　等效串联系统

其系统可靠度为

$$R_S = R_A R_B + R_A R_C - R_A R_B R_C \tag{1-53}$$

1.3.3　汽车可靠性分配

1. 汽车可靠性分配的定义

根据系统设计所确定的汽车可靠性指标值，合理地将指标分配于系统各组元（总成、零部件）的设计过程，称为汽车可靠性分配。

在开发、研制汽车新产品之前，对汽车期望达到的可靠性水平应有明确的指标。汽车系统的可靠性指标与其各子系统（总成、零部件）的可靠性指标有着密切关系。为了提高汽车系统的可靠性水平，必须以严谨的态度，根据汽车子系统（零部件）的重要程度、本身的失效率、使用环境、工作模式、实际要求，进行可靠性分配。由此可见，可靠性分配是汽车系统可靠性设计的一个重要环节。

2. 汽车可靠性分配的目的和作用

（1）**通过可靠性分配，确定汽车系统的可靠性指标**　汽车产品的可靠性水平，除制造、材料因素以外，很大程度上取决于汽车的设计水平，它是构成汽车固有可靠性的基础，兼顾生产成本和经济效益。

（2）**通过可靠性分配，确定各子系统**（总成、零部件）**的可靠性指标**　汽车是一个十分复杂的机械电子产品，实现整体的可靠性指标，必须依靠各子系统的可靠性加以保证。

（3）**通过可靠性分配，有利于加强设计部门间的联络和配合**　帮助设计者了解汽车总成及零部件的可靠性与汽车系统可靠性之间的关系，使其心中有数，减少盲目性，明确设计的基本问题。通过可靠性分配，容易暴露汽车系统的薄弱环节，为改进设计提供途径和依据。

（4）**通过可靠性分配，有利于增强设计者的全局观念**　全面衡量汽车系统的质量、费用及性能等因素，以获得汽车系统设计的全局效果。

3. 汽车系统可靠性分配原则

通常可靠性分配应考虑下列原则：

1）技术水平。对技术成熟的单元，能够保证实现较高的可靠性，可分配给较高的可靠度。

2）复杂程度。对较简单的单元，组成该单元的零部件数量少，组装容易保证质量或出现故障后易于修复，则可分配给较高的可靠度。

3）重要程度。对重要的单元，该单元失效将产生严重的后果，或该单元失效常会导致全系统失效，则应分配给较高的可靠度。

4）任务情况。对单元的工作周期及其工作环境给予考虑，如对整个任务时间内均需连续工作及工作条件严酷，难以保证可靠性要求高的单元，则应分配给较低的可靠度。

5）考虑费用、重量、尺寸等条件的约束。

总之，最终都是以最小的代价来达到系统可靠性的要求。

4. 汽车系统可靠性分配方法

可靠性分配有许多方法，因掌握可靠性资料的多少、设计的周期以及目标和限制条件的不同而不同。进行可靠性分配时，为了使问题简化，一般做以下两点假设。

1）组成系统的零件、部件及分系统的故障是相互独立的。

2）组成各系统的零件、部件及分系统的失效率都是常数，也就是它们的寿命均服从指数分布。

可靠性分配主要的方法有等分配法和按比例分配法。

等分配法适用于设计初期，对各单元可靠性资料掌握很少，分配中不考虑成本、失效率、安全性等实际情况，假定各单元条件相同。

串联系统等分配法和并联系统等分配法如下。

（1）串联系统等分配法 对于串联系统的可靠度来说，一般取决于系统中最薄弱的子系统的可靠度，其余分系统的可靠度取值再高也是毫无意义的，因此各子系统应取相同的可靠度进行分配。对于串联系统，为了使系统达到规定的可靠度水平 R_S，各子系统也应具有相当的可靠性水平，其关系式为

$$R_S = R_1 R_2 \cdots R_n = \prod_{i=1}^{n} R_i = R_0^n \tag{1-54}$$

$$R_0 = R_S^{\frac{1}{n}} \tag{1-55}$$

$$R_0 = R_1 = R_2 = \cdots = R_n \tag{1-56}$$

【例1-2】 由九个子系统组成的串联系统，要求系统的可靠度达到0.90，用等分配法确定各子系统的可靠度。

解 按照等分配法的原理，可计算

$$R_0 = R_S^{\frac{1}{n}} = \sqrt[9]{0.90} = 0.988$$

由此可见，由九个子系统组成的串联系统，其每个子系统的可靠度必须达到98.8%以上，才能确保系统的可靠度为90%。

（2）并联系统等分配法 按照并联系统的原理有公式：

$$F_i = F_S^{\frac{1}{n}} = (1-R_S)^{\frac{1}{n}} \quad (i=1,2,\cdots,n) \tag{1-57}$$

式中，F_S 为系统要求的不可靠度；F_i 为第 i 个单元分配到的不可靠度；R_S 为系统要求的可靠度；n 为并联单元数。

【例1-3】 由三个单元组成的并联系统，要求系统可靠度达到0.98，求每个单元的可靠度。

解 已知 $R_S = 0.98$，设每个单元的可靠度为 R_0，则有

$$F_i = (1-R_S)^{\frac{1}{n}} = (1-0.98)^{\frac{1}{3}} = 0.271$$

计算可得

$$R_0 = 1 - F_i = 1 - 0.271 = 0.729$$

1.4　汽车可靠性设计

1.4.1　可靠性设计原理

评价汽车产品质量有多项指标，可靠性是其中的重要指标之一。产品可靠性的高低，取决于产品设计和制造的固有可靠性。因此，将可靠性融入汽车产品的设计过程，是保证产品可靠性水平的关键。

常规设计方法中，满足强度的判据为零件的强度必须大于工作应力。而可靠性设计的目标是：零件的强度 h 大于工作应力 s 的概率要大于或等于所要求满足的可靠度 R，这里的强度 h，狭义地讲是指零件材料单位面积能承受的最大工作应力，广义地讲是指阻止零件（系统）失效的因素。这里的工作应力 s，狭义地讲是指单位面积所承受外力的大小，广义地讲是指引起零件（系统）失效的因素。这个设计准则的变换，对设计过程本身有着深远的影响。

用常规设计方法设计零部件，是偏保守的设计，其所用的载荷及材料性能等数据是取平均值或者取最大或最小值，没有考虑到数据的分散性，忽略了使设计参数产生变化的随机因素，并且缺乏对设计参数统计规律的认识。可靠性设计又称概率设计。这种设计方法将各设计参数视为随机变量，即作用于零部件的真实外载荷、零部件的真实承载能力以及零部件的实际尺寸等，都看成是属于某种概率分布的统计量，以此为出发点，应用概率论与数理统计及力学理论，考虑各种随机因素的影响，推导出在给定设计条件下零部件不产生破坏的概率（或可靠度）的公式和设计公式，得到与客观设计情况更符合的零部件设计，用可靠度来确保结构的安全性，把失效的发生控制在可接受的水平。

概率设计法能够解决两方面的问题：①根据设计进行分析计算，以确定产品的可靠度；②根据任务提出的可靠性指标，确定零部件的参数。

运用可靠性设计方法，可以充分发挥零部件材料的固有特性，节省材料；可以找出各零部件中的薄弱环节或应力最高的危险点，从而采取相应措施，降低危险点的应力峰值，或采取强化措施使材料的强度提高，达到提高零部件可靠度的目的。可靠性设计可以量化每个零部件是否被破坏或产生故障，使设计者和产品的使用者做到心中有数。当然，提高零部件的可靠度，必须综合考虑其经济效果，做到尽量合理。

可靠性设计准则（基本方程）为

$$P\{h > s\} \geqslant R \tag{1-58}$$

由于零件的强度 h 和工作应力 s 都是随机变量，所以具有一定的概率密度函数 $f_h(h)$ 和 $f_s(s)$。$f_h(h)$ 和 $f_s(s)$ 可能存在的三种应力分布情形如图 1-18 所示。

如图 1-18a 所示，强度的最大值 $h_{\max}$ 小于应力的最小值 $s_{\min}$，这样，零件一旦投入使用必然失效，故 $R = 0$。这种情况应避免出现。

如图 1-18b 所示，应力的最大值 $s_{\max}$ 小于强度的最小值 $h_{\min}$，此时零件的可靠度 $R = 1$。这种情况下零件完全可靠，但结构庞大，成本高。

如图 1-18c 所示，$\overline{h}$ 为强度的均值，$\overline{s}$ 为应力的均值，即使当 $\overline{h} > \overline{s}$ 时，这两种条件密度曲线有重叠的地方，出现 $h \leqslant s$ 的干涉区，这是在实际设计问题中经常遇到的。

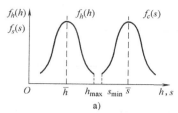
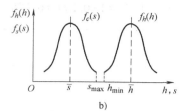
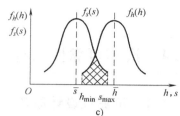

图 1-18　$f_h(h)$ 和 $f_s(s)$ 的三种应力分布情形

图 1-19 所示为应力-强度干涉区的放大图。如果应力 s 在某一区间 $[s_1-ds/2,\ s_1+ds/2]$ 内，则这一事件发生的概率为

$$F\left(s_1-\frac{1}{2}ds \leqslant s \leqslant s_1+\frac{1}{2}ds\right)=f_s(s_1)\,ds$$

$$\text{（1-59）}$$

以图中的面积 A_1 表示落在这一区间的概率。而强度大于应力这一事件发生的概率，以图中的面积 A_2 表示，则

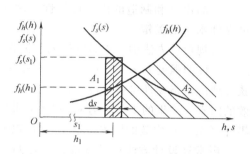

图 1-19　应力-强度干涉区的放大图

$$F(h>s)=\int_{s_1}^{\infty}f_h(h)\,dh \qquad \text{（1-60）}$$

因强度与应力为两个独立的随机变量，若零部件不发生破坏这一事件，则应力落在干涉区和强度大于应力两事件同时发生。根据概率的乘法定理可知，应力落在 s_1 邻域内的可靠度 dR 为

$$dR=f_s(s_1)\,ds\int_{s_1}^{\infty}f_h(h)\,dh \qquad \text{（1-61）}$$

对于整个应力分布，零件的可靠度为

$$R=\int_{-\infty}^{+\infty}f_s(s)\left[\int_{s}^{\infty}f_h(h)\,dh\right]\,ds \qquad \text{（1-62）}$$

同理，强度 h 落在某一 h_1 邻域内时，若零件不发生破坏，则应力要小于强度。同时，两事件同时发生的概率，即为零件的可靠度，可以导出 R 的另一表达式为

$$R=\int_{-\infty}^{+\infty}f_h(h)\left[\int_{-\infty}^{\infty}f_s(s)\,ds\right]\,dh \qquad \text{（1-63）}$$

式（1-62）和式（1-63）是计算零件可靠度的一般表达式。

因可靠度与失效概率之和等于 1，可以得出失效概率 P_f，即可靠度的补数为

$$F_f=1-R=\int_{-\infty}^{+\infty}f_h(h)\left[\int_{h}^{\infty}f_s(s)\,ds\right]\,dh \qquad \text{（1-64）}$$

这样，根据强度与应力不同分布形式的组合，可按式（1-62）、式（1-64）求出其可靠度和失效概率。需要指出的是，任何一种属于威布尔分布的组合，其失效概率的积分公式一般不能直接解出，需采用数值积分法。

1.4.2　可靠性设计的原则与内容

1. 可靠性设计的原则

产品的设计需要遵循很多原则，做到有的放矢，可靠性设计原则如下：

（1）**可靠性优先的原则** 任何设计都必须确保达到预定的可靠性目标。新的结构、新的外购件，都必须以保证可靠性为前提。当性能改善与可靠性冲突时，首先保证可靠性。

（2）**严格试验的原则** 任何新结构的采用或老结构的改进，以及选购外购件都必须通过严格的试验。这些试验必须有足够的有效性，即试验的标准合理，试验的方法正确，确保产品投放市场后的可靠性要求。

（3）**简单化、标准化、通用化原则** 在性能满足要求的情况下，尽量采用简单的结构，元件数量少，结构简单，工艺简单，维修简单，这样可靠性就高。最大限度地采用标准化的零件、组件，采用市场上通用、可互换并经使用证明可靠的零部件。

（4）**可靠性增长的原则** 尽可能采用技术上成熟的、具有良好可靠性的结构，使新结构的可靠性较老结构有所增长，而不是下降。在新产品研制过程与工艺设计过程中，采取边设计、边试验、边改进的办法，不断消除可靠性方面存在的问题，使系统的可靠性不断增长。

（5）**较高维修性的原则** 在设计中要把维修性作为重要因素，必须考虑系统具有较高的维修性。

2. 可靠性设计的内容

设计工作是保证汽车可靠性的起点和基础。为了使汽车具有满意的可靠性，应首先重视汽车设计阶段的工作质量，高度重视汽车设计阶段的可靠性问题是至关重要的。可靠性设计包括以下内容。

1）制定系统的可靠性目标。通过对市场的预测、竞争的需要、技术上的可行性分析、制造成本高低等因素的研究，提出可靠性目标值，如图1-20所示。

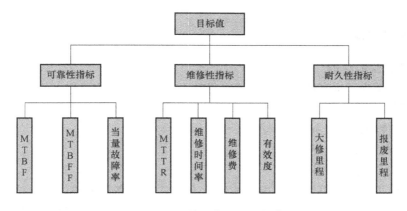

图1-20 系统可靠性的目标值

2）可靠性指标的分配与预测。将整车可靠性指标逐级分配下去，明确每个系统、每个总成、每个零件的可靠性要求，并根据过去的资料及试验数据结果预测可靠性。

3）结构可靠性设计与验证。进行每个具体结构的设计，通过试制、试验验证是否达到预期目标。没有达到时，进行改进设计或酌情调整目标值。

4）系统可靠性设计与验证。重点是各结构间的连接、协调、匹配，通过整车的试制、试验来验证。

5）维修制度的设计与验证。确定采取哪种维修制度，即维修方法、维修点、润滑点、检测点、监测装置等的设计与试验，做好使用维修文件、备件图册的编制，确定维修工具、装备的设计、备件数量的预测等。

6）耐特殊环境设计。明确汽车可能工作的最恶劣的环境，针对这些环境条件进行必要的可靠性和维修性设计，进行特殊环境试验（包括零部件和整车）。

7）外购件的选用与可靠性验证。在现代汽车产品生产中外购件的比例越来越大，因此，要根据整车的可靠性要求，规定外购件的可靠性要求，并通过严格的试验、检验，选择性能与可靠性符合要求的外购件。

8）工艺可靠性设计。在工艺设计中充分考虑保证可靠性的措施，包括工序能力设计、检测工艺设计、防止误装及误加工的设计与检验等。

9）运输、储存、包装的可靠性。产品设计与工艺设计中，要考虑运输、储存、包装过程中防止汽车产品损坏、腐蚀等的可靠性。

10）用户使用中可靠性信息的收集与可靠性改进。根据销售部门反馈的信息，了解产品的可靠性状况与问题，进行失效分析，凡属于设计的问题，及时加以改进。

1.5　汽车可靠性试验和数据采集与分析

汽车在使用过程中不可避免地出现各种类型的故障，它们都有不同的故障机理并表现出不同的故障模式。收集并分析故障发生的时间数据，是寻找故障原因、弄清故障规律的重要途径。所谓的故障数据是指汽车总成或零件在规定的条件下，丧失规定功能的时刻或工作时间的各种记录值。它包括使用寿命、故障时间、储存寿命、工作时间、不能工作时间等数据。

1.5.1　可靠性试验

1. 可靠性试验的目的

可靠性试验是为了提高或确认产品的可靠性而进行的试验的总称。其目的如下：

1）研制新产品，发现其弱点以改进设计。

2）确认零件的设计任务书。

3）接受产品和保证产品质量。

4）审查制造工艺的好坏等。

评价产品的可靠性，可以通过规定的试验方法进行可靠性试验，并对试验结果进行处理，以得出该零件的可靠性指标。同时，通过试验可以对失效样品进行分析，找出薄弱环节，采取相应的对策，达到提高产品可靠性的目的。因此，可靠性试验是产品可靠性评价的一个重要手段，是研究产品可靠性的基本环节之一。

可靠性试验与产品的常规试验不同，常规试验的目的只是在产品出厂验收时，判断其性能指标是否符合产品出厂标准，而没有测定产品在规定时间内的失效率，因而不能对产品的可靠性提供任何保证。

2. 可靠性试验分类

按试验性质，汽车可靠性试验可分为寿命试验（life test）、临界试验（critical test）、环境试验（environmental test）和使用试验（using test）等。

（1）**寿命试验** 寿命试验是为确定产品寿命分布及特征值而进行的试验。它一般采用试验场试验和台架试验。

试验场试验是使汽车在高速环行路和其他多种路面，如各种石块路、比利时路、卵石路、搓板路等坏路上进行强化的加速寿命试验，以确认强度构件在行驶中的安全性。此外，为确认综合的耐久可靠性，对汽车行驶的各种道路条件，如砂石、泥水、盐水、转弯、爬坡、高速环行路等，适当组合进行程序试验。

台架寿命试验有破坏性和非破坏性之分。破坏性试验是在规定条件下投入一定数量的样品进行寿命试验，记录有关样品发生失效的时间。这些失效时间就是统计分析寿命的基础。非破坏性试验一般是对小样本、价格高的重要零部件进行的可靠性试验。

寿命试验按试验性质可分为：①贮存寿命试验；②工作寿命试验；③加速寿命试验。

产品在规定的环境条件（如室温、高温或潮湿等）下进行非工作状态的存在试验，称为贮存寿命试验。其目的是了解产品在特定的环境条件下贮存的可靠度，如战备物资等。由于贮存试验产品处于非工作状态，失效率较低，通常要选取较多的样品做较长时间的试验，才能对产品的可靠性做出比较确切的预测与评价。

产品在规定条件下做加负载的工作试验称为工作寿命试验。它分为静态和动态两种试验。静态试验是加额定载荷的寿命试验，通过静态试验可以了解产品在额定应力下工作的可靠性，不过它难以反映产品在实际工作状态下的可靠性。动态试验是模拟产品在实际工作状态下的试验，与产品的实际工作状态非常接近，故其准确度比静态试验的高，但动态试验的设备比较复杂，费用较高。

为了缩短试验周期，一般都采用加速寿命试验。在实验室里进行的台架加速寿命试验，由于试验条件稳定，容易获得良好的试验结果。加速寿命试验是在既不改变产品的失效机理又不增加新的失效因素的前提下，提高试验应力，加速产品失效因素的作用，加速产品的失效过程，促使产品在短期内大量失效。加速寿命试验可以缩短试验周期，节省费用，快速对产品的可靠性做出评价。根据试验结果，可以预测正常应力下的产品寿命。按试验时应力施加的方式可分为恒定应力加速寿命试验、步进应力加速寿命试验和序进应力加速寿命试验等。

寿命试验按失效情况可分为完全寿命试验和截尾试验（或称为不完全寿命试验）。

完全寿命试验是指试验进行到投试样品完全失效为止。截尾试验中，当试验达到规定的试验时间 t 就停止试验，称为定时截尾试验；当试验达到规定的失效数 r 就停止试验，称为定数截尾试验。在截尾试验过程中，若发生样品失效，则更换样品继续试验，使样品数量保持不变，称为有替换试验；若在试验过程中，样品失效后不再补充，而将残存的样品继续试验到规定时间才结束，这种试验称为无替换试验。

因此，截尾试验分为四种类型：①无替换定时截尾试验，记做 $(n，无，t_0)$；②无替换定数截尾试验，记做 $(n，无，r)$；③有替换定时截尾试验，记做 $(n，有，t_0)$；④有替换定数截尾试验，记做 $(n，有，r)$。

（2）**临界试验** 临界试验是为了进一步找出作为安全零件的弱点进行的强制性破坏试验。在试验过程中，对产品施以破坏性应力，以证实实际使用中若发生最大应力时，零件是否具有足够的强度。

（3）**环境试验** 环境试验是产品在特定使用环境条件下进行的使用试验，用来观察环境应力的故障效果。例如，确认汽车在高低温度状态时的性能，需把汽车置在高温及低温实验室内进行有关可靠性试验；尘埃和泥水的侵袭易成为轴承部分和液力机械发生故障的原因；降雨、降雪的影响，高分子材料的光老化、臭氧老化等使性能下降等。

（4）使用试验　使用试验是指在汽车研制出来后抽样送到使用现场进行实际运行考验的试验。只有当它基本满足使用要求后，才能正式定型成批生产。现场试验是可靠性试验数据收集的主要渠道。

1.5.2　可靠性数据的采集方法和注意事项

由于可靠性数据的全面性、大量性和不确切性，要求人们对数据进行系统的采集、认真的研究和科学的管理。数据是可靠性工程的基础，只有掌握完整的可靠性数据，才能进行可靠性评定。对老产品的可靠性评定的结果，同时也是对新产品的可靠性预测的依据，特别是关于故障的数据，是显示产品的薄弱环节以及如何改进的重要前提。由于使用阶段的车辆使用条件真实，数量较多，是可靠性评定的主要数据来源，所以使用和维修阶段可靠性数据的采集和分析，对产品的设计、制造的评价最有权威性。

1. 可靠性数据的采集方法

故障数据的采集可以从汽车产品设计和试验开始，并在使用和维修中不断积累。数据的采集方法主要有以下两种：

1）给有关的汽车试验、使用和维修的现场工作人员分发故障数据记录表，并要求定期收回。此种方法使用的记录表格简单、明确，不需要进行专业培训，但获得的数据可能不完整，而且不准确。

2）组织专门测定可靠性的人员进行可靠性试验，其特点是费用高，但由于采集者对数据分析过程有充分的理解，选择的数据适当，能掌握重点，不易出现数据的错误，因而可保证数据的完整和准确。

通过现场采集汽车产品的使用及维修数据，是故障数据采集的重要方式。

2. 注意事项

数据采集时应注意以下事项。

1）明确研究对象。否则因统计数据的对象不明确，导致已录数据不完整。在每一份数据的采集报告中，产品对象范围要明确统一。

2）规定故障含义。故障的含义一般以产品性能指标为准，但在实际执行中往往存在困难，这是因为制造厂与使用者以及维修人员对故障的看法往往不一致。因此在数据采集时，要制订出尽可能明确的故障判别标准。特别是对产品性能下降的界限以及人为差错造成的故障，予以准确地说明。

3）统一时间单位。可靠性中所说的时间是广义的，是一个重要因素，其含义需要明确。一般来说，时间主要是指工作时间，有的还要考虑运输、储存、停机时间等。汽车产品的寿命或工作时间，可以用行驶里程、无故障工作小时或故障发生时的振动次数来表达。

4）说明使用条件。使用条件对汽车产品的性能有直接影响，如工作方式（连续使用、断续使用、一次性使用等）、气候特点（寒带、温带、热带）、现场环境（风沙、潮湿、无路）等，都应该详细地记录。

5）维修条件。使用条件相同而维修条件不同，产品的故障率可相差两倍之多，应考虑维修人员的水平、维修制度、设备条件以及修理水平等。

6）掌握取样原则。可靠性数据应在大量的汽车产品中随机取样进行长时间的统计记录，既不要仅调查发生事故的产品，也不要把问题特大特多的除外，以保证数据的系统性、完整性和准确性。

3. 数据采集记录单

数据采集记录单的主要内容应包括：

1）使用单位名称。

2）记录对象。

3）时间（生产日期、使用前库存时间、开始使用日期、故障日期等）。

4）使用条件（使用场合、气候环境、工作方式等）。

5）故障内容（故障的预兆、产生的部位、故障形式、故障原因等）。

6）维修状况（维修类型、维修条件、停机时间、修理时间等）。

7）现场人员分析（故障现象、原因及维修建议等）。

1.5.3　汽车可靠性数据的分析

要判断某一产品的失效类型以及当知道其分布类型后估计其分布参数等，是可靠性研究中的基本问题。在实践中，最简单可行的方法便是图分析法。下面以威布尔分布为例进行分析。

1. 概率纸原理

对于两参数威布尔分布，其分布函数为

$$F(t) = 1 - \exp\left(-\frac{t^m}{t_0}\right) \tag{1-65}$$

移项后两边取双重对数，可得

$$\ln\ln\frac{1}{1-F(t)} = m\ln t - \ln t_0 \tag{1-66}$$

若令

$$\begin{cases} Y = \ln\ln\dfrac{1}{1-F(t)} \\ X = \ln t \\ C = \ln t_0 \end{cases} \tag{1-67}$$

则有

$$Y = mX - C \tag{1-68}$$

这是在 x-y 等距离坐标纸上的一条直线方程，它的斜率 m 就是形状参数，它的截距 C 是尺度参数 t_0 的函数，即 $C = \ln t_0$。由此可知，在 t-$F(t)$ 坐标系下的一条威布尔分布函数曲线对应 x-y 坐标系下的一条斜率大于零的直线，反之亦然。

因此，取坐标纸上边为 x 轴，右边为 y 轴，二者均为等刻度坐标。取坐标纸下边为 t 轴，其与 x 轴对应的关系是 $t = e^x$，其分度按 $\ln$ 刻度；取坐标纸左边为 $F(t)$ 轴，其刻度值与 y 轴对应并按 $\ln\ln$ 刻度。至此可得到一张四边分别代表两组坐标系的坐标纸：x-y 和 t-$F(t)$，其值互相对应的概率坐标纸，即为威布尔分布概率纸。

对不同类型分布函数可以建立不同的概率纸，如正态分布及对数正态分布概率纸等。

2. 图分析法

概率纸法就是图分析法（或图估计法）。由于威布尔概率纸上坐标 $x \leftrightarrow t$，$y \leftrightarrow F(t)$ 的对应关系，假如能够根据样本（或截尾样本）确定或基本上确定 x-y 坐标下的一条直线，那就可以断定这个样本（或截尾样本）是来自某个威布尔母体，并且可以从这条直线上确定其分布参数。倘若在 x-y 坐标下明显地不是一条直线，那就可以断定该样本不是来自某个威布尔母体。此即为用图分析法进行分布假设检验的基本思想。

实际上，对于服从威布尔分布的观察值 t_i-$F(t_i)$，相应的点 $(x_i，y_i)$ 描在概率纸上为一条直线，而点 $(x_i，y_i)$ 的计算要经过求对数，显得太复杂，因此可以用未经变换的 t_i-$F(t_i)$ 点直接描在概率纸上。由此可知，关键在于如何求得样本的 t_i-$F(t_i)$（$i = 1，2，\cdots，r$）。由于威布尔分布函数 $F(t_i) = 1 - \exp\left(-\dfrac{t_i^m}{t_0}\right)$，其中 m、t_0 为待定参数，显然直接用 $F(t_i)$ 值可按样本容量 n 的大小，采用以下估计法：

当 n 较大（$n > 20$）时，可以用故障频率来估计，即

$$F_n(t_i) = \frac{i}{n} \tag{1-69}$$

当 n 较小（$n \leqslant 20$）时，可以用中位秩故障概率来估计。它可以根据 n、i 查表得到，也可按下面的近似公式求得，即

$$F_n(t_i) = \frac{i - 0.3}{n + 0.4} \tag{1-70}$$

$$F_n(t_i) = \frac{i}{n + 1} \tag{1-71}$$

式中，i 为次序统计量的序号，$i = 1，2，\cdots，n$；并且当 n 较大时，有 $\dfrac{i}{n} \approx \dfrac{i}{n+1} \approx \dfrac{i - 0.3}{n + 0.4}$。

一般用概率纸进行图分析包括以下步骤。

（1）整理数据　设有 n 个产品进行试验，到 r 个产品失效时中止试验（定时截尾试验也有相应中止试验时的失效数），记录下相应的失效时间 t_i，并且用估计法求出累计失效概率 $F(t_i)$（$i = 1，2，\cdots，k$，k 为所测数据点数）。这样就获得了一组数据点 $(t_i，F(t_i))$。

（2）描点　把数据描在威布尔概率纸上（或其他分布的概率纸上），并且当 t_i 值较大时，为了能在一张概率纸上描下所有点，可把坐标标尺适当放大一定倍数。例如，坐标纸上 $t = 1$ 表示 $t' = 100$，则相应地 $x = 0$ 表示 $x' = \ln t = \ln 100$，相应地有 $y' = mx' - C'$。

（3）配置直线　通常是凭视觉来配置一条直线，使得各点分布在这一直线附近。对配置直线的要求：直线上下方的点数目要大致相等，直线中段（即 $F(t)$ 值为 30% ~ 70%）的偏差要尽可能小。若画不出直线，则表明这组数据不服从威布尔分布。

（4）图估计

1）形状参数 m 的图估计。由于配置直线为 $y = mx - C$，过坐标纸上的 $m(1，0)$ 点作所配置直线的平行线，则平行线为 $y_p = mx_p - C_p = m \times 1 - C_p = 0$，因此该平行线在 y 轴上的交点值即为形状参数 m 的值，如图 1-21 所示。

2）尺度参数 t_0 的图估计。如图 1-22 所示，设配置直线为 $y = mx - C$ 与 y 轴的交点坐标为 $C(0，b)$，b 是配置直线在 y 轴的截距，且 $b = -c = \ln t_0$，故 $t_0 = e^{-c}$。

因此，过 $C(0,b)$ 点作与 x 轴的平行线，与 y 轴相交点所对应 y 轴刻度即为 C；再在 x 轴上找到刻度为 $|C|$ 的点；由 x 轴上 $|C|$ 点向下的垂线与 t 轴相交，则对应 t 轴的刻度即为 t_0 值。

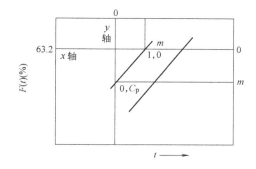

图 1-21　形状参数 m 的图估计

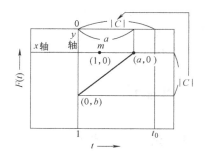

图 1-22　尺度参数 t_0 的图估计

3）特征寿命 η 的图估计。累计故障概率 $F=63.2\%$ 对应的 t 坐标刻度即为 η。或如图 1-23 所示，$\eta^m=t_0=\mathrm{e}^C$，记 $(a,0)$ 为配置直线在 x 轴的交点，则 $Y=mX-C=ma-C=0$，有 $C=ma$，即 $m=C/a$，所以 $\eta=t_0^{\frac{1}{\delta}}=\mathrm{e}^{\frac{c}{m}}=\mathrm{e}^a$。

因此，先通过配置直线与 x 轴的交点 $(a,0)$ 作垂线，垂线在 t 轴上的读数即为 η 值。

4）位置参数 r 的图估计。若描点正好拟合成直线，则 $r=0$，因为威布尔分布是以 $r=0$ 制作的。若拟合成曲线，则 r 为某一数值，表明到 r 时尚未发生故障，则拟合曲线与 t 轴的交点所对应的 t 值就等于 r。

5）可靠度函数 $R(t)$ 的图估计。在 t 轴上取 $t=t_1$，读取在拟合直线上相对应的 $F(t_1)$ 值，则 $R(t_1)=1-F(t_1)$。

6）可靠寿命 t_R 的图估计。可靠寿命 t_R 的图估计，即在给定 R 值下，求相应的 t_R。由 $F(t)=1-R(t)$ 求出 $F(t)$ 后，在拟合直线上找到 $F(t)$ 点，其对应于 t 轴上的读数即为 t_R，如图 1-24 所示。当然也可以容易地在图上估计其中位寿命 $t_{0.5}$、额定寿命 $t_{0.9}$ 等。

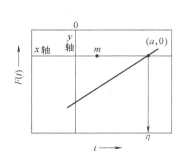

图 1-23　特征寿命 η 的图估计

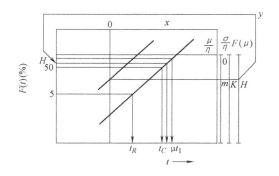

图 1-24　可靠寿命 t_R 的图估计

需要指出的是，当数据在概率纸上拟合为直线时，其图估计按上述步骤即可求出；当数据拟合为曲线时，为了便于分析，应先将曲线进行直线变换，之后再按上述步骤求出。直线

变换方法如下：

若按照 $F(t_i)-t_i$ 各点拟合为一曲线，按曲线的趋势将曲线延长，直至延长线与 t 轴相交，交点在 t 轴上的读数为 r（位置参数），作变换 $t'_i=t_i-r$ 或 $t'_i=t_i+r$，再画出 $F(t_i)-t_i'$ 拟合线。若 $F(t_i)-t_i'$ 为一直线，则可按照上述图估计步骤来进行分析；若 $F(t_i)-t_i'$ 仍为曲线，则再次调整 r 的值，作 $t''=t'-t$ 或 $t''=t'+t$，直至将 $F(t_i)-t_i''$ 调整为直线。作 t'' 变换的基本是认为拟合线的延长线与 t 轴交点不合理。

对于其他各种类型的故障分布，可以在相应分布的概率纸上进行图估计。

1.6 可靠性管理

1.6.1 汽车可靠性管理概述

可靠性管理就是从系统的观点出发，通过制订和实施一项科学的计划，组织、控制和监督可靠性活动的开展，以保证用最少的资源实现用户所要求的产品可靠性。可靠性工作包括可靠性工程技术与可靠性管理两方面。一切可靠性工程技术活动，都需要有效的管理，需要科学的规划、组织、协调、控制和监督。因此，可靠性管理在所有的可靠性活动中处于领导和核心地位。

汽车产品的可靠性是用户最为关注的指标。可靠性水平不高，故障频发，不仅使车辆的运行效率低下，维修费用高，而且还可能造成车毁人亡的严重后果。汽车产品的可靠性水平，凝聚着汽车企业的声誉和形象，也是企业开拓市场的资本。

1. 可靠性管理的四个著名论点

美国著名的可靠性专家里昂·波多斯基博士根据自己从事可靠性工作多年的经验，提出了可靠性管理的四个著名论点。

1）没有任何不可靠的产品，只有生产不可靠产品的人。

2）没有经过良好训练的质量保证人员，就没有质量保证。

3）产品的可靠性不是通过试验获得的，只有严格贯彻执行有关的规范和原材料的每项要求，注意生产和检验中的每个环节，才能使产品获得可靠性。

4）在任何机构里，凡是可靠性与质量保证的各项措施必须自上而下地贯彻执行。领导部门在制订各项措施时，必须提出明确的理论和方针。若领导部门不把可靠性作为首要的目标，不提供所需要的设施，则工作人员是不可能生产出高可靠性产品的。

2. 可靠性管理的总目标

汽车可靠性管理的内容涉及面很广，直接与工程设计部门、生产制造部门、质量管理部门发生联系，也与企业的认识部门、教育部门和采购供应部门有关。汽车可靠性管理贯穿于汽车产品开发过程的各个阶段。汽车产品开发过程，包括整车设计阶段、整体详细设计阶段、产品试制与试验阶段、生产及使用阶段等。

产品从设计、制造到使用的全过程，实行科学的管理，对提高和保证产品的可靠性关系极大。可靠性管理不仅是单纯的保证技术，而且是企业中一项重要的经营决策，它有利于大大增强企业的素质，提高企业的可靠性水平。企业中一整套以可靠性为重点的质量管理制度的形成将大大改善人员的可靠性素质、厂风、厂貌，是企业长期生产可靠性产品的强大

力量。

可靠性管理的总目标：设计时有可靠性设计目标，制造时保证可靠性的实现，使用时维持可靠性水平。为了有效地实施可靠性管理，必须制订汽车可靠性管理大纲，从质量管理和技术管理两个角度出发，把企业各部门的可靠性工作通过一定的"章法"有机地联系起来，用可靠性管理大纲这个"章法"来规范各工作部门的可靠性工作，使投入到可靠性工作的人力、物力、财力和时间最大限度地发挥作用，从而保证有效提高汽车的质量和可靠性水平，产生经济效益和社会效益。

1.6.2 汽车可靠性管理组织

为了有效地推动可靠性工作，把各项指标落到实处，必须建立可靠性工作的领导和管理机构，统一领导与组织可靠性管理大纲的制订与实施。组织机构有下列主要任务：

1) 制订可靠性工作方针；
2) 制订可靠性目标与规划；
3) 组织实施可靠性工作；
4) 协调相关部门的产品可靠性工作；
5) 制订可靠性标准及管理文件；
6) 管理信息反馈系统；
7) 组织可靠性教育工作；
8) 组织可靠性科研活动；
9) 与同行开展可靠性工作交流。

目前，汽车行业比较流行两种可靠性组织机构，一种是基于质量的可靠性组织机构，另一种是基于工程的可靠性组织机构。

基于质量的可靠性组织机构示意图如图 1-25 所示，这种形式在欧洲比较普遍。质量经理负责产品可靠性的所有工作，控制设计、生产质量及维修管理等，他要控制设计、生产质

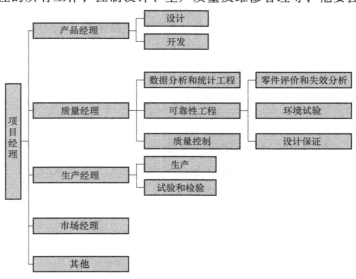

图 1-25 基于质量的可靠性组织机构示意图

量及维修管理等。可靠性工程人员主要与设计人员联系，质量控制人员主要关心生产。在可靠性工程和质量控制之间有密切的合作，二者之间还有一些共同工作，如失效数据采集和分析系统，用于采集和分析开发、生产及使用过程中的失效数据。采集和分析相关数据后，质量保证部门向有关部门提供反馈信息。

　　基于工程的可靠性组织机构示意图如图 1-26 所示。在该组织机构中，产品经理对可靠性负责，这种组织机构形式在美国比较普遍。质量保证经理只负责控制生产质量，可直接向产品经理或生产经理报告。

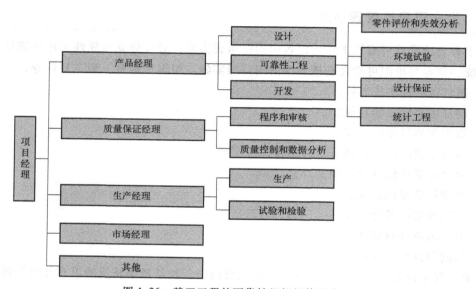

图 1-26　基于工程的可靠性组织机构示意图

　　基于质量的可靠性组织机构的优点是能使一些在设计、开发和生产过程中相同的任务结合起来，提高了效率，如相同的失效数据采集和分析系统、相同的试验设备和试验方法等。基于工程的可靠性组织机构对于严重依赖设计革新的产品来说是较为优越的，因为设计保证对这类产品的可靠性影响往往很大，但在该机构中，可靠性的责任被分割到设计开发生产和质量控制等部门，这给可靠性工作带来了一定的协调难度。

思　考　题

1. 什么是汽车的可靠性？可靠性定义的四个要素的含义是什么？
2. 汽车可靠性的发展经历了几个阶段？有何特点？
3. 评价可靠性的指标有哪些？分别是如何定义的？
4. 故障的分类有几种方法？其主要依据是什么？
5. 利用典型寿命曲线分析汽车失效率的变化规律，并分析延长汽车使用寿命的措施。
6. 汽车可靠性研究中常用的故障分布有哪几种？各有何特点？
7. 什么是系统的可靠性？如何提高系统的可靠性？
8. 什么是串联系统？其系统的可靠度如何计算？
9. 什么是并联系统？其系统的可靠度如何计算？

10. 汽车可靠性分配有什么意义？

11. 可靠性设计的优点有哪些？

12. 可靠性设计有哪些内容？

13. 可靠性试验分为几类？如何进行可靠性数据采集？可靠性数据采集应注意哪些事项？

14. 如何利用图分析法确定可靠性分布参数？

15. 可靠性管理的目标是什么？

16. 汽车可靠性管理组织机构的主要任务有哪些？

第2章

汽车零部件的失效理论

汽车零部件失效分析，是研究汽车零部件丧失其功能的原因、特征和规律。其目的在于分析原因、找出责任、提出改进预防的措施，从而提高汽车可靠性和使用寿命。

2.1 汽车零部件失效概述

2.1.1 汽车零件失效概念

1. 汽车零件失效

汽车零件失效是指汽车零件在规定的条件下和规定的时间内，不能完成规定功能的现象。如果在运行过程中汽车零件失效，丧失原有的要求性能，将引起汽车技术状况变差，不能履行整车性能规定的功能。

从一定意义上说，失效与故障具有同等概念，但"失效"更多地用于不可修复产品（即丧失规定功能，实施修复的话，从技术上不可行或者经济上不合理，等待报废），而"故障"则用于可修复产品（即丧失规定功能，实施修复的话，从技术上可行并且经济上也合理，等待修复）。

汽车零件在使用过程中，技术状况的变化是不可避免的，因此了解汽车零件恶化的进程，就能针对零件失效的原因采取相应的措施，防止零件的早期损坏，进而使汽车的技术状况控制在规定水平。因此，研究汽车零件、部件、机构乃至总成失效的原因及其规律，建立和掌握控制汽车技术状况的理论基础是十分必要的。

2. 汽车零件失效的危害

汽车零件失效会造成汽车的故障，进而造成很多方面的损失，主要表现为以下几个方面。

（1）**用户方面** 影响客运或货运任务的完成；造成人身伤亡事故；损毁车辆；维修费用升高；使用户产生厌烦、埋怨和不愉快心理。

（2）**社会方面** 产生社会不良影响，对公务用车还会产生政治影响；运输企业因故障停驶，不仅影响服务信誉，而且造成经济损失；造成人身伤亡事故；造成交通堵塞；造成交通、公路、城市设施的损坏；维修费用升高；材料和能源的浪费；社会公害加剧。

（3）**汽车制造厂商方面** 赔偿用户的损失；产品的市场信誉下降，降低产品的市场竞争力，销售数量减少，售价不高以至降价处理，工厂经济效益下降，甚至亏损；企业形象和声誉变差，影响企业的生存和发展；职工产生埋怨情绪，生产效率下降，工作信心不足。

2.1.2 汽车零件失效类型与失效模式

1. 失效类型

汽车零件失效可分为磨损、疲劳断裂、腐蚀、变形及老化五类。

（1）**磨损** 包括磨料磨损、黏着磨损、疲劳磨损、腐蚀磨损等，如气缸工作表面"拉缸"，曲轴"抱轴"，齿轮表面和滚动轴承表面的麻点、凹坑等。

（2）**疲劳断裂** 包括高应变低周期疲劳、低应力高周期疲劳、腐蚀疲劳、热疲劳等，如曲轴断裂、齿轮轮齿折断等。

（3）**腐蚀** 包括化学腐蚀、电化学腐蚀、穴蚀，如湿式气缸套外壁麻点、孔穴等。

（4）**变形** 包括弹性变形、塑性变形，如曲轴的弯曲、扭曲，基础件（气缸体、变速器壳体、驱动桥壳）变形等。

（5）**老化** 包括龟裂、变硬，如橡胶轮胎、塑料器件的老化。

2. 汽车零件常见的失效模式

分辨失效模式是进行失效分析的基础，也是可靠性分析研究的基础。在实际工程中，汽车及其零部件的失效模式并不是固定不变的，即同一种产品出现故障可以有不同的形式。

汽车零件常见的失效模式类型见表2-1。

表2-1 汽车零件常见的失效模式类型

失效模式	表现形式	诱发因素
损坏型失效模式	裂痕、裂纹、破裂、断裂、破碎、开裂、弯坏、扭坏、变形过大、塑性变形、卡死、点蚀、烧蚀、击穿、蠕变、剥落、短路、开路、断路、错位、压痕等	应力冲击、电冲击、疲劳、磨损、材质问题、腐蚀
退化型失效模式	老化、变色、变质、表面保护层剥落、侵蚀、腐蚀、正常磨损、积炭、发卡等	自然磨损、老化及环境诱发
松脱型失效模式	松旷、松动、脱落、脱焊等	紧固件、焊接件出现问题
失调型失效模式	间隙不适、流量过大或过小、压力过大或过小、电压不符、电流偏值、行程失调、间隙过大或过小等	油、气、电及机械间隙调整不当
堵塞或渗漏型失效模式	不畅、堵塞、气阻、漏油、漏气、漏风、漏电、漏雨、渗水、渗油等	漏气漏油报警装置失效、密封件失效、气候环境
功能型失效模式	功能失效、性能不稳、性能下降、性能失效、起动困难、干涩、卡滞、转向过度、转向沉重、转向不回位、离合器分离不彻底、离合器分不开、制动跑偏、流动不畅、指示失灵、参数输出不准、失调、抖动、漂移、接触不良、公害超标、异响、过热等	有关部分调整不当、操作不当、局部变形、装配问题、设计参数不合理、元器件质量低劣等
其他失效模式	润滑不良、驾驶室闷热、尾气排放超标、断水、缺油、噪声大、振动大	使用、维护、保养不当，工作状态失调，传感器失灵，各种原因泄露

2.1.3 汽车零件的失效原因

引起零件失效的原因有很多，但根本原因仍然是汽车各机构的组成零件在工作过程中相互作用，使机构、总成、汽车的技术状况发生恶化。汽车零件的失效原因主要包括设计制造、工作条件以及使用与维修水平等方面。

1. 设计制造的影响

设计不合理、选材不当、制造和装配工艺不当等都可能引发失效。设计不合理是零件失效的主要原因之一，如轴的台阶处过小的圆弧半径、尖锐的棱边等都会造成应力集中，从而导致零件破坏；又如键槽、孔等削弱零件截面有效面积处，设计时要充分考虑其承载强度和应力集中问题，并妥善安排其位置。材料选择不当以及制造工艺过程操作不当而产生裂纹、高残余内应力、表面质量不良、达不到力学性能的要求等，都可能成为零件失效的原因。例如制动蹄材料热稳定系数不好，导致高温制动性能降低；紧配合零件的装配精度不够，导致配合副零件间的滑移、变形，产生微动磨损，从而加速零件的失效过程。

2. 工作条件的影响

工作条件主要包括零部件的受力状况和运用条件。

（1）零部件的受力状况影响 零部件的受力状况包括载荷的类型和性质以及载荷在零件中的应力状态。零部件受到的载荷超过其允许承受的能力时，会导致其失效。在实际工作中，汽车零部件还往往承受几种类型载荷的复合作用，如曲柄连杆机构各零件承受扭曲、压缩、弯曲载荷及其应力作用，齿轮轮齿根部承受弯曲载荷以及其工作表面承受接触载荷等。而绝大多数汽车零部件是在动态应力作用下工作的，由于汽车起步、停车以及速度的变化等，使零部件承受动载荷，从而加速其磨损。

（2）运用条件的影响 汽车运用条件，就是影响汽车完成运输工作的各类外界条件，主要包括道路条件、运行条件、运输条件、气候条件等，它们都会直接地或由驾驶人通过操纵控制系统传送给汽车，然后经由汽车运行速度、燃料消耗、发动机排放、异响与振动、故障率以及配件消耗等可变参数输出，表现出汽车失效的状况。

1）道路条件的影响。道路状况和断面形状等决定了汽车及总成的工况（载荷和速度、传递的转矩、曲轴转速、换档次数以及道路不平所引起的动载荷），从而决定了汽车零部件和机构的磨损情况，影响汽车的工作能力。

2）运行条件的影响。主要指交通流量对汽车零件运行工况的影响，如载货汽车在城市街道上的速度较郊区要降低 50% 以上，发动机曲轴转速反而升高 35% 左右，换档次数增加 2~2.5 倍。显然，这种工况必然加速汽车零件技术状况的恶化进程。

3）气候条件的影响。主要包括环境温度、工作温度、环境湿度和风速影响。

我国四季气候条件相差较大，高温使得发动机容易过热，润滑不良；低温容易使发动机起动困难，冷却液温度偏低，导致零部件磨损加剧。图 2-1 表明存在一个汽车故障率最低的环境温度；图 2-2 表明存在一个气缸磨损最小的冷却液温度。

环境湿度高，极易恶化汽车的运行条件，加速零部件的腐蚀损坏，并使电气设备工作不良。湿度低、气候干燥、道路灰尘多，也会恶化汽车零部件的工作环境，使其磨损增加。

3. 使用与维修水平的影响

对汽车正确地实施维修是延缓其技术状况变化、延长使用寿命、降低运输成本、确保安全运输的重要技术手段。在日常维护时，不注意检查发动机机油量、冷却液量、清洁汽车表面，在定期维护时不能合理地进行间隙调整、正确地进行螺栓紧固、及时添加或更换润滑剂等，在视情修理时破坏装配位置、改变装配精度等，都是维修时引起零部件失效的原因。

高水平的汽车维修标志是汽车完好率达 90%~93%、总成大修间隔里程较定额高 20%~25%、配件消耗减少 15%~20%、燃料和润滑材料消耗减少 20%~30%。

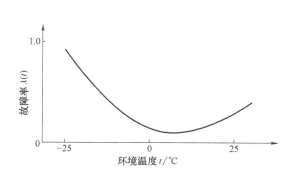

图 2-1 汽车故障率与环境温度的关系

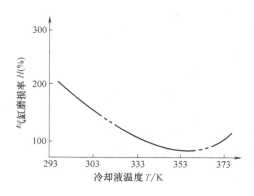

图 2-2 气缸磨损率与冷却液温度的关系

在汽车维修过程中，必须严格执行操作工艺、修理技术标准以及质量检验制度。

2.2 汽车摩擦学基础

在机械运动中，绝大多数的摩擦是有害的，不但使动力消耗增加，而且还会引起零件接触表面的磨损，有研究数据显示，机械零件中有 80% 的零部件由于磨损而报废。因此，研究降低或者消除无用的摩擦有实际意义，通常采用润滑以减轻磨损。

2.2.1 汽车零件表面性质

1. 表面形貌

任何固体表面不可能绝对光滑平整，由于加工过程中刀具与被加工工件的摩擦、切削分离时塑性变形及加工系统的振动等原因，在工件表面留下表面粗糙、表面波纹和表面缺陷等表面形貌。

表面粗糙度是指表面形态的不规则微小几何缺陷，加工方法不同，表面粗糙度不同；表面波纹度是指表面分布着的粗糙度的微小几何误差，它是由机床等振动、零件变形及热处理等因素造成的。

微观下的零件表面几何形状如图 2-3 所示，不同情况的表面轮廓如图 2-4 所示。

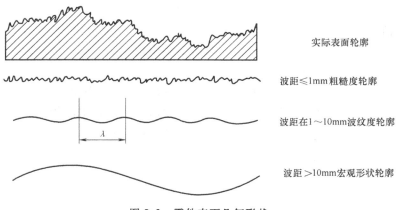

图 2-3 零件表面几何形状

固体表面形貌特征常用 GB/T 1031—2009《产品几何技术规范（GPS） 表面结构 轮廓法 表面粗糙度参数及其数值》中的 Ra（轮廓算术平均偏差）、Rz（轮廓最大高度）等参数进行评定。

2. 金属表面物质

在大气条件下不可能得到纯净的固体表面，总是覆盖着各种性质的薄膜。金属表面一般覆盖着四层物质：污染膜、吸附膜、氧化膜和加工变形层。污染膜包括手指的油污或灰尘等；吸附膜是来自大气中的液体和气体分子的吸附层（包括物理吸附膜和化学吸附膜）；氧化膜是金属表面被氧化而成的；加工变形层是由机械加工而形成的冷作硬化层，如图 2-5 所示。

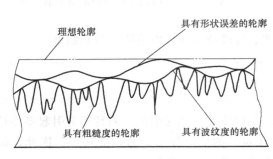

图 2-4 表面轮廓

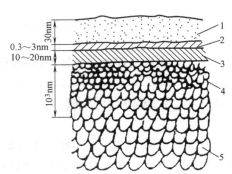

图 2-5 金属表面的一般组成
1—污染膜 2—吸附膜 3—氧化膜
4—加工变形层 5—金属基体

3. 表面接触面积

由于物体的亚微观表面凹凸不平，使得两物体表面总是在某些微凸体上接触，如图 2-6 所示。

表面接触面积可分为三种：名义接触面积 A_n、轮廓接触面积 A_p 和实际接触面积 A_r。名义接触面积 A_n 是由接触表面的宏观界面的边界确定的面积，即 $A_n = ab$，如图 2-6 所示。轮廓接触面积 A_p 是物体接触表面被压皱的部分所形成的面积，如图 2-6 中虚线范围面积的总和，大小与所受载荷 F_N 有关。实际接触面积 A_r 是在轮廓接触面积内，各真实接触部分的微小面积，如图 2-6 中虚线圈内黑点，亦即各接触点面积的总和。

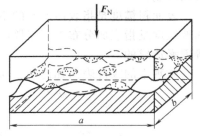

图 2-6 三种接触面积示意图

轮廓接触面积 A_p 只有名义接触面积 A_n 的 5%~10%，实际接触面积 A_r 则仅为名义接触面积 A_n 的 0.01%~1%。对于一般材料，呈弹性接触时，实际接触面积 A_r 与载荷的 2/3 次方成正比；呈塑性接触时，实际接触面积 A_r 与载荷的一次方成正比。

2.2.2 摩擦的定义和分类

1. 概念

在外力作用下，两物体相对运动使其接触表面间产生运动阻力的现象称为摩擦，该阻力

称为摩擦力。

摩擦的存在，不但使动力消耗增加，而且还会使运动部件发热，造成机械能损失，使机械效率下降，并引起零件接触面磨损。

2．分类

按不同分类依据的摩擦分类见表 2-2。

表 2-2　摩擦分类

分类依据	主要类型	说　明
摩擦副 运动状态	静摩擦	静摩擦是在外力作用下，一个物体在另一个物体表面上具有相对运动趋势，但并没有发生相对运动时，仍处于静止临界状态的摩擦
	动摩擦	动摩擦是物体在外力作用下，超越静止临界状态，两个相接触的物体做相对运动时发生的阻碍它们相对运动的现象
摩擦副 运动形式	滑动摩擦	当一个物体在另一个物体表面上滑动时，在两个物体接触面上产生的阻碍它们之间相对滑动的现象即为滑动摩擦
	滚动摩擦	当一个物体在另一个物体表面做无滑动的滚动或有滚动趋势时，由于两个物体在接触部分受压发生形变而产生的对滚动有阻碍作用的摩擦
摩擦副表面 润滑状态	干摩擦	摩擦表面间无任何润滑介质隔开时的摩擦
	液体摩擦	两摩擦表面被润滑油完全隔开时的摩擦
	边界摩擦	两摩擦表面被一层极薄的（其厚度只等于几个分子直径）边界膜隔开时的摩擦
	混合摩擦	两摩擦表面间干摩擦、液体摩擦和边界摩擦混合存在时的摩擦

按摩擦副表面润滑状态的不同，摩擦可分为干摩擦、液体摩擦、边界摩擦和混合摩擦四类。

（1）干摩擦　摩擦表面间无任何润滑介质隔开时的摩擦，称为干摩擦。

如图 2-7 所示，零件处于干摩擦状态时，两摩擦表面直接接触，摩擦表面间受到接触面分子间的相互吸引力、由于微观凹凸不平而产生的相互嵌合力、由于相对运动引起的摩擦热而造成熔合点的黏结力等的作用，使两零件相对运动的阻力增大。因此，要使两个零件相互运动，必须克服其表面间的分子吸引力、机械嵌合力及熔合点的黏结力，从而消耗较多的动力，同时还伴随着强烈的摩擦面表面的磨损，所以汽车各零件相互运动的表面应尽量避免干摩擦发生。

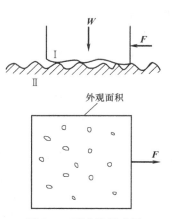

图 2-7　干摩擦示意图

例如，气缸壁上部与活塞环以干摩擦和边界摩擦为主，轴颈与轴承在工作过程中受冲击载荷作用时会出现干摩擦状态。

在汽车上有意利用干摩擦来工作的零部件有离合器摩擦片与压盘和飞轮表面、制动蹄与制动鼓表面等。除此以外配合副之间应尽量避免干摩擦产生。

（2）液体摩擦　两摩擦表面被润滑油完全隔开时的摩擦，称为液体摩擦。

液体摩擦是两摩擦表面被一层厚度为 $1.5 \sim 2.0 \mu m$ 的润滑油膜完全隔开，产生相对运动时，两工作表面不直接接触的摩擦。摩擦只发生在润滑油液体分子之间，摩擦力仅等于润滑油分子之间的黏着力，摩擦因数很小，一般为 $0.001 \sim 0.008$，故其摩擦阻力很小，相对运动的零件的工作表面磨损很小。汽车上大部分相对运动的部位都是在液体摩擦状态下进行的，如曲轴和轴承。

建立液体摩擦的关键是汽车零件摩擦副处形成逐渐收敛的楔形间隙以便建立起流体动压力，如图 2-8 所示。该动压力随着楔形间隙的变窄而越来越大。当轴的转速增加到一定值时，流体动压力将增大到克服轴上的载荷将轴抬起，使两者之间分开。当轴与轴承之间稳定运转时，轴与轴承之间产生的摩擦就是液体摩擦，液体摩擦必须使润滑油形成足够的油膜厚度，并使产生的动压力 F'_P 大于轴承所受载荷 F_P。

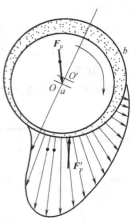

图 2-8　滑动摩擦副
液体摩擦示意图
a—轴　b—轴承　O—轴中心
O'—轴承中心
F_P—轴承所受载荷
F'_P—动压力

液体摩擦的油膜厚度及建立的动压力与轴的直径 d、表面粗糙度、摩擦副的相对运动速度 v、润滑油的黏度 μ、外载荷 F_P 的大小有关。显然 μ、v 越大，F_P 越小，越容易形成并能保持完好的液体润滑油膜。

汽车发动机稳定运转时，曲轴与轴承表面之间的摩擦就属于液体摩擦。

（3）边界摩擦　两摩擦表面被一层极薄的（其厚度等于几个分子直径）边界膜隔开的摩擦，称为边界摩擦。

边界膜厚度通常在 $0.1 \mu m$ 以下，它是靠分子内相互的吸引力使油膜分子紧密排列，使其具有一定的承载能力，防止零件表面的直接接触，使摩擦仅发生在边界膜的外层分子之间，减轻了零件的摩擦与磨损。根据膜的结构形式不同，边界膜可分为吸附膜和反应膜两种。吸附膜是在边界摩擦状态中，润滑油的极性分子附在摩擦表面上所形成的边界膜。而含有硫、磷、氯等元素的添加剂的润滑油，它与摩擦表面产生化学反应而生成的边界膜称为反应膜。

由于吸附膜的存在，润滑油分子以很强的吸附力牢牢地吸附在摩擦表面上，以润滑性能特别好的饱和脂肪酸（$C_nH_{2n+1}COOH$）为例，它是一种长链型的极性化合物，它的酸根 $COOH^-$ 牢固地吸附在金属表面上，并形成一层紧密的、按一定方向排列的、通常由 $3 \sim 4$ 层分子构成的边界吸附膜，如图 2-9 所示。当这层分子吸附膜达到饱和状态时，分子排列紧密，因而在链与链之间形成很强的内聚力，使吸附膜具有很强的强度能承受很大的压力，有效防止摩擦表面的直接接触。当两个相对运动表面产生运动时，由于两表面上的吸附膜之间产生相互滑动，而不是金属与金属之间产生滑动，从而降低了摩擦因数，故运动副之间磨损减小，消耗功也少。

润滑油在摩擦工作面上形成边界膜的能力称为油性。油性好的润滑油易于在金属表面上形成吸附膜。在汽车及发动机中为了提高润滑油的油性，可在润滑油中加入 1% 的油酸使摩擦因数降低 50% 以上，如图 2-10 所示。

边界膜由于其厚度很小，工作中受冲击和高温等作用易被破坏，所以不如液体摩擦可靠，如气缸壁与活塞环之间。如果工作中轴承与轴颈之间的润滑油供给不足，也容易产生边界摩擦。

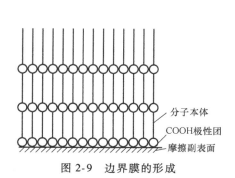

图 2-9 边界膜的形成

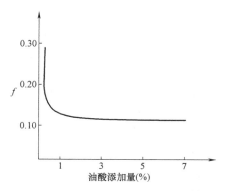

图 2-10 油酸添加量对摩擦因数的影响

边界摩擦的摩擦因数介于干摩擦与液体摩擦之间，其值与润滑剂的黏度、载荷及运动速度无关，而取决于干摩擦表面与润滑剂的特性，一般在 0.03~0.05 之间。

边界摩擦是一种较为普遍的摩擦现象，汽车发动机里的滑动轴承、气缸、活塞以及凸轮等处，都有可能发生边界摩擦。边界摩擦相对于干摩擦而言，可显著减少零件的磨损，延长零件的使用寿命。

在汽车上，为了提高边界膜的强度，必须合理地选择摩擦副材料，注意摩擦表面与润滑油的组合，降低零件的表面粗糙度，控制传动功率和温度，合理地选择润滑油，并尽量避免汽车超速超载运行。

（4）混合摩擦 两摩擦表面间干摩擦、液体摩擦和边界摩擦混合存在时的摩擦，称为混合摩擦。

实际上汽车零部件在工作时大都是干摩擦、液体摩擦、边界摩擦共存的混合摩擦状态，而且随着工作条件的改变，摩擦状态可相互转化。

例如，曲轴轴颈与轴承之间，当曲轴静止时，重力的作用使轴颈与轴承在最下方接触，两侧形成楔形间隙。当曲轴开始旋转时，自身黏度及其对轴颈表面的吸附作用，使润滑油被轴颈带着转动。润滑油是沿着截面积逐渐减小的楔形间隙流动，而润滑油的可压缩性又很小，因此油楔部位会产生一个使曲轴抬起的流体动压力，推动曲轴上移。曲轴的转速越高，所产生的流体动压力越大。当转速达到一定值时，流体动压力克服了曲轴的载荷，将曲轴轴颈抬离轴承，进入液体摩擦状态。

长时间停车后重新起动的汽车，发动机气缸壁与活塞环摩擦副表面之间，在开始起动的最初时刻，尤其是气缸的上部极有可能发生半干摩擦。一旦发动机运转正常，则两摩擦表面间发生的可能是液体摩擦。但在活塞运动至行程上止点附近时，在气缸壁与活塞环摩擦副表面间，则可能发生半液体摩擦。

在汽车的设计、使用、维修中，应尽可能创造条件使重要的摩擦副，如曲轴与轴承、齿轮、活塞环与气缸等在理想的液体润滑状态下工作，这样就可以使零件磨损减少、使用期增长。此外，除非特殊场合，应尽量避免金属直接接触下的干摩擦。

图 2-11 所示为不同摩擦状态下，摩擦因数的变化曲线。图中纵坐标为摩擦因数 f，横坐标为 $\mu v/W$，μ 为润滑油黏度，v 为摩擦副表面相对运动速度，W 为摩擦副所承受的

载荷。

由曲线形状可以看出，f 与 $\mu v/W$ 在不同的摩擦状态下都接近线性变化关系。μv 越大，W 越小，则 $\mu v/W$ 就越大，越容易形成油膜。

当 $\mu v/W$ 最小时，对应的摩擦状态处在最左边，摩擦因数 f 较大，甚至 $f>0.30$，摩擦状态是干摩擦；随着 $\mu v/W$ 的增大，当数值超过图2-11所示的⑤后，摩擦状态变为干摩擦同时有边界摩擦；如果 $\mu v/W$ 继续增大，当数值超过图2-11所示的④后，摩擦状态变为边界摩擦；如果 $\mu v/W$ 继续增大，当数值超过图 2-11 所示的③后，摩擦状态变为边界摩擦同时存在液体摩擦；如果 $\mu v/W$ 继续增大，当数值超过图2-11所示的②后，摩擦状态变为液体摩擦。随

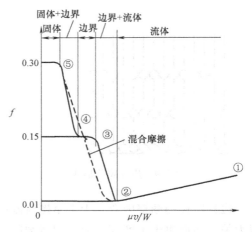

图 2-11　摩擦因数变化曲线

着 $\mu v/W$ 数值在⑤和①之间变化，摩擦状态不断地在干摩擦、边界摩擦和液体摩擦之间转换，⑤和③的区域是混合摩擦。

2.2.3　摩擦因数的主要影响因素

摩擦因数是表示摩擦材料特性的主要参数之一，它与材料的表面性质、工作介质和环境等因素有关。

1. 金属表面氧化膜对摩擦因数的影响

在一般情况下，金属表面氧化膜的塑性和机械强度比金属材料差，在摩擦过程中氧化膜先破坏，又因为氧化膜使金属不发生直接接触，摩擦表面不易出现黏着现象，使摩擦因数降低，磨损减少。因此在生产中，经常将零件表面涂覆一层软金属，以降低摩擦因数。在大气中，钢与钢表面之间的清洁表面摩擦因数为0.78，而钢表面具有氧化膜时只有0.27；铜与铜的工作表面在上述相同的条件下，其摩擦因数由1.21降到0.76。

2. 材料性质对摩擦因数的影响

金属间的摩擦因数因配对材料的性质不同而不同。

相同金属或互溶性较大的金属间易发生黏着现象，摩擦因数增加。性质相差较大的金属，不易发生黏着现象。因此，经常在一组摩擦副中选择一方为金属键不强的金属，如铅、锑、铜、铝等。

3. 温度对摩擦因数的影响

温度对摩擦因数的影响，一般是随着温度的升高，摩擦因数增加。当出现极大值时，温度再升高，摩擦因数反而下降。

4. 表面粗糙度对摩擦因数的影响

表面粗糙度直接影响物体的摩擦因数。在一般情况下，表面越光滑，物体的摩擦因数越低。在表面粗糙度降低到一定程度后，摩擦因数却随表面粗糙度的降低反而增加。

此外，零件的载荷越大，滑动速度越高，一般摩擦因数也增加。

2.3 汽车零件的磨损失效

摩擦是相对运动零件之间相互阻碍的现象，磨损是相对运动零件之间相互阻碍的结果，磨损是由摩擦引起的。绝大多数汽车零件失效都是由于其工作表面的磨损超限而导致的，从而使其失去工作能力。据统计，有一半以上汽车零件都是由于磨损而报废，因此磨损是引起零件失效的主要原因。

2.3.1 汽车零件的磨损

零件摩擦表面的金属在相对运动过程中不断损失的现象，称为零件的磨损。

磨损的发生将造成零件形状尺寸及表面性质的变化，使零件的工作性能逐渐降低，但磨损有时也是有益的，如磨合。磨损是一个复杂过程，它是相对运动零件的表面物质不断损耗的过程，该过程与零件所用的材料性质、表面加工方法、载荷、工作温度、润滑状态以及相对运动速度等因素密切相关。

按零件磨损原理不同，磨损可分为磨料磨损、黏着磨损、疲劳磨损、腐蚀磨损等类型。各类磨损的定义和磨损表面特征见表 2-3。

表 2-3 各类磨损的定义和磨损表面特征

分类	定 义	磨损表面特征
磨料磨损	摩擦表面间存在的硬质颗粒引起的磨损，称为磨料磨损。这种硬质颗粒称为磨料，它主要来自空气中的灰尘、润滑油中的杂质及运动过程中从零件表面脱落下来的金属颗粒	刮伤、沟槽、擦痕
黏着磨损	当金属表面的油膜被破坏，摩擦表面间直接接触而发生黏着作用，使一个零件表面的金属转移到另一个零件表面引起的磨损	擦伤、锥形坑、鱼鳞片状、麻点、沟槽
疲劳磨损	在交变载荷作用下，零件表层产生疲劳剥落的现象	裂纹、麻点、剥落
腐蚀磨损	在摩擦过程中，零件摩擦表面由于外部介质的作用，产生化学或电化学的反应而引起的磨损	有反应物产生（形成膜、颗粒）

2.3.2 磨料磨损

1. 磨料磨损的含义

摩擦表面间存在的硬质颗粒引起的磨损，称为磨料磨损。

一般来说，硬质颗粒称为磨料，它主要来自空气中的灰尘、润滑油中的杂质及运动过程中从零件表面脱落下来的金属颗粒。

磨料磨损包括：①粗糙的金属表面相对较软的金属表面滑动时的磨损；②硬金属对软金属摩擦表面有游离硬磨料引起的磨损。工程机械、农业机械处于灰尘和土壤的环境中，磨料磨损是其早期损坏的主要原因。因此，减少磨料磨损的危害是提高机械寿命的重要措施之一。

磨料磨损是最常见的磨损形式。统计分析表明，在各类磨损形式中，磨料磨损大约占总数的50%。同时，它也是危害最为严重的磨损形式。

2. 磨料磨损的机理

磨损形成过程不但与材料和磨料的性质有关，而且与它们之间的接触和运动形式以及接触压力有关。目前，关于磨料磨损的机理有三种假说，即以微量切削为主的假说、以疲劳破坏为主的假说和以压痕为主的假说。

（1）**以微量切削为主的假说** 由苏联学者赫鲁晓夫提出，他认为当塑性金属同固体磨料摩擦时，在金属表层内发生两个过程：首先是塑性挤压，形成擦痕；其次是切削金属，形成磨屑。在摩擦过程中，大部分磨料在金属表面上只留下两侧凸起的擦痕，小部分磨料，也就是那些棱面在有利位置的磨料将切削金属，形成切屑。磨屑的形成在于切削磨料的作用，非切削磨料形成的两侧凸起的擦痕，只有被新的磨料切削时，才形成磨屑。

（2）**以疲劳破坏为主的假说** 以苏联学者克拉盖斯基为代表，认为金属同磨料摩擦时，主要的磨损原因并不是由于磨料切下磨屑，而是金属的同一显微体的多次塑性变形结果导致发生金属疲劳破坏，小颗粒从表层脱落下来。但不排除同时存在磨料直接切下金属的过程。

（3）**以压痕为主的假说** 对于塑性较大的材料磨损进行分析的结果，即当磨料在压力的作用下压入材料表面并移动时，压入的磨料犁耕金属表面，形成沟槽，使金属表面受到严重的塑性变形，压痕两侧金属已经受到破坏，其他磨料也很容易使其脱落。

根据上述的三种假说可以认为磨料磨损产生的原因是作用力 F_W 使磨料垂直楔入表面，切向力 F 使磨料与表面做相对切向运动。两个表面硬度相差不大时，磨料嵌入表面之间，并把运动的表面剪开，如图 2-12 所示。若把磨料看成是服从胡克定律的弹性体，则法向应力和摩擦力组合成的合成应力应沿虚线方向作用，剪开面与合成应力成 45°方向。

当两个表面硬度相差很大时，磨料的尖角嵌入软表面中，在硬表面上只有很小的嵌入，如图 2-13 所示。这种情况正如硬度试验时硬压头压入材料表面一样。当磨料硬度等于软材料屈服强度的 3 倍时，就可能完全压入软表面而不能嵌入硬表面中。如果处于中等条件，则只能压入一部分，而让另一部分露出软表面，形成软表面的凸起点，这样的凸起相对运动的另一表面形成切削作用，便产生了磨损。根据试验，当磨料与被磨材料表面形成 80°~100°夹角时，将产生最高的磨损率。

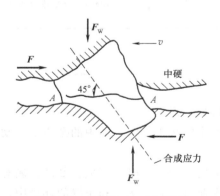

图 2-12　磨料沿 A—A 面剪开

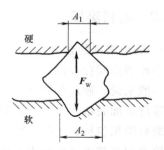

图 2-13　磨料嵌入软表面

当两个表面在硬度很大且相差很小或相等的情况下，磨料将不嵌入任何一个表面，而是受到一个力偶，在摩擦表面之间滚动，使表面受到反复的压应力而疲劳，形成小的疲劳碎片而脱落下来。但比刮伤作用造成的磨损小得多，如图 2-14 所示。

总之，磨料磨损主要是由连续的微量切削和刮伤作用所产生的。其特征是刮痕方向与相对运动方向平行，磨削脱落下来的微粒用显微镜观察发现呈螺旋状、环状或卷曲状，如图2-15 所示。

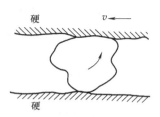

图 2-14 磨料在硬表面间的滚动

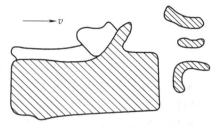

图 2-15 磨料磨损的切屑

3. 磨料磨损的影响因素

（1）**金属材料硬度** 一般情况下，金属硬度越高，耐磨性越好。工业纯金属、退火钢及淬火结构钢在固定磨料试验机上测得的相对耐磨性表明了这一点，如图 2-16a 所示。

1）纯金属，如 Fe、Ni、Cu、Sn、Pb 等，以及未经热处理的钢，其抗磨料磨损的相对耐磨性与它们的自然硬度成正比，如图 2-16a 所示。

2）经过热处理的钢，其耐磨性随硬度的增加而提高，但比未经热处理的钢，相对耐磨性提高得缓慢一些，如图 2-16b 所示。

3）钢中含碳量及碳化物生成元素含量越高，其相对耐磨性越高，如图 2-16b 所示。

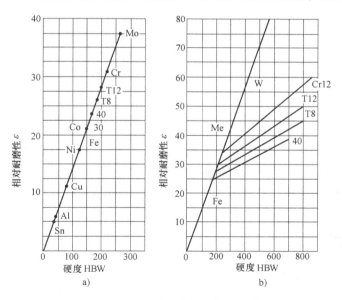

图 2-16 相对耐磨性与材料硬度的关系

a）工业纯金属及退火钢 b）热处理淬火结构钢与工具钢

（2）**材料断裂韧度、耐磨性和硬度** 材料断裂韧度与耐磨性和硬度的关系如图 2-17 所示。在区域Ⅰ，断裂韧度低，材料的磨损主要由断裂磨损机理控制。提高断裂韧度，耐磨性增加；提高硬度则耐磨性下降。在区域Ⅲ，材料的断裂韧度高，显微切削机理起主要作用，可用提高硬度的办法提高耐磨性。在区域Ⅱ，耐磨性最好，在此区域，两种机理共同作用，材料的硬度和断裂韧度的配合最佳。

（3）**磨料硬度**　如果以金属表面硬度 Hm 比磨粒硬度 Ha 来研究耐磨性，则当 Hm/Ha>0.8 时，耐磨性将迅速提高，这种磨损状况称为"软磨料磨损"。虽然这时磨损继续发生，但直至 Hm/Ha>1 时，磨损才不明显。Hm/Ha<0.8 的磨损称为"硬磨料磨损"，磨损比较严重。因此，为了减少磨料磨损，金属的硬度应比磨料的硬度高，约为 1.3 倍，即 Hm = 1.3Ha 时耐磨性最佳。如果继续提高材料的硬度，则耐磨效果不显著。

（4）**磨料粒度**　用固定磨料（如砂纸）对不同的金属进行磨损试验时，发现金属的磨损随磨料颗粒尺寸（粒度）的增大而增加；磨料尺寸达到某一临界时，磨损与磨料的尺寸无关，磨损保持恒定不变。同时还发现不同材料的磨料临界尺寸不完全相同，如图 2-18 所示。

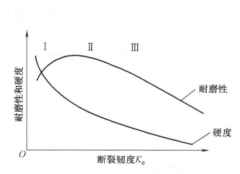

图 2-17　材料断裂韧度与耐磨性和硬度关系

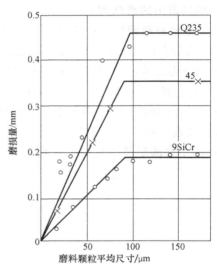

图 2-18　钢的磨损量与磨料颗粒平均尺寸的关系

在对柴油机进行磨损试验研究时，发现粒度为 $3\sim6\mu m$ 的机械杂质对柱塞副的磨损危害最大；粒度为 $20\sim30\mu m$ 的磨料对曲轴轴颈和轴承的磨损影响严重；粒度为 $5\sim10\mu m$ 的磨料对气缸与活塞环的磨损严重；粒度为 $1\mu m$ 以下的磨料对凸轮轴、凸轮与挺杆的磨损也有影响。因此，发动机工作时，要严防上述磨料进入配合摩擦表面。

2.3.3　黏着磨损

1. 黏着磨损的含义及分类

摩擦副相对运动时，由于固相焊合，接触表面的材料从一个表面移到另一个表面的现象，称为黏着磨损。按摩擦表面的破坏程度可分为 5 类，见表 2-4。

表 2-4　黏着磨损的分类

类型	损伤现象	损伤原因	实　例
轻微磨损	剪切破坏发生在黏着结合面上，表面转移的材料极轻微	黏着结合强度比摩擦副的基体金属弱	缸套-活塞环的正常磨损

(续)

类型	损伤现象	损伤原因	实　例
涂抹	剪切破坏发生在离黏着结合面不深的软金属浅层内，软金属涂抹在硬金属表面	黏着结合强度大于软金属的抗剪强度	重载蜗杆副的蜗杆上常见
擦伤	剪切破坏发生在软金属的亚表层内，有时硬金属亚表面也有划痕	黏着结合强度比两基体金属都高，转移到硬面上的黏着物质又拉削软金属表面	内燃机的铝活塞壁与缸体摩擦常见
撕脱	剪切破坏发生在摩擦副一方或两方金属较深处	黏着结合强度大于任一基体金属的抗剪强度，切应力高于黏着结合强度	主轴-轴瓦摩擦副的轴承表面经常可见
咬死	摩擦副间咬死，不能相对运动	黏着结合强度比任一基体金属的抗剪强度都高，而且黏着区域大，切应力低于黏着结合强度	不锈钢螺栓与螺母在拧紧过程中常发生此现象

2. 黏着磨损规律

黏着磨损的体积磨损量，与滑动距离和法向载荷成正比，与较软材料的屈服强度（或硬度）成反比，其规律可用下式表示：

$$w_V = k \frac{F_N L}{3 p_0} = k' \frac{F_N L}{HBW} \tag{2-1}$$

式中，w_V 为体积磨损量；L 为滑动距离；F_N 为作用在摩擦副的法向载荷；p_0 为软材料的屈服压力；HBW 为软材料的布氏硬度；k、k' 为磨损系数，与接触产生的概率、摩擦副的材料等因素有关。

由式（2-1）可知，k 值越大，体积磨损量 w_V 越大。摩擦副表面间有润滑剂时不论在空气中，还是在真空中，w_V 均小；摩擦副表面无污染膜，并在空气中摩擦时 w_V 最大。

由于不能精确考虑摩擦副的材料特性、表面膜的状态、润滑条件差异等因素，式（2-1）不能用于精确的定量计算。

3. 黏着磨损的主要影响因素

（1）材料特性

1）脆性材料比塑性材料的抗黏着能力强。

2）互溶性大的材料所组成的摩擦副，黏着倾向大；互溶性小的材料所组成的摩擦副，黏着倾向小。

3）多相金属比单相金属黏着倾向小，金属中化合物相比单相固溶体黏着倾向小，金属与非金属材料（石墨、塑料等）组成的摩擦副比金属组成的摩擦副的黏着倾向小。

4）元素周期表中 B 族（副族）元素与铁不相溶，铁与 B 族元素的黏着倾向小。而铁与 A 族（主族）元素组成的摩擦副黏着倾向大。从上述可知，采用表面处理工艺，使摩擦副表面生成互溶性小、多相带有化合物组织或采用非金属涂层，避免同种金属相互摩擦，均可防止黏着磨损发生。

（2）压力　黏着磨损量一般随压力增大到某一临界值后急剧增加，如图 2-19 所示。由试验可知，当负载超过材料硬度的 1/3 时，磨损量增加，严重时咬死。故设计中选择的许用压力必须低于材料硬度的 1/3，否则将产生黏着磨损。

（3）滑动速度　在压力一定的情况下，黏着磨损量随滑动速度的增加而增加，达到某一极值后，又随滑动速度的增大而减小，如图 2-20 所示。

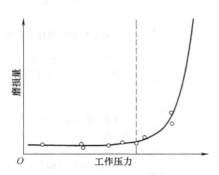

图 2-19 黏着磨损量一般随压力变化的关系

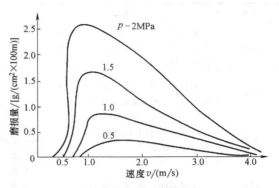

图 2-20 磨损量与滑动速度、接触压力的关系

随着滑动速度的变化，磨损类型由一种形式转变为另一种形式。如图 2-21 所示，当滑动速度很低时，主要是氧化磨损，出现 Fe_2O_3 的磨屑，磨损量很小；随着速度增加，氧化膜破裂，金属直接接触，转化为黏着磨损，磨损量显著增大；滑动速度继续增加，摩擦温度上升，有利于氧化膜形成，又转化为氧化磨损，磨屑为 Fe_3O_4，磨损量又减小；如滑动速度再增大，将再次转化为黏着磨损，磨损量又开始增加。

（4）**温度** 温度升高到一定程度将加剧黏着磨损的产生。

表层温度特性对摩擦表面的相互作用和破坏影响很大。表面温度升高可使润滑油膜失效，使材料硬度下降，摩擦表面容易产生黏着磨损。温度升高到一定程度将加剧黏着磨损的产生，如图 2-22 所示，当表面温度达到临界值（约 80℃）时，磨损量和摩擦因数都急剧上升。摩擦副表面温度与接触表面的压力和相对速度值有关，零件的载荷压力越大，摩擦力越大，相对速度越高，摩擦热越多，越易产生黏着磨损。

因此，控制接触表面的压力和相对速度值，选用热稳定性高的金属材料和加强冷却等措施是防止因温度升高而产生黏着磨损的有效方法。

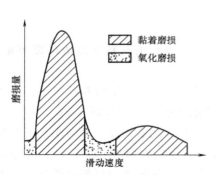

图 2-21 磨损量和滑动速度的关系

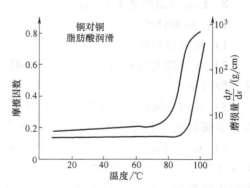

图 2-22 温度对黏着磨损的影响

（5）**表面粗糙度** 一般而言，摩擦表面粗糙度值越低，则抗黏着磨损能力越强；但过低的摩擦副表面粗糙度值，又会促进黏着磨损的发生。

（6）**润滑** 润滑状态对黏着磨损值影响较大，边界润滑的黏着磨损值大于流体动压润滑，而流体动压润滑又大于流体静压润滑。

2.3.4 疲劳磨损

1. 疲劳磨损的含义及类型

两接触面做滚动或滚动与滑动复合摩擦时，在交变载荷作用下，零件表层产生疲劳剥落的现象称为疲劳磨损，又称表面疲劳磨损。表面疲劳磨损分为非扩展性和扩展性两类。

（1）**非扩展性表面疲劳磨损** 在新的摩擦表面上，接触点较少，单位面积上的压力较大，容易产生小麻点的现象。随着接触的扩大，单位面积的实际压力降低，小麻点停止扩大。对于塑性较好的金属表面，因加工硬化提高了表面强度，使小麻点不能继续扩展，机件可继续正常工作。

（2）**扩展性表面疲劳磨损** 当作用在两接触面上的交变压力较大时，由于材料塑性稍差或润滑选择不当，在磨合阶段就产生小麻点。有的在短时间内，而有的则在稍长时间内，小麻点就会发展成痘状凹坑，使机件失效。

2. 表面疲劳磨损的机理

对表面疲劳磨损的研究表明，其磨损过程有两个阶段：首先是疲劳核心裂纹的形成；其次是疲劳裂纹的扩展，直至材料微粒的脱落。对于疲劳裂纹的形成和发展，有下述3种理论。

（1）**最大切应力理论** 研究表明，在纯滚动时，最大压应力发生在表面上，最大切应力则发生在表面下一定距离，即次表层内，裂纹起源于次表面，如图2-23所示。

若此材料强度低或有缺陷（存在非金属夹杂物或已有裂纹等），就会首先产生塑性变形，经一定的循环后产生疲劳裂纹。裂纹沿着最大切应力方向或夹杂物分布走向发展，直至使摩擦表面破坏和形成磨损微粒而脱落。磨屑形状多呈扇形，摩擦表面上留有各种形状的"痘斑"状点坑。

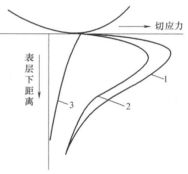

图2-23 表层下切应力的分布
1—纯滚动 2—滚动兼有滑动 3—纯滑动

实践表明，凡是润滑条件优良、摩擦力小、表面材质好的滚动接触表面，若出现疲劳磨损，裂纹的生成多发生在次表层。这种疲劳磨损的特点是裂纹生成阶段小于裂纹扩展阶段，即裂纹扩展缓慢，断口比较亮。如果除纯滚动接触外，还带有滑动接触时，最大切应力的位置随着滑动分量的增加向表面移动，则破坏位置也随之向表面移动。

（2）**油楔理论** 在滚动带滑动的接触过程中（齿轮啮合表面），由于外载荷作用，表层的应力和摩擦力引起塑性变形，导致表层软化，最后在表面出现初始裂纹。裂纹源于干摩擦表面，裂纹方向与摩擦力方向一致。当有润滑油时，润滑油挤入裂纹中，在裂纹尖端处形成油楔，如图2-24所示。如果滚动方向和裂纹开口方向一致，则滚动体接触到裂口处，将把裂口封住。润滑油使裂纹的两壁承受很大压力，从而使裂纹扩展。在交变载荷的作用下，材料断裂，在接触面留下深浅不同的麻点剥落坑，一般深度为$0.1 \sim 0.2 \mu m$；如果滚动方向和裂纹开口方向相反，则当滚动体接触到裂口时，裂纹内的润滑油被挤出来，因而裂纹扩展缓慢，工作寿命长。

裂纹源于表面的疲劳磨损，其特点是裂纹生长阶段大于裂纹扩展阶段，即裂纹扩展快，

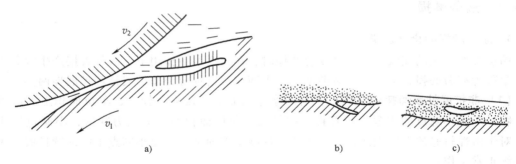

图 2-24　润滑油对疲劳裂纹的促进作用
a）润滑油楔入裂纹　b）裂纹扩大　c）微屑脱离母体

断口颜色较暗。

（3）**硬化过渡层破坏理论**　经表面强化处理（渗碳、淬火等）的零件，其接触疲劳裂纹往往并不是源于最大切应力处，而是在表面硬化层与心部交界的过渡层，即裂纹源于硬化层和心部过渡层。这是因为该处所承受的切应力较大，而材料的抗剪强度较低，于是在此处容易产生裂纹。试验表明，只要该处承受的切应力与材料的抗剪强度之比大于 0.55 时，就可能在过渡区形成起始裂纹。

裂纹源于硬化层与心部过渡区，裂纹的发展一般是先沿平行于表面的方向扩展到一定长度后，再沿垂直或倾斜接触表面的方向向外扩展，先是小的麻点剥落，然后是大块剥落，形成表面压碎现象。

3. 表面疲劳磨损的影响因素

从表面疲劳磨损的机理可知，疲劳磨损与裂纹的形成和扩展有关，故凡能够阻止裂纹形成和扩展的方法都能减少表面疲劳磨损。影响表面疲劳磨损的因素主要有材料、润滑油黏度、表面粗糙度和装配精度。

（1）**材料**　在一定硬度范围内，各种金属材料随硬度的提高，接触疲劳强度也相应提高，但并不永远保持正比关系。例如轴承钢，当表面硬度为 62HRC 时，抗疲劳磨损能力最大。随硬度的增加或降低，寿命均有较大的下降，如图 2-25 所示。对齿轮来说，齿面硬度在 58~62HRC，心部硬度在 35~40HRC 范围内最佳。

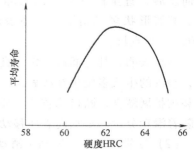

图 2-25　轴承的表面硬度
与平均寿命的关系

两个接触滚动体硬度匹配是否恰当，直接影响接触疲劳寿命。齿轮摩擦副的硬度选配，对硬齿面来说不考虑硬度差；对软齿面来说，一般要求小齿轮的硬度大于大齿轮，这有利于磨合，使接触应力分布均匀，可以提高齿轮的寿命。硬化层的厚度也是很重要的影响因素，厚度不够，在材料硬度低的地方易形成裂纹。硬化层的厚度要足够，以使最大切应力在强化层内，相应裂纹也会在具有"鼓形齿面"的轮齿硬化层内部发生。

（2）**润滑油黏度**　根据弹性流体动压理论，润滑油的黏度越高，接触部分的压力越接近平均分布，抗疲劳磨损的能力就越高；润滑油的黏度越低，越易渗入裂纹中，加速裂纹扩

展，降低寿命。润滑油中含水量过多对疲劳磨损有较大影响，须严格控制含水量。润滑油中加入适当固体润滑剂（MoS_2）能提高抗疲劳磨损性能。

（3）**表面粗糙度** 降低表面粗糙度值，会相应提高抗疲劳磨损能力。接触应力大小不同，对表面粗糙度的要求也不同。一般接触应力大，要求表面粗糙度值低。硬度越高的轴承和齿轮，要求表面粗糙度值也越低。

（4）**装配精度** 保证装配精度，如对齿轮的装配要防止和减轻齿面的对角接触，保证接触印痕总长不少于齿宽的60%，并且接触印痕处在节圆附近，这就有可能避免出现早期麻点。

4. 减少表面疲劳磨损的措施

凡能够阻止裂纹形成和扩展的因素，都是防止和减少表面疲劳磨损的措施。减少表面疲劳磨损的主要措施如下：

1）选用合适的材料及其性能。

2）减少材料中的非金属夹杂物。

3）提高材料的抗疲劳磨损强度。

4）提高材料的表面质量，合理选择表面粗糙度和金属强化层厚度。

5）选用较高黏度的润滑油。

6）保证形状正确的装配精度。

2.3.5 腐蚀磨损

汽车上约20%的零件因腐蚀而失效。

1. 腐蚀磨损的含义及分类

（1）**腐蚀磨损的含义** 在摩擦过程中，零件摩擦表面由于外部介质的作用，产生化学或电化学的反应而引起的磨损，称为腐蚀磨损。

腐蚀磨损的特点是摩擦和腐蚀同时存在，腐蚀将使材料变质，摩擦使腐蚀层很快磨去而暴露出新的材料表面，新表面又被腐蚀，腐蚀层又被磨去，因此不断出现腐蚀和磨损，导致零件加快损坏。

（2）**腐蚀磨损的分类** 金属腐蚀失效的类型是多种多样的，但是无论哪种腐蚀，在腐蚀过程中，都有一个化学或电化学反应过程。因此，在表面或断口上会留下腐蚀产物。腐蚀是从表面开始向内部扩展的。金属腐蚀后造成金属质量损失，使金属有效面积减小或强度大大降低。

由于介质的性质、介质作用在摩擦表面上的状态以及摩擦材料性能的不同，摩擦表面出现的状态也不同，故常将腐蚀磨损分为氧化磨损、特殊介质腐蚀磨损和微动腐蚀磨损。

2. 氧化磨损

（1）**氧化磨损的含义** 在摩擦过程中，摩擦副表层形成的氧化膜不断磨去又形成的反复过程所造成的零件表面金属损失的现象，称为氧化磨损。

氧化磨损是化学氧化和机械磨损两种作用交叉进行的结果。其特点是在金属零件的摩擦表面上沿滑动方向呈均细的磨痕，如曲轴轴颈、气缸、活塞环、齿轮啮合表面等。

（2）**氧化磨损的影响因素** 影响氧化磨损的因素主要有滑动速度、载荷、氧化膜硬度、介质含氧量和润滑状态等。

1）滑动速度的影响。在载荷不变的条件下，氧化磨损量随滑动速度的增加而增加，达到某一极值后，又随滑动速度的增大而减小，类似于图2-20所示的情况。

2）载荷的影响。当滑动速度保持一定时，载荷小，产生氧化磨损，随着载荷的增加，磨损由氧化磨损转变为黏着磨损。

3）氧化膜硬度的影响。氧化磨损与氧化膜硬度值和基体金属硬度值有关。若氧化膜硬度值大于基体金属硬度值，则氧化膜容易破碎，产生磨损；若氧化膜硬度值和基体金属硬度值相当，则在小载荷引起小变形时，氧化膜和基体金属同时变形，氧化磨损小些，在变形量大时，则氧化膜容易破碎，产生相应的磨损量；若氧化膜硬度值和基体金属硬度值都很高，则载荷引起的变形小，氧化膜不易破碎，此时耐磨性好。

4）介质含氧量的影响。介质含氧量直接影响磨损率。零件金属在还原性气体、惰性气体、除氧介质中，其磨损量都比在空气中大。这是因为零件金属在空气中所形成的氧化膜强度高，与基体金属结合牢固。

5）润滑状态的影响。充分有效的润滑除起到减摩作用外，又可以隔绝摩擦表面金属与氧直接接触，使氧化膜的生成速度减缓，还可以有效避免严重的黏着磨损。

在汽车零件磨损中，首先，应创造条件并设法使其他可能出现的磨损形态转化为氧化磨损；其次，设法减少氧化磨损速率。氧化磨损速率决定于所形成氧化膜的形状和氧化膜与基体的结合力，同时也决定于金属表面的塑性变形抗力。像钢铁零件表面被氧化生成的红褐色Fe_2O_3和黑色Fe_3O_4氧化膜都是脆性的，它与基体金属结合处的抗剪切性能差或氧化速度小于磨损速度，则氧化膜极易磨损，反之，像铝质零件表面被氧化生成的氧化铝膜韧性好，它与基体金属结合处的抗剪切性能好或氧化速度大于磨损速度，则氧化膜起着保护摩擦表面的作用，因此磨损率相当小。

防止化学腐蚀的方法：①正确选用金属材料并合理设计金属结构；②添加缓蚀剂、去除介质中有害成分；③隔离有害介质以及电化学保护法。

汽车上主要用覆盖层保护的方法来防止部分汽车零件的电化学腐蚀，覆盖层有金属性的，如镀铬、镀锡（铬和锡的耐腐蚀性很强，可以保护金属内部）等。非金属覆盖层用得最广泛的是油漆，其次是塑料。有些零件用化学或电化学方法在零件表面生成一层致密的保护膜，如生成的蓝色层氧化膜、经磷化而生成的磷化膜，都是防止电化学腐蚀的有效方法。

3. 特殊介质腐蚀磨损

（1）特殊介质腐蚀磨损的含义 在零件配合副中，存在着酸、碱、盐等腐蚀介质，表面的金属将与腐蚀介质发生各种化学反应而生成各种化合物反应膜，在摩擦过程中不断被磨去，同时又磨损的过程，称为特殊介质腐蚀磨损。

如含有铜、铅等元素的滑动轴承，其中的铅容易被润滑油中的酸性物质腐蚀，使轴瓦表面出现麻点状的脱落。又如燃烧过程产生的CO_2、SO_2、CO、NO_2等气体和水蒸气生成的有机酸对缸壁的表面腐蚀。

特殊介质腐蚀磨损的机理与氧化磨损机理相似。不过随着腐蚀速度增加磨损速度加快，金属表面有可能与特殊介质起作用，生成耐磨性较好的保护膜。

（2）特殊介质腐蚀磨损的影响因素 特殊介质腐蚀磨损的影响因素主要包括腐蚀介质的性质和温度、合金元素及抗腐蚀磨损能力等。

1）腐蚀介质的性质和温度的影响。磨损随介质的腐蚀性强弱或温度的不同而不同，介质的腐蚀性越强，温度越高，则磨损越快，且温度高于一定值时，腐蚀磨损急剧增大。图2-26所示为钢试样在3种腐蚀性介质和氮气中进行表面喷砂磨损试验的结果。从图2-26中可见，钢的腐蚀磨损率随介质的腐蚀性增大而增大。但若钢的表面形成一层结构致密且与基体金属结合较高的保护膜或膜的生成速度大于磨损速度，则磨损率不再随介质腐蚀性的强弱而变化。

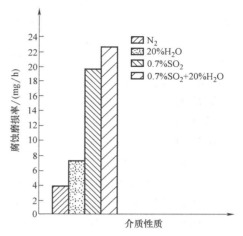

图2-26 4种介质中钢的腐蚀磨损率
（图中各百分比均为质量分数）

2）合金元素的影响。含有镍、铬、钛等合金元素的金属在特殊介质作用下，易形成化学结合力较高、结构致密的钝化膜，从而减轻腐蚀磨损，钨、钼两金属会在500℃以上表面生成保护膜，使摩擦因数减小，是抗高温腐蚀磨损的重要材料。此外，由碳化钨、碳化钛等组成的硬质合金，都具有高的耐腐蚀性，即合金化方法增加材料的耐腐蚀性。

3）抗腐蚀磨损能力的影响。滑动轴承的材料，若含有铜、铅等元素，容易被润滑油中的酸性物质腐蚀，在轴承表面生成黑点，逐渐扩展成海绵状空洞，并在摩擦过程中成小块剥落；若含有银、铜等元素，则低温时能起减摩作用，高温时极易剥落。

为防止或减轻轴承的腐蚀磨损，应从选材、表面镀铜及其他金属、降低表面加工温度及选择适当的润滑油等方面进行改进。

4．微动腐蚀磨损

（1）微动腐蚀磨损的含义 零件过盈配合表面在交变载荷或小振幅振动（小于100μm，一般为2~20μm）作用下引起表面复合磨损而出现材料损失的现象，称为微动腐蚀磨损。

微动腐蚀磨损发生在相对静止的配合副上，如键连接处、螺栓连接处、过盈配合的轮和轴等处。

（2）微动腐蚀磨损的机理 虽然零件的过盈配合表面没有宏观的相对位移，但在工作过程中，在交变载荷或振动的作用下，会使其产生微小相对滑动，使零件表面接触点的氧化膜因受剪切而脱落，造成零件的氧化磨损，从零件表面脱落的氧化粉末在配合表面之间将引起零件的磨料磨损，同时氧化膜的脱落还会造成纯金属的直接接触，引起黏着磨损，使零件的配合逐渐变松。可见，微小振动和氧化作用是促进微动腐蚀磨损的根本原因，且零件过盈配合表面的微动腐蚀磨损是由氧化磨损、黏着磨损及磨料磨损共同作用而造成的复合磨损，磨损处呈现较集中的小凹坑。

微动腐蚀磨损的磨损绝对量很小，但危害很大，不仅破坏配合精度，使过盈配合的零部件松动，还可能引起应力集中，使配合件断裂。

（3）微动腐蚀磨损的影响因素 影响微动腐蚀磨损的因素主要包括材料的性能、温度、滑动距离、载荷、振动频率和振幅、相对湿度及润滑油等。

1）材料性能的影响。一般来说，抗黏着磨损性能好的材料也具有良好的抗微动腐蚀磨损的性能。提高硬度可以降低微动腐蚀磨损，而表面粗糙度与微动腐蚀磨损无关。

2）温度的影响。试验测得对于中碳钢的微动腐蚀磨损在临界温度 130℃ 时发生转折，超过此临界温度后，磨损大幅度降低；对于低碳钢，在温度低于 0℃ 时，温度越低，磨损量越大，在 0℃ 以上，磨损率随温度上升而逐渐降低，在 150～200℃ 之间突然降低，继续升温，则磨损率上升，温度从 135℃ 升高到 400℃ 时，其磨损量增加 15 倍。

3）滑动距离的影响。过盈配合接触面间相对滑动距离大，微动腐蚀磨损就大，在滑动距离一定的条件下，微动腐蚀磨损量随载荷的增加而增加，但增加的速率不断减小，超过极大值后，微动腐蚀磨损不断减小。

4）载荷的影响。微动腐蚀磨损量随载荷的增加而增加，但当超过一定载荷后，磨损量随着载荷的增加而减少，如图 2-27 所示。

5）振动频率和振幅的影响。磨损量与零件振动总次数成比例增加，且随振幅增大而增大。

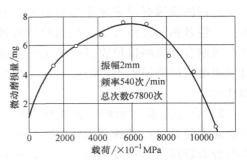

图 2-27　微动腐蚀磨损与载荷的关系

在总振动次数相同时，振幅很小（12μm），钢的微动腐蚀磨损不受振动频率的影响，振幅较大时，磨损量随振动频率的增加而减小，如图 2-28 所示。各种材料振幅超过 50μm 时，磨损率均显著上升，如图 2-29 所示。

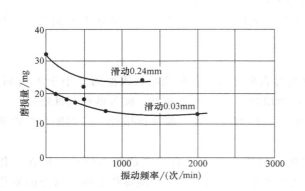

图 2-28　微动腐蚀磨损与振动频率的关系

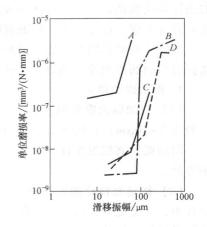

图 2-29　振幅与磨损率的关系

6）相对湿度的影响。在大气条件下，各种材料微动腐蚀磨损量一般随相对湿度的增加而下降，但在相对湿度大于 50% 以后，金属表面形成 $Fe_2O_3 \cdot H_2O$ 薄膜，它通常比 Fe_2O_3 软，因此随着相对湿度的增加，微动腐蚀磨损量有所增加，如图 2-30 所示。

7）润滑油的影响。适当的润滑可以有效地改善抗微动腐蚀磨损的能力，因为润滑膜能够保护表面防止氧化。

为了防止或减少微动腐蚀磨损，可使用弹性垫片或用施加合适的预紧力等方法来消除接触表面的相对振动，以减少振动总次数和振幅；可选择抗黏着性能好的材料，并提高其硬度；可采用表面处理（如硫化或磷化处理）、表面镀层（镀铝、镀铜、镀银）等表面处理工艺来提高抗微动腐蚀磨损的能力；可选择适当的过盈配合，并通过在过盈配合表面间添加固

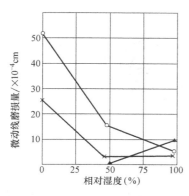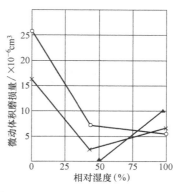

图 2-30　微动腐蚀磨损量与相对湿度的关系

体润滑剂，如二硫化铝、聚四氯乙烯等，来减少微动腐蚀磨损。

采用表面处理（如硫化或磷化处理以及镀上金属镀层）是降低微动磨损的有效措施。

2.3.6　典型零件的磨损

1. 气缸的磨损

气缸的磨损是黏着、磨料、腐蚀 3 种磨损形式综合作用的结果，其影响因素很多。在磨损过程中起主要作用的磨损形式不同，磨损后的宏观形状也不同。

（1）**正常磨损**　在正常使用条件下，气缸的磨损率较小。气缸磨损后的纵向形状呈锥形，如图 2-31 所示。最大磨损部位位于第一道活塞环在上止点时所对应的气缸壁处。活塞环工作区外的上口几乎没有磨损，而呈现明显的台肩。在第一道活塞环下止点位置所对应的气缸壁处，磨损也较邻近处大，磨损曲线在此部位有小的凸起，正常磨损的气缸壁表面光滑。

如图 2-32 所示，气缸沿径向方向的磨损也是不均匀的。各个方向的磨损往往相差 3~5 倍，最大磨损区的位置与发动机结构、使用条件有关。一般认为与进气门的位置对应的径向方向的

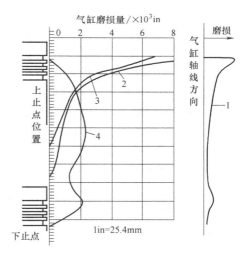

图 2-31　气缸沿轴线方向的磨损
1—正常磨损　2—低温腐蚀磨损
3—磨料（进气尘埃）磨损
4—磨料（润滑油中尘土）磨损

不均匀磨损最大。主要原因是此部位受到可燃混合气的冲刷，润滑油膜可能遭破坏，气缸沿圆周方向温度不均匀。另外，活塞连杆组的弯曲等也是造成径向方向磨损不均匀的原因。

（2）**异常磨损**　异常磨损主要包括磨料磨损、腐蚀磨损和其他原因的磨损。

1）磨料磨损。磨料来自两方面：一是来自润滑油；二是来自进入气缸的新鲜空气。润滑油中的磨料所引起的磨损在气缸中部最大，它使气缸被磨成鼓形，如图 2-31 中曲线 4 所示，其原因是该处活塞滑动速度最大。在圆周上垂直于曲轴轴线方向的部位磨损最大。这是侧压力作用的结果。润滑油中的磨料源于润滑油受热分解产生的不易溶解的胶状沉淀物、缸

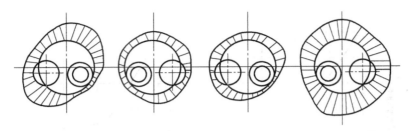

图 2-32 顶置气门发动机和气缸径向磨损特点

注：单圆为排气门；双圆为进气门。

壁和其他摩擦表面的磨损物碎屑、废气中的炭粒和铅的化合物、空气中的尘埃等。

尘埃引起的最大磨损发生在第一道活塞环上止点位置处，磨损区在气缸的上部，如图 2-31 中曲线 3 所示。这是因为尘埃首先进入气缸的上部滑磨面，向下运动时，磨料被压碎或锐角被磨钝，对磨损的影响变小。

磨料磨损还受到磨料尺寸和硬度的影响，对气缸来说，尺寸为 $20 \sim 30 \mu m$ 的磨料颗粒对磨损影响最大。

2）腐蚀磨损。气缸腐蚀磨损的强度与气缸壁的温度有关，如图 2-33 所示。在 $t_k \sim t_n$ 温度范围内，气缸的磨损很轻微，高于这个温度，润滑油很稀，油膜可能遭到破坏，使燃烧生成物中的酸性物质和缸壁直接接触，产生化学腐蚀磨损。温度越高，腐蚀磨损加剧。当温

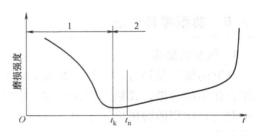

图 2-33 气缸腐蚀磨损强度与气缸壁温度的关系

1—电化学腐蚀 2—化学腐蚀

度低于 t_k 时，酸性物质与气缸壁发生电化学反应，引起电化学腐蚀，使发动机气缸腐蚀加剧，这种情况下的磨损称为低温腐蚀磨损。温度越低，其磨损速率越大。

从减少发动机磨损和保持良好的动力性及经济性考虑，发动机的冷却液温度要求为 $92 \sim 98℃$。发动机机体温度过高，常会出现发动机功率不足和过热现象。而冷却液温度偏低，会发生腐蚀磨损。

腐蚀磨损的特征是磨损区在气缸的上部，最大磨损也发生在第一道活塞环上止点位置对应的部位，如图 2-31 曲线 2 所示。腐蚀磨损的强度比正常磨损大得多，腐蚀磨损严重时，在活塞环工作区外的气缸壁上也往往出现腐蚀凹坑。

3）其他原因的磨损。活塞在气缸中倾斜，会使气缸下部的磨损变得较大，在活塞环下止点位置对应的气缸壁处形成一非常明显的小台肩。其倾斜的原因：气缸轴线与曲轴轴承孔轴线的垂直度偏差、连杆轴颈轴线与主轴颈轴线平行度偏差等位置精度超差。

2. 活塞环的磨损

（1）活塞环擦伤 活塞环擦伤的部位大致在环面的中间，有细小的擦伤痕迹，如图 2-34所示。原因可能是环的弹力过大，不能保持足够厚度的油膜，或是环卡死在环槽中不能自由活动。有时是活塞裙部先开始产生擦伤，裙部擦伤扩展时会使气缸壁表面产生擦伤而变得粗糙，最后导致活塞环的擦伤。

（2）活塞环磨料磨损 在有磨料磨损的情况下，活塞环外表面的磨损将急剧增加，而

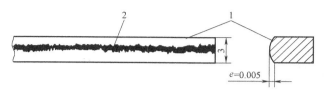

图 2-34　活塞环的擦伤外观
1—镜面　2—擦伤

环的上、下端面磨损量增加较少，当磨料来自空气和燃油时，第一道活塞环的磨损增加最多；而当磨料来自润滑油时，最下端环的磨损增加最多。

为了减少活塞环和气缸的磨损，在加工制造方面，要提高活塞环的表面质量和珩磨网纹轨迹的角度。在使用方面，一要使用性能优良的润滑油（一般可用车辆制造厂家推荐的润滑油）；二要定期对车辆进行维护，定期更换三滤。

3. 曲轴轴颈与轴承的磨损

（1）连杆轴颈的磨损　连杆轴颈在径向方向上的磨损是不均匀的。最大磨损发生在朝向主轴颈轴线的一侧，而不是发生在轴颈的最大受力部位。这是因为在四冲程发动机中，连杆轴颈所受到的气体压力、活塞和连杆往复运动的惯性力以及连杆大头旋转运动所产生的离心力和合力主要作用在连杆轴颈的内侧，作用时间长。对于连杆轴颈的磨损来说，连杆旋转部分质量的离心力对它影响最大，因为离心力在整个工作循环中始终存在。

连杆轴颈的最小磨损处一般在轴颈的侧面，而距连杆轴颈最高点（沿曲轴旋转方向）45°~75°的范围内。

连杆轴颈在径向方向上磨损的不均匀度，平均变动为 50%~100%。在中等磨损量下，磨损后连杆轴颈的圆柱度偏差不超过 0.025mm。在大的磨损量下，圆柱度偏差可达 0.05mm 或更大，而且轴颈磨损越大，圆柱度偏差也越大。

连杆轴颈在沿轴颈轴线方向的磨损也往往是不均匀的，某些发动机的连杆轴颈磨损后圆柱度误差大大增加，其原因往往是受结构的影响。在润滑油由主轴颈流向连杆轴颈的过程中，其中的机械杂质在离心力的作用下被抛到油道的外侧，在与油道的出口处，集中在油道外侧的微粒偏积在与油道倾斜方向相反的一边，并在此处形成较大的磨料磨损。而且大的磨粒往往嵌入轴承的合金层中，长久地擦伤和磨损轴颈，往往在轴颈的这一部位磨出环状的沟痕，如图 2-35 所示。

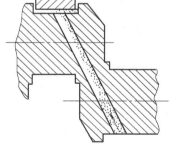

图 2-35　润滑油中机械杂质偏积示意图

此外，气缸轴线与曲轴轴承座孔轴线不垂直、连杆弯曲、活塞销孔轴线与活塞轴线垂直度偏差等，都会引起连杆轴颈在长度上的不均匀磨损。

（2）主轴颈的磨损　曲轴主轴颈的磨损部位与发动机的气缸数、曲轴的布置形式以及是否有平衡块等有关。引起主轴颈磨损不均匀的主要原因是连杆轴颈和连杆大头旋转的离心力。四缸机和六缸机曲轴主轴颈磨损部位如图 2-36 和图 2-37 所示，一般情况下靠连杆轴颈一侧的主轴颈表面的磨损较严重。若在曲柄的相对位置装上平衡块，则主轴颈表面的磨损会均匀些。各道主轴颈的磨损又以第一道轴颈较为严重，这一般是由于曲轴前端的带轮轴颈、

正时齿轮轴颈所受的径向负荷大，以及振动负荷较大造成的。

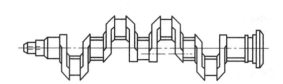

图 2-36　四缸机曲轴主轴颈磨损部位

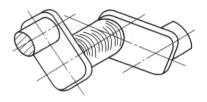

图 2-37　六缸机曲轴主轴颈磨损部位

总之，连杆轴颈的磨损比主轴颈的磨损严重，中碳钢曲轴的磨损比球墨铸铁曲轴的磨损严重。连杆轴颈磨损较严重的原因是它的润滑条件较主轴颈差；而球墨铸铁磨损较小的原因是球墨铸铁内含石墨，减摩性好。

对于 V 形发动机来说，主轴颈的负荷比连杆轴颈大，而且连杆轴颈内部设有分离润滑油中的杂质存储沉井，可以防止油液中的机械杂质进入轴颈表面，因此，主轴颈的磨损要比连杆轴颈大。

（3）**轴承的磨损**　在所有的发动机中，连杆轴承和主轴承在径向方向上的磨损都是不均匀的。连杆轴承的上轴承磨损较大，而且最大磨损部位总是在上轴承的中部。主轴承的下轴承比上轴承的磨损大，同时轴承的下部区域磨损大。轴承磨损最大的部位是润滑油油膜厚度最小的区域，这个区域的温度最高，从而使轴承材料的抗磨损强度受到削弱。此外，润滑油中大多数磨粒也是在这个区域中与轴承表面接触。总之，轴承的磨损特点是由曲轴的运动性质决定的。

在直列式发动机中，主轴承的磨损比连杆轴承的磨损小 20%～30%，而在 V 形发动机中，主轴承的磨损比连杆轴承大 0.5～1 倍。

2.3.7　影响汽车零件磨损的因素

零件磨损通常是由多种磨损形式共同作用造成的，其磨损强度与零件的材料性质、加工质量及工作条件等因素有关。

（1）**材料性质的影响**　不同材料由于其成分、组织、结构不同，抗磨损的能力也不同，如碳钢件的耐磨性随硬度的提高而提高，铸铁件的耐磨性则取决于碳含量。若在钢铁中加入一定的合金元素及进行适当的热处理，均可提高零件的耐磨性。

（2）**加工质量的影响**　零件的加工质量主要是指其表面粗糙度及几何误差。几何误差过大，将造成零件工作中受力不均，或产生附加载荷，使磨损加剧。表面粗糙度值过大会破坏油膜的连续性，造成零件表面凸起点的相互咬合，同时腐蚀物质更易沉积于零件表面，使腐蚀磨损加剧。

（3）**工作条件的影响**　工作条件是指零件工作时的润滑条件、滑动速度、单位压力及工作温度等。

充足的润滑油可以在零件表面形成良好的油膜，避免摩擦表面之间的直接接触，同时对零件表面具有良好的清洗作用，减轻零件的磨损。

零件相对运动速度的提高，有利于润滑油膜的形成，使磨损减轻；但运动速度过快，摩擦产生的热量无法及时散去，将导致润滑油黏度下降、油膜变薄、承载能力降低，出现边界摩擦甚至干摩擦，加剧零件磨损。

零件表面的单位压力升高，零件的磨料磨损随之增加。当零件表面载荷超过油膜的承载能力时，摩擦表面间的油膜将被破坏，引起严重的黏着磨损。

零件的工作温度应适当，温度过高会造成油膜变薄甚至被破坏，磨损增加；但温度过低，腐蚀性介质更容易冷凝于工作零件表面，使腐蚀磨损增加。

2.3.8　汽车零件磨损规律

零件的磨损是不可避免的，工作条件不同，引起零件磨损的原因也就不同。但各种零件的磨损却都具有一定的共同规律，这种规律称为零件磨损特性，该磨损规律的曲线称为磨损特性曲线。从图 2-38 中可以看出，零件磨损可分为三个阶段。

（1）**第一阶段：磨合期**（Oa 段）　由于新零件及修复件表面较为粗糙，工作时零件表面的凸起点会划破油膜，在零件表面产生强烈的刻划、黏结等作用，同时从零件表面脱落下来的金属及氧化物颗粒会引起严重的磨料磨损，因此该阶段的磨损速度较快。随着磨合时间的增长，零件表面质量不断提高，磨损速度会相应降低。

（2）**第二阶段：正常工作期**（ab 段）　经过磨合期的磨合，零件的表面粗糙度值降低，适油性及强度增强，因此零件在正常工作期的磨损变得非常缓慢。

（3）**第三阶段：极限磨合期**（b 点以后）　由于磨损的不断积累，造成极限磨损期零件的配合间隙过大，油压降低，正常的润滑条件被破坏，零件之间的相互冲击也随之增加，零件的磨损急剧上升。此时如不及时进行调整或修理，将会造成事故性损坏。

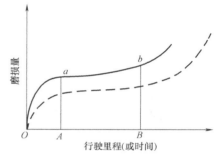

图 2-38　汽车零件磨损特性曲线

可见，降低磨合期的磨损量、减缓正常工作期的磨损、推迟极限磨损期的来临，可延长零件的使用寿命（如图 2-38 中虚线所示）。

2.4　汽车零件的疲劳断裂失效

零件在交变应力作用下，经过较长时间工作而发生的断裂现象，称为疲劳断裂。疲劳断裂是汽车零件中常见的失效形式之一，也是危害性最大的一种失效形式。

2.4.1　疲劳断裂失效的分类

疲劳断裂失效的分类见表 2-5。

表 2-5　疲劳断裂失效的分类

按断裂性质	塑性、脆性、塑-脆性,塑性又分为纤维状断口与剪切断口
按断裂路径	沿晶、穿晶、混晶
按断裂机理	解理、韧窝、准解理、滑移分离、疲劳、环境、蠕变、沿晶
按应力状态	静载、动载,静载分为拉伸、剪切和扭转断裂;动载分为冲击和疲劳断裂
按断裂环境	低温、室温、高温、腐蚀、氢脆

而根据零件的特点及破坏时总的应力循环次数，疲劳失效可按图 2-39 所示分类。

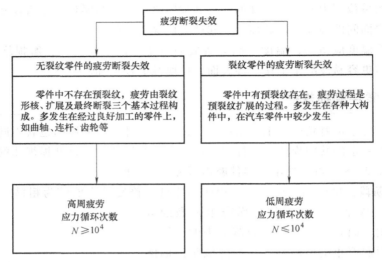

图 2-39 疲劳断裂失效的分类

高周疲劳发生时，应力在屈服强度以下，零件的寿命主要由裂纹的形核寿命控制。低周疲劳发生时的应力可高于屈服强度，其寿命受裂纹扩展寿命的影响较大。

汽车零件一般多为低应力高周疲劳断裂。

2.4.2 疲劳断裂失效机理

金属零件疲劳断裂实质上是一个累积损伤过程，大体上可分为滑移、裂纹成核、微裂纹扩展、宏观裂纹扩展、最终断裂五个过程。

1. 疲劳裂纹的萌生

在交变载荷作用下，金属零件表面产生的不均匀滑移是产生疲劳裂纹核心的策源地，金属内的非金属夹杂物和应力集中等也可能产生疲劳裂纹核心策源地。

在一定应力循环后，在应力硬化区内由于应力的增加出现局部损伤累积以及空穴集聚，这样在各晶粒内局部地区出现一个或几个分布不均匀的相对滑移线，且随着疲劳的加剧，原有滑移线的滑移量加大，新出现的滑移线也往往挨着原有的滑移线而共同组成滑移带。滑移带随着疲劳的加剧而逐步加宽加深，在表面出现挤入槽，如图 2-40 所示。这种挤入槽就是疲劳裂纹策源地。另外，金属的晶界及非金属夹杂物等处以及零件应力集中的部位（台阶、尖角、键槽等）均会产生不均匀滑移，最后也形成疲劳裂纹核心。

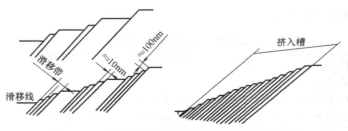

图 2-40 延性金属中由外载荷作用造成的滑移

2. 疲劳裂纹的扩展

在没有应力集中的情况下，疲劳裂纹的扩展可分为沿晶和穿晶两个阶段。

在交变应力的作用下，裂纹从金属材料表面上的滑移带、挤入槽或非金属夹杂物等处开始，沿着最大切应力方向（一般和主应力方向成40°角的方向）的晶面向内扩展，这是裂纹扩展的第一阶段。在这一阶段，裂纹的扩展速度很慢。

裂纹按第一阶段方式扩展一定距离后，将改变方向，沿着与正应力相垂直的方向扩展，这是疲劳裂纹扩展的第二阶段，如图2-41所示。这一阶段裂纹扩展途径是穿晶的，扩展速度较快。

如在有应力集中的情况下，则不出现第一阶段，而直接进入第二阶段。裂纹成核后的扩展过程主要包括微观和宏观两个裂纹扩展阶段。因此，整个疲劳过程是滑移→微观裂纹产生→微观裂纹连接→宏观裂纹扩展→断裂失效。

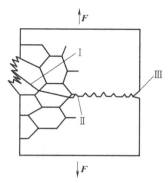

图 2-41 疲劳裂纹
扩展的两个阶段
Ⅰ—第一阶段扩展 Ⅱ—第二
阶段扩展 Ⅲ—最终断裂

2.4.3 疲劳断口宏观形貌特征

典型的宏观疲劳断口一般分为三个区域：疲劳源区（或称疲劳核心区）、疲劳裂纹扩展区和瞬时断裂区，如图2-42所示。

1. 疲劳源区

疲劳源是疲劳破坏的起始点，一般位于零件表面，但如果内部存在严重缺陷，也可能发生在零件内部。疲劳源区的断面由于疲劳裂纹扩展缓慢及裂纹反复张开与闭合效应而磨损严重，且有光亮和细"晶粒"的表面结构。

疲劳源的数目可以不止一个，尤其是零件过负荷疲劳时，其应力幅度较大，此时断口上常会出现几个不同位置的疲劳源。在断口表面同时存在几个疲劳源的情况下，可按疲劳线的密度来确定疲劳源产生的次序，即疲劳线的密度越大，表示起源的时间越早。

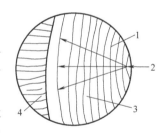

图 2-42 疲劳裂纹
的宏观断口示意图
1—前沿线 2—裂纹策源地
3—裂纹扩展区 4—最后断裂区

2. 疲劳裂纹扩展区

疲劳裂纹扩展区是疲劳断口最重要的特征区域。此区域较光亮、平滑，存在一些以疲劳源为中心，与裂纹方向相垂直的呈半圆形或扇面形的弧形线，称为疲劳弧线（由于外加载荷的改变或附近裂纹、材料缺陷、残余应力影响而发生的应力再分配，引起疲劳裂纹前沿区域局部地区的应力大小及状态的改变，从而使疲劳裂纹扩展速度及方向均发生变化，在断面上留下塑性变形的痕迹）。疲劳弧线是金属疲劳断口宏观形貌的基本特征。

裂纹扩展区对衡量材料的性能很重要，这个区域大，表示材料的临界裂纹尺寸大，能较好地抵抗裂纹的扩展，即具有足够的断裂韧度。有些金属零件在交变应力作用下发生断裂失效，宏观断口观察不到疲劳弧线，则是由于断口表面多次反复压缩而摩擦，使该区域变得很光滑，呈细晶状的缘故。

在低周疲劳断口上一般观察不到疲劳弧线。

3. 瞬时断裂区

当疲劳裂纹扩展到临界尺寸时，剩余截面上的真实应力超过材料强度，零件发生瞬时断裂的区域称为瞬时断裂区。它的特征与静载荷下的快速破坏区相似，会出现放射区和剪切唇。脆性材料的断口呈粗糙的"晶粒"状结构或呈放射线式；塑性材料的断口具有纤维状结构，在零件表面有剪切唇。

疲劳扩展区与瞬时断裂区所占面积的大小与材料的性质及所受的应力水平有关。通常高强度材料承受应力水平高，但是塑性差，它的疲劳扩展区小，而瞬时断裂区大，因此疲劳裂纹稍有扩展即导致过载断裂。塑性材料承受应力水平低时，即使疲劳裂纹有较大扩展，其剩余截面上的应力仍不高，不会立即断裂，瞬时断裂区所占比例就小。因此，可根据疲劳断口上两个区域所占比例，估计所受应力及应力集中程度。

疲劳断裂因载荷类型不同，其断口形态也不一样，如在双向交变扭转应力作用下，断口多呈锯齿状。这是因为轴在双向交变扭转应力作用下，轴颈尖角处将产生很多疲劳源。这些裂纹将同时向与轴线成40°交角的方向扩展，因为这个方向是最大拉应力方向，最后这些裂纹相交时，便形成锯齿状。

载荷的类型、应力集中和名义应力的大小对疲劳断口宏观形态的影响见表2-6。

表2-6　各种类型疲劳断口的宏观特征

载荷类型	低名义应力		高名义应力	
	小应力集中	大应力集中	小应力集中	大应力集中
拉伸或单向弯曲				
双向弯曲				
旋转弯曲				

2.4.4　提高汽车零件抗疲劳断裂的方法

提高金属零件疲劳抗力的基本途径有延缓疲劳裂纹萌生时间、降低疲劳裂纹扩展的速率和提高疲劳裂纹门槛值。

1. 延缓疲劳裂纹萌生时间

其方法有强化金属合金表面，控制表面的不均匀滑移（如表面滚压、喷丸以及表面热处理等）。细化材料晶粒可提高疲劳强度；采用热处理方法使晶界呈锯齿状或使晶粒定向排列并与受力方向垂直，以防止晶界成为疲劳裂纹扩展的通道。另外，提高金属材料的纯洁度，减小夹杂物尺寸以及提高零件表面完整性设计水平，尽量避免应力集中的现象等，都是抑制或推迟疲劳裂纹产生的有效途径。

2. 降低疲劳裂纹扩展速率

降低疲劳裂纹扩展速率的主要方法有止裂孔法、扩孔清除法、刮磨修理法。

止裂孔法是在裂纹扩展前沿钻孔，以阻止裂纹继续扩展；扩孔清除法是在不影响强度的前提下，采用扩孔方法加大已产生疲劳裂纹的内孔直径，将疲劳裂纹清除；刮磨修理法是用刮磨方法将零件局部表面已产生的裂纹清除。此外，还可以在裂纹处采用局部增加有效截面或补贴金属条等降低应力水平的方法，以阻止裂纹继续产生与扩展。

3. 提高疲劳裂纹门槛值

金属零件裂纹扩展的门槛值是指带裂纹的构件在交变载荷作用下不会发生疲劳扩展的应力强度因子交变值。其值一般由试验直接确定。

4. 正确使用和合理操作

对新车或新总成应正确进行磨合与走合，以改善各零件摩擦表面的现状与性质；汽车运行中不应超载超速，不应经常性紧急制动、猛烈起动；避免零件在腐蚀或高温条件下连续工作，以免零件急剧磨损。

2.4.5　汽车零件的疲劳断裂失效的特点

汽车零件的疲劳断裂失效的特点有：

1）疲劳条件下的破断应力低于材料的抗拉强度，而且低于屈服强度。

2）无论塑性材料或是脆性材料做成的零件，在交变应力的作用下，一般都在疲劳裂纹扩展到一定程度后发生突然破坏，而且疲劳断裂过程在宏观形貌上没有留下明显的塑性变形。

3）疲劳破坏的宏观断口有其独特的形貌，典型的宏观疲劳断口分为三个区域：疲劳源区（或称为疲劳核心区）、疲劳裂纹扩展区和瞬时断裂区。

2.5　汽车零件的腐蚀失效

零件受周围介质作用而引起的损坏，称为零件的腐蚀。按腐蚀机理可分为化学腐蚀和电化学腐蚀，汽车上约20%的零件因腐蚀而失效。

2.5.1　腐蚀失效的类型及特点

金属腐蚀失效的类型是多种多样的，但是无论哪一种腐蚀，在腐蚀的过程中，都必须有一个化学或电化学反应过程。因此，在表面或断口上会留下腐蚀产物。腐蚀是从表面开始向内部扩展的。金属腐蚀后造成金属重量损失，使金属有效面积减小或强度大大降低。

化学腐蚀是金属表面与介质发生化学作用引起的，特点是腐蚀过程中无电流产生。电化学腐蚀是两个不同的金属在一个导电溶液中形成一对电极，产生电化学反应而发生腐蚀的作用，使充当阳极的金属被腐蚀，其特点是腐蚀过程中有电流产生。

化学腐蚀又分为气体腐蚀和在非电解溶液中的腐蚀；电化学腐蚀又分为大气腐蚀、土壤腐蚀、在电解溶液中的腐蚀及熔融中的腐蚀。

按照腐蚀的破坏形式把腐蚀失效分为均匀腐蚀和局部腐蚀。均匀腐蚀是金属的腐蚀作用均匀地发生在整个金属表面上；局部腐蚀是金属的腐蚀作用仅局限在一定的区域内。局部腐蚀比均匀腐蚀的危害性大很多。

均匀腐蚀的腐蚀程度用平均腐蚀速率来表示，其中腐蚀速率可以由重量的变化来评定，也可由腐蚀深度来表示。局部腐蚀的腐蚀程度则应根据情况用裂纹扩展速率或材料性能降低程度来表示。

2.5.2 腐蚀失效机理

1. 化学腐蚀失效机理

化学腐蚀是金属零件与介质直接发生化学作用而产生的腐蚀，金属在干燥空气中的氧化及金属在不导电介质中的腐蚀等，均属于化学腐蚀。化学腐蚀过程中没有电流产生，通常在金属表面形成一层腐蚀产物膜，如铁在干燥空气中与空气中的氧作用，则：

$$4Fe+3O_2 \longrightarrow 2Fe_2O_3; \qquad 3Fe+2O_2 \longrightarrow Fe_3O_4$$

这层膜的性质决定化学腐蚀速度，如果膜是完整的，强度、塑性都很好，膨胀系数和金属相近，膜与金属的黏着力强等，它就有保护金属、减缓腐蚀的作用。例如铬和铬的氧化物硬度高，氧化铬膜不易磨掉，因此，发动机活塞环镀铬后，能够大大提高耐腐蚀磨损的性能。

2. 电化学腐蚀失效机理

电化学腐蚀是由金属表面与介质之间的电化学作用而引起的。

电化学腐蚀的基本特点：在导电溶液里，充当阳极的金属不断被腐蚀，同时，在金属不断遭到腐蚀的同时还有电流产生。金属在酸、碱、盐溶液及潮湿空气中的腐蚀等均属于这类腐蚀。

引起电化学腐蚀的原因是金属与电解质相接触，由于离子交换，产生电流形成原电池，如铁金属在溶液中或潮湿的环境中产生的化学反应如下：

阳极反应 $\qquad\qquad\qquad Fe-2e^- \longrightarrow Fe^{2+}$

阴极反应 $\qquad\qquad\qquad 2H^+ + 2e^- \longrightarrow H_2 \uparrow$

这种原电池，由于电流无法利用，使阳极金属受到腐蚀，称为腐蚀电池。

3. 其他腐蚀失效机理

两种金属制成的零件，由于其电极电位不同，所形成的腐蚀电池称为异类电极电池。同一种金属由于各部位接触的溶液成分不同，如氧的浓度不同或其他的浓度差，也会形成浓差腐蚀电池，例如湿式缸套下部的橡胶圈密封处，与橡胶圈接触的表面均会产生浓差腐蚀电池。当金属表面有氧化膜或镀层时，若氧化膜不完整而有孔隙，或镀层有破损、裂纹等，在电解质溶液存在的环境下，易形成局部腐蚀电池，也称为微电池。

按电化学机理，金属被腐蚀时，由于氢离子与阴极电子结合析出氢气，促进阳极腐蚀，故这种腐蚀过程称为析氢腐蚀。许多金属在盐酸或稀硫酸中均受到析氢腐蚀。

图 2-43 所示为钢在电解液膜下的电化学腐蚀过程。铁素体和渗碳体相互接触，组成腐蚀电池，铁素体电极电位比渗碳体低而成为阳极遭到腐蚀，渗碳体作为阴极在其表面析出氢气。

与燃气接触的零件所受的腐蚀为燃气腐蚀。燃气腐蚀可分为低温腐蚀和高温腐蚀，低温腐蚀主要为电化学腐蚀，高温腐蚀主要为化学腐蚀。燃气与冷却条件较好的零件接触，当其温度降到露点以下时，燃气中的水蒸气凝结成水与燃气中的酸酐等形成酸类而形成低温腐蚀，如气缸套、气缸盖与喷油器喷嘴等处。直接与高温燃气部分接触，如活塞顶、排气门及排气门座、排气管等处，都易发生高温腐蚀。

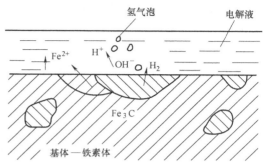

图 2-43 钢在电解液膜下的电化学腐蚀过程

2.5.3 防止金属腐蚀的措施

防止金属腐蚀的方法有：

1）正确选用金属材料，如不锈钢等耐蚀材料，并合理设计金属结构。

2）使用防潮层和干燥剂保持干燥的环境来阻止金属腐蚀的发生。

3）添加缓蚀剂、去除介质中有害成分。

4）隔离有害介质以及电化学保护法，如在金属的表层涂上一层油、油漆或清漆可以阻止金属腐蚀。

5）镀锌可以保护金属免受腐蚀，在不锈钢表面涂镀上一层薄的锌镀层，可以对下面的基材起到保护作用。

2.6 汽车零件的变形失效

2.6.1 零件变形失效的类型及变形机理

汽车零件在使用过程中，由于载荷或内部应力的作用，使零件的尺寸和形状改变的现象称为零件的变形。汽车零件，特别是基础零件和车架等的变形，将严重影响相应总成和汽车的使用性能及寿命。例如曲轴的变形将影响活塞在气缸中的正确位置关系，离合器摩擦片挠度过大将造成离合器分离不彻底，变速器中间轴与主轴弯度过大就会破坏齿轮副的正常啮合等。

零件变形失效的类型有弹性变形失效、塑性变形失效和蠕变变形失效。

1. 弹性变形

（1）弹性变形失效 零件在外力作用下发生弹性挠曲，其挠度超过许用值而破坏零件间相对位置精度的现象，称为弹性变形失效。此时零件所受应力并未超过弹性强度，应力与应变之间的关系仍遵循胡克定律。材料弹性模量是弹性变形的失效抗力指标。零件的截面积越大，材料弹性模量越高，则越不容易发生弹性变形失效。

（2）弹性变形机理 晶体中的原子在外力作用下偏离了原来的平衡位置，使原子间距发生变化，从而造成晶格的伸缩或扭曲。因此，弹性变形量很小，一般不超过材料原长度的 $0.10\% \sim 1.0\%$。而且，金属在弹性变形范围内，符合胡克定律，即应力与应变成正比。

（3）**滞后弹性变形** 许多金属材料在低于弹性极限应力的作用下，会产生滞后弹性变形。滞后弹性变形，就是材料在一定应力作用下，不能瞬时达到其平衡位置；当卸除载荷时，也不能瞬时恢复原状的现象，简称弹性后效。通常经过冷校后的零件，经过一段时间后，又发生弯曲，这就是弹性后效的结果。消除弹性后效的方法是长时间的回火，一般钢件的回火温度是 300~450℃。

2. 塑性变形

（1）**塑性变形失效** 零件的工作应力超过材料的屈服强度而产生塑性变形所导致的失效，称为塑性变形失效。例如，曲轴的弯曲及扭曲、花键扭曲、螺栓受载后被拉长超限等。

经典的强度设计都是按照防止塑性变形失效来进行的，即不允许零件的任何部位进入塑性变形状态。随着应力分析技术的发展，目前在设计中已逐渐采用塑性设计的方法，即允许局部区域发生塑性变形。但采用塑性设计方法时，若应力分析不精确、工作条件估计错误或材料选择不合理，就有可能发生塑性变形失效。例如，花键扭曲、螺栓受载后被拉长（塑性变形）等。

在给定外载荷条件下，塑性变形失效取决于零件截面的大小、安全因数值及材料的屈服强度。材料的屈服强度越高，则发生塑性变形失效的可能性越小。

（2）**塑性变形机理** 组织结构和性能的变化使晶界向某个方向延展，所承受的应力也有方向性，即由原来的各向同性变为各向异性。实际使用的金属材料，大多是多晶体，且大部分是合金。由金属材料学的基本理论可知，多晶体的变形抗力比单晶体高，而且使变形复杂化。因此，晶粒越细，单位体积的晶界越多，塑性变形抗力越大，即强度越高。

金属塑性变形还会产生加工硬化现象，同时在金属内部产生应力或残余应力。另外，塑性变形使原子活动能力提高，造成金属的耐蚀性下降。

3. 蠕变变形

（1）**蠕变变形失效** 蠕变是指材料在一定应力（或载荷）作用下，随时间延长，变形不断增加的现象。

蠕变与塑性变形不同，塑性变形通常在应力超过弹性极限之后才出现，而蠕变只要应力的作用时间足够长，它在应力小于弹性极限时也能出现。蠕变变形失效是由于蠕变过程不断发生，产生的蠕变变形量或蠕变速度超过了金属材料的蠕变极限。

同一材料在不同的压力水平或不同温度下，可处在不同的蠕变阶段。通常温度升高和压力增大会使蠕变加快。

对于一般金属，蠕变现象只有在高温条件下才能明显表现出来。但是，某些金属，如铅、锡及它们的合金，在常温条件下也能表现出蠕变现象。蠕变现象的产生由温度、应力和时间三方面的因素构成。例如碳钢在 300~400℃ 时，在应力的作用下即能明显地出现蠕变现象，当温度在高于 400℃ 时，即使应力不大也会出现较大速率的蠕变；合金钢的温度超过 400~500℃ 时，在一定的应力作用下，就会发生蠕变，温度越高，蠕变现象越明显。由于金属蠕变的积累，使金属零部件发生过量的塑性变形而不能使用，或者蠕变进入到了加速发展阶段，发生蠕变断裂，这均会使零部件失效破坏，甚至发生严重事故。

（2）**蠕变变形机理** 不同材料的蠕变微观机理不同。引起多晶体金属材料蠕变的原因一般是原子晶体位错引起的点阵滑移以及晶界扩散等，主要是因为在高温、低应力较长时间作用下，随着蠕变不断进行，晶界滑动和晶界扩散比较充分，促进了空洞、裂纹沿晶界形成和发展。在高应力条件下蠕变机理与室温条件下的韧性断裂类似，是空洞在晶粒中夹杂物处形成，并随蠕变进行而长大、汇合的过程。在高温条件下蠕变过程总伴随着动态再结晶，在晶粒内不断产生细小的新晶粒，由于晶界面积不断增大，空洞将均匀分布，从而阻碍空洞的形成和长大。因此，动态再结晶抑制沿晶断裂，晶粒大小与应变量成反比。

改变蠕变采取的措施：高温工作条件的零件应采用蠕变小的材料制造，如耐热钢等；对有蠕变的零件进行冷却或隔热；防止零件向可能损害整车、总成、机构的功能或造成拆卸困难的方向蠕变。

2.6.2　基础件变形对寿命的影响

汽车零件的变形是十分常见的。有些零件如曲轴、连杆等，由于形状简单，变形的产生比较直观，变形的检查和校正也比较简单，因此，在维修中容易被重视。但是，对于一些基础件如气缸体、变速器壳、桥壳和车架等因形状复杂、相互位置精度要求高，变形的测量检查及变形的校正均较困难，因此，在维修中容易被忽视。

1. 气缸体

气缸体经使用后，甚至长期放置的备用气缸体，绝大多数会产生不同程度的变形。据统计有80%以上的缸体变形超过了规定的公差要求。气缸轴线与曲轴轴线的垂直度对发动机的使用寿命影响最大，经发动机台架试验证明，该数值在200mm长度上达到0.17~0.18mm时，发动机气缸的磨损增加30%~40%，也就是发动机的使用寿命相应缩短了30%以上。这是因为该垂直度超差过大，将使活塞在气缸内产生倾斜，从而使活塞环和活塞与缸壁的局部接触应力增高，以致加剧了摩擦和磨损。

主轴承座孔轴线的同轴度及圆度超过公差要求时，可能使曲轴在轴承中翘曲。这不但增加了曲轴的附加载荷，加速了曲轴及轴承的磨损，严重时还常常导致曲轴的断裂事故。

2. 变速器壳

修理实践证明，汽车变速器壳的变形也是比较严重的，变速器壳变形主要表现为轴承座孔轴线的同轴度、平行度以及前后端面的垂直度等超过公差要求。

变速器各轴承座孔轴线的同轴度、平行度是影响变速器使用寿命和正常工作的重要因素。试验表明，当平行度偏差达到0.19mm时，其转矩的不均匀性比新的变速器要高一倍左右。同时，它还破坏了齿轮的正常啮合，造成齿轮偏磨，产生较大的轴向分力，不仅加剧了轮齿的磨损，有时还造成变速器工作中自动跳档。

2.6.3　零件变形的影响因素

汽车零件在使用过程中产生变形的原因是多方面的，主要是由于外载荷、内应力、结晶缺陷及较高的温度等因素综合作用的结果。

1. 外载荷

汽车在使用过程中，由于传递力而承受外载荷。当外载荷产生的应力超过材料的屈服强度时，零件将产生过应力永久变形。汽车工作条件相当恶劣，使用过程中经常满载或超载，而且路面条件很差，且频繁制动、停车和起动，产生较大的瞬时超载，导致基础件或零件发生变形。另外，还有零件的变形是其结构布置不合理而引起的。

2. 内应力

内应力是指零件内部存在的、与载荷无关的应力。采用自然时效和人工时效可以使内应力松弛。汽车中的壳体零件和车架等，一般为铸铁或焊接件，且形状复杂、尺寸较大。在制造和加工过程中，不可避免地会产生较大的内应力。零件虽然经时效处理，但内应力不一定彻底消除，将有部分应力残存下来，成为残余内应力。

残余内应力主要有热应力、相变应力、机加工应力及热处理淬火应力。残余应力对零件的静强度、尺寸稳定性等有较大影响。材料在残余应力的长期作用下，不仅弹性极限降低，还会减小内应力的塑性变形（内应力松弛）。因此，由于残余应力的长期作用，或者工作应力与残余应力的叠加使零件的实际应力增大，容易导致变形。

3. 结晶缺陷

零件产生变形的内在原因是材料的内部缺陷，如位错、空洞等。位错是晶体中的线缺陷，在金属材料中大量存在。位错是一种易导致运动的缺陷，即在较小的切应力作用下即可运动。因此，具有大量的位错的材料是不稳定的，在外力长期作用下，特别是在高温下，不大的应力都可引起位错运动，而使金属产生滑移变形。空洞是晶体中普遍存在的一种点缺陷。空洞的存在对晶体的内在运动和某些性能有较大的影响。由于空洞的存在，出现了一个负压中心，且空洞在一定的能量条件下，可以产生合并或消失。这一过程是一种扩散，是通过空洞的移动来达到的，其结果是引起金属的变形。

4. 温度

温度升高，金属材料的原子热振动增大，临界切向变形抗力下降，容易产生滑移变形，使材料的屈服强度降低。当温度超过一定程度时，金属材料还会产生蠕变现象（高温蠕变），即在一定的温度和一定的应力作用下，随时间的增加，金属将缓慢地发生塑性变形。例如碳钢的温度高于 $300 \sim 350℃$ 时，就会产生蠕变。温度越高，产生蠕变的应力越小。另外，如果零件受热不均，各处的温差过大，会产生较大的热应力，也会引起零件的变形。

由此可知，金属的变形是有多方面原因的，往往是几种原因共同作用的结果。

2.7 失效模式影响及危害性分析（FMECA）

零件的失效是由于工作应力大于失效抗力造成的，因此对汽车的零部件进行综合分析时，应当首先从零件的受力状态、环境介质、温度等去考虑失效原因。不同的工作条件要求零件具有不同的失效抗力指标，而材料的失效抗力指标则主要取决于材料的成分、组织和状态。例如，承受交变应力的零件多表现为疲劳断裂，若此时有介质存在，则可能是腐蚀疲劳；处于高温环境则多为高温疲劳。

对零件进行综合分析的系统分析方法有按失效模式分析方法和按系统工程分析方法两种。

1. 按失效模式分析方法

失效模式是一种或几种物理或化学过程所产生的效应，是零件在尺寸、形状、状态或性能上发生明显变化的外观表现形式。不同的物理或化学过程对应着不同的失效模式。根据零件的残骸（断口、磨屑等）的特征和残留的有关失效过程信息，可首先判断失效模式，进而推断失效的根本原因。

2. 按系统工程分析方法

这种方法是把产品看成一个系统，采用数学方法或计算机等现代化工具，研究系统故障率的原因与结果之间的逻辑关系，对系统构成要素、组织结构、信息交换等功能进行分析、设计、制造、维护等，从而达到最优设计、最优控制和最优管理的目的。因此，系统工程分析方法不仅是在事故发生后采用的一种善后处理方法，而且是在事故发生前采取必要措施避免事故发生的一种事前防范方法。目前国内外应用的系统工程失效分析方法主要有失效模式影响及危害性分析（FMECA）和故障树分析（FTA）。

2.7.1 FMEA 概述

1. 基本概念与起源

失效模式及影响分析（Failure Mode and Effects Analysis，FMEA），是一种可靠性设计的重要方法。

FMEA 是在系统研发设计过程中，以产品的元件、零件或系统为分析对象，通过对系统各组成单元潜在的各种故障模式及其对系统功能的影响与产生后果的严重程度进行分析，提出可能采取的预防改进措施，以提高产品可靠性的一种设计分析方法。

失效模式影响及危害性分析（Failure Mode, Effects and Criticism Analysis，FMECA），是一种在现代产品设计阶段广泛应用的、系统化的失效分析方法，它可以分为失效模式及影响分析（FMEA）和危害度分析（Critically Analysis，CA）两步。根据工程的需要有时只进行失效模式分析（Failure Modes Analysis，FMA），有时只进行失效影响分析（FEA），而危害度分析（CA）是在 FMEA 的基础上进行的，合并后统称 FMECA。

FMEA 思想的起源是在 20 世纪 50 年代初期，美国将其用于一种战斗机操作系统的设计分析。20 世纪 60 年代，FMEA 技术正式用于美国的航天工业项目 Apollo 计划。1974 年美国海军将其用于舰艇装备的标准《舰艇装备的失效模式和后果分析》，第一次用于军事项目的合约。在 1976 年，美国国防部颁布了 FMEA 在设计方面的军用标准。此时，汽车工业将 FMEA 作为其零件设计和生产制造的会审项目的一部分。20 世纪 80 年代初，FMEA 成为降低事故的不可或缺的重要工具。1991 年 ISO 9000 推荐使用 FMEA 提高产品的过程设计。1993 年包括美国三大汽车公司和美国质量管理学会在内的美国汽车工业行动集团组织采用编制了 FMEA 参考手册。FMEA 在汽车零部件生产行业已被广泛应用，同时这也是美国三大汽车公司对所属供应商的强制性要求之一。作为风险控制的主要手段，FMEA 还被广泛应用到其他行业，如医疗、粮食、运输、企业管理等部门。

由于产品故障可能与设计、制造过程、使用、承包商、供应商以及服务有关，因此 FMEA 的主要类型有概念 FMEA（CFMEA）、设计 FMEA（DFMEA）、过程 FMEA（PFMEA）、设备 FMEA（MFMEA）。

2. FMEA 的作用和特点

FMEA 是一组系统化的相互作用的活动，具有以下作用：

1）发现、评价产品使用过程中潜在的失效及其结果。

2）确定与产品有关的过程潜在失效模式。

3）确定潜在设计或制造过程的失效起因，确定减少失效发生或找出失效条件的过程控制变量。

4）评价失效的潜在影响。

5）编制潜在失效模式分级表，然后建立考虑措施的优选体系。

6）有利于减轻缺陷的严重性。

现代质量管理研究表明，产品质量首先是设计出来的，其次是生产出来的，而不是检测出来的。使用 FMEA，能在设计或制造阶段发现产品设计的不足或存在的隐患，然后及时采取措施，使产品获得更高的可靠性。

FMEA 的主要特点：

1）易懂，已被广泛接受，且标准化，如在 QS 9000 和 ISO/TS 16949 中都对其有明确要求。

2）时间花费长。

3）通常不能考虑失效与人为因素的关系等。

汽车行业进行 FMEA，可以有效地提高产品质量，具体优点如下：

1）确保所有的风险提前识别并采取相应的措施。

2）确保产品和优化后的措施的基本原理和等级。

3）减少废料、返工和制造成本。

4）减少外厂故障、降低保修成本。

5）减少"召回"的发生概率。

3. FMEA 的应用注意事项

成功实施 FMEA 的一个最重要因素就是时间性，它是一个"事前行为"，而不是"事后练习"。要想达到最佳效益，FMEA 的应用一定要注意时机，它必须在产品或过程的设计和开发完成之前进行和完成。在实施 FMEA 的过程中，应注意以下方面：

1）FMEA 工作应与产品的设计同步进行，应在设计的早期阶段就开始进行。

2）对产品研制的不同阶段，应进行不同程度、不同层次的 FMEA。

3）FMEA 工作应由设计人员负责完成，责任应具体划分。

4）FMEA 中应加强规范化工作，以保证产品 FMEA 的结果具有可比性。

5）应对 FMEA 的结果进行跟踪与分析，以验证其正确性和改进措施的有效性，以备查考。

6）一般作为静态的单个因素分析法，在动态分析方面还不完善，若对系统实施全面的分析还应与其他分析方法相结合。

2.7.2　FMEA 的应用

FMEA 的基本步骤如下：

1）根据设计文件，从功能、环境条件、工作时间、失效定义等各个方面全面确定设计对象定义；按重要程度的递降顺序分别考虑每一种工作状态。

2）针对每一种工作状态分别绘制系统功能框图和可靠性框图。

3）确定每一部件与接口应有的工作参数或功能。

4）查明一切部件与接口可能的失效模式、发生的原因与影响。

5）按可能的最坏影响评定每一失效模式的危害性级别。

6）确定每种失效模式的检测方法与补救措施或预防措施。

7）提出修改设计或采取其他措施的建议，同时指出设计更改或其他措施对各方面的影响。

8）写出分析报告，总结设计上无法改正的问题，并说明预防失效或控制失效危害性的必要措施。

2.7.3 DFMEA

1. DFMEA 概述

DFMEA 即设计 FMEA，是在一个产品设计概念形成之时或之前开始，并且存在于产品开发的各个阶段，当设计有变化或得到其他信息时及时不断地修改，并在图样加工完成之前结束。其评价与分析的对象是最终的产品以及每个与之相关的系统、子系统和零部件。DFMEA 需要在体现设计意图的同时还应保证制造或装配能够实现设计意图。因此，虽然 DFMEA 不是靠过程控制来克服设计中的缺陷，但其可以考虑制造和装配过程中技术的客观限制，从而为过程控制提供良好的基础。

进行 DFMEA 的意义如下：

1）设计要求与设计方案的相互权衡。

2）制造与装配要求的最初设计。

3）提高在设计/开发过程中考虑潜在故障模式及其对系统和产品影响的可能性。

4）为制订全面、有效的设计试验计划和开发项目提供更多的信息。

5）建立一套改进设计和开发试验的优先控制系统。

6）为将来分析研究现场情况、评价设计的更改以及开发更先进的设计提供参考。

2. DFMEA 的应用

DFMEA 的工作表见表 2-7。

在 QS 9000 中的潜在失效模式（FMEA），规定了标准的 DFMEA 工作表，DFMEA 工作表各栏目的含义和填写方法如下。

第一栏（项目/功能）：填入被分析项目的名称和其他适当的信息（如编号、零件等级等），可利用工程图样上标明的名称并指明设计等级。填入时，用尽可能简洁的文字来说明被分析项目须满足设计意图的功能，包括该系统运行环境的相关信息，如果该项目有多种功能，且有不同的失效模式，要将所有功能都单独列出。

第二栏（潜在失效模式）：填入系统或零部件有可能未达到或未完成在项目/功能栏中所描述设计意图的种类（如预期的功能丧失）。潜在失效模式可能是更高一级系统的潜在失效模式的起因，也可能是比它低一级的零部件潜在失效模式的后果。对一个特定项目及其功能，列出每一个潜在失效模式，前提是这种失效可能发生，但不是一定发生。

第三栏（潜在失效后果）：填入失效模式对功能的影响，要根据可能发现或经历的情况来描述失效的后果，要清楚地说明该失效模式是否会冲击到安全性，或与法规不符，还要记住不同级别的系统、子系统和零件之间存在着系统层次上的关系。例如，一个零件的断裂可能引起总成件的振动，从而导致系统运行的中断，这种系统运行中断会引起性能下降。

第四栏［严重度（S）］：填入对一个失效模式影响最严重的评价等级。严重度是在多个 FMEA 范围内的一个比较级别。要减少失效严重度级别数值，只能通过设计变更来实现。

表 2-7 DFMEA 的工作表

系统		FMEA 编号:		
子系统		第 页 共 页		
部件	设计责任:	编制人		
车型/年份/车辆类型	关键日期:	FMEA 日期（编制）（修订）		
核心小组				

项目 / 功能	潜在失效模式	潜在失效后果	严重度(S)	级别	潜在失效起因/机理	频度(O)	现行预防设计控制	现行探测设计控制	探测度(D)	风险顺序数 RPN	建议措施	责任及目标完成日期	采取的措施	措施结果			
														严重度(S)	频度(O)	探测度(D)	RPN

第五栏（级别）：该栏可用来对需要附加设计或过程控制的零部件或系统的任何特殊产品特性等级加以分类（如关键、主要、重要、重点等）。特殊产品或过程特殊特性符号及其使用是由特定的公司政策所指示的。

第六栏（潜在失效起因/机理）：潜在失效起因具体地讲就是失效模式。在可能发生的范围内，列出对每个失效模式的所有可以想到的失效起因、机理。应尽可能简明扼要、完整地将起因/机理列出来，使得对相应的起因能采取适当的纠正措施。

第七栏[频度（O）]：频度是指在设计的寿命中某一特定失效起因、机理发生的可能性，是频繁的性质或者状态。描述发生率级别数是重在其含义，而不是具体的数值。通过设计更改或设计过程更改（如设计查检表、设计审查、设计指南）来预防或控制该失效模式的起因/机理是降低发生率级别数的唯一途径。

第八、九栏（现行预防设计控制/现行探测设计控制）：列出预防措施、设计确认、验证（DV）或其他活动。

第十栏[探测度（D）]：该栏是结合了列在设计控制中最佳的探测控制等级。探测度是在个别FMEA范围中的一个比较的等级。为了取得较低的探测度数值，计划的设计控制（如确认、验证等活动）需要不断改进。

第十一栏（风险顺序数RPN）：风险顺序数是严重度（S）、频度（O）和探测度（D）的乘积。根据严重度（第四栏）、频度（第七栏）和探测度（第十栏）的选定情况，计算RPN值并填写此栏。

第十二栏（建议措施）：在工程评审中，应将高严重度、高RPN值和其他被指定的项目，视为首要注意方向。纠正措施的目的是减少严重度、频度和探测度。在一般情况下，不论RPN大小如何，当严重度为9或10时，必须引起特别注意，以确保通过现存的设计控制或预防/纠正措施降低该风险。在所有状况下，当一个潜在失效模式的后果可能对最终使用者产生危害时，应考虑预防/纠正措施，以排除、减轻或控制该起因来避免失效模式的发生。在对9或10等级严重度特别注意之后，继续针对其他的失效模式，满足减少严重度、频度、探测度的目的。

第十三栏（责任及目标完成日期）：把负责执行每一项建议措施的组织和个人名称，以及预计完成的日期填写在该栏中。

第十四栏（采取的措施）：当实施一项措施后，简要记录具体的措施和生效日期。

第十五栏（措施结果）：当确定了预防/纠正措施后，估算并记录措施执行结果的严重度、频度及探测度数值，计算并记录RPN的结果。如未采取纠正措施，将相关的等级栏空白即可。所有更改后的等级都应评审。而且如果有必要，考虑进一步的更改措施，重复分析，进行持续改进。

3. 实施DFMEA的流程

DFMEA是在最初生产阶段之前，确定潜在的或已知的故障模式，并提供进一步纠正措施的一种规范化分析方法。通常是通过部件、子系统/部件、系统/组件等一系列步骤来完成的。最初生产阶段是明确为用户生产产品或提供服务的阶段，该阶段的定义非常重要，在该阶段开始之前对设计的修改和更正都不会引起严重的后果，而之后对设计的任何变更都可能造成产品成本的大幅提高。

DFMEA应由一个以设计责任工程师为组长的跨职能小组来进行，这个小组的成员不仅应包括可能对设计产生影响的各个部门的代表，还要包括外部用户或内部用户。DFMEA 的过程包括产品功能及质量分析、分析故障模式、故障原因分析、确定改进项目、制订纠正措施以及持续改进 6 个阶段。实施 DFMEA 的流程如下：

1）编制产品或设计的需求清单。要求清单注明产品应该有的功能和不应该有的功能，将已知产品需求全部纳入清单。

2）研究产品或设计需求的可能不良模式（缺点）。编制该产品的不良模式。不良模式是指某一零件或装备件可能出现何种缺点，而使产品无法符合其设计目的、性能或者客户的期望。

3）研究产品或设计需求的缺点发生后的可能影响及其发生原因。在 DFMEA 的实施过程中需要明确产品缺点对其性能的影响，并从设计缺陷角度详细地列出发生原因。

4）进行设计验证。设计验证是指缺点原因的预防，或查证其原因或产生的结果。

5）计算"风险顺序数"。

6）将 RPN 依大小排列，以确定其轻重程度，并研究改正行动。RPN 最大者，应最优先采取必要措施。其目的在于降低其严重度、频度或探测度的分数。如果不采取有效的改正措施，则该项程序 FMEA 将毫无意义。

7）登记所采取改正行动后再估算 RPN。记录已采取的改正行动及其完成日期，重新估计改正后的严重度、频度及探测度的计分数，并在记录后，重新计算其 RPN。必要时应再采取改正行动，以求再次降低 RPN。

8）追踪考查。设计工程师应负责确认所有改正行动已经全部完成。

9）生成 DFMEA 报告。

2.8 故障树分析（FTA）

2.8.1 FTA 概述

故障树分析（Fault Tree Analysis，FTA）是 20 世纪 60 年代发展起来的用于可靠性、安全性分析和风险评价的一种方法。它主要是针对各种复杂系统与初样设计阶段进行可靠性安全性分析，用于系统的故障分析、预测和找出系统的薄弱环节，以便在设计、制造和使用中采取相应的改进措施。

FTA 是把系统所不希望发生的一个事件（即故障事件）作为分析的目标（顶事件），先找出导致这一事件（顶事件）发生的直接因素和可能的原因，将其作为第二级事件，再往下找出造成第二级事件发生的全部直接因素和可能的原因，并依此逐级地找下去，直至追查到那些最原始的直接因素，如系统最基本的元件可能存在的故障原因和机理、环境影响、人为失误、程序处理方面的问题等均为已知的因而无须再深究的硬件和软件因素（底事件）。位于顶事件与底事件之间的中间结果事件称为中间事件。采用相应的符号表示这些事件，再用描述事件间逻辑因果关系的逻辑门符号把顶事件、中间事件与底事件连接成倒立的树状图形。这种倒立树状图称为故障树，用以表示系统特定顶事件与其各子系统或各元件的故障事件及其他有关因素之间的逻辑关系。以故障树作为分析手段对系统的失效进行分析的方法称为故障树分析法（FTA）。

2.8.2 故障树的建立

1. 故障树分析法的步骤

故障树分析法通常因评价对象、分析目的、精细程度等的不同而异，但一般主要有故障树的建立、定性分析、定量计算等步骤。故障树分析法一般可按下列步骤进行：

1）对所选定的系统做必要的分析，确切了解系统的组成及各项操作内容，熟悉其正常的作业图。

2）对系统的故障进行定义，对预计可能发生的故障、过去发生的事例做广泛调查。

3）仔细分析各种故障的形成原因，如设计、制造、装配、运行、环境条件、人为因素等。

4）收集各故障发生的概率数据。

5）选定系统可能发生的最不希望发生的故障状态作为顶事件，绘制逻辑图。

6）对故障树做定性分析，确定系统的故障模式。

7）对故障树进行定量计算，计算出顶事件发生的概率、各底事件的要度、概率重要度、关键重要度等可靠性指标。

故障树是实际系统故障组合和传递的逻辑关系的正确而抽象的表达。建树是否完善会直接影响定性、定量分析的结果。因此，建树前应对所分析的系统及其组成部分产生故障的原因、影响以及各种影响因素和它们之间的因果关系有透彻的了解；建树后应请设计、运行、维修等各方面有经验的技术人员讨论，找出故障树中的错误、互相矛盾和遗漏之处，并进行修改。一个复杂系统的建树过程往往需要多次反复、逐步深入和逐步完善。

2. 故障树常用的符号图形、名称与含义

建树就是按照严格的演绎逻辑，从顶事件开始，向下逐级追溯事件的直接原因，直至找出全部底事件为止，最后得到故障树。建树所用的符号有三类：事件符号、逻辑门符号及转移符号。故障树常用的符号图形、名称和含义见表 2-8 ~ 表 2-10。

表 2-8 故障树常用的事件符号、名称和含义

序号	符号	名称	含 义
1	▭	结果事件	分为顶事件和中间事件，是由其他事件或事件组合导致的事件。在框内注明故障定义，其下与逻辑门连接，再分解为中间事件和底事件
2	◯	底事件	是基本故障事件(不能再进行分解)或无须再探明的事件，但一般它的故障分布是已知的，是导致其他事件发生的原因事件，位于故障树的底端，是逻辑门的输入事件而不是作为输出
3	◇	省略事件	又称为展开事件或未探明事件。发生的概率小，因此对系统来说不需要进一步分析，或暂时不必或暂时不可能探明其原因的底事件
4	⬠	条件事件	是可能出现也可能不出现的故障事件，当给定条件满足时，这一事件成立，否则不成立就删去

表 2-9　故障树常用的逻辑门符号、名称和含义

序号	符号	名称	含　义
1	A AND　B₁ B₂ Bₙ	与门（AND）	仅当输入事件 B_1，B_2，…，B_n 同时全部发生，输出事件 A 才发生，相应逻辑关系表达式为 $A = B_1 \cap B_2 \cap \cdots \cap B_n$
2	A OR　B₁ B₂ Bₙ	或门（OR）	当输入事件 B_1，B_2，…，B_n 中至少有一个事件发生，输出事件 A 就发生，相应逻辑关系表达式为 $A = B_1 \cup B_2 \cup \cdots \cup B_n$
3	A　顺序条件 B₁优先于B₂	顺序与门	在与门的所有输入事件中，必须按一定顺序（一般自左至右）依次发生，输出事件 A 才发生，在图中右边的六角框中应写明顺序条件，例如 B_1 优先于 B_2
4	A　位置m	表决与门	仅当 n 个输入事件中至少有任意 m 个事件发生时，输出事件 A 才发生
5	A　不同时发生条件	异或门	仅当一个输入事件发生时，输出事件才发生，相应的逻辑关系式：当输入事件为 B_1，B_2 时，$A = (B_1 \cap \overline{B}_2) \cup (\overline{B}_1 \cap B_2)$
6	A　禁止条件　B	禁门	仅当条件事件发生时，输入事件的发生才能导致输出事件的发生；否则若禁止条件不成立，即使有输入事件发生，也不会有输出事件发生

表 2-10　故障树常用的转移符号、名称和含义

序号	符号	名称	含　义
1	转入△	事件的转移	将故障树的某一完整部分（子树）转移到另一处复用，以减少重复并简化故障树
2	转出△	事件的转移	由转入符号（或转此符号）、转出符号（或转向符号）加上相应的标号，分别表示从某处转入和转到某处

在完成建树准备工作后，即可开始建立故障树。具体步骤如下：

1）确定顶事件。任何需要分析的系统故障，只要它是可以分解且有明确定义的，则在该系统的故障树分析中都可以作为顶事件。因此，对一个系统来说，顶事件不是唯一的。但

通常把该系统最不希望发生的故障作为该系统的顶事件。

2）建立故障树。在确定顶事件之后，将它作为故障树分析的起始端，找出导致顶事件所有可能的直接原因，作为第一级中间事件。将这些事件用相应的事件符号表示，并用适合于它们之间逻辑关系的逻辑门符号与上一级事件（最上一级为顶事件）相连接。依次类推，逐级向下发展，直至找到引起系统故障的全部无须再追究下去的原因，作为底事件。这样，就完成了故障树的建立。

建树时应注意的事项如下：

1）选择建树流程时，通常是以系统功能为主线来分析所有故障事件并按逻辑贯穿始终。但一个复杂系统的主流程可能不是唯一的，因为各分支常有自己的主流程，建树时要灵活掌握。

2）合理地选择和确定系统及单元的边界条件。在建树前对系统和单元（部件）的某些变动参数做出的合理假设，即为边界条件。这些假设可使故障树分析抓住重点的同时也明确了建树范围，即故障树建到何处为止。

3）故障事件定义要具体，尽量做到唯一解释。

4）系统中各事件间的逻辑关系和条件必须十分清晰，不允许逻辑混乱和条件矛盾。

5）故障树应尽量简化，去掉逻辑多余事件，以方便定性、定量分析。

3. 故障树建立举例

现以汽车双管路制动系统故障树为例进行介绍，汽车双管路制动系统故障树如图 2-44 所示。

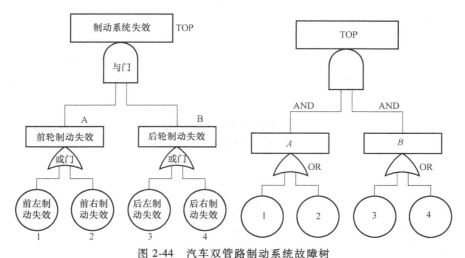

图 2-44 汽车双管路制动系统故障树

4. FTA 的特点

故障树分析有以下 10 个特点：

1）故障树分析是一种图形演绎法，是故障事件在一定条件下的逻辑推理方法。它不局限于对系统做一般的可靠性分析，可以围绕一个或一些特定的失效状态，做层层追踪分析。因此，清晰的故障树图形，表达了系统故障事件的内在联系，并指出了单元故障与系统故障之间的逻辑关系。

2）由于故障树能把系统故障的各种可能因素联系起来，因此，有利于提高系统的可靠性，找出系统的薄弱环节和系统的故障谱。

3）故障树可以作为管理人员及维修人员的一个形象的管理、维修指南，因此，用来培训长期使用大型复杂系统的人员更有意义。

4）通过故障树可以定量求出复杂系统的失效概率和其他可靠性特征，为改进和评估系统的可靠性提供定量数据。

5）故障树分析的发展与电子计算机技术的发展紧密相连，图像信息技术也已经应用在故障树分析中，因此，编制计算程序是故障树分析中不可缺少的一部分。

6）故障树分析的理论基础，除概率论和数理统计外，布尔代数及可靠性数学中用到的数学基础同样应用于故障树分析的定量分析中。

7）故障树分析方法不仅应用于解决工程技术问题，而且开始应用于经济管理的系统工程之中。

8）故障树分析首先需要建树，建树过程复杂，需要经验丰富的工程技术人员、操作及维修人员参加，而且不同的人所建造的故障树不会完全相同。

9）系统越复杂，建树越困难，耗时越长。

10）数据收集困难。

2.8.3 故障树的分析

1. 故障树的定性分析

故障树定性分析的主要任务是寻找导致顶事件发生的所有可能的失效模式，也就是要找出故障树的全部最小割集。

故障树定性分析的原则如下：

1）比较小概率失效元件组成的各种系统失效概率时，其故障树所含最小割集的最小阶数越小，系统的失效概率越高；在所含最小割集的最小阶数相同的情况下，该阶数的最小割集的个数越多，系统的失效概率越高。

2）比较同一系统中各基本事件的重要性时，按各基本事件在不同阶数的最小割集中出现的次数来确定其重要性的大小。所在最小割集的阶数越小，出现的次数越多，该基本事件的重要性越大。

2. 故障树的定量分析

故障树定量分析的任务是利用故障树作为计算模型，在已知底事件发生概率的条件下，求出顶事件（即系统失效）的发生概率，从而对系统的可靠性、安全性及风险做出评估。

1）与门结构的输出事件发生的概率（并联系统失效概率）为

$$P(x) = \bigcap_{i=1}^{n} P(x_i) = \prod_{i=1}^{n} P(x_i) \tag{2-2}$$

2）或门结构的输出事件发生的概率（串联系统失效概率）为

$$P(x) = \bigcup_{i=1}^{n} P(x_i) = 1 - \prod_{i=1}^{n} \left[1 - P(x_i) \right] \tag{2-3}$$

利用与门和或门结构的输出事件发生的概率公式即可直接计算出一般故障树的顶事件发生概率。

【例 2-1】 已知某发动机的故障树如图 2-45 所示，统计得到各底事件发生的概率为：

$C_1 = 0.001$，$C_2 = 0.10$，$C_3 = 0.01$，$C_4 = 0.001$，$C_5 = 0.001$，$C_6 = 0.001$，$C_7 = 0.001$，$C_8 =$ 0.04，$C_9 = 0.03$，$C_{10} = 0.02$，$C_{11} = 0.01$，$C_{12} = 0.01$；$D_1 = 0.02$，$D_2 = 0.001$，求系统的可靠度 R_s。

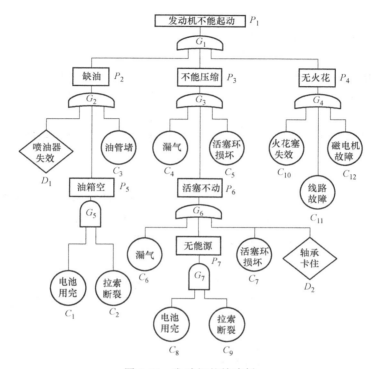

图 2-45　发动机的故障树

解　首先计算中间事件的发生概率，由式（2-2）得
$$P_5 = C_1 C_2 = 0.001 \times 0.10 = 0.0001$$
$$P_7 = C_8 C_9 = 0.04 \times 0.03 = 0.0012$$
由式（2-3）得
$$P_2 = 1 - \prod_{i=1}^{n} [1 - P(x_i)] = 1 - (1 - P_5)(1 - D_1)(1 - C_3)$$
$$= 1 - (1 - 0.0001)(1 - 0.02)(1 - 0.01)$$
$$= 0.029897$$
$$P_6 = 1 - (1 - C_6)(1 - C_7)(1 - P_7)(1 - D_2)$$
$$= 1 - (1 - 0.001)(1 - 0.001)(1 - 0.0012)(1 - 0.001)$$
$$= 0.0041934$$
$$P_3 = 1 - (1 - C_4)(1 - P_6)(1 - C_5)$$
$$= 1 - (1 - 0.001)(1 - 0.0041934)(1 - 0.001)$$
$$= 0.0061840$$
$$P_4 = 1 - (1 - C_{10})(1 - C_{11})(1 - C_{12})$$
$$= 1 - (1 - 0.02)(1 - 0.01)(1 - 0.01)$$
$$= 0.039502$$

顶事件发生的概率为

$$P_1 = 1-(1-P_2)(1-P_3)(1-P_4)$$
$$= 1-(1-0.029897)(1-0.0061840)(1-0.039502)$$
$$= 0.073980$$

故发动机不能起动的概率为 0.073980，系统的可靠度为

$$R_S = 1-P_1 = 1-0.073980 = 0.926020$$

由此可见，应用故障树分析可以根据单元的故障概率求出系统的故障概率，还可以通过对各单元的重要度的定量计算结果找出对系统失效影响最大的元件。因此故障树分析不仅可以指导故障诊断，制订维修方案和确定维修顺序，而且可以综合其他因素，如保证最佳经济效益、改进系统结构、使在各组成单元故障概率不变的情况下，减小系统的故障率，从而提高系统的可靠性。

3. FMEA 与 FTA 的比较

综上所述，FMEA 与 FTA 是分析系统故障因果关系的两种常用而有效的技术。它们用于系统的安全性、可靠性分析时，在产品的设计阶段就能找出系统可能发生的故障及其原因，并在设计、工艺等方面采取有效的改进措施，以提高系统的安全性和可靠性。表 2-11 列出了 FMEA 与 FTA 的比较。

表 2-11 FMEA 与 FTA 的比较

方法	特 点	优 点	缺 点
FMEA	分析每个零件的所有故障模式，用于单一故障分析，比 FTA 更详细；与硬件有关；属归纳法，只能定性分析	易懂；此法已被广泛接受，已经标准化	只能分析硬件；花费时间多；经常不能考虑故障与人为因素的关系
FTA	从顶事件开始，找出引起故障的基本事件的集合，能考虑人为因素、环境因素；可以用电子计算机辅助建树；属演绎法，能进行定性分析和计算	能找出故障的相互关系；寻找系统可能失效的方式，便于系统的维修和管理	大型故障树难以理解；没有相似的系统流程表；数学上不是唯一的，涉及复杂的逻辑；只能表示两种系统状态

思 考 题

1. 汽车零件失效的定义是什么？
2. 常见的汽车零件失效类型有哪些？
3. 汽车零件常见的失效模式有哪些？
4. 汽车零件的失效原因有哪些？
5. 摩擦分为几种类型？其主要特点是什么？主要影响因素有哪些？
6. 磨损分为几种类型？其主要特点是什么？主要影响因素有哪些？抗磨损的措施有哪些？
7. 气缸、活塞环、曲轴轴颈和轴承的磨损各有哪些特点？
8. 影响汽车零件磨损的因素有哪些？
9. 参照汽车零件磨损特性曲线说明汽车零件磨损规律。

10. 什么是汽车零件的疲劳断裂？简述疲劳断裂失效机理。

11. 简述腐蚀失效机理以及防止金属腐蚀的措施。

12. 简述零件变形失效的类型及变形机理。

13. 零件变形的影响因素有哪些？

14. 汽车零部件失效的综合分析方法有哪些？

15. 什么是失效模式影响及危害性分析（FMECA）？有哪些作用和特点？

16. 简述 DFMEA 分析的步骤和过程。

17. 什么是故障树分析（FTA）？

18. 故障树分析法的步骤有哪些？

第3章

汽车维护工艺

汽车在长期使用过程中，由于技术状况的变化而不可避免地发生故障和损坏，必须通过维护和修理，预防和消除车辆故障。在汽车的整个使用期内，如何以最低的费用实施维护和修理，维持汽车的完好状态，保持汽车的工作能力和可靠性，使汽车低耗、高效地完成运输任务，是一个十分重要的课题。汽车是由数千种零件组成的复杂系统，因此无论是维护还是修理，如果没有正确的理论和实践知识作为指导，很难取得理想的效果。

3.1 汽车维护概述

3.1.1 汽车维护的基本概念

汽车维护，就是为维持汽车完好技术状况或工作能力而进行的作业。汽车维护是预防性措施，目的是保持车容整洁，及时发现和消除故障及其隐患，防止车辆早期损坏。汽车维护的时刻与汽车技术状况紧密相关，过早的维护，会造成浪费；未及时维护，则不能有效预防和延迟故障的发生。

根据标准 GB/T 5624—2005《汽车维修术语》，汽车技术状况（vehicle technical condition）是定量测得的表征某一时刻汽车外观和性能的参数值的总和。汽车技术状况变化规律是指汽车技术状况与行驶里程或时间的关系。研究和掌握汽车技术状况的变化规律是控制汽车技术状况、完善汽车结构的重要手段。

汽车在使用过程中，由于结构和使用条件的不同，技术状况参数将以不同规律和不同强度发生变化，变化规律可以归纳为两大类，即渐发性变化规律和突发性变化规律。渐发性即表示汽车技术状况参数是随行驶里程或时间单调变化的，相互间有严格的对应关系，可用一定的回归函数式表示；突发性即表示汽车、总成和部件达到极限状态的时间是随机的、偶发的，汽车技术状况参数与行驶里程或时间之间没有严格的对应关系，一般分析其统计规律。

3.1.2 汽车维修性与有效性

对汽车这种可修复产品的可靠性而言，从广义上讲还应包括维修性。这也就是说，除要求其不发生故障外，还须考虑故障发生后修复的难易程度以及维修质量等问题。

1. 汽车维修性

（1）维修性 根据 GB/T 2900.99—2016《电工术语 可信性》，维修性是"在给定的使用和维修条件下，产品保持或恢复执行要求的状态的能力"。即在给定的条件下，规定的时间内，按规定的程序和方法维修时，保持或恢复到规定功能的能力。给定的条件包括行驶里程、维修条件、运行条件和载荷变化等；规定的时间，是根据用户要求或设计目标决定的期限，对维修性来讲是个重要条件；而规定的程序和方法须视具体情况而定；规定功能，是指要求达到的维修质量和所能恢复的规定功能。

（2）**维修度** 根据 GB/T 2900.99—2016《电工术语 可信性》中的定义，维修度是"在规定的条件下使用指定的程序和资源，在时间区间内完成该活动的效率"。显然，维修度是时间的函数，是定量度量维修性的一项重要指标。维修度函数通常用 $M(t)$ 表示。

$$M(t) = P(T \leq 1) \tag{3-1}$$

式中，T 为完成维修的时间，是一个随机变量；t 为规定的维修时间。

显然 $0 \leq M(t) \leq 1$。

对于可修复的产品汽车来说，$M(t)$ 是时间的增函数。$M(t) = 0$，表示汽车处于故障状态；$M(t) = 1$，表示汽车的故障已完全排除。

根据维修度定义，维修度可表示为

$$M(t) = \lim_{N_0 \to \infty} \frac{n(t)}{N_0} \tag{3-2}$$

式中，N_0 为送修的产品总数；$n(t)$ 为 $[0, t]$ 时间内修完的产品数。

当 N_0 有限时，可用观测值 $M^*(t)$ 来近似表示 $M(t)$，即

$$M^*(t) = \frac{n(t)}{N_0} \tag{3-3}$$

（3）**维修密度函数** 既然维修度函数 $M(t)$ 是概率分布函数，则其概率密度函数为维修度的导数，即维修密度函数，它表示在某一时刻（如 t 时刻）单位时间内完成维修的概率。计算公式为

$$m(t) = \frac{\mathrm{d}M(t)}{\mathrm{d}t} = \lim_{\Delta t \to 0} \frac{M(t + \Delta t) - M(t)}{\Delta t} \tag{3-4}$$

显然有

$$M(t) = \int_0^1 m(t) \, \mathrm{d}t \tag{3-5}$$

由式（3-3）、式（3-4）可得维修密度函数的观测值 $m^*(t)$ 为

$$m^*(t) = \frac{n(t + \Delta t) - n(t)}{N_0 \Delta t} = \frac{\Delta n(t)}{N_0 \Delta t} \tag{3-6}$$

式中，$\Delta n(t)$ 为在 t 到 $t + \Delta t$ 时刻完成修复的产品数。

（4）**修复率** 修复率 $\mu(t)$ 是指到 t 时刻未修复的产品，而在 t 时刻后的单位时间内被修复的概率，即

$$\mu(t) = \frac{m(t)}{1 - M(t)} \tag{3-7}$$

其观测值为

$$\mu^*(t) = \frac{\Delta n(t)}{N_s \Delta t} \tag{3-8}$$

式中，N_s 为 t 时刻尚未修复的产品数。

瞬时修复率 $\mu(t)$ 与维修度 $M(t)$ 的关系，可由式（3-4）、式（3-7）推出。

$$\mu(t) = \frac{m(t)}{1-M(t)} = \frac{\mathrm{d}M(t)}{\mathrm{d}t} \frac{1}{1-M(t)} \qquad (3\text{-}9)$$

上式整理合并后两边积分得

$$-\int_0^1 \frac{\mathrm{d}[1-M(t)]}{1-M(t)} = \int_0^1 \mu(t)\,\mathrm{d}t \qquad (3\text{-}10)$$

可得

$$\ln[1-M(t)] = -\int_0^1 \mu(t)\,\mathrm{d}t \qquad (3\text{-}11)$$

取反对数函数,得

$$M(t) = 1 - \mathrm{e}^{-\int_0^1 \mu(t)\,\mathrm{d}t} \qquad (3\text{-}12)$$

显然,修复率也是定量地衡量汽车维修性的尺度。

(5) 影响维修性的主要因素　维修性关系到维修工作效率、维修质量及维修费用等各项指标。其影响因素包括以下几方面:

1) 汽车的总体布局和结构设计。各部分应易于检查、修理和维护。

2) 部件和连接件的拆装。特别是在日常维修中要拆卸的那些部位。

3) 维修作业程序。维修作业应简单、方便。

4) 可达性。它是指维修时,能够迅速方便地进入和容易看到所需维修的部位,并能用手或工具直接操作的性能。

5) 检测性。汽车上应配置测定状态参数的仪表和检测点,以便及时发现故障和对技术状态进行诊断。

6) 无维修设计。尽量使零部件或总成不需润滑和调整。

2. 汽车有效性

汽车有效性是指汽车或总成在某时刻具有或维持其规定功能的能力,是一个综合反映汽车可靠性和维修性的指标。用概率来定量地描述有效性,即为有效度。

(1) 有效度的基本概念　有效度是指汽车(总成、子系统)在某一时刻能维持正常功能的概率。它是将可靠度与维修度综合起来的一个尺度,用 $A(t)$ 表示。

假设汽车的状态 $s(t) = 0$ 时为正常状态, $s(t) = 1$ 时为故障状态,则有效度 $A(t)$ 用式 (3-13) 表示。

$$A(t) = P\{s(t) = 0\} \qquad (3\text{-}13)$$

$A(t)$ 是时间的函数,取决于汽车的可靠度和维修度,它们之间的关系如式 (3-14)。

$$A(t,\tau) = R(t) + [1-R(t)]M(\tau) \qquad (3\text{-}14)$$

式中, t 为给定的使用时间; τ 为维修时间; $R(t)$ 为在 t 时汽车的可靠度; $M(\tau)$ 为维修时间为 τ 的维修度。

用可工作时间系数来表示的有效度,是系统长时间使用的平均有效度,即

$$有效度 = \frac{可工作时间}{可工作时间 + 故障时间(停机时间)}$$

实际上,有效度与可靠度和维修度三者之间存在着一定的关系,如图 3-1 所示。

使用有效度这一指标时,所关心的并不是某个时刻的有效度,而是某一时间间隔的有效度。

(2) 有效度指标　按维修时间的不同定义分为 3 种有效度,即固有有效度 A_i、可达有

效度 A_α 和工作有效度 A_0。

1）固有有效度。固有有效度 A_i 是指汽车在规定的使用条件和理想的保证环境中，在给定的时间内能正常运行的概率。它不包括预防维修时间以及后勤和行政管理拖延时间，计算公式为

$$A_i = \frac{MTBF}{MTBF+MTTR} \qquad (3-15)$$

式中，MTBF 为汽车在给定的时间内平均无故障工作时间；MTTR 为在同一时间内汽车平均维修时间。

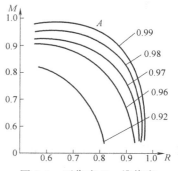

图 3-1 可靠度 R、维修度 M 和有效度 A 的关系

在故障率 λ 和修复率 μ 均为常数的情况下，又可得以下公式。

$$MTBF = \frac{1}{\lambda} \qquad (3-16)$$

$$MTTR = \frac{1}{\mu} \qquad (3-17)$$

$$A_i = \frac{\mu}{\mu+\lambda} \qquad (3-18)$$

取

$$\alpha = \frac{MTTR}{MTBF} \qquad (3-19)$$

$$A_i = \frac{1}{1+\alpha} \qquad (3-20)$$

2）可达有效度。可达有效度 A_α 的定义与固有有效度相似，只是汽车的停机时间不但包括事后维修时间 $\overline{M}_{ct}$，还包括预防维修时间 $\overline{M}_{pt}$。停机时间除去后勤和行政管理拖延时间。A_α 的计算公式为

$$A_\alpha = \frac{MTBM}{MTBM+\overline{M}} = \frac{T_W}{T_W + \sum T_R} \qquad (3-21)$$

式中，MTBM 为平均维修间隔期（包括事后维修和预防维修）；$\overline{M}$ 为平均维修时间；T_W 为汽车某一使用期工作时间；$\sum T_R$ 为汽车在同一使用期内各次修理所用时间的总和。

3）工作有效度。工作有效度 A_0 又称使用有效度，是汽车在规定的条件和实际运行环境中使用时，一旦需要能正常运行的概率。其计算公式为

$$A_0 = \frac{MTBM}{MTBM+MDT} \qquad (3-22)$$

式中，MDT 为平均停机时间（除了维修时间外的全部停机时间）。

工作有效度 A_0 用来评价实际运行环境中汽车的利用率是比较合适的。在计算有效度时，时间间隔太短是不合适的，至少应考虑汽车的一个使用周期。

【例3-1】 某汽车每月生产活动时间为200h，其中工作时间 $T=180h$，在这期间发生故障4次，修复这些故障用了16h（停车时间）。求它的平均无故障工作时间 MTBF，平均维修时间 MTTR 和修复率 μ。

解

$$MTBF = \frac{总工作时间}{故障次数} = \frac{180}{4}h = 45h$$

$$MTTR = \frac{全部故障修理时间}{全部故障次数} = \frac{16}{4}h = 4h$$

$$\mu = \frac{1}{MTTR} = \frac{1}{4}h^{-1} = 0.25h^{-1}$$

3.1.3 汽车维修思想

汽车维修思想是指组织实施车辆维修工作的指导方针和政策，是对维修目的、维修对象、维修活动的总认识，是关于汽车维修保障的总体规划。

1. "预防为主"的维修思想

"预防为主"的维修思想，是根据汽车技术状况变化规律，在其发生故障之前，进行维护或换件修理。

"预防为主"的维修思想，是建立在零部件失效理论和失效规律基础上的。这种维修思想认为，汽车在使用过程中，由于零部件的磨损、疲劳、老化和松动，其技术状况会不断恶化，到一定程度时就必然会导致故障发生。为了尽可能地保证每个零部件能安全可靠地工作，要求维修作业能符合客观规律，在故障发生之前实施。

汽车在使用过程中，其技术状况的变化是一个与汽车结构、使用条件和维修方式有关的，并以一定强度进行的必然过程。为了保证汽车在整个使用期内能以最少的消耗和费用维持工作能力，就必须适时地对汽车进行必要的维护和修理。

图 3-2 所示为维护周期对汽车故障率的影响。图中假定汽车维护是处于理想状态，且汽车经过维护后，其技术状况基本保持原状。T_{01} 是维护周期，在达到维护周期之前，故障率上升到某一值 λ，经维护后，又恢复至初始水平，然后随着继续使用又逐渐上升。因此，故障率的变化呈锯齿形，$\lambda(T_{01})$ 是维护周期为 T_{01} 时的平均故障率，它明显低于无维护时的故障率 $\lambda(t)$。

在实际使用中，虽然每次维护后汽车技术状况有所恢复，但很难恢复到原有水平。如图 3-3 所示，汽车经较长时间的使用后，技术性能会明显下降，只有通过修理（OH），才能使技术性能有较大幅度的提高。当汽车使用到了 T_{lim} 时，汽车技术状况达到了极限状况。

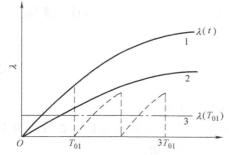

图 3-2 维护周期对汽车故障率的影响
1—无维修时的故障率 $\lambda(t)$
2—有维修时的故障率与维护周期 T_{01} 的关系
3—维护周期为 T_{01} 时的平均故障率 $\lambda(T_{01})$

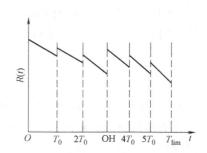

图 3-3 汽车可靠度变化曲线

2. 以可靠性为中心的维修思想

随着汽车技术的进一步发展，汽车的复杂程度也越来越高，其本身价值及维修费用在使用费用中所占比重也越来越高。这就迫切需要一种新的维修方法能够以最佳的经济效益来实现汽车最大的可靠度，于是以可靠性为中心的维修思想便开始应用于汽车维修领域。

以可靠性为中心的维修思想是以最低的消耗，充分利用汽车的固有可靠性来组织维修。它是以可靠性理论为基础，通过对影响可靠性因素的具体分析和试验，科学地制订维修作业内容、优选维修方式、确定合理的维修周期，使汽车的可靠性得到恢复，同时又能节省维修时间和费用。

随着状态监控和故障诊断等技术的进步，产生了视情维修方式。我国目前采用的"强制维护，视情修理"原则正是以可靠性为中心的维修思想的实际应用。

以可靠性为中心的维修思想归纳起来有以下几点：

1）汽车的使用可靠性取决于汽车本身的固有可靠性及汽车的使用维修技术水平，并与汽车的使用条件有关。正确的使用和维护只能保持和恢复汽车的固有可靠性水平，增加维修次数和项目等不适当的维修工作并不能有效地防止可靠性水平的下降。汽车固有可靠性的提高应基于必要的使用数据的信息反馈，修改原有的设计和工艺。

2）维修的作用在于通过对影响可靠性的诸多因素进行分析，运用概率论和数理统计等数学工具，对汽车使用中的故障规律进行统计分析和推断，对不同零部件采用不同的维修方式，从而控制可靠性的下降，以保持汽车的使用可靠性在允许的水平内。

3）以可靠性为中心的维修，强调了诊断检测，加强了维修中"按需维修"的成分。它根据不同零部件、不同的可靠特性及不同的故障后果，选用不同的维修方式，避免了采用单一的维修方式所造成的预防内容扩大、维修针对性差、维修费用增大等缺点。例如，如果汽车的故障有可能影响安全性或造成严重后果，就必须尽全力防止其发生；如果故障几乎不产生其他影响，那么除了日常的清洁、润滑外，可以对它不采取任何预防措施。

4）以可靠性为中心的维修，要求建立一套完整的故障采集和分析系统，不断地采集和分析使用数据，为建立科学的、经济的、符合汽车使用实际的维修制度提供依据。

3.1.4 汽车的维护类型和维护方式

根据不同的维修思想，会产生不同的维护类型和维护方式。

汽车的维护方式是维护类型、维护时机和维护内容的综合体现，通常可分为定期维护、按需维护、事后维修和以可靠性为中心的维修四种形式。

1. 定期维护

定期维护是一种预防维护。它根据技术状况变化规律及故障统计分析，规定相应的维护周期，每隔一定的时间（或里程）对汽车进行一次按规定作业内容执行的维护。

定期维护方式可使维护工作在有准备的情况下进行，便于组织安排，并能保证维护质量。但汽车是一个复杂系统，由于各部件工作条件不一，初始技术状况也不一致，因而其寿命长短不一，若均按规定周期进行维护，必然会使有些部件的使用寿命不能得到充分的发挥。

此外，由于维护工作是按计划强制进行的，不可避免地会存在执行作业的盲目性，增加维护的工作量，甚至会破坏部件的配合特性，降低汽车的固有可靠性，而且对突发性故障采用定期维护方式也是无效的。

2. 按需维护

按需维护也是预防维护的一种，它是以故障机理分析为基础，通过诊断或检测设备，定期或连续地对汽车技术状况进行诊断或检查，根据检查结果来组织维护工作。要做到按需维护必须先有如下的数据准备：

1）掌握汽车技术状况变化规律。

2）掌握技术状况参数的极限值。

3）掌握故障的现象、特性及对汽车工作能力的影响。

根据这三个条件，就可以求出汽车的无故障续驶里程 L_T。当 $L_T > L$（检测周期）时，可以不维护；否则，应进行维护。

由于按需维护是在发现故障征兆时才进行的，它既能提高汽车的有效度，又能发挥汽车零部件的寿命潜力。因此，这是一种比较理想的维护方式。

图 3-4 所示为按需维护的原理图。当规定的诊断参数 x 下降至 $[x_A, x_B]$ "潜在故障" 区间时，即表示需进行维护或修理。x_K 是按需维护的参数控制值，t_K 是按需维护的控制里程。对连续控制而言，其取样周期小于 t_K。

由于按需维护的判断依据是产品的功能参数（即诊断参数），当按需维护的监控方式为定期诊断时，其首次诊断周期可取为定期维护的周期 t_r。对于经首次诊断，其功能参数尚未降到 x_K 的车辆，应继续使用，并根据诊断结果预测续驶里程，确定下次诊断周期。

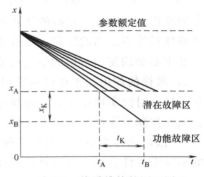

图 3-4 按需维护的原理图

按需维护的经济合理性为

$$\frac{C_r(1-P_T)+P_T(C_C+aC_W)}{(1-P_T)x'_m+P_Tx_m} < \frac{C_r(1-P_T)+C_mP_T}{x_mP_T+x'_m(1-P_T)} \tag{3-23}$$

式中，C_r 为小修费用；C_m 为维护一次的平均费用；C_C 为一次诊断的平均费用；C_W 为单纯维护作业的费用；P_T 为汽车无故障工作的概率；a 为单纯维护作业在一次维护中所占的费用比例；x_m 为规定的维护周期；x'_m 为平均故障间隔里程。

3. 事后维修

事后维修就是当设备发生故障或者性能低下后再进行修理，适用于设备维修费用低的情况。

事后维修的步骤一般是问题诊断、故障零件的更换或修理、维修检测确认。

事后维修方式的特点如下：

1）可充分发挥每个零件的寿命潜力，避免因盲目拆卸而引起的人为差错。

2）由于故障发生的随机性，使维修工作无法做出计划性安排，进行组织和管理比较困难。

3）由于预先不掌握故障发生的时机，无法对其进行控制，因而故障率较高，而且当故障发生在营运期间时，会造成停车，甚至会导致安全事故。

根据事后维修方式的特点，它可在以下两种情况下采用，即故障是突发性的，无法预

测，而且事故的后果不涉及运行安全；故障是渐发性的，但故障的出现不涉及运行安全，其所造成的经济损失小于预防维护的费用，即

$$\frac{C_r}{\overline{x}} < \frac{C_r(1-P_T)+C_mP_T}{x_mP_T+x'_m(1-P_T)} \qquad (3-24)$$

式中，C_r 为排除故障所消耗的平均小修费用，或因故障引起的功能退化而多消耗的费用；$\overline{x}$ 为平均小修间隔里程。

当满足式（3-24）时，从经济的角度考虑，采用事后维修方式是有利的。

4. 以可靠性为中心的维修

以可靠性为中心的维修是一种为实现汽车固有可靠性而设计的维修方式，简称 RCM（Reliability Centered Maintenance），主要是以费用效果和采用安全性分析方法，根据汽车可能出现的故障后果和可靠性的要求，运用 RCM 决断图来分析各总成的维修要求和选择维修方式，以最低的费用实现汽车的固有可靠性。

以可靠性为中心的维修方法是对传统的以预防为主的维修方法的继承和发展。人们对维修的认识由原来的"工作—磨损—故障—危及安全"演变为采取积极有效的措施，控制机械设备可靠性下降的因素，以保持恢复机械设备的固有可靠性。通过对机械设备各环节中可靠性各因素的分析，科学地确定维修工作项目，优选维修方式，确定合理的维修周期，只做必须做的维修工作，既使机械设备的可靠性得到恢复，又节省维修时间和费用。

以可靠性为中心的维修，其主要特点是在确定维修工作时，对汽车可能产生的故障和后果进行分析，按照零部件的功能、功能故障、故障原因及其后果来确定应进行的维修工作和选择维修方式。具体维修大纲的确定，可分为以下四个步骤。

（1）**划分汽车的主要部分**　汽车作为一种系统，其内部组件的物理性能各有不同，按功能划分，对每一部分，在制订以可靠性为中心的维修大纲时应区别对待。

（2）**确定重要机件项目**　为了简化维修分析工作，应将需要分析的机件尽量减少，即按照汽车三大部分各自的层次，从中选出"重要机件项目"，即那些容易造成安全性或重大经济性故障后果的机件项目，其他则列为非重要机件，不作重点考虑。

（3）**故障分类**　以可靠性为中心的维修指导思想认为，故障后果比故障频数更为重要。

故障后果可以影响重要机件正常功能的发挥；可以造成更换故障件的费用支出；可以损坏整个系统设备，甚至造成人员伤亡。因此，故障后果决定了维修工作的先后次序和及时提出修改机件设计的建议。在维修大纲中，故障后果按其性质可分为以下四类。

1）安全性后果。这类故障能造成车毁人亡，须采用预防维修方式，使故障风险率减少到可以接受的水平，否则有关机件项目就要重新设计。

2）使用性后果。这类故障能干扰使用计划，其结果有时会因该机件工作能力的下降，造成其他间接的经济损失（如使用中经济性下降等）。在费用效果分析的基础上，可采取预防维修的方式来解决这些问题。

3）非使用性后果。这类故障的后果对使用没有直接的不利影响。因此，非使用性后果可采用事后维修方式。

4）隐蔽性后果。这类故障后果一般不会产生直接的不利影响，但是当具有隐蔽性故障后果的机件与另一个或几个机件的故障相关时，如果第一个机件的功能故障由于隐蔽原因未

被发现，之后的第二个机件又发生故障，从而造成多重故障，则将导致危险性故障。因此必须采取预防维护的方式减少造成这种风险的因素。

确定以上四类故障后果的决断图如图3-5。

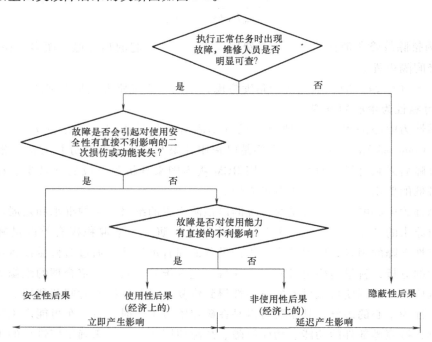

图 3-5　确定故障后果类别的决断图

（4）**确定维修作业**　确定维修作业的目的在于，以适应性和费用效果分析为依据，使每一种维修作业都能针对并适应所出现的故障形式。故障形式是指故障的具体方式，它是导致某一具体故障的事件或一系列先后事件。在以可靠性为中心的维修大纲中，预防性维修工作可分为以下四类。

1）按规定间隔里程对零部件进行检查，以发现和消除潜在故障。

2）按规定间隔里程在零部件出现故障之前对零部件进行检修，以减少功能故障的频率。

3）当零部件使用到某个规定的寿命期时，对零部件进行检修更新。

4）按规定间隔里程对带有隐蔽性故障的零部件进行检修，以发现和消除隐蔽性故障。

按故障后果确定维修方式的决断图称为 RCM 决断图。RCM 决断图用来判断在以上四类预防性维修工作中究竟选择哪一种，如图3-6所示。

3.1.5　汽车维修制度简介

汽车维修制度是指为实施汽车维修工作所采取的技术组织措施的规定，与国家的社会经济条件以及车辆状况有着密切的联系。

1. 中国的维修制度

新中国成立初期，我国主要学习苏联的汽车维修制度。1954 年交通部正式颁布《汽车运输企业技术标准与技术经济定额》，明确规定了当时的汽车维修制度为强制预防性的维修

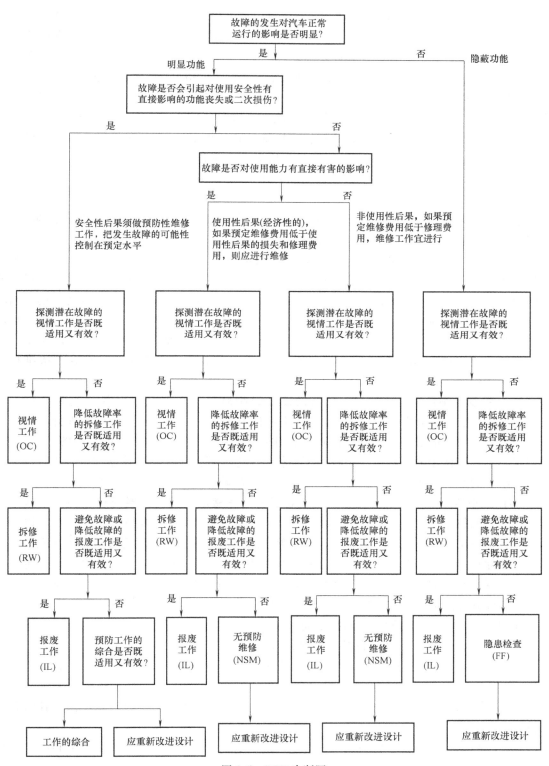

图 3-6　RCM 决断图

制度。经 1963 年、1980 年两次修订，逐渐形成了适合我国国情的维修制度。1990 年，交通部为了适应汽车维修部门管理向行业管理的转变，根据国家有关设备管理的规定和政策，结合我国当时汽车运输的实际情况和以往的管理经验，吸取国内外技术管理的成果，发布了交通部第 13 号令《汽车运输业车辆技术管理规定》，并于 1990 年 10 月 1 日起施行。1995 年，交通部坚持预防为主和技术先进、经济合理的原则，制定了以检测为中心的汽车维护规范，确定了切实可行的维护内容，出台了行业标准 JT/T 201—1995《汽车维护工艺规范》。1998 年，交通部又发布了第 2 号令《道路运输车辆维护管理规定》，针对维护及检测又提出了具体的要求。2001 年，在此基础上，修订并升格为国家标准 GB/T 18344—2001《汽车维护、检测、诊断技术规范》，2016 年修订为 GB/T 18344—2016《汽车维护、检测、诊断技术规范》。

中国现行的维修制度，属于计划预防维修制度，规定车辆维修必须贯彻"预防为主、定期检测、强制维护、视情修理"的原则。

（1）定期检测是科学技术进步与技术管理相结合的产物　它包含两重含义：一是对所有从事运输的汽车，视其类型、新旧程度、使用条件和使用强度等，在车辆行驶一定里程或时间后，定期进行综合性能检测，通过这种检测，达到控制运输车辆技术状况的目的，同时也可监督车辆检测前的维修竣工质量；二是结合汽车二级维护定期进行诊断检测，以掌握汽车技术状况变化规律，并确定汽车二级维护附加作业项目，从而实现视情修理的目的。"定期检测"分别由道路运政管理机构组织的汽车综合性能检测和汽车维修企业在二级维护作业前的诊断检测落实。

（2）强制维护是坚持了计划、预防的设备维护原则　将"定期保养"改为"强制维护"，是为了进一步强调维护的重要性，防止盲目追求眼前利益，对运输设备进行破坏性使用。随着科学技术的进步，强制维护制度取消了过去对汽车主要总成大拆大卸的三级保养，采用国际上普遍使用的不解体状态检测下的维护工艺，通过维护前的诊断检测，进行汽车清洁、补给、润滑、紧固、调整及必要的修理，消除故障、隐患、防止车辆早期损坏。

（3）视情修理是随着现代汽车高科技特征和汽车检测技术的发展而提出的　根据车辆诊断检测后的技术评定，按不同作业范围和作业深度进行修理。"视情修理"体现了以下基本实质：①将定性判断改为定量判断，确定修理作业的方式由以车辆行驶里程为基础改变为以车辆实际技术状况为基础；②使用高科技检测手段，送修车辆的检测诊断和技术评定，是实现车辆视情修理的重要保证；③体现了技术经济原则，避免了拖延修理造成车况恶化，也防止了提前修理造成的浪费。"视情修理"落实的关键，是检测诊断仪器、设备的应用。

我国《汽车维护、检测、诊断技术规范》（GB/T 18344—2016）中规定：车辆维护作业的内容为清洁、检查、补给、润滑、紧固、检验、调整等，除主要总成发生故障必须解体外，不得随意对车辆进行解体。汽车维护分为三级，分别为日常维护、一级维护和二级维护。

1）日常维护属日常性作业，由驾驶人负责执行，其作业的中心内容是清洁、补给和安全检视。

2）一级维护属于定期强制性维护作业，由维修企业负责执行，其作业的中心内容除日常维护作业外，以清洁润滑、紧固为主，并检查有关制动、操纵等安全部件。

3）二级维护属于定期强制性维护作业，由维修企业负责执行，其作业的中心内容除一级维护作业外，以检查、调整转向节、转向摇臂、制动蹄片、悬架等经过一定时间的使用容易磨损或变形的安全部件为主，并拆检轮胎，进行轮胎换位，检查调整发动机工作状况和排气控制装置等。

汽车二级维护的程序：二级维护前检测→确定附加作业项目→维护作业（含过程检验）→竣工检验（含二级维护竣工检测）→签发出厂合格证。

汽车二级维护时，首先要根据汽车技术档案的记录材料（包括车辆运行记录、维修记录、检测记录、总成修理记录等）和驾驶人反映的车辆使用技术状况（包括汽车动力性，异响，转向，制动及燃、润料消耗等）确定所需检测项目，依据检测结果及车辆实际技术状况进行故障诊断，从而确定附加作业项目。附加作业项目确定后，与基本作业项目一并进行二级维护作业。二级维护过程中要进行过程检验，过程检验项目的技术要求应满足有关技术标准或规范。二级维护作业完成后，应经维护企业进行竣工检验，竣工检验合格的车辆，由维护企业填写《汽车维护竣工出厂合格证》后方可出厂。

有效地实施汽车二级维护制度对于延长车辆使用寿命、保证行车安全、降低油耗及排放污染和提高经济效益具有重要的意义。但就目前二级维护制度还存在着以下问题。

1）二级维护检测被理解为二级维护后检测。在 GB/T 18344—2016《汽车维护、检测、诊断技术规范》中，整个二级维护过程最少应包含 2 次检测。针对规范中提到的"检测""过程检验"和"竣工检验"，实际上这个"检测"是指二级维护前检测，而"竣工检验"是质量检验人员在维护结束后，签发出厂合格证前进行的检验，包含二级维护竣工检测。

2）修理厂、检测站和道路运输管理机构之间缺乏沟通。由于修理厂和检测站、道路运输管理机构往往不在一个地方，再加上信息化建设的滞后，各项工作无法及时沟通。

3）过于依赖检测报告。维修工在确定附加作业项目时主要依赖检测报告，造成基本作业项目和附加作业项目不全；质量检验人员在竣工检验时完全依赖检测报告，并不参考维护过程和车辆基本状况；道路运输管理机构不管车辆是否真正进行了维护，只要检测合格就给予备案登记。

4）实际检测能力与二级维护检测项目的要求尚有差距。很多检测站没有达到要求的设备，或是买来的好多设备不使用；有些检测站人员来源复杂，受教育程度、专业类别不一，并不能完全达到二级维护检测的要求。

2. 国外的汽车维修制度

美国主要采用两级维护制，也有三级或四级的，有的大型运输企业为保证汽车的使用可靠性，采取预防性修理措施更换关键性总成。虽然美国汽车工业发达，但汽车用户仍然用适于自身条件的计划预防维护措施来保证车辆的完好。它将维修工作分为五级，其中维护工作分为三级（A、B、C），相当于日常、一级、二级维护；修理工作分为两级（D、E）。美国军队和大型运输企业均采用这种制度，其维修间隔里程较长，如 C 级维护周期为 2 万 km以上。

日本的维修制度大体和美国相同，规定汽车出车前必须进行例行维护，营运汽车每隔 1个月、3 个月和 12 个月必须按各个机构和装置的维修部位分别实施内容不同的预防性维护，它类似于三级维护制度。对于其他自用汽车，也规定每隔 6 个月和 12 个月分别实施内容不同的预防性维护。1983 年 7 月开始实施的《道路运输车辆法》规定个人用车在新车检验后第三年进行第一次检验，随后，每隔两年检验一次；营运车、公共汽车和载货汽车每年检验一次。国家规定的检验，必须在各地区专门设立的认证工厂或车检中心进行。另外，还规定在用货车、大中型客车、出租汽车以及车龄 10 年以上的轿车每隔 1 年，自用轿车、摩托车每隔 2 年要接受车管监理检验。对车主来说，这是一种"被迫"的定期维修。此外，日本运输省还规定，在用汽车必须定期进行维修，营运车辆每个月、自用车辆每 6 个月要做一次检查，以保证汽车安全运行。另外，生产汽车的厂家建议用户在买车后一个月（或 1000km）、3 个月、6 个月、一年各检查一次。这不属于国家规定，用户可自行掌握。

苏联汽车运输部制定的汽车维护条例中规定，汽车维护采取两级制（不包括季节性维护和由驾驶人执行的例行维护）。ГОСТ 21624—1981 规定，从 1983 年开始，全苏联维修制度可以采取两级制，也可以用一级制代替两级制。一级制实施的基础是新型汽车可靠性水平有所提高，使用要求受到重视，简化了传统的润滑、紧固、调整作业，以及广泛地采取预防性的更换总成、部件措施。这样，可以保证汽车的无故障行驶里程增加，延长维修作业周期。尽管如此，苏联仍然用技术文件来规定定期维护。

3.2 汽车维护周期的确定

汽车维护制度是为了保证汽车技术状况完好而采取的技术管理措施，涉及车辆的运行制度、运行条件、维修技术装备、维修作业的劳动组织、维修费用以及其他一些经营管理方面的工作。因此，制定汽车维护制度是一项复杂的工作，必须结合企业的服务对象，从技术、经济和管理等方面综合考虑。

3.2.1 汽车维护制度的制定原则和步骤

1. 汽车维护制度的制定原则

1）影响汽车技术状况变化的因素是多方面的，它的影响是一个随机过程，因此，汽车维护制度的制定必须建立在大量观察数据的基础上，采用数理统计方法和可靠性理论进行科学分析，才能获得符合客观规律的结果。

2）制定汽车维护制度必须采用技术经济分析方法，不仅要考虑汽车的完好率，还必须考虑维护和修理费用对运输成本的影响。合理的维修制度应保证汽车在寿命周期内的单位费用最低，使汽车在规定的运行和维修条件下具有最佳的经济效果。

3）制定汽车维护制度，应充分考虑汽车的使用强度和使用条件，并进行必要的分级。

4）制定汽车维护制度，主要依据三方面的资料，即汽车制造厂的建议、科研部门的试验资料以及使用部门根据使用数据分析拟定的条例。由于不同地区的使用条件不同，必须在分析上述资料的基础上，结合当地的使用条件和使用经验进行具体分析后拟定。

2. 汽车维护制度的制定步骤

1）系统收集维护对象（车型）在规定使用条件下的技术状况变化规律和故障数据，分析技术状况变化对汽车使用性能的影响及故障后果，利用可靠性理论对上述资料进行技术经济分析，针对汽车使用中出现的故障特性，选择适宜的维修方式（事后维修、定期维修、视情维修等）。

2）对定期维护和定期检测的作业项目，应通过相应数据的统计分析。

3）根据维护作业的周期，对维护作业进行分级，确定各级维护作业的内容。

4）对各级维护周期进行调整，使其形成一定的周期结构，即在大修周期内，使维护次数、级别按一定的方式排列，以便组织实施。

3.2.2 汽车各级维护作业项目的确定

汽车由许多总成和部件组成，它们的工作条件各不相同，因此相应的维护周期会在较大的范围内变动。为了有计划地组织定期维护，就必须根据总成和部件的维护周期，按维护作业的性质和深度进行分级，分别归并到某一级维护作业中去。由于总成和部件寿命分布的离散性，要准确地确定具体总成和零部件究竟应在哪一级维护中执行哪一项维护作业较为困难。当维护周期和各级维护作业项目安排不恰当时，就可能造成总成或零部件潜在寿命不能充分发挥，或使汽车的故障率增加。

维护作业分级常用的方法有技术经济法、重复系数法、概率分析法、核心作业归纳法和自然分组法等，下面简单介绍技术经济法。

技术经济法是按使单位行程的维修总费用最低的原则进行作业组合的，即

$$C_\Sigma = \sum_{i=1}^{s} C_{mi} + \sum_{j=1}^{s} C_{Rj} = C_{\Sigma min} \quad (L = L_{0Z}) \tag{3-25}$$

式中，C_{mi} 为总成或部件的单位维护费用；C_{Rj} 为总成或部件的单位修理费用；s 为需维护的总成或部件数；L_{0Z} 为维护按作业分级时，某级维护作业的周期里程。

对有安全、技术限制的作业项目，在组合时还应考虑安全及技术条件所限定的极限行程 L_{0j}，即应满足 $L_{0Z} = L_{0j}$。

3.2.3 汽车维护周期的确定方法

汽车维护周期是指保证汽车正常运作而进行检查和简单故障排除工作的同级维护的间隔期，它直接影响汽车维护费用和寿命周期费用。

汽车在使用过程中，随着行驶里程的不断增加，技术与经济指标均变得越来越差。在预防为主的原则指导下，必须每隔一定的间隔期对其进行相应的强制性维护作业，才能维持汽车完好的技术状况或工作能力。

汽车是一个复杂的系统，道路、气候、驾驶人的素质及维护管理水平等因素对汽车技术状况和性能变化有很大影响，因此，完全执行相同的维护周期及作业项目，显然不够合适。因此，确定汽车维护周期很有实际意义。

确定最佳维护周期必须建立在大量观察数据的基础上，采用数理统计方法和可靠性理论，对大量统计数据进行观察分析，按技术-经济等观点，进行费用综合分析和研究来确定最佳维护周期。为此，除应加强车辆使用情况的资料收集工作外，还可有计划地将 15~20 辆汽车作为一组，进行 3~6 个月的实际运行试验，记录汽车出现故障或技术状况变化的情况。由于一组或几组汽车所进行的实际运行试验，受到运行条件、驾驶操作水平、维修水平等多方面因素的影响，试验结果具有一定的随机性，因此必须进行数理统计分析。根据预定的置信度，确定维护周期及其置信区间，然后再进行实际运行考察；根据运行考察结果对维护作业周期进行适当调整，并根据车辆的维护和修理费用，对确定的维护周期进行技术经济分析。

1. 汽车维护周期的确定原则

按汽车单位行驶里程维修费用最小的原则确定维护周期。

设 L 为定期预防维护周期，C_m 为定期预防维护时因维护或换件所需的平均费用，C_r 为定期预防维护期内因发生故障进行修理所消耗的平均费用。通常 $C_r > C_m$，这是由于故障出现时，会引起因故障后果造成的人力和物力损失。因此，在每一维护周期内，汽车维修的单位费用为

$$C(L) = \frac{C_m R(L) + C_r F(L)}{MUT} \tag{3-26}$$

式中，$R(L)$ 为汽车的可靠度函数；$F(L)$ 为累积故障分布函数；MUT 为维护周期内汽车的平均行程，即

$$MUT = R(L)L + \int_0^L lf(l)\,\mathrm{d}l = \int_0^L R(l)\,\mathrm{d}l \tag{3-27}$$

其中，$f(l)$ 为汽车的故障分布密度函数。将 MUT 代入式（3-26）中可得

$$C(L) = \frac{C_m R(L) + C_r F(L)}{\int_0^L R(l)\,\mathrm{d}l} \tag{3-28}$$

为使单位行驶里程的总费用最小，可将式（3-28）对行程 L 求导，令 $\dfrac{\mathrm{d}C(L)}{\mathrm{d}L} = 0$，求解 L 值，即为单位费用最小的维护周期。

2. 回归概率法确定汽车维护周期

回归概率法是按汽车技术状况参数的变化规律和允许极限值来确定维护周期的方法。

若已知汽车或总成技术状况参数 y 随运行时间或行驶里程变化的回归方程 $\hat{y} = \hat{\psi}(L)$，并已知参数的容许极限值 y_a，即可用图解法或分析法来确定维护周期。由于汽车的运行条件具有明显的随机性，表征技术状况的参数 y 也将在较大的范围内波动并呈一定的分布。因此在确定维护周期时，必须确定在预定的置信水平下汽车技术状况参数变化率的极限允许值，即

$$a_g = \bar{a}\mu \tag{3-29}$$

式中，a_g 为相应于置信水平为 $1-a$ 的技术状况参数的最大变化率；$\bar{a}$ 为技术状况参数变化率的平均值，可从技术状况参数分布曲线中获得；μ 为技术状况参数的最大变化率系数，可根据分布曲线的类型、变异系数的大小和置信水平的高低计算得到。

图 3-7 所示为采用这种方法的原理图。

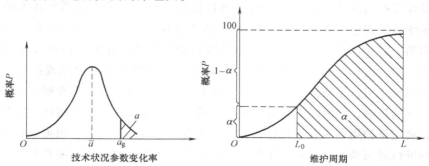

图 3-7　按预定置信水平确定维护周期

置信水平是指技术状况参数的实际变化率 a_i 低于或等于极限变化率 a_g 的概率，即

$$P\{a_i \leqslant a_g\} = 1 - \alpha \tag{3-30}$$

式中，$1 - \alpha$ 为置信水平，对于与安全有关的零件和总成，$1 - \alpha = 0.90 \sim 0.95$；对于其他总成，$1 - \alpha = 0.85 \sim 0.90$。

现以解放 CA1091 型汽车为例，说明应用上述方法确定汽车制动机构维护周期的步骤。

首先用回归分析建立汽车制动蹄与制动鼓之间的间隙 y 随行程 L 变化的关系，如图 3-8 所示。分析表明其关系接近于线性，相关系数为 $0.7 \sim 0.9$。间隙 y 增大时，汽车制动性能下降，制动距离 S 增大。因此，极限间隙可通过在规定车速下制动距离与制动间隙的关系，按制动规范规定的制动距离要求来确定。对解放 CA1091 型汽车而言，当车速为 30km/h 时，极限允许值 $y_a = 1.2$mm，如图 3-8a 所示，则制动机构的维护周期 L_0 可由式（3-31）确定。

$$L_0 = \frac{y_a - y_0}{\mu \, \overline{a}} \tag{3-31}$$

式中，y_0 为制动蹄与制动鼓的标准间隙（mm）；y_a 为制动间隙的极限允许值（mm）；μ 为技术状况参数的最大变化率系数，当置信水平 $1 - \alpha = 0.90 \sim 0.95$，变异系数为 $0.3 \sim 0.4$ 时，$\mu = 1.39 \sim 1.50$；$\overline{a}$ 为制动间隙平均增长率。

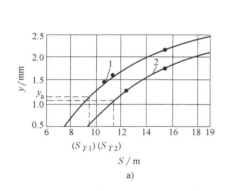 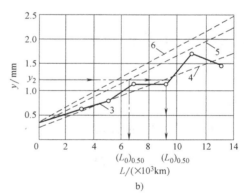

图 3-8 解放 CA1091 型汽车制动机构维护周期的确定

a）制动器间隙 y 对制动距离 S 的影响 b）制动蹄与制动鼓间隙 y 随行程 L 的变化

1—空载 2—满载 3—经验回归法 4—$\alpha = 0.50$ 时的理论回归线 5—$\alpha = 0.10$ 时的

理论回归线 6—$\alpha = 0.05$ 时的理论回归线

根据试验数据获得回归方程，得到前轮制动蹄与制动鼓之间的间隙 y 随行程 L 变化的关系为

$$Y_f = 0.61 + 0.042L$$

后轮制动蹄与制动鼓之间的间隙 y 随行程 L 变化的关系为

$$Y_r = 0.33 + 0.096L$$

前轮制动间隙平均增长率 $\overline{a}_f = 0.042 \text{mm/}(10^3 \text{km})$，后轮制动间隙平均增长率 $\overline{a}_r = 0.096 \text{mm/}(10^3 \text{km})$。

当行驶里程 L 为 0 时，$y_{0r} = 0.33$mm，$y_{0f} = 0.61$mm。

将 y_a = 1.2mm、y_{0r} = 0.33mm、y_{0f} = 0.61mm、μ = 1.39 ~ 1.50、$\overline{a}_f$ = 0.042mm/(10^3 km)、$\overline{a}_r$ = 0.096mm/(10^3 km) 代入式（3-31），即可确定解放 CA1091 型汽车前、后制动器在空载、满载两类道路上行驶时，其维护周期分别为 9.36×10^3 ~ 10.1×10^3 km 和 6.1×10^3 ~ 6.5×10^3 km。因此，解放 CA1091 型汽车制动机构的最佳调整周期，按技术要求应定在 6.1×10^3 ~ 6.5×10^3 km。

在 GB/T 18344—2001 中给出了指导性汽车维护周期，见表 3-1。

表 3-1 汽车一级维护、二级维护周期表

车型分类	一级维护间隔里程或时间	二级维护间隔里程或时间
乘用车（轿车、≤9 座的商务车）	6000 ~ 10000km 或 20 ~ 30d	20000 ~ 30000km 或 60 ~ 90d
微型客车（L≤3.5m）	4000 ~ 7000km 或 20 ~ 30d	15000 ~ 20000km 或 60 ~ 90d
小型客车（3.5m<L≤6m）	5000 ~ 8000km 或 20 ~ 30d	16000 ~ 25000km 或 60 ~ 90d
中型客车（6m<L≤9m）	6000 ~ 10000km 或 20 ~ 30d	20000 ~ 30000km 或 60 ~ 90d
大型客车（9m<L≤12m）	7000 ~ 11000km 或 20 ~ 30d	23000 ~ 35000km 或 60 ~ 90d
特大型客车（12m<L≤13.7m）	8000 ~ 13000km 或 20 ~ 30d	25000 ~ 40000km 或 60 ~ 90d
微型货车（M≤1800kg）	5000 ~ 7000km 或 30 ~ 40d	15000 ~ 20000km 或 90 ~ 120d
小型货车（1800kg<M≤3500kg）	5000 ~ 8000km 或 20 ~ 30d	16000 ~ 25000km 或 60 ~ 90d
大型货车（3500kg<M≤12000kg）	6000 ~ 10000km 或 20 ~ 30d	20000 ~ 30000km 或 60 ~ 90d
重型货车（M≤12000kg）	7000 ~ 11000km 或 20 ~ 30d	23000 ~ 35000km 或 60 ~ 90d
低速货车	4000 ~ 5000km 或 20 ~ 30d	10000 ~ 15000km 或 60 ~ 90d
半挂牵引车和挂车	7000 ~ 11000km 或 20 ~ 30d	23000 ~ 35000km 或 60 ~ 120d

注：d 表示天。

3.3 汽车维护工艺的组织

汽车维护工艺是指利用生产工具按一定要求维护汽车的方法，是汽车维护工作中积累起来并经过总结的操作技术经验。

3.3.1 汽车维护作业的分类

汽车维护按作业性质分为打扫清洗和外表养护作业、检查与紧固作业、电气作业和加注作业等。

1）打扫、清洗和外表养护作业。包括清除汽车和外表的污泥，打扫、清洗和擦拭汽车车厢、驾驶室、客车车身的内外表面和各类附件。

2）检查与紧固作业。包括检查汽车各总成和机件的外表；检查各机件外表连接螺栓的紧度，必要时进行紧固；更换个别丢失和损坏的螺钉、螺栓、锁止销和润滑油嘴等零件。

3）检查调整作业。包括检查汽车各机构、仪表和总成的技术状况，必要时按技术要求和使用条件进行调整。

4）电气作业。包括清洁、检查和调整电气设备及仪表，润滑其运动机构，配换个别已损坏和不适用的零件及导线；检查和维护蓄电池。

5）润滑作业。包括清洗发动机润滑系统和机油滤清器，更换和添加润滑油，更换滤芯，对传动系统、操纵系统和行走机构各润滑点加注润滑油或润滑脂，更换或添加制动液及减振液。

6）轮胎作业。包括检查轮胎气压、充气；检查外胎状况及清除胎面嵌入物；进行轮胎换位及更换内外胎。

7）加注作业。包括检查油箱状况，测量油箱的存油量，按需要添加燃油；检查散热器状况，并加注冷却液。

一般情况下，汽车维护作业的分类并非一成不变，实际工作中可按照维护企业的规模、维护设备、人员和场地的具体情况进行必要调整。

3.3.2 汽车维护工艺作业的组织

为了有效地完成汽车维修工作，维护作业地点应按工艺配备合理布局，使各方面工作协调，充分利用人力、物力，减少消耗，取得最佳效益。

1. 汽车维护工艺作业的组织原则

在组织汽车维护工艺时，应考虑以下原则：

1）工艺过程的组织应符合车辆运行的工作制度。

2）能合理利用维护工艺设备和生产面积。

3）能有效地完成规定的维护工作内容，保证维护质量。

4）工艺过程的组织应保证维护作业的劳动生产率高，成本低。

2. 汽车维护工艺作业的组织形式

维护工艺的组织通常是指汽车运输企业内维护地点（工间、工段和工位）的工艺组织。

（1）按专业分工程度不同分类 汽车维护工艺作业的组织形式按专业分工程度通常分为全能工段式和专业工段式两种。

1）全能工段式。除外表维护作业外的其他规定作业，在一个工段上组织实施，将执行各维护作业的人员编成一个作业组，在额定时间内，分部位、有顺序地完成各自作业项目的维护工艺组织形式称为全能工段式。

全能工段式可以是以技术较高的全能工人对汽车的固定部位完成其维护作业，也可以是以专业工种的工人在不同部位执行指定的专业维护作业。前者称为固定工位作业，后者称为平行交叉作业。

2）专业工段式。把规定的各项维护作业，按其工艺特点分配在一个或几个工段上，各专业工人在指定工段上完成各自维护工作的工艺组织形式称为专业工段式。工段上配有专门的设备，当专业工段按维护作业的顺序排列时，这些专业工段即组成汽车维护作业流水线。汽车可以依靠本身的动力或利用其他驱动方式在流水线上移动。

（2）按维护工作地点的布置方式分类 汽车维护工艺作业的组织形式按维护工作地点的布置方式可分为尽头式和直通式两种。

1）尽头式工段。按尽头式布置的工段如图3-9所示，汽车在维护时可单独地出入工段。汽车在维护期间，停在各自的地点固定不动，维护工人按照综合作业分工等不同，围绕汽车

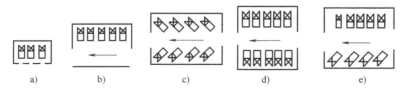

a)　　　　　b)　　　　　c)　　　　　d)　　　　　e)

图 3-9　尽头式工段

a）无内部通道　b）有内部通道　c）有内部通道（两侧布置）　d）斜角式　e）混合式

交叉执行各项维护作业项目。各工段的作业时间可单独组织，彼此无影响。因此，尽头式工段适合于规模较小、车型复杂的运输企业在高级维护作业、小修时采用。

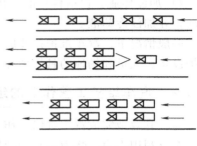

2）直通式工段。按直通式布置的工段如图 3-10 所示，较适于按流水作业组织的维护，各维护作业按作业顺序的要求分配在各工段（工位）上，工段的作业工人按专业分工完成维护作业。直通式工段完成维护作业的生产效率较高。因此，当企业有大量类型相同的汽车，且维护作业内容和劳动量比较固定时，宜采用流水作业方式。

图 3-10　直通式工段

3.4　汽车维护工艺规范

汽车维护能够保持车容整洁，及时发现和消除故障及其隐患，防止车辆早期损坏。通过汽车的技术维护，应使车辆达到下列要求：

1）汽车经常处于技术状况良好的状态，可以随时出车。

2）在合理使用的前提下，不致因中途损坏而停车，以及因机械故障而影响行车安全。

3）在运行过程中，降低燃料、润滑油以及配件和轮胎的消耗。

4）各总成的技术状况应尽量保持均衡，以延长汽车大修间隔里程。

5）减轻车辆噪声和排放污染物对环境的污染。

2016 年交通部 1 号令《道路运输车辆技术管理规定》中的第十五条"道路运输经营者应当建立车辆维护制度"规定：车辆维护分为日常维护、一级维护和二级维护。日常维护由驾驶人实施，一级维护和二级维护由道路运输经营者组织实施。

3.4.1　汽车日常维护

日常维护属日常性作业，是以清洁、补给和安全检视为作业中心内容，由驾驶人负责执行的车辆维护作业。日常维护通常是在出车前、行车中及收车后。因此日常维护主要分为出车前的检查维护、行车中的检查维护和收车后的检查维护。

日常维护是各级维护的基础，属于预防性的维护作业。总的来说包括以下内容：

1）对汽车外观、发动机外表进行清洁，保持车容整洁。

2）对汽车各部分的润滑油（脂）、燃油、冷却液、制动液、各种工作介质，以及轮胎气压进行检视补给。

3）对汽车制动、转向、传动、悬架、灯光、信号等安全部位和位置以及发动机运转状态进行检视、校紧，确保行车安全。

1. 出车前的检查维护

出车前应进行以下检查维护：

1）检查驾驶证、行驶证和必须随车携带的行车证件是否齐全。

2）检查燃油、润滑油（发动机、自动变速器）、冷却液、制动液、洗涤液（风窗玻璃及前照灯清洁液）、动力转向液是否足量；蓄电池内电解液量是否符合要求。

3）检查汽车各部位有无漏液、漏油、漏气、漏电现象。

4）检查转向盘自由转动量（自由行程）是否符合要求；检查转向装置各连接部位是否牢固可靠，工作是否良好。

5）起动发动机，检查发动机起动、运转是否正常，有无异响；各仪表、指示装置工作是否正常；各总成件自诊断装置是否正常。

6）检查照明、信号装置、喇叭、刮水器、内外后视镜（含下视镜）、门锁、发动机罩盖锁和门窗玻璃升降机构等是否齐全有效。

7）检查离合器、行车制动器、驻车制动器是否工作正常。

8）检查轮胎气压是否符合规定并清除胎面花纹间杂物；检查汽车外露部位的螺栓、螺母是否齐全紧固；全挂车、半挂车的牵引、连接是否牢固可靠；随车装备是否齐全。

9）检查人员乘坐或货物装载是否符合规定。

若发现有不符合规定的情况，应立即采取措施予以排除；若暂时不能排除而影响行驶安全，应暂停出车。

2. 行车中的检查维护

当汽车运行一段路程或一定时间后，应选择平坦、宽阔、避风或遮阳的地方停车，进行行车中的检查维护，驾驶人及乘员也可放松休息。在高速公路上运行时，应事先计划好在某服务区进行行车中的检查维护和休息，因为高速公路上禁止随意停车。行车中应进行的检查维护项目如下：

1）检查轮毂、制动鼓（盘）、变速器、分动器、主减速器和差速器的温度，一般不得高于60℃（即手掌所能忍受的温度）。

2）检查发动机和底盘的工作情况是否正常。

3）检视各仪表、信号装置工作是否有效。

4）检查转向机构和制动机构各连接部位是否牢靠。

5）检查悬架弹簧及减振器状况、传动轴的连接螺栓有无松动。

6）检查轮胎螺钉的紧定情况和轮胎气压（气压略有升高是正常的），清除轮胎花纹间的异物。

7）检查有无漏液、漏油、漏气、漏电现象。

8）检查货物装载、拖挂装置情况。

如果发现问题应立即就地解决，实在无法解决应报救急或驶向就近的修理场所进行修理。

3. 收车后的检查维护

收车后应进行的检查维护项目如下：

1）清洁全车外表，清扫驾驶室和车厢。

2）检查发动机运转是否正常，察听有无异响。

3）检查有无漏液、漏油、漏气、漏电现象，视情补充燃油、润滑油、制动液、洗涤液等。

4）按规定对润滑部位进行检查和加注润滑油或润滑脂。

5）检查冷却系统有无异常。

6）检查悬架弹簧、轮胎气压情况；视情紧固轮胎螺钉和半轴凸缘螺钉。

7）检查转向装置和制动装置各部连接情况。

8）检查、整理随车工具和附件，若有缺失应及时补充。

检查维护中发现故障应及时排除，运行途中发现的问题途中未能解决的也应一并处理，以保持车辆技术状况完好。

3.4.2　汽车一级维护

汽车一级维护指的是除日常维护作业外，以清洁、润滑、紧固为作业中心内容，并检查有关制动、操纵等安全部件，由维修企业负责执行的车辆维护作业。汽车一级维护周期一般为行驶里程 2000~3000km。

一、二级维护周期的确定，应以汽车的行驶里程作为基本依据。一、二级维护行驶里程的间隔应依据各车使用说明书的有关规定，并按照汽车使用条件的差异，由省级交通行政主管部门规定。汽车一级维护作业具体项目和内容如下。

1. 发动机部分

1）检查、调整点火系统使其工作正常。

2）清洁或更换发动机空气滤清器、空压机空气滤清器、机油滤清器和燃油滤清器；要求各滤清器的滤芯应清洁无破损，上下衬垫无残缺，密封良好。各滤清器应清洁并安装牢固。

3）检查曲轴箱油面、冷却液液面及制动液液面的高度并使其符合规定。

4）检查校紧散热器、油底壳、发动机前后支垫、水泵、空压机、进排气歧管、输油泵、喷油泵的连接螺栓，要求各连接部位螺栓、螺母应紧固，其锁销、垫圈及胶垫应完好有效。

5）检查空压机、发电机、空调机传动带的磨损、老化程度，调整传动带松紧度并使其符合规定。

2. 底盘部分

1）检查转向器液面及密封状况，润滑转向万向节十字轴、横直拉杆、球头销、转向节等部位并使其符合规定。

2）检查调整离合器，使其操纵机构灵敏可靠；离合器踏板自由行程符合规定。

3）检查变速器、差速器液面及密封状况，润滑传动轴，校紧各部位连接螺栓，清洁各通气塞，要求均应符合技术规定。

4）检查紧固各制动管路，检查调整制动踏板自由行程。要求制动管路及接头无泄漏，支架螺栓紧固可靠，制动连动机构灵敏可靠，储气筒无积水，制动踏板自由行程符合规定。

5）检查、紧固车架、车身及附件，要求各部螺栓及拖钩、挂钩紧固可靠，无裂损，无窜动并齐全有效。

6）检查轮辋及压条挡圈；检查轮胎（包括备胎）气压并视情况补气；检查轮毂轴承间隙。要求轮辋及压条挡圈无裂损、变形；轮胎气压符合规定，气门嘴帽齐全；轮毂轴承间隙无明显松旷。

7）检查悬架机构应连接可靠、无损坏。

3. 其他

1）检查蓄电池，要求电解液液面高度符合规定，通气孔畅通，电极夹头清洁、牢固。

2）检查灯光、仪表、信号装置，要求齐全有效，安装牢固。

3）润滑全车润滑点，要求各润滑嘴安装正确，齐全有效。

4）检查全车，要求全车不漏油、不漏液、不漏气、不漏电、不漏尘，各防尘罩齐全有效。

3.4.3　汽车二级维护

汽车二级维护指的是除一级维护作业外，以检查和调整转向节、转向摇臂、制动蹄片、悬架等经过一定时间使用容易磨损或变形的安全部件为主，并拆检轮胎，进行轮胎换位，检查调整发动机工作状况及排气污染控制装置等，由维修企业负责执行的车辆维护作业。

1. 基本流程

汽车二级维护工艺流程示意图如图3-11所示。

所需检测项目根据汽车技术档案的记录资料（包括车辆运行记录、维修记录、检测记录、总成修理记录等）和驾驶人反映的车辆使用技术状况（包括汽车动力性、异响、转向、制动及燃、润料消耗等）确定。

汽车二级维护首先要进行检测，检测项目共有13项：①发动机功率，气缸压力；②汽车排气污染物，三元催化转化装置的作用；③电控燃油喷射系统；④柴油车的供油提前角、供油间隔角及喷油泵供油压力；⑤制动性能中的制动力；⑥转向轮定位，主要检查前轮定位角和转向盘自由转动量；⑦车轮动平衡；⑧前照灯；⑨操纵稳定性，有无跑偏、发抖、摆头；⑩变速器有无泄漏、异响、松脱、裂纹等现象，换档是否轻便灵活；⑪离合器有无打滑、发抖现象，分离是否彻底，接合是否平稳；⑫传动轴有无异响、松脱、裂纹等现象；⑬后桥（主减速器）有无泄漏、异响、松动、过热等现象。

检测完后，依据检测结果和该车技术状况进行故障诊断，进而确定附加作业项目。即二级维护作业有基本作业项目和附加作业项目两大类，在维护作业时一并进行。

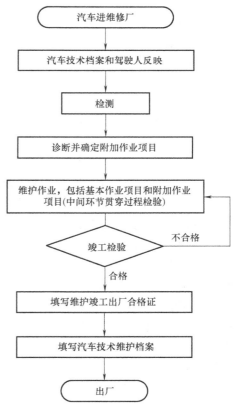

图3-11　汽车二级维护工艺流程示意图

2. 汽车二级维护基本作业项目与内容

（1）发动机部分

1）检查润滑、冷却、排气系统及燃油系统是否渗漏或损坏。

2）更换发动机机油及机油滤清器滤芯。

3）检查冷却系统液面高度及防冻能力，必要时添加冷却液或调整冷却液浓度。

4）清洗空气滤清器，必要时更换滤芯。

5）检查、清洗火花塞，必要时更换火花塞。

6）检查 V 形传动带状况及张紧度，视情调整张紧度或更换 V 形传动带。

7）检查、调整点火正时、怠速转速。

（2）底盘部分

1）检查离合器踏板行程。

2）检查变速器是否渗漏或损坏。

3）检查等速万向节防尘套是否损坏。

4）检查转向横拉杆球头固定情况、间隙及防尘套是否损坏。

5）检查制动系统是否渗漏或损坏。

6）检查制动液液面高度，必要时添加制动液。

7）检查制动蹄摩擦衬片或衬块的厚度。

8）检查、调整驻车制动装置。

9）检查轮胎气压、磨损及损坏情况。

10）检查车轮螺栓紧固力矩。

11）检查轮胎花纹深度。

（3）车身

1）润滑发动机舱盖及行李箱盖铰链。

2）润滑车门铰链及车门限位拉条。

3）检查车身底板密封保护层有无损坏。

（4）电气系统及空调器

1）检查照明灯、警告灯、转向信号灯及喇叭的工作状况。

2）检查调整前照灯光束。

3）检查风窗玻璃刮水器及清洗装置，必要时添加风窗玻璃清洗液。

4）检查蓄电池液面高度，必要时添加蒸馏水。

5）检查空调系统是否泄漏。

6）检查、清洗空调新鲜空气滤清器。

在二级维护全过程中要进行过程检验，并作检验记录。在过程检验中，各维护项目的技术要求，应满足相应的技术标准或原厂说明书的有关规定。

汽车在维修企业进行二级维护后，必须进行竣工检验；各项目参数符合国家或行业及地方标准；竣工检验合格的车辆填写维护竣工出厂合格证后方可出厂。检验不合格的车辆应进行进一步的检验、诊断和维护，直到达到维护竣工技术要求为止。维修企业应及时填写汽车维护技术档案。

3. 二级维护竣工技术要求

二级维护竣工技术要求见表 3-2。

表 3-2　二级维护竣工技术要求

序号	检测部位	检测项目	技术要求	备注
1	整车	1. 清洁	汽车外部、各总成外部、三滤应清洁	检视
		2. 面漆	车身面漆、腻子无脱落现象，补漆颜色应与原色基本一致	检视
		3. 对称	车体应周正，左右对称	汽车平置检查

（续）

序号	检测部位	检测项目	技术要求	备注
1	整车	4. 紧固	各总成外部螺栓、螺母按规定力矩拧紧，锁销齐全有效	检查
		5. 润滑	发动机、变速器、转向器、减速器润滑符合规定，各通气孔畅通。各部润滑点润滑脂加注符合要求。润滑脂嘴齐全有效，安装位置正确	检视
		6. 密封及电器	全车无油、水、气泄漏，密封良好，电器装置工作可靠，绝缘良好	检视
		7. 前照灯、信号、仪表、刮水器、后视镜等装置	稳固、齐全有效符合有关规定	检视
2	发动机	1. 发动机工作状况	发动机能正常起动，低、中、高速运转均匀及稳定、冷却液温度正常，加速性能良好，无断裂、回火、放炮等现象，发动机运转稳定后应无异响	路试
		2. 发动机功率	无负荷功率不小于额定值的80%	检测
		3. 发动机装置	齐全有效	检视
3	离合器	1. 踏板自由行程	符合原厂规定	检测
		2. 离合情况	接合平稳，分离彻底，无打滑、抖动及异响	路试
4	转向系统	1. 转向盘最大转动量	符合规定	检查
		2. 横直拉杆装置	球头销不松旷，各部螺栓、螺母紧固，锁止可靠	检查
		3. 转向机构	操作轻便、转动灵活，无摆振、跑偏等现象。车轮转到极限位置时，不得与其他部件有碰擦现象	检测
		4. 前束及最大转向角	符合规定	检测
		5. 侧滑	符合GB 7258—2017中的有关规定	检测
5	传动系统	变速器、传动轴、主减速器	变速器操纵灵活，不跳档，不乱档。变速器传动轴、主减速器各部无异响，传动轴装配正确	路试
6	行驶系统	1. 轮胎	轮胎磨损应在规定范围内、同轴轮胎应为相同的规格和花纹，转向轮不得使用翻新轮胎，轮胎气压符合规定，后轮辋孔与制动鼓观察孔对齐	检查
		2. 钢板弹簧	钢板弹簧无断裂、位移、缺片、U形螺栓紧固，前后钢板支架无裂纹及变形	检查
		3. 减振器	稳固有效	路试
		4. 车架	车架无变形，纵横梁无裂纹，铆钉无松动，拖车钩、备胎架齐全，无裂损变形，连接牢固	检查
		5. 前后轴	无变形及裂纹	检查
7	制动系统	1. 制动性能	应符合GB 7258—2017中的有关规定	路试或检测
		2. 制动踏板自由行程	符合规定	
		3. 驻车制动性能	应符合GB 7258—2017中的有关规定	路试和检测
8	滑行	滑行性能	符合规定	路试或检测

（续）

序号	检测部位	检测项目	技术要求	备注
9	车身车厢	车身	驾驶室装置紧固，门锁链灵活无松旷，限动装置齐全有效，驾驶室门关闭牢靠，无松动，风窗玻璃完好，窗框严密，门把、门锁、玻璃升降器齐全有效。发动机罩锁扣有效，暖风装置工作正常	检查
10	排放	尾气排放测量	符合有关标准的规定	检测

4. 汽车二级维护附加作业项目确定依据

汽车二级维护附加作业项目是指依据维护前汽车技术评定的结果，所确定的与二级维护基本作业项目一并进行的修理项目。

汽车二级维护附加作业项目的中心内容是根据检测结果进行汽车故障诊断，确定以消除汽车故障为目的的二级维护附加作业项目和作业内容，恢复汽车的正常技术状况。附加作业项目确定后与基本作业项目一并进行二级维护作业。

汽车二级维护附加作业项目的确定依据见表3-3。

表 3-3　汽车二级维护附加作业的确定依据

序号	项目	检测结果	相关故障诊断	附加作业项目
1	点火系统	1. 触点闭合角>42°或<36° 2. 分电器重叠角>34° 3. 点火提前角失准 4. 点火高压、点火波	1. 分电器调整不当 2. 分电器轴及凸轮磨损松旷 3. 点火系元件工作性能变化	检修分电器 视情更换有故障的元件
2	发动机动力性	1. 发动机功率低于厂额定值的80% 2. 单缸转速降<90r/min，各缸转速降相差>25%	1. 气门与气门座密封性差 2. 气缸垫、进排气歧管衬垫漏气 3. 气缸与活塞磨损，配合间隙过大 4. 活塞环磨损、黏结、断裂 5. 正时齿轮、凸轮轴磨损 6. 油泵及管路故障 7. 点火系统故障	研磨气门 更换损坏衬垫 更换活塞或视情镗缸 更换活塞环 更换正时齿轮或凸轮轴 检修，调整 检修，调整或更换有关元件
3	气缸压力	压力低于规定值的85%，或各缸压力差大于各缸规定值的10%，如压缩比6.75∶1的压力值<0.70MPa	1. 气门与气门座密封性差 2. 气缸垫窜气 3. 气缸与活塞配合间隙过大 4. 活塞环磨损或断裂 5. 正时齿轮、凸轮轴磨损或配气正时失效	研磨气门 视情更换 视情镗缸或更换活塞 更换活塞环 更换磨损零件或调查配气正时
4	曲轴箱窜气量	窜气量 1. 发动机转速：100r/min（CA1091）>40L/min 2. 发动机转速：2000r/min（EQ1090）>70L/min	1. 气缸、活塞磨损，配合间隙过大 2. 活塞环磨损、黏结、断裂 3. 活塞烧顶，严重拉缸	视情镗缸或更换活塞 更换活塞环 更换活塞或视情镗缸
5	气缸漏气量	测量表压力值<0.25MPa	1. 气缸、活塞磨损，配合间隙过大 2. 活塞环磨损、黏结、断裂 3. 活塞烧顶，严重拉缸 4. 气门密封性差	视情镗缸或更换活塞 更换活塞环 更换活塞或视情镗缸 研磨气门

（续）

序号	项目	检测结果	相关故障诊断	附加作业项目
6	进气歧管真空度	真空度<57kPa 波动值>5kPa	1. 气缸、活塞磨损,配合间隙过大	视情镗缸或更换活塞
			2. 活塞环磨损、黏结、断裂	更换活塞环
			3. 气门杆与导管磨损,气门密封性差	视情修理
			4. 气缸垫窜气,进排气歧管衬垫漏气	更换
7	气缸内部窥查	活塞烧顶,气缸壁拉伤		更换活塞,视情镗缸
8	配气相位	配气相位角度偏移超过规定值2°	1. 正时齿轮安装、调整不当	重新安装,调整
			2. 气门间隙调整不当	
			3. 正时齿轮,凸轮轴磨损	更换磨损零件
9	发动机异响	1. 曲柄连杆机构异响 2. 曲轴主轴承、连杆轴承异响 3. 活塞异响	1. 轴承与轴颈磨损、烧蚀	视情修理
			2. 活塞与气缸磨损,间隙增大,气缸体、曲轴及连杆变形	视情修理
			3. 活塞销与活塞、连杆衬套间隙过大	视情修理
		配气机构异响	1. 气门间隙调整不当	
			2. 摇臂与轴,气门挺杆与凸轮轴磨损	
			3. 凸轮轴轴承间隙超差	视情拆检相关部位更换磨损或损坏零件
			4. 气门座圈脱落	
			5. 气门弹簧折断	
			6. 正时齿轮磨损	
10	发动机其他部位	水泵异响,渗漏	水泵轴轴承损坏或水泵轴断裂及各部密封差	检修水泵 视情检修更换密封件
		空气压缩机异响,漏油	1. 活塞、气缸磨损,配合间隙过大	视情更换活塞或气缸
			2. 轴承损坏或配合间隙过大	视情修理
		曲轴前、后油封漏油	油封失效	更换油封
		发动机过热	1. 冷却系统工作不良	拆检冷却系统相关零件
			2. 配气相位调整不当	调整
			3. 点火正时调整不当	
		排气管及消声器工作状况不良	连接松动、开裂或阻塞	视情修理
		机油压力低 急速<0.1MPa 中速<0.3MPa	1. 机油泵磨损	拆检有关部位
			2. 曲轴主轴承、连杆轴承、凸轮轴轴承配合间隙大	视情修理
			3. 油道漏油,调压阀失准,仪表、感应器不正常	视情修理
11	机油分析	污染指数,斑痕图谱或理化性能指标超标		更换机油并查找原因
12	齿轮油分析	水分、含铁量增长值,100℃运动黏度变化率超标		更换齿轮油

（续）

序号	项目	检测结果	相关故障诊断	附加作业项目
13	前轮定位	前轮定位超过规定值	1. 转向节主销及衬套磨损松旷 2. 车架,前轴变形 3. 悬架,转向机构异常	更换磨损零件 校正 视情修理
14	转向器	1. 转向盘自由转动量>30° 2. 转向卡滞,沉重	1. 啮合间隙过大 2. 各配合副磨损、卡滞 3. 轴承锈蚀 4. 转向器、转向传动机构调整不当	调整间隙 拆检更换磨损零件 更换轴承 调整
15	驻车制动器	驻车制动器不能有效制动（调整无效）	制动鼓摩擦衬片磨损或油污	拆检,更换摩擦衬片或清洗
16	离合器	离合器分离轴承异响 离合器工作不良	1. 轴承润滑不良 2. 轴承损坏 3. 离合器打滑 4. 离合器分离不彻底 5. 离合器接合不平顺	润滑,更换 拆检离合器,检查、更换离合器片、分离杆、压板或压紧弹簧
17	变速器	异响,乱档,跳档,换档困难	1. 齿轮、轴、轴承磨损,间隙过大 2. 齿轮啮合不良或崩齿 3. 各轴承同轴度、平行度超限 4. 变速操纵机构失效 5. 同步器失效	拆检变速器,视情修理 视情修理 视情修理 视情修理 更换
		漏油	油封老化失效,衬垫损坏	更换
18	传动轴	异响,发抖,松旷	1. 中间轴承、万向节轴承松旷 2. 凸缘叉、滑动叉与花键配合不当或松旷 3. 传动轴不平衡	拆检,视情更换 拆检,视情更换磨损零件 视情修理
19	后桥	主减速器或差速器有异响	1. 齿轮崩齿,轴承损坏 2. 齿轮磨损,啮合间隙不当	更换损坏零件
		后桥壳有裂纹		修复或更换
20	车架悬架轮胎	车架有裂纹、变形、铆钉松动		焊补,重铆,校正
		悬架机构异常	1. 钢板弹簧座孔磨损 2. 钢板弹簧错位、断裂,钢板弹簧销、衬套、滑板磨损、断裂	视情修理
		轮胎异常磨损	1. 前轮定位不符合规定 2. 车架、前桥、后桥变形 3. 悬架机构异常 4. 差速器功能不良	视情调校或修理
21	车身货厢	1. 钣金件开裂、锈蚀、变形 2. 脱漆		修整,补灰,喷漆
22	轴距	左右值之差>10mm	1. 钢板中心螺栓折断,钢板错位 2. 钢板中定位孔磨损,前桥或后桥移位 3. 悬架机构、车架变形	拆检,更换中心螺栓 视情修理 视情修理

3.4.4 其他

汽车维护除了日常维护、一级维护、二级维护以外，还包括汽车季节性维护和汽车走合维护。

1. 汽车季节性维护

汽车季节性维护又称换季维护，它是指汽车适应季节变化而实施的维护，一般结合二级维护进行。近年来由于免维护和少维护化的发展，维护工作减少，如使用多级润滑油，具有良好的黏温特性，既适合冬季又适合夏季使用，换季维护时就无须更换润滑油。不同的季节，气候也有较大的差异，尤其是冬季和夏季，一冷一热，相差悬殊。对汽车的使用和维护上也有差异，通常在入冬或入夏之际，结合上述的定期维护，进行一次季节性维护。如果所处地区冬夏差异并不大，季节性维护的意义不是太大。

2. 汽车走合维护

汽车的走合期实质上是为了使汽车向正常使用阶段过渡，在使用中对相互配合件的摩擦表面进行走合加工的过程，即改善零件摩擦表面几何形状和表层物理力学性能的过程。

新车或经大修的汽车，在初期行驶的走合期内，对使用和维护有特殊要求，而汽车在走合期内所进行的维护就是走合维护。汽车的使用寿命、行驶的安全可靠性及经济性在很大程度上取决于使用初期的正常走合和走合维护质量，因此汽车走合期的使用、维护为特殊条件下的使用和维护，这一时期必须按照相应的规定进行。

思　考　题

1. 如何理解汽车维护、汽车维修性与有效性？
2. 影响维修性的主要因素有哪些？
3. 考核有效度指标有哪些？
4. 汽车维修思想有哪几类？其主要内容各是什么？
5. 汽车维护类型和维护方式有哪些？
6. 维修制度的主要内容有哪些？
7. 汽车维护周期是如何确定的？其基本原则是什么？
8. 汽车维护的主要作业内容有哪些？维护工艺有几种组织形式？各有什么特点？
9. 汽车维护按作业内容可分为几类？其主要作业内容各是什么？
10. 汽车日常维护、一级维护、二级维护的中心内容是什么？
11. 汽车二级维护附加作业的定义是什么？
12. 汽车二级维护附加作业的中心内容是什么？
13. 什么是汽车的季节性维护？什么是汽车走合维护？

第4章

汽车修理工艺

4.1 汽车修理工艺过程

汽车在使用过程中，由于汽车零件的耗损和其他事故性损伤会逐渐丧失应有的工作性能，当达到修理极限时就必须进行修理。消除车辆的故障或损坏，恢复车辆的工作能力和完好状况的工作就是汽车修理。

4.1.1 汽车修理方法

汽车修理有许多工艺作业，按规定顺序完成这些作业的过程称为汽车修理工艺过程。由于修理组织的方法不同，汽车修理工艺过程也不相同。

汽车修理方法通常有就车修理法和总成互换修理法两种。

1. 就车修理法

当采用就车修理法时，汽车大修的工艺过程如图4-1所示。汽车经过验收并进行外部清

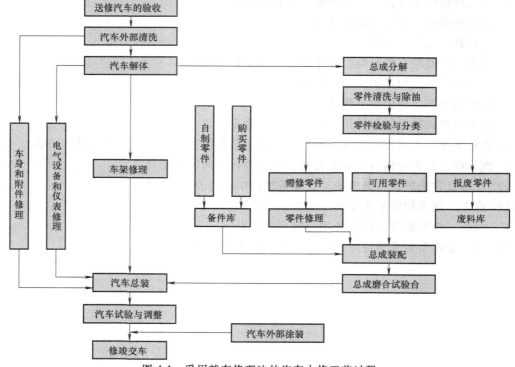

图 4-1　采用就车修理法的汽车大修工艺过程

洗后，拆分成总成，然后分解成零件并加以清洗。所有零件经过检验后可分为可用零件、需修零件和报废零件等三类。可用零件直接送至总成装配，需修零件送至零件修理车间修复后再送至总成装配，报废零件则用新件或修复件替换。当总成零件配套齐全后，进行总成装配，经磨合试验后，将试验合格的总成送至汽车总成装配。汽车车架、车身和电气仪表的修理是在总成拆分修理、装配的同时进行的。汽车总装配完毕经试验并消除所发现的缺陷后，进行汽车外部涂装，然后经过验收员验收后交车。

就车修理法的特点：所有总成都是由原车拆下的总成和零件装成的。由于各总成的修理周期不同，采用就车修理法时，必须等修理周期最长的总成修竣后方能装配汽车，因此大修周期较长。

2. 总成互换修理法

采用总成互换修理法修理汽车时，其大修工艺过程如图 4-2 所示。将验收并经外部清洗的汽车拆分成总成、汽车车架或轿车车身，拆下的总成经分解检验、分类和修复后，交备件库，以备其他车辆修理时使用；然后用备件库的周转总成、组合件和零件来装配汽车。由于采用了备用零件和周转总成，就不会破坏汽车修理装配的连续性，可大大缩短大修时间。

采用总成互换修理法时，企业承修的车辆车型较单一，而且互换总成的修理质量必须达

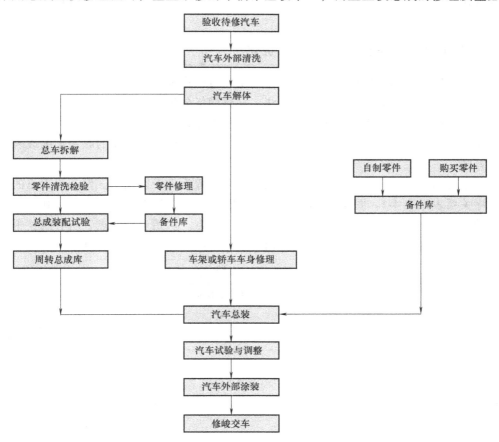

图 4-2 采用总成互换修理法的汽车大修工艺过程

到统一的修理标准，否则实施总成装配时就会发生困难。采用总成互换修理法，备用总成的数量与总成修理时间和车架（或车身）修理时间的差值大小有关，在差额期内必须由备用总成来补充。因此，修理企业所需备用总成的数量可由式（4-1）计算得到。

$$N = n(t_1 - t_0) + n_0 \qquad\qquad (4\text{-}1)$$

式中，N 为备用总成数；n 为修理企业的日生产纲领（辆）；t_1 为总成修理所需时间（日）；t_0 为车架或车身修理所需时间（日）；n_0 为由于某种特殊原因引起的生产中断而备用的总成数。

4.1.2　汽车修理作业组织

汽车修理生产中采用两种作业组织方式：固定工位作业法和流水作业法。

固定工位作业法是在一个工作位置完成全部修理工作。它要求工人技术全面，且难以使用专用设备，因而会影响修理生产率和质量，适用于生产规模小、车型复杂的修理企业。

流水作业法的全部修理作业是在由几个连续的工作位置所组成的流水线上进行的。根据移动方式不同，流水作业法又可分为连续流水作业和间断流水作业两种。流水作业法通常适用于承修单一车型、生产规模较大的修理企业，常用于汽车或总成拆装以及基础件的修理加工。这种作业方式的专业化程度高，总成和组合件运距短，工效高；但设备投资大，占地面积大。

4.1.3　汽车修理工艺过程的统筹与优化

为合理组织汽车修理生产，须将汽车修理工艺过程作为一个系统进行统筹安排、规划。

汽车修理工艺过程的统筹方法即统筹法，又称网络分析技术，是利用统筹图来进行网络分析的。分析前应先将汽车修理工艺过程分成若干工序，分析和确定各工序间的工艺性和组织性的相互联系和制约关系，确定工序间的先后顺序，并按先后顺序的联系汇编成表，按表绘制统筹图。

为便于说明统筹法，现以发动机总成大修工艺过程为例予以说明。发动机大修的工艺过程和工序关系表见表 4-1。图 4-3 所示为发动机大修工艺统筹图实例。图 4-3 中的圆圈代表节点，带箭头的实线代表工序，一个工序连接两个节点。从始点到终点，所有线路中所需工时最长的路线称为关键路线，用双实线标出，关键路线上的工序称为关键工序。

表 4-1　发动机大修工艺过程的工序关系表

工序代号	节点号码	工序名称或内容	工时/h
1	①-②	发动机解体	2.0
2	②-③	零件清洗	0.5
3	③-④	零件检验分类	1.0
4	④-⑤	修磨缸盖、缸体平面,校正燃烧室容积	3.0
5	⑤-⑨	压换缸套、镗磨缸体、铣气门座、镶气门导管、镗飞轮壳孔	6.0
6	④-⑥	磨凸轮轴	2.0
7	⑥-⑦	修理离合器	2.0

（续）

工序代号	节点号码	工序名称或内容	工时/h
8	④-⑦	磨曲轴	3.0
9	⑦-⑧	曲轴及离合器部件动平衡	2.0
10	⑧-⑨	校连杆及连杆轴承	2.0
11	⑨-⑬	光磨气门并配对研磨,校主轴承和凸轮轴轴承	6.0
12	⑧-⑬	校连杆小头衬套、选配活塞销、装配活塞组	2.0
13	④-⑩	修理空气压缩机	5.0
14	⑩-⑪	修理燃料供给系统、燃油泵	2.0
15	⑪-⑫	修理点火系统	2.0
16	⑫-⑭	修理发电机、调节器、起动机等	4.0
17	⑩-⑬	修理滤清器(空气、机油、燃油)、机油泵、水泵及管路	2.0
18	②-⑭	修理蓄电池并充电	18.0
19	⑬-⑭	发动机总装配及冷磨	4.0
20	⑭-⑮	发动机热试、调整及最后装配	4.0
21	⑮-⑯	喷漆、验收	0.5

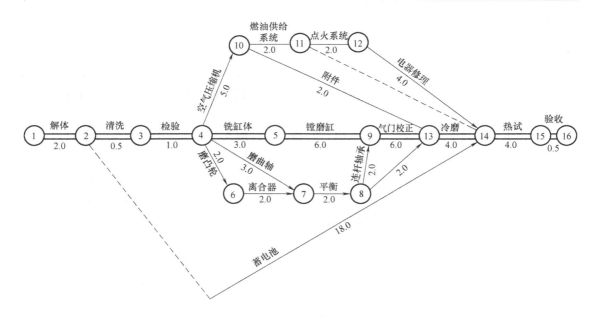

图 4-3　发动机大修工艺统筹图实例

用矩阵法计算图 4-3 所示统筹图中各节点工作的最早时间和最迟时间、工序最早开始和最迟开始时间、节点的时差等，计算步骤如下：

1）作节点数目矩阵（该统筹图中节点数目为 16），因而其矩阵 A 为 16×16 的节点矩阵；然后在矩阵第一行上方和第二列左方，依次写上节点编号，见表 4-2。

表 4-2　节点矩阵

t_L-t_E		0	0	0	0	0	1	1	1	0	6	6	6	0	0	0	0
t_E	t_L	0	2.0	2.5	3.5	6.5	6.5	8.5	10.5	12.5	14.5	16.5	18.5	18.5	22.5	26.5	27
	$A=16\times16$	①	②	③	④	⑤	⑥	⑦	⑧	⑨	⑩	⑪	⑫	⑬	⑭	⑮	⑯
0	①	\	2.0														
2.0	②		\	0.5											18.0		
2.5	③			\	1.0												
3.5	④				\	3.0	2.0	3.0			5.0						
6.5	⑤					\				6.0							
5.5	⑥						\	2.0									
7.5	⑦							\	2.0								
9.5	⑧								\	2.0			2.0				
12.5	⑨									\			6.0				
8.5	⑩										\	2.0	2.0				
10.5	⑪											\	2.0				
12.5	⑫												\		4.0		
18.5	⑬													\	4.0		
22.5	⑭														\	4.0	
26.5	⑮															\	0.5
27	⑯																\

2）填入相应的工序时间，以行为箭尾节点，以列为箭头节点，依次把各工序的工时写入矩阵的相应格内。例如③—④工序的工时为 1.0，可将 1.0 填入第三行第四列对应的方格中。

3）在矩阵的最上方和最左侧分别加一行和一列，填入各节点的最迟结束时间 t_L 和最早开始时间 t_E。

4）计算各节点的最早开始时间 $t_E(i)$。始点工序的最早开始时间为 0，即节点①的 $t_E(1)=0$，其他节点的最早开始时间可由接它的箭尾节点的最早开始时间加上箭杆时间（工作时间）来决定。如果同时有几条箭线与节点相连，则选其中箭尾节点的最早开始时间与箭杆时间相加之和的最大值，即

$$t_E(j) = \max\{t_E(i)+t(i,j)\} \quad (j=2,3,4,\cdots,n) \tag{4-2}$$

式中，$t_E(j)$ 为箭头节点的最早开始时间；$t_E(i)$ 为箭尾节点的最早开始时间；$t(i,j)$ 为工序的工时。

例如，节点②的 $t_E(2)=0+2.0=2.0$，节点③的 $t_E(3)=2.0+0.5=2.5$，节点④的 $t_E(4)=2.5+1.0=3.5$。

5）计算节点的最迟结束时间 $t_L(i)$。节点最迟结束时间是从终点节点开始从右到左逐个计算的。终点节点的最迟结束时间应等于总完工期，它等于关键路线各工序工时之和，如图 4-3 所示，总完工期 =（2.0+0.5+1.0+3.0+6.0+6.0+4.0+4.0+0.5）h=27h。一个箭尾节点的最迟结束时间是由其箭头节点的最迟结束时间减去箭杆时间（作业时间）来决定的。如果

从此箭尾节点同时引出几条箭线，则选其中箭头节点的最迟结束时间与箭杆时间差值的最小值，即

$$t_L(i) = \min\{t_L(j) - t(i,j)\} \quad (i = n-1, n-2, \cdots, 1) \tag{4-3}$$

式中，$t_L(i)$ 为箭尾节点的最迟结束时间；$t_L(j)$ 为箭头节点的最迟结束时间。

按图4-3所示可分别求出 $t_L(15) = (27 - 0.5)\text{h} = 26.5\text{h}$，$t_L(14) = (26.5 - 4.0)\text{h} = 22.5\text{h}$，依此类推。

6）计算节点时差。节点时差为节点的最迟结束时间与最早开始时间之差，即

$$S(i) = t_L(i) - t_E(i) \tag{4-4}$$

7）确定关键路线。将时差为零的节点串联起来的路线即为关键路线。如图4-3所示，其关键路线如下：①→②→③→④→⑤→⑨→⑬→⑭→⑮→⑯，关键路线越多，或者其他路线的工时越接近关键路线的工时，表明发动机修理工艺安排得越合理。若不满足要求，可利用统筹图进行相应调整，改变关键路线。

8）各工序的最早开始时间，就是它的箭头节点的最早时间，如⑦—⑧的工序9，其最早可能开始的时间为7.5h。

9）各工序的最迟开始时间等于它的箭头节点的最迟时间减去本工序工时的差值，如⑦—8的工序9，其最迟可能开始的时间为 $(10.5 - 2.0)\text{h} = 8.5\text{h}$，也就是说，工序9的最迟开始时间为8.5h，否则就会影响随后的工序如期开工。

10）工序时差，就是工序的最迟开始时间与最早开始时间的差值，即

$$S(i,j) = t_L(i,j) - t_E(i,j) = L_F(i,j) - E_F(i,j) = t_L(j) - t_E(i) - t(i,j) \tag{4-5}$$

式中，$t_L(i, j)$ 为工序的最迟开始时间；$t_E(i, j)$ 为工序的最早开始时间；$L_F(i, j)$ 为工序的最迟结束时间；$E_F(i, j)$ 为工序的最早结束时间。

计算结果列于表4-3。

表4-3　工序时差计算表

节点号码	工序代号	工序最早开始时间/h	工序最迟开始时间/h	工序时差/h	节点号码	工序代号	工序最早开始时间/h	工序最迟开始时间/h	工序时差/h
①-②	1	0	2-2=0	0	⑧-⑬	12	9.5	18.5-2.0=16.5	7.0
②-③	2	2.0	2.5-0.5=2.0	0	④-⑩	13	3.5	14.5-5.0=9.5	6.0
③-④	3	2.5	3.5-1.0=2.5	0	⑩-⑪	14	8.5	16.5-2.0=14.5	6.0
④-⑤	4	3.5	6.5-3.0=3.5	0	⑪-⑫	15	10.5	18.5-2.0=16.5	6.0
⑤-⑨	5	6.5	12.5-6.0=6.5	0	⑫-⑭	16	12.5	22.5-18.0=4.5	8.0
④-⑥	6	3.5	6.5-2.0=4.5	1.0	⑩-⑬	17	8.5	18.5-2.0=16.5	8.0
⑥-⑦	7	5.5	8.5-2.0=6.5	1.0	②-⑭	18	2.0	22.5-18.0=4.5	2.5
④-⑦	8	3.5	8.5-3.0=5.5	2.0	⑬-⑭	19	18.5	22.5-4.0=18.5	0
⑦-⑧	9	7.5	10.5-2.0=8.5	1.0	⑭-⑮	20	22.5	26.5-4.0=22.5	0
⑧-⑨	10	9.5	12.5-2.0=10.5	1.0	⑮-⑯	21	26.5	27.0-0.5=26.5	0
⑨-⑬	11	12.5	18.5-6.0=12.5	0					

上述每道工序的完成时间是按额定时间来确定的。在生产实践中，由于各种因素的影响，每道工序的完成时间将在一定范围内波动。因此，在分析中通常将工作时间按三种情况

进行估计，最快可能完成的时间、最慢可能完成的时间和最大可能完成的时间，如图4-4所示。

因此，该工作完成时间的估计值 t_e 为

$$t_e = \frac{t_a + t_b + 4t_c}{6} \tag{4-6}$$

式中，t_a 为最快可能完成的时间；t_b 为最慢可能完成的时间；t_c 为最大可能完成的时间。

方差 S 为

$$S = \left(\frac{t_b - t_a}{6}\right)^2 \tag{4-7}$$

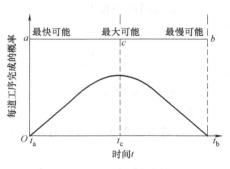

图 4-4 概率分布示意图

下面以图4-3所示的关键路线为例进行计算。将可能完成的工时的计算值列于表4-4，则总完工时间是平均数 $t_0 = 29.8\text{h}$，$\sigma = \sqrt{1.42} = 1.19$ 为标准差的正态分布，即

$$P(x) = \frac{1}{\sigma\sqrt{2\pi}}e^{-\frac{(x-t_0)^2}{2\sigma^2}} \tag{4-8}$$

这样，就可估计出某一时间之前完成的可能性，以 $P(x)$ 表示。

表 4-4 计算值

工序代号	1	2	3	4	5	11	19	20	21	总和
节点号码	①—②	②—③	③—④	④—⑤	⑤—⑨	⑨—⑬	⑬—⑭	⑭—⑮	⑮—⑯	
可能完成的工时/h $t_a - t_c - t_b$	1.5－0.5－2.5	0.4－0.5－0.6	0.8－1.0－1.2	2.5－3.0－3.5	5.0－6.0－9.0	5.0－6.0－10	4－5－6	4－5－6	0.4－0.5－0.6	
平均数 t_0/h	2.0	0.5	1.0	3.0	6.3	6.5	5.0	5.0	0.5	29.8

根据正态分布函数的特性，可估计出发动机大修的工期为

$$T_a = t_0 + u_a\sigma \tag{4-9}$$

式中，u_a 为一定置信水平下的偏离系数，可查正态分布表，例如当置信水平 $\alpha = 0.10$ 时，偏离系数 $u_a = 1.3$，因此 $T_{0.1} = (29.8 + 1.3 \times 1.19)\text{h} = 31.35\text{h}$。

这表明发动机大修的完工时间在31.35h以前的可能性为90%。

通过上述计算，找出关键路线后，要想进一步缩短大修工期，可在关键工序上采取措施。除在关键工序上改进设备和工艺、提高工作效率、减少工时外，在工艺组织上可尽量采用平行作业和交叉作业，以缩短工序工时。

由于非关键路线在时间上常有潜力可挖，时差越大，表明可挖掘的潜力越大，工艺安排不合理，应进行调整；也就是尽可能减少非关键线路上的人力、设备，以集中用于关键线路上。

4.2 汽车的接收

需修理的汽车，应先进行进厂验收。验收时，应检查并了解该车送修的技术鉴定书、车

辆技术记录、送修前的车况调查资料，以及送修人员对车辆修理的要求，需要进行车辆外部检视和必要的技术状况检查，查对该车的技术装备，掌握待修车辆的技术状况，以便提供给生产调度部门和生产车间作为生产调度和施工时的主要依据。

4.2.1 调查车辆使用情况

调查使用情况的主要内容：调查车辆累计行驶里程和维修间隔里程；各总成在使用中出现过哪些故障和损坏；车辆动力性的变化和燃油、润滑油的消耗情况；使用中有无事故发生等。

修理企业必须掌握承修车型的新车或大修车在使用中的故障规律和各部件的耐久性资料，为大修时合理选择修理方法提供必要的信息。

通过向送车人员和驾驶人了解车辆的使用及维修情况，初步掌握待修车辆的技术状况。

4.2.2 掌握车辆的维修情况

调查维修情况的主要内容：调查历次维修实施日期；维修中对各总成技术状况的评价和登记，修理和更换过哪些主要零部件；气缸压缩压力和磨损测量登记等。

为了有效组织修理生产，承修企业应掌握送修车辆的车辆维修情况，以便事先安排备料、生产计划和劳动力调配等工作，使汽车在修理过程中不会因等待材料、配件或由于各工序不能配合协调而停工。

修理企业须掌握承修车型的结构特点及维修资料数据的目的如下：

1) 使汽车修理工艺和汽车制造时的工艺方法保持一致。

2) 使汽车大修时零件的加工基准与制造时的基准保持一致。

3) 使汽车大修和汽车制造时的尺寸链计算方法保持一致，保持同一封闭环。

4) 使大修时的主要配合副的配合特性和旋转件的平衡要求与制造时保持一致。

5) 使零件修复后的表面硬度、冲击韧度、耐久性和表面粗糙度指标与新零件的类似指标保持一致。

4.2.3 车体外部检查

车体外部检查的内容如下：

1) 车容。查看汽车外部有无撞伤、碰伤，各部油漆是否脱落，车门、玻璃、锁把手、座垫、靠背等各种零部件是否齐全或有无腐蚀、损坏等。

2) 安全机构。检查转向、传动、制动等机构是否有松动、漏油、缺损等现象。

3) 基础件。检查气缸体、变速器壳体、后桥壳、前桥及车架等有无渗漏、严重变形及破损等。

4) 轮胎。查看轮胎磨损及损坏情况，若有异常磨损应查明原因。

4.2.4 仪器设备检测诊断

仪器设备检测诊断的主要内容如下：

1) 汽车的动力性（最高车速、加速能力、底盘输出功率、发动机功率、转矩和供给系统、点火系统的状况等）。

2）安全性（制动、侧滑、转向、前照灯等）。

3）可靠性（异响、磨损、变形、裂纹等）。

4）经济性（燃料消耗、噪声和废气排放状况等）。

为实施视情修理和强制维护制度，车辆大修的检测诊断主要是通过不解体检测设备进行的。检测诊断结果是对被修车辆技术状况和技术性能进行技术评定的重要依据。

4.2.5 行驶检验

行驶检验主要是通过汽车起步前的检验、汽车起步时的检验、汽车行驶中的检验和汽车行驶后的检验，查明底盘各总成的技术状态，以及进一步判断发动机的动力性能和经济性能。

（1）汽车起步前的检验

1）查看各仪表和刮水器等工作是否正常。

2）检查转向盘游动间隙、离合器和制动踏板的自由行程。

3）检查驻车制动杆的制动行程，以及查、听制动有无松旷异响等。

（2）汽车起步时的检验

1）检查变速杆各档位换档情况和离合器分离情况。

2）检查汽车起步异响情况。

（3）汽车行驶中的检验

1）检查汽车在行驶中的制动效能情况，加速时离合器的打滑情况。

2）检查以不同车速行驶时发动机和变速器内有无异响。

3）检查传动轴、驱动桥异响情况，驾驶室和悬架装置有无松动现象和异响。

（4）汽车行驶后的检验

1）检查有无漏油、漏水和漏气等现象。

2）检查各部温度是否正常。

3）对于路试中不能确定的故障，应进行部分拆卸检验。

4.2.6 发动机的检验

发动机的检验内容主要如下。

1）发动机的异响判断。

2）检查气缸压缩压力和就车检查气缸的磨损情况。

发动机的检验目的是为了判定发动机是否达到大修技术条件，从而确定汽车的修理类别。

4.2.7 待修技术鉴定与承修合同

1. 技术鉴定

待修车辆的技术鉴定，即根据上述对整车的技术检验对汽车的技术状态给出综合评定，并确定修理类别和修理范围。

2. 承修合同的签订

承修单位与送修单位应签订合同，确定送修要求、工期和质量保证等。合同签订后必须严格执行，并填写进厂检验单。

4.3 汽车清洗

4.3.1 汽车外部清洗及解体

1. 汽车外部清洗

进厂进行大修的汽车在解体之前应进行外部清洗，清除外部灰尘、泥垢和油污，以便汽车检测和拆卸工作的顺利进行，并保持作业工位整洁。

2. 外部清洗设备

外部清洗设备按结构形式分为固定式和可移动式两类。

固定式外部清洗设备具有清洗效率高、劳动强度低等优点，应用于大批量汽车的外部清洗作业。就其清洗方式而言，可分为喷射冲洗式和滚刷刷洗式两种。前者依靠压力水的冲击清除汽车车身及底盘部分的泥土、污垢，主要适用于载货汽车的外部清洗作业；后者则主要依靠滚刷与车身表面的刷洗摩擦作用清除车身表面的灰尘、污垢，主要适用于轿车、旅行车和大客车等的车身表面清洗作业。

可移动式外部清洗设备是小型清洗设备，其清洗装置以及电动机、水泵等均安装在可移动的小车上，机动灵活，使用方便。但由于采用单喷嘴且出口流量小，清洗效率较低，一般只用于维修作业量不大的企业。

一般可移动式汽车外部清洗设备由电动机、柱塞泵总成、高压喷水枪总成（见图 4-5）、高压旋流喷刷器总成（见图 4-6）等主要部分组成。

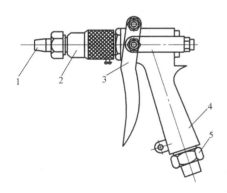

图 4-5 高压喷水枪总成
1—喷嘴 2—调节套 3—进水开关
4—枪体 5—进水接头

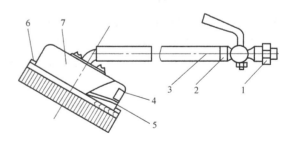

图 4-6 高压旋流喷刷器总成
1—进水接头 2—进水开关 3—刷把
4—叶片 5—喷嘴 6—棕刷 7—外壳

柱塞泵在电动机的驱动下产生高压水，高压水流经高压软管进入喷水枪或旋流喷刷器。一般情况下，若要冲洗汽车底盘、轮胎等用高压喷水枪，而清洗车身则使用高压旋流喷刷器。扳动开关，高压水经喷嘴产生旋转冲击水柱。若转动调节套，则可改变喷射水流的状态，以适应清洗的需要。旋流喷刷器的外壳固定，进入该外壳的高压水由两个喷嘴切向喷出，冲击喷刷器叶片产生转动力矩，从而使喷刷器壳内的转子带动刷子做旋转运动。刷把上设有进水开关，通过控制喷射水量来达到清洗目的。

可移动式喷刷清洗机既能清洗汽车底盘部分的油污，又能刷洗除净车身表面的尘埃，故可广泛用于各类车辆的外部清洗。

3. 清洗用水

汽车外部清洗设备按水的利用程度不同，可分为循环用水式和非循环用水式两种。前者用水量少，节约水资源，并有利于保护环境。但为避免水管和喷嘴堵塞，需要有污泥沉淀器、油水分离器等辅助设备。同时，为保证正常的水循环，还需设置足够容量的储水池。

至于后者，由于水只利用一次就被排掉，不需要循环水的处理装置，因而结构较简单。但是，耗水量大，不经济，且不利于环境保护。

汽车的外部清洗大多采用冷水清洗，为加快清洗速度，提高清洗效果，常采用化学溶液清洗。化学清洗液是在热水中加入 2%~3%（质量分数）的中性皂液。清洗过程为：先用清水将车身淋湿，然后喷化学清洗液刷洗，最后用清水冲净。对于车身外表的装饰性镀铬表面，为保证其光亮，还应用干燥的软布擦干。

4. 汽车解体

送修车辆经外部清洗后进行解体，即将整车拆成总成（或拆卸单元），然后再将各总成拆成零部件。在修理作业中，拆装工作量占有较大的比重。例如，在汽车大修过程中，拆装工作量约占总工作量的 40%。而汽车和总成拆卸工作的生产效率、质量以及工人的劳动强度，在很大程度上取决于作业组织、工艺安排、操作技术、工具及设备的使用以及作业机械化程度等。

（1）**合理组织拆卸作业及安排工艺顺序** 对汽车和总成的拆卸作业，可根据生产规模的大小分别采用流水作业法和固定工位作业法。

整车解体通常是将整车分成若干拆卸单元，按部位进行分工并以平行交叉的作业方式进行。这样可使整个拆卸过程交叉配合、密切衔接，既缩短了拆卸时间，又减少了其他辅助时间。汽车拆卸的工艺顺序取决于汽车的结构和工作地点的组织形式。对某一具体车型，只有反复实践后才能制订出最优的拆卸工艺顺序。

（2）**正确使用拆装工具和设备** 在汽车拆装作业中，螺纹连接的拆装工作量占总拆装工作量的 50%~60%，过盈配合连接和轴承件的拆装工作量约占总拆装工作量的 20%。为提高作业效率，保证拆卸质量，改善劳动条件，应正确使用拆装工具和拆装设备。

螺纹连接件的拆装工具应尽量选用合适的固定式扳手或套筒扳手，以保护被拆卸螺栓、螺母的六方头。过盈配合连接件的拆装应使用拉压器或压力机以提高工作效率，避免损坏机件和破坏配合性质。若用锤子冲击方法拆卸，应垫以软金属或硬木；不可垫硬金属，以免损坏机件；更不可垫螺纹旋具或凿子等工具钢类手工工具，因其不仅会损坏机件、工具，且脆断的刃块可能造成人身伤害。

（3）**注意零件间的相互位置关系以防止拆卸错乱** 汽车上有些零件的相互位置和方向是不可错乱的，有些零件是不可互换的。为此，应采取不同措施，以防拆乱。

1）组合加工件。在组合状态下进行最后加工的零件，如主轴承盖和气缸体、连杆与其轴承盖、气缸体与飞轮壳、主减速器壳与差速器侧轴承盖、组合式差速器壳等。若发生错乱便破坏了有关的几何公差。

2）平衡件。高速旋转的重要组合件都进行过平衡试验，如离合器盖与压盘、离合器总

成与飞轮和曲轴等。若错乱则破坏了它们的动平衡。

3）正时件。主要是配气正时和柴油机喷油正时传动件。若错乱则破坏了正确的配气时刻和喷油时刻。

以上三类零件为防止错乱，一般都有装配标记，拆时应注意查看。若无记号则应补做。

4）配合副。关键配合副，如气门挺杆与导孔、轴瓦与曲轴、活塞与气缸、气门与导管等，特别是一些选配后再经研磨加工的配合副，如主减速器锥齿轮、柴油机高压泵柱塞副、喷油器柱塞副等，如互换便破坏了配合特性和配合技术状况。

5）调整垫片。如调整主减速器、变速器、转向器中一些轴的轴向间隙、轴承预紧度、齿轮啮合状况等的调整垫片，错乱了会给调整工作带来麻烦。

除上述措施外，凡不妨碍后续作业的，在拆卸后应尽量装回原位，可以有效防止错乱，如组合加工件和非通用的螺栓、螺母等。

（4）其他应注意的问题

1）应在汽车刚停车时，趁热放出发动机、变速器、主减速器等总成中的润滑油，使废油能够彻底放出。

2）应在40℃以下拆卸发动机，以防气缸盖，进、排气歧管变形。

3）为防止零件变形，对于多螺栓的紧固件，如气缸盖、离合器盖等，在其螺栓（母）拆卸时，应按从四周至中央的顺序或对称交叉的顺序分次均匀地旋松。

4）维护和小修中，拆下柴油机燃油管及各种液压油管时，应用塑料薄膜或纸包扎好管的接头，以防灰尘进入燃油系统及液压系统。

4.3.2 汽车零件的清洗

汽车零件表面的污垢种类较多，由于污垢的化学成分不同，其特性和清除方法也不同。一般分为冷洗法和热洗法。

冷洗法用汽油、煤油作清洗剂，简单方便，但易引起火灾，须做好防火工作。热洗法用碱性清洗液加热至适当温度，将零件浸泡10~15min后，清洗吹干，效果好，不易引起火灾，使用广泛。

清洁方法按污垢的特性可分为油污清除、积炭清除、水垢清除、老漆清洗及锈蚀物清除等；按清洗的原理可分为机械清洗、化学清洗、超声波清洗、激光清洗和等离子清洗等。

1. 油污清洗

清洗油污的方法可分为碱水清洗、合成洗涤剂清洗和有机溶剂清洗三类。

（1）除油机理 汽车零件上的油污大多为不可皂化的矿物油污。这类物质在碱液中不易溶解，而只能生成乳浊液。乳浊液是几种互不溶解的液体的混合物，其中一种液体是以微小的滴状散布在另一种液体中。由于碱离子的活性很强，可使油滴时而形成，时而破裂，对油污起着强烈的机械搓揉作用，从而降低油层表面的附着能力。但是油和金属的附着力很大，要使油与金属脱开，仅靠碱离子的作用是不够的，必须加入其他的活性物质，如乳化剂。乳化剂是一种活性物质，其分子的一端呈极性，另一端呈非极性。极性的一端与水吸引，另一端与油污吸引，从而降低油和水的表面张力，起到乳化作用。其除油过程如图4-7所示。

由图4-7可见，清洗作用是污垢、洗涤剂和零件表面间相互作用的复杂过程。润湿、乳化、分散、起泡和稳定等作用是洗涤作用的基本现象，它与清洗液的组成有关。

润湿是液体的固态表面上所产生液滴的流散现象。流散液滴的表面和固态表面相切的角 θ 称为边缘角。如果边缘角小于 90°，就认为固体表面被液体所润湿；如果边缘角大于 90°，表面就不会被润湿。液体对固体的润湿性取决于液体的表面张力、液体和固体的性质和成分。例如，被机油脏污了的表面能被碳氢溶剂很好地润湿，但不能被清水所润湿。但在水中加入表面活性物质，就会降低水的表面张力，从而就能润湿被机油脏污了的表面。

表面活性物质（乳化剂）在油滴的表面产生牢固的吸附层。分子的非极性部分与油相结合，极性部分与水相结合，使油滴不能在金属表面结聚，而流向水溶液，从而构成油污的固相分散作用。

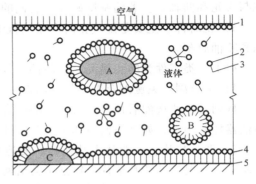

图 4-7　除油过程

1—在空气-液体界面上的表面活性物质的分子所产生的吸附作用　2—表面活性物质分子的亲水部分　3—表面活性物质的疏水部分（原子团）　4—液体和固体界面上的表面活性物质分子的吸附作用　5—被清洗表面　A—从表面上夺走的固态污垢　B—液态污垢　C—表面上的固态糟粒

为防止被清掉的污垢再次返回金属表面，就必须科学地配制洗涤剂成分，明确其清洗条件（浓度、温度、污垢量），这样才能保持除垢的稳定性。

（2）清洗液　清洗液由碱性物质、乳化剂和缓蚀剂等构成。常用碱性清洗液成分见表 4-5。在清洗铝合金零件时，不可使用含有大量氢氧化钠的溶液，以免腐蚀零件。

表 4-5　碱性清洗液成分

清洗液成分	碳酸钠	三磷酸钠	苛性钠	水
组合 1	4.6	0.9	1.5	93
组合 2		4.4	1.6	94

清洗液的清洗效率，可根据零件表面上的污垢减少量来确定。在一定时间内，从零件表面清除的污垢越多，清洗效率越高。

（3）清洗方法　近年来超声波清洗获得了一定程度的推广和应用。超声波清洗是一种高效和高生产率的清洗方法。其优点在于它能快速清除零件表面上的各种污垢，能清洗具有难以接近的空腔和油道的形状复杂的零件。而且它可以采用各种洗涤剂，在室温下或适当加热时就可以进行清洗，易于实现机械化和自动化操作。

超声波清洗是基于超声波本身的能量、空化泡破裂时释放的能量（空化效应）以及超声波对媒液的搅拌作用等。清洗时，低频超声振动发生器发出超声波，超声波的能量作用是异常巨大的，在具有能量的媒质点与污垢粒子相互作用时，超声波将能量传递给污垢并解离分散；同时在超声波作用下，媒液内部形成负压（疏部）和正压（密部）。负压时在媒液中形成微小的真空空穴，被清洗零件的表面形成细小的气泡，气泡直径为 $50 \sim 500 \mu m$。而在正压阶段，空穴气泡被绝热压缩并破裂，其瞬间强度可高达 $1012 \sim 1013 Pa$ 的压力，一部分气泡在出现后不久突然破裂产生局部液力冲击，使污垢被破坏。尤其是空穴闭合时产生的闭合

冲击波和渗透在污垢膜与固体零件表面之间的尚未闭合的空化泡之间的强烈振荡，从而将物体表面的污物薄膜击破而使他们分化于溶液中，而达到去污的目的。

在一般超声频率下，以上几种作用均存在，但空化作用是最主要的，同时，清洗液和污物分子相互作用，超声波的分散与乳化作用等，加速了整个清洗过程。因此，超声波清洗的实质是外部机械力（超声波）与化学反应（分解、络合等）共同作用下的化学物理清洗过程。

影响汽车零件超声波清洗过程的主要因素有超声波的频率和强度、清洗液的性质和温度以及零件相对于超声振动发生器的位置。一般来说，20~25kHz 的频率是最合适的频率，而超声能量密度以 $1~2W/cm^2$ 为宜。另外，在以氯代烃和石油溶剂为基础的洗涤剂溶液中，温度范围可掌握在 20~50℃，同时将被清洗零件的表面接近并面向超声振动发生器时清洗效果最好。

目前，国内汽车维修企业中的大中型企业多配用卧置圆筒形单室式零件清洗机；小型企业多配用直立圆筒形单室式零件清洗机。它由圆筒形清洗室、清洗室盖、开盖机构、转盘驱动机构、喷射系统和控制系统等组成。在清洗室内下部有一网格转盘，经减速机构由电动机带动旋转，被清洗的汽车零件则置于转盘上。在清洗室盖内侧、清洗室内的圆周方向和底部，视机型的不同装有 60 或 70 个固定喷嘴。清洗时待洗零件置于网格转盘上由电动机带动旋转，而固定喷嘴将加热的清洗液喷至零件上，将油污逐渐从零件上清除下来。零件表面残存的清洗液则由同样的另一台清洗机用热水冲洗干净。

超声波清洗设备主要由三部分组成，即超声电源、超声换能器和清洗槽，如图 4-8 所示。超声电源将工业电转换成超声电能；超声换能器将超声电能转换成同频率的机械振动，并通过清洗媒液向清洗工件辐射超声波，达到清洗的目的；清洗槽是盛装清洗媒液的容器，它可以是单槽也可以由多个单槽组合成连续的生产线。

超声波清洗的辅助设备因清洗媒液的不同而有所差别。若清洗媒液为水基清液剂，一般在清洗槽内安装电加热器，加热可大大提高超声波的清洗效率。另一类超声波清洗的媒液为有机溶剂，如酮、二氯甲烷、苯和氟利昂等，其辅助设备还需有冷凝器、油水分离器及过滤回收有机溶剂的装置。现在，市场上供应的绝大部分是应用水基清洗媒液的超声波清洗设备。

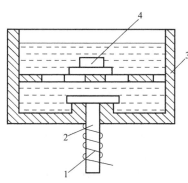

图 4-8　超声波清洗装置示意图
1—高频电流线圈　2—镍棒
3—洗槽　4—被清洗零件

兆声波清洗是超声波清洗的一种，是利用频率为 0.8~1.0MHz 的超声波进行清洗。兆声波清洗施加的能量为一般超声波的 10^5 倍。

兆声波清洗的机理目前尚未完全清楚，但一般认为主要是由于兆声作用，使基片表面附近产生薄的声学边界层，溶液中的气泡表面产生压力振动以及超高频的高能量，从而产生极大的声压梯度、粒子速度及声流作用等，由于频率过高，空化作用在清洗过程中已不起主要作用。

兆声波清洗具有以下特点：

1）由于强的声压梯度及声流作用，它可除去附着在表面的亚微米级大小的粒子。据资料介绍，目前兆声波清洗可去除小至 $0.11\mu m$ 的粒子，这是一般超声波清洗根本无法达到的清洗能力。

2）兆声波清洗不会产生强烈的空化效应，可避免在清洗过程中可能出现的表面损伤，尤其是对于某些在低频超声波清洗中易损伤的精密器件及硬脆性基体更加适用。

3）兆声波清洗可使用极稀的溶液，因此对于试剂的消耗及环境的危害均可降至最低水平。

2. 积炭清除

积炭是燃料、润滑油在高温作用下的氧化产物。在燃烧室中由于燃烧不完全，未燃烧的燃料和窜入燃烧室的机油以及燃烧的残留物混合在一起，在氧和高温作用下形成一种稠的胶状液体的羟基酸。羟基酸进一步氧化就变成一种半流体树脂状的胶质黏附在发动机零件上。高温作用又使胶质聚合成更复杂的聚合物，形成一种硬质胶结炭，俗称积炭。积炭的成分内有易挥发的物质（油、羟基酸）和不易挥发的物质（沥青质、油焦质和炭青质及灰粉等）。发动机工作温度增高，易挥发物质的含量就减少，不易挥发物质的含量就增高，使积炭变得更硬，与金属黏结得更牢。

零件表面积炭会降低零件的导热能力，使发动机过热并形成炽热点，引起可燃混合气先期燃烧，破坏发动机的正常工作。因此，在修理时必须将积炭清除。清除积炭的方法有机械清除法、化学清除法和熔盐清除法。

（1）**机械清除法**　最简单的机械清除法是用金属刷子或刮刀来清除，但这种方法所需劳动量较大，刷子和刮刀不易接近零件的各个部位，不能将积炭完全清除，并会损伤零件表面，在零件的光滑表面上会不可避免地留下刮痕。另外，这些刮痕极易成为新的积炭中心。因此，这种方法只在小型修理企业中应用。

另一种机械清除法是利用碎骨和高于 $0.35MPa$ 的压缩空气以 $30\sim50m/s$ 的速度喷向需清洗的表面，利用碎骨的冲击力清除积炭。由于碎骨很易破碎，不会损伤被清洗的表面。为保证喷射装置正常工作并预防碎骨过早破碎，应使碎骨含 $15\%\sim20\%$ 的水量。碎骨清洗零件前应先清除零件表层易于清除的污垢，并使零件干燥，以保持碎块的湿度和松散性，并用塞子堵住零件上的沟槽和空腔。

（2）**化学清除法**　化学清除法采用退炭剂（化学溶液）将零件上的积炭（氧化的聚合物）膨胀和溶解。退炭剂与积炭接触后，先在积炭层表面形成吸附层，而后由于分子间的运动，以及退炭剂分子与积炭分子极性基的相互作用，使退炭剂逐渐向积炭内部扩散，并能在积炭网状分子的极性基间生成键结合，使网状分子之间的极性力减弱，破坏网状聚合物的有序排列，使聚合物的排列逐渐变松而被除去。试验证明，多数退炭剂只能限量溶解积炭。退炭剂的主要作用是使积炭层膨胀、变松，削弱其与金属的结合力，积炭不会自动脱离金属表面而溶于退炭剂中。常用退炭剂成分见表4-6。

由表4-6可知，退炭剂由溶剂、稀释剂、缓蚀剂和活性剂4部分组成。溶剂有强极性溶剂、碱金属皂类溶剂和碱类溶剂三种。强极性溶剂主要包括芳香基氯化衍生物、硝基衍生物和酚类，如二氯化苯、硝酸苯、苯酚等。碱金属皂类溶剂包括肥皂、油酸钾、油酸铵及碱性洗涤剂等。碱类溶剂包括氢氧化钠、磷酸三钠、氢氧化铵、碳酸铵等。苛性纳水溶液加入强极性溶剂（硝基苯、酚的混合物）会使退炭能力显著提高。

表4-6　常用退炭剂成分

配方一		配方二		配方三	
成分	组成比例(%)	成分	组成比例(%)	成分	组成比例(%)
煤油	22	退化剂	60	氢氧化钠（质量分数20%）	79
汽油	8	氨水	30	磷酸三钠（质量分数20%）	15
松节油	17	乙醇	10	水玻璃	5
氨水（质量分数25%）	15			软肥皂	1
苯酸	30				
油酸	8				

稀释剂使黏稠的积炭溶剂稀释，以使固体溶剂易于溶解，降低溶剂成本。

缓蚀剂的作用是防止退炭剂中的碱性成分对有色金属的腐蚀，通常采用硅酸盐、铬酸盐和重铬酸钾，一般用量只占退炭剂的0.1%～0.5%，加入量过多会降低退炭效果。

活性剂能降低退炭剂本身的表面张力，使退炭剂更好地与积炭结合，活性剂有醇类、胺类、有机酸和酚类等。

（3）熔盐清除法　将零件放在温度为400℃±10℃的65%的氢氧化钠、30%的硝酸钠和5%的氯化钠溶液中进行处理，使积炭沉积物充分氧化。当采用碱性（硝酸钾）溶液清除积炭时，积炭中的有机成分被硝酸钾完全氧化，而析出的二氧化碳与氢氧化钠结合生成碳酸钠，使积炭中的无机成分被溶解。

3．水垢清除

发动机冷却系统水垢的成分取决于所用冷却液的成分，可以是碳酸钙的沉积物、硫酸钙的沉积物、硅酸盐的沉积物或是它们的混合物。常用的清除方法为化学清除法。

清除水垢的化学溶液有以下几种，在选用时应综合考虑水垢的性质、除水垢的效果以及对清洗件的腐蚀性等。

1）氢氧化钠溶液或盐酸溶液用以清除碳酸盐水垢，其化学反应式为

$$CaCO_3 + 2HCl \longrightarrow CaCl_2 + H_2O + CO_2 \uparrow$$

$$CaCO_3 + 2NaOH \longrightarrow Ca(OH)_2 + Na_2CO_3$$

2）氟化钠盐酸除垢剂用以清除硅酸水垢。盐酸溶液不能溶解硅酸盐水垢，酸洗之前应在盐酸溶液中添加适当的氟化钠或氟化铵，使硅酸盐在盐酸及氟化铵的作用下先转变成能溶于盐酸的硅胶，然后再用循环酸洗法除去全部水垢。

盐酸清除水垢，盐酸的质量分数为8%。盐酸对金属有很强的腐蚀作用，必须在酸溶液中加入一定量的缓蚀剂，以减轻对金属的腐蚀作用。常用的缓蚀剂有六甲基四胺（乌洛托品）等。我国生产的缓蚀剂具有良好的缓蚀效果。

清洗液的成分见表4-7。

表 4-7　清除水垢的盐酸溶液

清洗液成分	配方	清洗液成分	配方
质量分数为 27.5% 的工业盐酸	10L	工业用乌洛托品	2.5kg
（或质量分数为 31% 的工业盐酸）	（8L）	松节油	0.1kg
缓蚀剂	0.2~0.3kg	水	100L

3）磷酸除垢剂用以清除铝合金零件上的水垢，常用配方为磷酸（H_3PO_4）100g，铬酐（CrO_3）50g，水 1L。

将零件在除垢剂中浸泡 30~60min，取出后用清水冲洗，最后用 80~100℃含 3% 重铬酸钾的溶液冲洗。这种除垢剂的清洗效果不如采用硝酸 18% 和缓蚀剂的组合清洗液。

4.4　汽车零件的检验分类

零件检验分类是根据技术鉴定后获得的零件的技术状况，将汽车解体的零件分为可用零件、需修零件和报废零件。可用零件是指几何尺寸和形状误差均在技术条件容许范围内的零件；需修零件是指几何尺寸超出技术条件规定的容许值的零件；报废零件是指具有超出技术文件规定的缺陷，且不能修复或在经济上修复不合理的零件。

4.4.1　汽车零件检验分类的技术条件

零件检验分类的技术条件是确定零件技术状况的依据，一般应包括以下内容：

1）零件的主要特性，包括零件的材料、热处理性能以及零件的尺寸等。

2）零件可能产生的缺陷和检验方法，并用简图标明缺陷的部位。

3）缺陷的特征。

4）零件的极限磨损尺寸、容许磨损尺寸和容许变形量或相对位置误差。

5）零件的报废条件。

6）零件的修理方法。

变速器第一轴轴承盖检验分类技术条件的示例见表 4-8。

表 4-8　变速器第一轴轴承盖检验分类技术条件

变速器第一轴轴承盖零件示意图（应标出损伤部位）			零件名称：变速器第一轴轴承盖		
			零件编号：52-1701040		
			材料：铸铁		
			硬度：170~229HBW		
图中损伤编号	缺陷名称	缺陷确定方法和检验工具	尺寸/mm		处理结论
			名义尺寸	大修容许尺寸	
1	轴承盖破裂	检视	—	—	报废
2	与离合器分离轴承套配合轴颈磨损	千分尺	$44^{-0.075}_{-0.115}$	43.80	镀铁或振动堆焊修复
3	螺纹孔磨损	塞规	8.5	9.2	堆焊修复
4	回油螺纹孔磨损	塞规	$35.18^{+0.10}_{0}$	35.65	当尺寸超过36.65mm 时应报废
5	凸缘外径磨损	千分尺	$116^{-0.01}_{-0.05}$	115.90	振动堆焊修复

4.4.2 汽车零件检验分类技术条件的确定方法

由表 4-8 所列示例可见，制定零件技术条件的关键，在于确定零件容许磨损尺寸和极限尺寸。

1. 零件容许磨损尺寸的基本概念

确定零件容许磨损尺寸时，必须考虑零件制造时的容许误差（公差）以及汽车在使用过程中逐步积累起来的各种损伤对零件工作能力的影响，零件的容许磨损值，应保证零件在继续使用时，能有相应的使用期和一定的可靠性水平。

在确定零件容许磨损尺寸时，应考虑零件容许磨损对机构装配误差的影响，并符合经济判定原则，即在该容许磨损下，使修理企业消耗在修理与装配上的单位费用为最小。

2. 确定零件容许磨损、极限磨损尺寸的传统方法

易损零件的容许磨损尺寸，各车型的修理手册中均有具体规定，修理时应参照执行。若无修理手册，则需根据零件的使用统计资料来确定。确定零件容许磨损尺寸和极限磨损尺寸是一项较复杂的技术工作，必须通过对使用统计资料的分析、试验研究以及理论分析等方法进行综合分析后，方能确定。

（1）经验统计法 经验统计法是根据长期使用和修理汽车时所积累的资料加以分析总结来确定的，为使分析结果具有实际意义，必须掌握汽车的工作条件、行驶里程以及使用中发生故障的规律及修理时零件的检验数据等，然后按统计分析方法来确定零件的容许磨损和极限磨损尺寸。

经验统计法是以实践为基础的，因此所得结果具有一定的实际意义。但是由于汽车的使用条件变化较大，所获得的数据往往差别很大，只有通过大量的调查、研究、积累大量的数据，并按统计分析原理进行分析，才能得出可靠的结果。

（2）试验研究法 试验研究法是在实际使用条件或实验室工作条件下，通过试验和测量，制取零件的磨损特性曲线，再根据试验曲线寻求零件磨损量对机件使用性能出现明显影响的时期，进而确定零件的极限磨损值相应的使用期限以及与汽车或总成大修周期的关系等以确定零件的容许磨损尺寸。

采用实车进行试验时，为使所得数据可靠，必须有足够数量的汽车，在不同使用条件下进行长期实车试验，因此其试验周期长、费用高，而且为了获得磨损数据需经常拆卸总成和部件，会破坏配合副的正常工作，因此会影响结果的准确性；采用实验室台架试验时，其试验条件可控且可采用强化试验方法加速试验进程，但试验费用较高。

（3）计算分析法 计算分析法是建立在理论分析基础上的，由于零件的工作条件极为复杂，影响的因素很多，因此，现有的计算方法还不能完全反映零件的实际磨损情况。但是计算分析法所建立的数学模型，可以给出各影响因素间的函数关系，对于采用统计分析方法和试验研究法都有参考价值。例如，通过理论分析可知，要保证滑动轴承与轴颈正常工作，滑动轴承与轴颈间的配合间隙应能使其形成理想的液体润滑，根据润滑理论其间隙值的计算公式为

$$S=\frac{n\eta d^2\times10^{-6}}{18.36Kph}\ (\text{mm}) \tag{4-10}$$

式中，n 为轴的转速（r/min）；η 为润滑油（动力）黏度（Pa·s）；h 为油膜厚度（mm）；

d 为轴的直径（mm）；p 为单位载荷（MPa），有

$$p = \frac{F}{dl} \qquad (4\text{-}11)$$

K 为考虑轴承尺寸关系的系数，有

$$K = \frac{l+d}{l} \qquad (4\text{-}12)$$

F 为轴承上承受的力（N）；l 为轴承宽度（mm）。

当轴和轴承磨损时，间隙 S 不断增加，载荷随之增加，油膜厚度随之减小，当油膜厚度小于轴与轴承表面的微观凸起高度之和 $\delta' = \delta_a + \delta_h$ 时，就会破坏液体润滑条件，使金属表面直接接触，磨损迅速增加。因此，可以认为在这种情况下，轴与轴承的磨损已达到极限状态。此时的间隙值称为极限间隙值，记为 S_i，即

$$S_i = \frac{n\eta d^2 \times 10^{-6}}{18.36 K p \delta'} \quad (\text{mm}) \qquad (4\text{-}13)$$

式中，δ' 为轴与轴承表面的微观凸起之和，对于轴承其值一般为 0.004mm。

轴与轴承间的极限间隙也可以根据液体动力学原理，用以下关系式来确定：

$$S_i = \frac{S_0^2}{4\delta'} \qquad (4\text{-}14)$$

式中，S_0 为轴与轴承的标准间隙（mm）。

3. 利用经济判定原则确定零件极限磨损值

零件使用到一定里程时，是继续使用还是予以报废，必须根据极限磨损值来判定。若极限磨损值定得较小，则零件使用寿命未得到充分利用；若极限磨损值定得偏大，则在使用中将会因零部件故障增多，使维修费用增加。因此，在确定极限磨损值时，应按经济判定原则来确定，即按维持零件工作能力的单位维修费用为最小的原则来确定。对磨损零件而言，零件的极限磨损值与配合件的摩擦条件、磨损量以及在总成中工作时的几何误差有关。

现以汽车传动系统零件的极限磨损值的确定为例予以阐述。汽车传动系统的各总成在工作中是彼此串联的，一个总成技术状况的变化必然会引起与之相联的其他总成的技术状况发生变化。因此，在确定传动系统零件极限状态或极限磨损值时，必须采用系统分析的方法，并按经济判定原则确定。

研究表明，在正常使用条件下，为维护传动系统各总成处于技术完好状态而消耗的单位行程的维护费用，随行程的变化规律为

$$C_1 = C_{0i} e^{bL_i} \qquad (4\text{-}15)$$

式中，C_{0i} 为传动系统某总成开始使用时，单位行程的维护费用；b 为系数；L_i 为行驶里程。

为使传动系统的单位费用最小，即必须使

$$\frac{\partial C_\Sigma}{\partial L_i} = 0 \qquad (4\text{-}16)$$

式中，C_Σ 为单位行程的总费用，有

$$C_\Sigma = \sum_{i=1}^{n} \frac{C_i}{L_i} \qquad (4-17)$$

式中，n 为传动系统总成数；L_i 为相应于各总成达到极限状态时的行程。

为便于阐述，先假定传动系统由两个串联的配合副组成，则系统的单位总费用为

$$C_\Sigma = \frac{C_1}{L_1} + \frac{C_2}{L_2}$$

当配合副 1 的极限磨损值增大，即更新周期延长时，配合副 2 因承受的动负荷增大，相应的更新周期会缩短，两者之间的关系呈指数规律，即

$$L_2 = L_{02}\,e^{-bL_1} \qquad (4-18)$$

式中，L_{02} 为配合副 2 达到极限状态时的行程；L_1、L_2 为分别为配合副 1、2 的实际更新周期。

4.4.3 汽车零件检验方法的分类

1. 汽车零件检验方法分类

汽车零件的检验方法可根据检验技术要求的不同，分为外观检验、几何尺寸测量、零件位置误差测量及零件内部组织缺陷的检验等。

当零件出现破裂，具有显著裂纹、变形或磨损时，一般可通过外部检视进行检验。检查人员用眼睛或借助放大镜等观测零件表面的裂纹、磨损、腐蚀等情况进行判断；或用新的标准零件与被检验零件作比较，从对比中鉴别被检验零件的技术状况；或通过敲击零件，根据零件发出的声音来判断零件有无缺陷，如声音清脆表明零件完好，声音沙哑表明零件内部有缺陷。但这些方法只能进行定性分析，其精确程度完全依赖于检验人员的经验。

零件因磨损引起尺寸上的变化或因变形引起几何公差的变化，必须采用通用或专用量具，通过测量尺寸或几何公差来确定零件的技术状况。发动机修理中常用的量具有量缸表（内径量表）、百分表、千分尺、游标卡尺、塞尺、卡钳、测齿卡尺、专用样板等。常用的检验仪器有连杆校正器、弹簧检验器、活塞环检验器等。仪表有真空表、点火正时灯、气缸压力表等。用量具、仪器、仪表检验零件和测试发动机时，一般能获得较精确的数据。但在使用时，必须认真检查量具本身的精确度，注意测量部位的选择和读数的准确等。

对零件的物理力学性能和因零件疲劳原因而产生的零件内部的隐蔽缺陷，则必须采用染色法、磁力探伤法、X 射线法、超声波等设备来检验。

高速旋转的组件会因磨损、变形或拆装不当而破坏其平衡状态，维修时应重新平衡，需用专用平衡仪检验。

2. 汽车零件几何误差的检验

（1）平面度误差的检测 平面度是指平面要素实际形状的平整程度。汽车零件上许多重要的平面，如发动机气缸体的上、下平面，气缸盖的下平面，变速器壳体的上平面等，由于工作条件和性能等方面的原因都有平面度的要求。例如，气缸体上平面和气缸盖下平面的平面度公差应符合表 4-9 的规定。

表 4-9　气缸体上平面与气缸盖下平面的平面度公差　　　　　　（单位：mm）

测量范围	气缸体长度	铸　铁			铝合金		
		缸体上平面	缸盖下平面		缸体上平面	缸盖下平面	
			侧置气门式	顶置气门式		侧置气门式	顶置气门式
任意 50×50		0.05	0.05	0.025	0.05	0.05	0.05
整个平面	≤600	0.15	0.25	0.10	0.15	0.35	0.15
	>600	0.25	0.35		0.35	0.50	

在汽车修理过程中，比较实用的平面度误差测量方法如图 4-9 所示。

测量时，可取一长度等于或略大于被测平面最大尺寸的刀口形直尺或检验光轴置于平面上，用塞尺检验被测平面与刀口形直尺的刃口，或检验光轴素线之间的间隙大小。按图 4-10 所示各检测位置所测得的间隙最大值，即可作为整个平面的平面度误差。

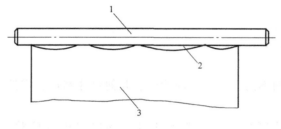

图 4-9　平面度误差测量
1—光轴　2—塞尺　3—缸体

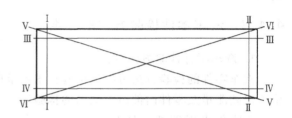

图 4-10　平面度误差测量位置

利用上述方法检测时，对于中凹或中凸平面，刀口形直尺或检验光轴与被测平面间将呈不同的接触状态。对前者，接触部位在两端，自然形成稳定接触，检测时不需调整；而对后者，接触部位在中间，形成不稳定接触，检测时应将两端间隙调成等值方可进行测量，否则将会使误差大幅度增加。

50mm×50mm 局部范围内的平面度，应用专用平面度检验仪检验，也可用长 70mm 的刀口形直尺结合塞尺在该范围内任意方向检测，取其最大间隙值作为该局部的平面度误差。

（2）**圆度误差的检测**　圆度误差是指横截面上实际圆偏离理想圆的实际值。但是，由于圆度误差是在半径方向计量的，其计量基准是圆断面的理想中心，而该中心在测量前是未知的，这使圆度误差的测量比较复杂。因此，在汽车维修中对圆度误差常用两点法测量。

两点法又称直径测量法，其误差是在直径方向上进行计量的，即测量零件同一横截面上实际圆不同的直径值，取最大直径与最小直径差值的一半作为圆度误差。

（3）**圆柱度误差的检测**　圆柱度是指实际圆柱面偏离理想圆柱面的实际值。与圆度误差相类似，由于对圆柱度误差按定义测量比较困难，通常也采用两点法测量，即在轴孔类零件表面公差所指的圆度范围内的不同截面上测量其最大与最小直径，并用最大与最小直径差值的一半作为待测的圆柱度误差。需特别强调的一点是，在测量圆柱度误差中采用的两点法是指在被测圆柱表面的任意部位或方向上所测得的直径中取最大值与最小值差值的一半，而不是同一轴剖面内的最大与最小直径差值的一半。

（4）**圆跳动的检测**　圆跳动的检测包括径向圆跳动的检测和轴向圆跳动的检测。前者的测量方向与基准轴线垂直且相交，测量面为垂直于基准轴线的同一正截面；后者的测量方向与基准轴线平行，测量面是与基准轴线同轴的圆柱面。图 4-11 为曲轴飞轮凸缘的径向和轴向圆跳动的检测。其检测基准为两端主轴颈的公共轴线。

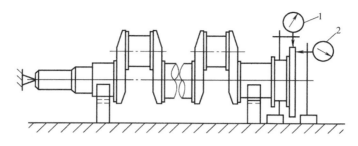

图 4-11　曲轴飞轮凸缘的径向和轴向圆跳动的检测

　　检测时将曲轴两端主轴颈支撑在置于平板上的两个 V 形块中，并使曲轴在轴向定位。被测曲轴回转一周的过程中，百分表 1 读数的最大差值即为待测的飞轮凸缘径向圆跳动值；百分表 2 读数的最大差值则为待测的飞轮凸缘外端面轴向圆跳动值。在测轴向圆跳动时，若未指定测量半径，则可将百分表的触头置于所测端面的最大回转半径处进行测量。

　　（5）平行度误差和垂直度误差的检测　汽车维修中对平行度误差和垂直度误差常用通用仪表、量具、专用仪器等方法检验。

　　图 4-12 所示为在平板上用通用量具对一种驱动桥双级主减速器壳的圆柱主动齿轮轴承孔轴线与主减速器壳前端面的平行度误差进行的测量。检测时，将被测主减速器壳体前端面置于检验平板上，用游标卡尺测得两侧轴承孔在垂直方向的直径 D_1 和 D_2。然后，再用高度游标卡尺测出两侧轴承孔相应的下缘高度 h_1 和 h_2。据此，可计算出两侧轴承座孔的轴线高度为

$$H_i = h_i + \frac{1}{2}D_i \quad (i = 1, 2) \tag{4-19}$$

并有待测的轴线对平面平行度误差为

$$\delta = \left| H_1 - H_2 \right| \tag{4-20}$$

　　图 4-13 所示为一种国内常用的专用汽车发动机气缸与曲轴主轴承座孔轴线垂直度误差检验仪。该检验仪由定心轴 1、前后定心轴套 2 和 9、柱塞 3、百分表 5 及定心器 7 等组成。检验仪用两个三爪定心器 7 固定在气缸中，使检验仪的轴线与气缸轴线重合，柱塞 3 的上端顶在百分表触头 4 上，下端装有带球形触头的测量头 8，柱塞轴线至球形触头的距离为 35mm。转动手柄 6，带动柱塞转动 180°，百分表读数的差值，即表示气缸轴线对曲轴主轴承座孔轴线在 70mm 长度范围内的垂直度。欲求气缸全长 L 上的垂直度误差，只需将百分表读数的差值乘以 $L/70$，即为在气缸全部长度上的垂直度误差。

　　（6）同轴度误差的检测　同轴度的公差带是以基准轴线为轴线，直径等于公差值的圆柱体。同轴度误差在数值上等于被测轴线相对于基准轴线最大偏离量的两倍。在汽车维修生产中，同轴度要求及其误差的检测一般都以径向圆跳动要求及其检测代替，而且将最大径向圆跳动值直接作为同轴度误差值使用，同时规定了检验基准。对各种外圆跳动的检测，一般在平板上用百分表检测；对内圆跳动的检测，一般需使用专用检验仪。

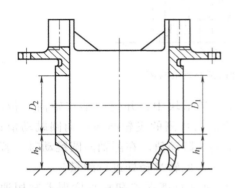

图 4-12　轴线对平面平行度误差的测量

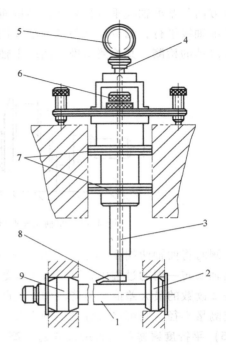

图 4-13　气缸孔垂直度误差检验仪

1—定心轴　2—前定心轴套　3—柱塞　4—百分表触头
5—百分表　6—手柄　7—定心器　8—测量头　9—后定心轴套

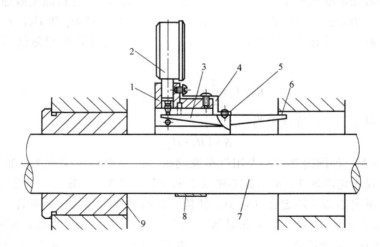

图 4-14　曲轴轴承座孔同轴度误差检验仪

1—本体　2—百分表　3—等臂杠杆　4—压簧片　5—销轴　6—钢球　7—心轴　8—卡簧　9—定心套

　　图 4-14 所示为曲轴轴承座孔轴线同轴度误差检验仪。该检验仪由本体 1、百分表 2、等臂杠杆 3、心轴 7 等组成。用本体 1 将检验仪支撑在心轴 7 上，通过一快速装夹结构将其与心轴固定在一起。本体 1 上安装着百分表 2 和等臂杠杆 3。等臂杠杆 3 的一端用球形测头与被测轴承座孔表面接触，另一端则与百分表 2 的测头接触。等臂杠杆 3 的中间用一销轴 5 支

撑在本体 1 上，从而可将测头所测得的误差值等值地传递给百分表 2。心轴的 7 作用是来模拟作为检测基准的两端曲轴轴承座孔公共轴线。

　　检测时缸体底面朝上，并安装心轴和各道主轴承盖，在心轴位于两承孔之间的部位，安装检验仪，如图 4-14 所示，然后使测头分别位于承孔的不同测量截面上。再转动心轴，测量其径向圆跳动值，并取各测量截面中的最大径向圆跳动值为该道主轴承座孔轴线对两端主轴承座孔公共轴线的同轴度误差。然后，取下检验仪，改变其在心轴上的安装部位，对不同的主轴承座孔重复上述操作，便可获得所有主轴承座孔的同轴度误差。

　　（7）直线度误差的检测　直线度误差是实际直线相对于理想直线产生偏离的实际值。在汽车修理过程中，直线度要求大部分是对轴线提出的。

　　虽然轴线的直线度误差和轴颈表面的径向圆跳动是两个完全不同的概念，但由于满足轴线直线度定义的误差测量方法比较复杂，所以在汽车零件检验过程中，若满足某些特定条件，在测量方法上轴线的直线度误差可以用测量径向圆跳动的方法代替。只需把测得的径向圆跳动数值的一半作为轴线直线度值即可。测量中应满足的特定条件如下：

　　1）横截面的圆度误差远小于轴线的直线度误差。

　　2）检测时的支撑长度需等于直线度要求的全长，否则，应将测得的数值按长度比值进行换算。

　　3）两端支撑部位的中心与回转轴线重合。

　　直线度可用直尺和塞尺测量，如气门杆直线度的测量。

　　3. 滚动轴承的检测

　　滚动轴承有球轴承、滚柱（锥）轴承和滚针轴承，它们经常处在高速、重载的条件下工作，在长期使用后，滚动体与滚道会产生磨损、烧蚀、破裂、疲劳剥落以及斑点等现象。滚动轴承在检验时一般不拆散。检验时应清洗干净，通过外表检验、空转检验和内部间隙检验，即可判断其质量是否良好。

　　（1）外部检验　发现有下列情况时，应予更换或加以修整。

　　1）钢球、滚柱和内、外滚道上因烧蚀而改变了原有的光泽。

　　2）轴承内、外滚道上，产生击痕、伤印、擦伤和不正常的磨损。

　　3）轴承内、外滚道上，钢球和滚柱产生裂纹、金属脱层、鳞状剥落及有大量的黑斑点。

　　4）在隔离环圈上有穿透的裂缝及铆钉缺少或松动。

　　5）隔离环圈装钢球的槽口磨损过甚，钢球能够自行掉出。

　　6）轴承隔离环圈端面的磨损，其深度超过 0.30mm。

　　7）锥形滚柱磨损，其小端的工作面凸出于轴承外座圈端面外。

　　8）圆锥滚子轴承内环圈大端内端面缺口或金属剥落。

　　若轴承上仅有细微腐蚀性黑斑点，隔离环圈有轻微缺陷而不影响转动，圆锥滚子轴承内环圈小端凸缘面圆周上的破缺口不超过 4 个，相邻两缺口有一定距离（不小于 30°），仍可继续使用。

　　（2）空转检验　将轴承进行空转，检验轴承旋转是否轻便灵活，有无噪声、停滞和卡住现象。轴承旋转的不均匀性可从手上的感觉判断出来。

　　（3）内部间隙检验　检测滚珠轴承的磨损情况，可以通过检验径向和轴向间隙来判定其是否在规定的数值范围内。检验轴承径向间隙如图 4-15 所示。将轴承放在平板上，使百分表的量头抵住轴承外座圈，然后一手压紧轴承内圈，另一手往复推动轴承外圈，表针跳动的数字，即为轴承的径向间隙。

检验轴承轴向间隙如图 4-16 所示。将轴承外座圈置于两垫块上，并使内座圈悬空，再在内座圈上放块小平板，将百分表量头抵在小平板的中央，然后上下推动内座圈，百分表上指示的最大与最小数值之差就是轴承的轴向间隙。

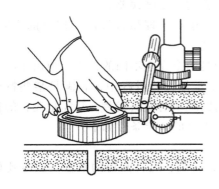

图 4-15　检验轴承径向间隙

图 4-16　检验轴承轴向间隙

4.4.4　汽车零件隐蔽缺陷的检验

1. 探伤方法

工业无损探伤的方法有很多，目前国内外最常用的探伤方法有射线探伤法、超声波探伤法、磁粉探伤法、涡流探伤法、渗透探伤法、红外线检测、声发射检测、激光全息检测及微波检测。

（1）射线探伤法　利用射线的穿透性和直线性来探伤的方法，称为射线探伤法。这些射线虽然不会像可见光那样凭肉眼就能直接察知，但它可使照相底片感光，也可用特殊的接收器来接收。常用于探伤的射线有 X 光和同位素发出的 γ 射线，分别称为 X 光探伤和 γ 射线探伤。当这些射线穿过（照射）物质时，该物质的密度越大，射线强度减弱得越多，即射线能穿透该物质的强度就越小。此时，若用照相底片接收，则底片的感光量减小；若用仪器接收，则获得的信号就弱。因此，用射线来照射待探伤的零部件时，若其内部有气孔、夹渣等缺陷，射线穿过有缺陷的路径比没有缺陷的路径所透过的物质密度要小得多，其强度就减弱得少些，即透过的强度就大些，若用底片接收，则感光量增大，就可以从底片上反映出缺陷垂直于射线方向的平面投影；若用其他接收器也同样可以用仪表来反映缺陷垂直于射线方向的平面投影和射线的透过量。由此可见，一般情况下，射线探伤是不易发现裂纹的，或者说，射线探伤对裂纹是不敏感的。因此，射线探伤对气孔、夹渣、未焊透等体积型缺陷最敏感。即射线探伤适用于体积型缺陷探伤，而不适宜面积型缺陷探伤。

（2）超声波探伤法　利用超声波来检查金属或非金属材料零件内部缺陷的方法，称为超声波探伤法。

人们的耳朵能直接接收的声波频率范围通常是 20Hz～20kHz，即音（声）频。频率大于 20kHz 的声波，即为超声波。超声波的特点是：频率高、波长短、穿透力强、在介质中直线传播。高频率的超声波能形成很窄的波束，即具有指向性。遇到两种不同介质形成的界面时易于反射，这样就可以用它来探伤。如果超声波探头与待探工件表面接触良好，探头则可有效地向工件发射超声波，并能接收（缺陷）界面反射来的超声波，同时转换成电信号，再传输给仪器进行处理。根据超声波在介质中传播的速度（常称声速）和传播的时间，就可知道缺陷的位置。缺陷越大，反射面越大，其反射的能量也就越大，故可根据反射能量的大小来查知各缺陷（当量）的大小。

探伤用的超声波频率：0.5~25MHz，其中常用的为0.5~5MHz。特殊要求的检测频率可达10~50MHz。

超声波在介质中的传播方式随振源在介质上施力方向与声波传播方向的不同分为纵波、横波和表面波。前两者适用于探测内部缺陷，后者适用于探测表面缺陷，但对表面的条件要求高。

超声波探伤适用的材料广泛（金属与非金属均可）；可在构件的一侧实现检测（厚度5~3000mm）；适于自动化与计算机处理与显示；成本低；可显示内部缺陷。但对操作人员的素质要求高，如果无外围设备，显示结果不可重现，仪器较昂贵。

（3）磁粉探伤法　这是建立在漏磁原理基础上的一种磁力探伤方法。当磁力线穿过铁磁材料及其制品时，在磁力线不连续处将产生漏磁场，形成磁极。此时撒上干磁粉或浇上磁悬液，磁极就会吸附磁粉，产生用肉眼能直接观察的明显磁痕。因此，可借助该磁痕来显示铁磁材料及其制品的缺陷情况。磁粉探伤法可探测露出表面，用肉眼或借助放大镜也不能直接观察到的微小缺陷；也可探测未露出的，埋藏在表面下几毫米处的近表面缺陷。用这种方法虽然也能探查气孔、夹杂、未焊透等体积型缺陷，但对面积型缺陷更灵敏，更适于检查因淬火、轧制、锻造、铸造、焊接、电镀、磨削、疲劳等引起的裂纹。

磁力探伤中对缺陷的显示方法有多种，有用磁粉显示的，也有不用磁粉显示的。用磁粉显示的称为磁粉探伤，因它显示直观、操作简单，使用较多，故它是最常用的方法之一。不用磁粉显示的，习惯上称为漏磁探伤，它常借助感应线圈、磁敏管、霍尔元件通过检验待测零件表面磁场强度的不同等来反映缺陷，虽然比磁粉探伤更卫生，但不如前者直观。由于目前磁力探伤主要用磁粉来显示缺陷，人们有时把磁粉探伤直接称为磁力探伤，其设备称为磁力探伤设备。具体介绍如下。

1）探伤原理与方法。磁力探伤是检查铁磁性零件表面及近表面缺陷的一种无损探伤检测方法。磁力探伤是利用电磁原理来检验金属零件的隐蔽缺陷。当磁通量通过被检零件时，若零件内部有裂纹，则由于磁力线的外泄在裂纹部位形成局部磁极，产生一对有S极、N极的局部磁场（见图4-17）。若在零件表面撒上磁性铁粉，或将铁粉与油的混合液通过零件表面，则铁粉会被磁化并吸附在裂纹处，从而显出裂纹的位置和大小。

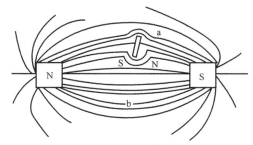

图4-17　磁场在缺陷边缘的分布和磁极的形成
a—横切磁力线的缺陷　b—平行于磁力线的缺陷

进行磁力探伤时，必须使磁力线垂直地通过裂纹。因为裂纹平行于磁场时，磁力线偏散很小，就难以发现裂纹。

用磁力探伤法检查零件时，根据裂纹可能产生的位置和方向，可采用纵向磁化法及周向磁化法。

周向磁化法，也称横向磁化，是利用电流通过导线时产生的环形磁场来进行磁化。检验时使电流直接通过零件，在零件圆周表面产生环形横向磁场，便可发现零件表面平行于轴线的纵向裂纹，如图 4-18a 所示。

纵向磁化法是指利用电磁轭或使电流通过环绕零件的线圈，使零件获得与其轴线平行的纵向磁场的磁化方法。纵向磁化主要用来发现与零件轴线垂直的横向裂纹（裂纹与磁力线的夹角不小于 45°也可以），如图 4-18b 所示。

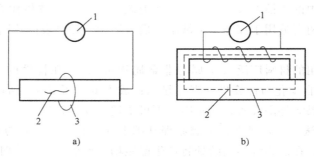

图 4-18　周向磁化与纵向磁化原理

1—电流表　2—缺陷　3—磁场

如果将纵向和周向磁化方法同时作用在零件上，则会在零件表面形成合成磁场矢量 B_0。通过调整纵向磁场矢量 B_1 和环形磁场矢量 B_2，就可获得任意角度的合成磁场矢量 B_0，如图 4-19 所示。

零件检验时选择哪种磁化方法，与零件的形状、零件可能发生的缺陷位置有关。一般来说，轴类零件多采用纵向磁化法；齿轮、圆盘类零件多选择周向磁化法。对于形状不规则的零件，在磁化时，磁力线的分布是极不均匀的。例如，曲轴裂纹的检查，宜用分散纵向磁化，并用大电流作周向磁化。

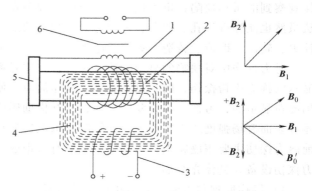

图 4-19　联合磁化原理

1—低压交流环形磁化电路　2—环形磁场
3—纵向磁化直流电路　4—纵向磁场
5—被检零件　6—变压器

磁力探伤用的磁粉通常采用具有高磁导率的 Fe_3O_4 铁粉，粒度为 $2\sim5\mu m$ 的磁粉可干用，也可以将磁粉与液体混合成悬浮液，但所用的液体应透明澄清，黏度要低，而且渗透性较好，且对被检零件无腐蚀，通常采用煤油、变压器油或柴油，在每升溶液中加入 $20\sim30g$ 的 Fe_3O_4 铁粉。采用磁悬浮溶液进行探伤较采用干磁粉探伤灵敏度高。

2）磁力探伤工艺。磁力探伤的工序包括预处理、磁化、施加磁粉（或磁悬液）、检查、退磁和后处理等。

① 探伤前零件的预处理工作。消除零件表面的油污、铁锈等。干磁粉探伤时，零件表

面应充分干燥；使用油磁悬液时，零件上不应有水分；有非导电覆盖层（如零件表面的油漆层）的零件须通电磁化时，应将其清除干净。

② 磁化与显示缺陷。零件磁化时应根据其所用材料的磁性能、零件尺寸、形状、表面状况以及可能的缺陷情况确定检验的方法、磁场方向和强度、磁化电流的大小等。

③ 检查。磁力探伤的方法有两种，即连续磁化法和剩余磁化法。前者是一种将零件磁化和缺陷显示同时进行的方法，也就是说在施加磁化电流以磁化零件的同时将磁粉或磁悬液施于被检零件的表面进行磁力探伤。后者则是利用零件被磁化后的剩磁来检查其表面（层）的缺陷，即先将零件磁化然后撤去磁化电流或磁场，再施加磁粉或磁悬液进行缺陷显示。剩余磁化法适用于材料的剩余磁感应强度高的零件，而连续磁化法则适用于各种铁磁性材料制成的零件。

采用干磁粉探伤时，施加干粉的装置需能以最小的力将呈均匀雾状的干磁粉施加于被磁化零件的表面，并形成薄而均匀的粉末覆盖层。采用磁悬浮溶液时，通常用软管和喷嘴将溶液施加到零件表面上。

磁粉施加后，在零件上的铁粉会被吸附而形成磁痕，即为显示的缺陷处，应做好标记。

④ 退磁。其目的是使零件内的剩磁减少到不妨碍使用的程度。若不进行退磁，则探伤零件的剩余磁场在使用中可能吸附铁磁性磨料颗粒，造成磨损加剧等危害。

退磁就是将零件置于交变磁场中，并使磁场的幅值由大到小逐渐降到零，将其剩余磁场退掉。其方法为将零件从电流逐渐减小的通电线圈中慢慢退出，也可向零件直接通以逐渐减小的电流，并需重复进行 2~3 次。

用交流电磁化的零件，可用交流电，也可用直流电退磁。交流退磁法是将零件从交变磁场中慢慢退出或是将零件放在交变磁场中，逐渐减少磁场电流，直至电流为零。采用交流退磁法只能使零件表面退磁，但它退磁速度快，因此应用广泛。

而用直流电磁化的零件，只能用直流电退磁。它是利用原直流磁场，不断改变其磁场方向，并逐渐使磁化电流降至零。用直流电退磁时应不断改变电流的方向，以获得交变的退磁磁场。汽车上的一些重要零件，如曲轴、齿轮等，都采用直流退磁法。

⑤ 后处理。零件探伤完毕应进行后处理，如用磁悬液检查的零件，可用汽油或煤油等溶剂去掉零件上残存的磁粉。

磁粉探伤的优点：比渗透探伤灵敏，能探测近表层的缺陷；容易掌握、结果直观等。但仅适用于铁磁性材料的零件，无深度显示，仅对与磁力线垂直的缺陷敏感。现在，开发了先进的旋转磁场探伤机，引入了计算机技术，可一次探测显示全方位的缺陷，并可连续探伤。

（4）涡流探伤法　涡流探伤法是将由交流电产生的交变磁场作用于待探伤的导电材料，感应出电涡流。如果材料中有缺陷，它将干扰所产生的电涡流，即形成干扰信号。用涡流探伤仪检测出其干扰信号，就可知道缺陷的状况。影响涡流的因素有很多，也意味着涡流中载有丰富的信号，这些信号与材料的很多因素有关，如何将其中有用的信号从诸多的信号中一一分离出来，是目前涡流研究工作的难题，多年来已经取得了一些进展，在一定条件下可解决一些问题，但还远不能满足现场的要求，有待于大力发展。

涡流探伤的显著特点是对导电材料就能起作用，而不一定是铁磁材料，但对铁磁材料的效果较差；待探工件表面的光洁度、平整度、边界等对涡流探伤都有较大影响。因此，常将涡流探伤法用于形状较规则、表面较光洁的铜管等非铁磁性工件的探伤。因为集肤效应，距表层较深的缺陷难以检测。

（5）**渗透探伤法** 这是利用毛细现象来进行探伤的方法。对于表面光滑而清洁的零部件，用一种带色（常为红色）或带有荧光的、渗透性很强的液体，涂覆于待探零部件的表面。若表面有肉眼不能直接察知的微裂纹，由于该液体的渗透性很强，它将沿着裂纹渗透到其根部。然后将表面的渗透液洗去，再涂上对比度较大的显示液（常为白色）。放置片刻后，由于裂纹很窄，毛细现象作用显著，原渗透到裂纹内的渗透液将上升到表面并扩散，在白色的衬底上显出较粗的红线，从而显示出裂纹露于表面的形状。因此，常称为着色探伤。着色探伤不需专用设备，只需配制着色剂。着色剂是用煤油80%、变压器油15%、松节油5%、苏丹红Ⅲ号10g/L混合而成。

若渗透液采用的是带荧光的液体，由毛细现象上升到表面的液体，在紫外灯照射下会发出荧光，从而更能显示出裂纹露于表面的形状，故常常又将此时的渗透探伤直接称为荧光探伤。采用荧光探伤时，可将被检零件的表面浸入荧光渗透液内约30min，然后用乳化剂清洗零件表面，用温水（30~42℃）洗净。为吸出渗透在零件表面缺陷内的荧光液显示缺陷，应在零件表面上均匀地涂上一层显像剂，然后用紫外线照射。

荧光渗透液应是由发光强的荧光物质和渗透性强的油液配制而成。荧光渗透液的配方成分见表4-10。

表4-10 荧光渗透液成分

牌号 \ 成分	荧光物质/g		溶剂/mL		
	拜耳荧光黄	塑料增白剂	二甲苯	石油醚	磷酸二甲酸二丁酯
P-100	0.2	0.1	25	62.5	12.5
P-102	2.5	1.6	66.5	5	28.5

拜耳荧光黄可用一些矿物油代用，这些荧光物质在紫外线激发下发光的波长和颜色见表4-11。

表4-11 各种矿物油所发颜色与波长

成分	1	2	3
	煤油或机油	航空机油 25% 煤油 25% 变压器油 50%	变压器油与煤油按1:2或1:3混合后，加鱼油1%，蓖麻油10%
颜色	极浅蓝色	浅蓝色	鲜明的天蓝色
波长（nm）	2400~4000	4600	5000

无论是干性或湿性的显像剂，都应具有良好的附着力和毛细作用，以利于将渗入在缺陷内的荧光物质吸至表面，显像剂本身不应具有荧光性能，对金属无腐蚀，对人体无害，易被冲洗。干性显像剂颗粒要细，一般应用1000~6000目/cm²的筛子筛过。常用的显像剂有氧化镁、滑石粉等。目前应用的D-100荧光显像剂，使用效果好。

此探伤方法也可用于金属和非金属表面探伤。其使用的探伤液剂有较大气味，常有一定毒性。

（6）**声发射检测** 声发射检测的工作原理如图4-20所示。检测时，从声发射源发出的弹性波通过传输介质传播到材料表面，传感器将弹性波转换为电信号，再经过放大、处理并被记录下来。由于裂纹和其他缺陷处发出独特的声信号，通过对采集的信号进行处理和分析，就可以知道零部件内部的缺陷情况。

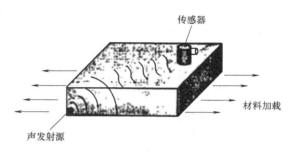

图 4-20 声发射检测的工作原理

声发射检测可用于疲劳裂纹（裂纹产生与扩展时均有应变能产生，发出弹性波）的监测等，是一种快速、动态、整体的无损检测技术，是利用加载条件下零件内部缺陷活动发射出声波信号来探测缺陷的。而其他无损检测则是静态的，是外加信号检测零件内部缺陷。声发射无损检测具有以下特点：

1）除极少数材料外，金属和非金属材料在一定条件下均有声发射现象，所以声发射检测不受材料限制。

2）不仅可以探测缺陷，而且可以依据声发射波的特点和诱发条件了解缺陷形成和预测其发展。

3）操作简便，可大面积探测和监视缺陷活动情况。

4）声发射检验时受环境噪声的干扰较大。

（7）**激光无损检测技术**　激光无损检测技术是空间像，呈现缺陷的立体形态。

激光全息是激光无损检测中应用最早、最多的一种方法，其基本原理是通过对被测物体施加外加载荷，利用有缺陷部位的形变量与其他部位不同的特点，通过加载前、后所形成的全息图像的叠加来判断材料、结构内部是否存在不连续性。作为一种干涉计量术，激光全息技术可以检测微米级的变形，灵敏度极高，具有不需接触被测物体，检测对象不受材料、尺寸限制，检测结果便于保存等优点。

（8）**微波检测和红外线检测**　微波检测是利用有缺陷时产生的反射波与无缺陷的反射波的差异（幅值、频率、相位等基本参数）来判定工件状况的方法。它特别适用于非金属材料、复合材料及有涂层的金属零件表面检测，随着汽车非金属材料和复合材料使用的增加，使用前景越来越好。

红外线检测是利用红外辐射原理，通过扫描记录或观察被检测工件表面由于缺陷引起的温度变化来检测表面或近表面缺陷的无损探测方法。由于具有非接触、遥控、大面积、直观、有效及快速的优点，有着十分广泛的应用前景。

2. 汽车维修中探伤的特点

汽车在制造过程中，经过了一系列的探伤，层层把关均完好无损，才作为合格产品出厂。汽车到达用户手里后，在运行中一些零部件常常承受着交变应力。在长期交变应力的作用下，原来完好的零部件也将产生疲劳裂纹。这种疲劳裂纹一般都是始于零部件表面，再从外表逐渐向内发展，即属于表面裂纹。有的转动零部件在过热或交变应力作用下，产生了表面裂纹后，又有可能因转动碾磨而在该表面产生一层致密的覆盖层，遮盖了其裂纹，变成了未露出表面的近表面裂纹。初期的表面裂纹一般十分微小，用肉眼或借助于放大镜也难以观察到，而对近表面裂纹，则是不可能观察到的。具有这种初期微小裂纹的零部件，并不马上断裂，但是，已具有了隐患。因此，汽车维修中的探伤任务主要是探知其零部件是否有极细微的表面和近表面裂纹，以消除汽车在行驶中的安全隐患；其次，经过运行后的各零部件表面状况不如新出厂时的好，而是根据运行情况各有所异；再次，汽车维修中待探查的各零部件外表形态的尺寸大小各异，即品种多、数量少；另外，其工作场地一般也不如制造厂的条件好；同时，工期要求一般又比较急。因此，只能结合维修中的这些特定条件和需求来选取更为适合汽车维修的探伤方法。

3. 汽车维修中探伤方法的选取

在汽车维修中的待探零部件主要是用钢铁材料制成的，探伤的目的主要是探查有无表面和近表面裂纹。通过上述几种探伤方法的比较可知：磁粉探伤对铁磁质零部件的表面和近表面探伤灵敏度都比较高，且无毒，对零部件的形状、表面要求和技术要求以及投资要求都较低，而且直观、方便。因此，在汽车维修的无损探伤中，现在较多采用磁粉探伤法。

事实上，在汽车制造厂中对汽车的零部件，主要也是采用磁粉探伤法。人们在对其进行大量磁粉探伤的基础上，对一些汽车零部件，如曲轴、凸轮轴、连杆、气门、活塞销、喷油器等制定了相应的磁粉探伤标准。在汽车维修中，对零部件的磁粉探伤可借鉴这些标准，以增大探伤的可靠性。而其他探伤方法，由于成本或其他原因，现在在汽车零部件探伤中用得少，还无相应的探伤标准，但更具前景。

4. 水压试验

水压试验专用于水冷式发动机的气缸体、气缸盖裂纹的检查。水压试验所需装置简单，检测结果可靠，是国家标准中所规定的检测项目。

水压试验通常是在专用装置上进行，如图 4-21 所示。试验时先将气缸盖连同橡胶质试验专用气缸垫一起装于气缸体上，缸体水套侧盖及各出水口处也应用橡胶垫及盖板进行封闭。然后将其上有一与水压试验装置水管相连的接头的盖板垫以橡胶垫装在气缸体前端进水口处，并向水套内压水。水满后关闭放水开关，继续压水，使水套内的水压力达到 0.3 ~

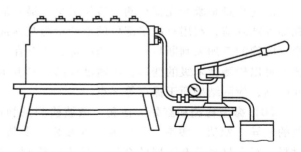

图 4-21　气缸体、气缸盖的水压试验

0.4MPa，并持续 5min，若不见气缸体、气缸盖上水套部位有水渗出，即通过了水压试验。若有裂纹，则裂纹处会有水渗出。

4.4.5　汽车零件平衡的检验

在汽车修理中，对主要的旋转零件或组合件，如曲轴、飞轮、离合器压盘、传动轴甚至车轮等，须进行平衡。

1. 平衡的概念

平衡既是旋转零件质量分布的一种表征，也是这种分布的检验及在必要时的校正。后者被国际标准化组织（ISO）定义为检测以及在必要时校正转子质量分布的程序，以保证在工作转速下轴颈运转时产生的振动和轴承力在规定的范围内。

事实上，不可能也并不要求高速转动的汽车零件达到完全的平衡，而允许各自留有一定的不平衡度，各种汽车的修理技术条件中对静平衡和动平衡均有具体的规定。虽然对有平衡要求的汽车零件、组合件在制造过程中都安排了平衡工序，但在长期的使用过程中，零件、组合件会因各部分磨损不均、变形以及修理作业等缘故而使其原有的不平衡程度增加。超过修理标准的要求，会给零件本身和支承件带来附加载荷，产生过大的振动，加速磨损和其他损伤。

2. 汽车零件的平衡

汽车零件的平衡分为静平衡和动平衡。

（1）静平衡 静不平衡是由于零件的质心偏离了其旋转轴线而引起的，如图 4-22 所示。汽车零件的静平衡要求一般是针对径向尺寸较大而轴向尺寸较小的盘形零件，如发动机飞轮、离合器压盘、制动盘、带轮等。

静不平衡的检测如图 4-23 所示。在检验前，应先调整刀口导轨 2 处于水平位置，并调好宽度，然后将装有被检零件 1 的心轴平置于两导轨上。如心轴滚动一两圈，且始终停止在一个静止点，则对应于心轴的最下方是重心偏离的位置方向，表示这一零件具有静不平衡。

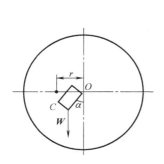

图 4-22　静不平衡的圆盘

C—零件质心　r—偏心距

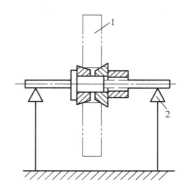

图 4-23　静不平衡的检测

1—被检零件　2—刀口导轨

静平衡校正的方法有两种，一种是减重法，另一种是加重法。前者是在零件质量偏心的同侧减去一定的质量，后者是在零件质量偏心的相反一侧加上一定的质量来使平衡状态满足给定的要求。究竟采用何种方法，须根据零件的结构、功用等来决定。在可能的情况下，应尽量采用减重法。

（2）动平衡 动不平衡是由于零件的质心偏离了其旋转轴线或零件的惯性主轴与其旋转轴线不重合而引起的。汽车零件的动平衡要求一般是针对轴向尺寸较大而径向尺寸较小的轴类零件，如发动机曲轴、底盘传动系统的传动轴等，还有质量较大的轮胎。

应该指出，即使是处于完全静平衡状态的零件，仍有可能是动不平衡的。例如，在一根匀质长轴上，沿其直径方向在相反的位置相隔一定距离放置两个同样的重块，显然这时的长轴仍是静平衡的。但当该轴旋转时，由于多余的两个质量而产生了两个惯性力 F，这两个惯性力大小相等，方向相反，又相隔一定距离，因而形成一惯性力偶，对两侧支承 A、B 产生附加载荷。支承也必将产生支承反力 F_{NA} 和 F_{NB} 与之平衡。显然，零件旋转时，两端支承受到的是方向不断变化的附加动载荷。这就是零件的动不平衡。若零件上只存在类似的一个 m（即静不平衡）或尚有第三个 m，则零件旋转时将产生离心惯性力或既有离心惯性力又有惯性力偶，都将对支承产生附加载荷。这都是动不平衡，如图 4-24 所示。

在汽车修理作业中，动不平衡程度的检测一般在专用的检测装置如曲轴动平衡机、传动轴动平衡机上进行。动不平衡量的检测远较静不平衡复杂。但其检测原理都是根据动不平衡的零件转动时会给支承以附加载荷，而将支承做成径向弹性支承。检测时，在一定转速下取其支承的弹性变形量和变形时刻，并转换成电信号予以显示。例如，汽车传动轴的动平衡检测是在传动轴平衡机上进行的，检测原理如图 4-25 所示。检测时，被测传动轴支撑在左右径向弹性支架上，由电动机通过万向节带动旋转。当被测传动轴存在动不平衡时，旋转中所产生的惯性力和力偶将使摆架产生径向弹性往复振动；而固定在支架上的钢丝以及与钢丝另一端相连的线圈 5 也将随之产生往复振动。这种振动使线圈 5 在永久磁铁的磁场中做切割磁力线运动，产生的感应电动势经放大后，一方面在不平衡量指示仪 4 上指示出不平衡量的大小，另一方面使闪光灯 3 与转轴同步发出闪光信号，从而在被检物体上指示出不平衡所在相位。动平衡机上设计有与左、右两个摆架相应的两套分离电路，利用补偿原理来补偿一侧不平衡质量对另一侧测量值的影响。测量时可以按需要使左、右开关 6 处于左或右两个位置，以分别指出左、右两侧的不平衡相位。

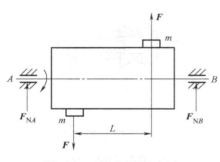

图 4-24　动不平衡示意图

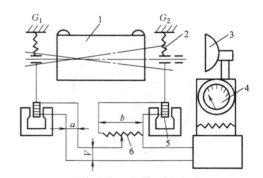

图 4-25　动平衡机的检测原理
1—被测传动轴　2—弹性支架　3—闪光灯
4—不平衡量指示仪　5—线圈　6—开关

进行动平衡校正，起码需要在零件上选取相隔一定轴向距离 S 的两个校正平面。校正原理如图 4-26 所示，设 m_1 和 m_2 是造成零件动不平衡的仅有的两个质点。由于它们偏离了零件的旋转轴线，当零件旋转时，m_1 和 m_2 必定产生惯性力 F_P 和 F。取两个与零件轴线相垂直且相隔一定距离的平面 I 和 II，则惯性力 F_P 可用校正平面 I 和 II 的两个力 F_{PI} 和 F_{PII} 来予以平衡。这时，三个力之间应满足以下关系，即

$$F_P = F_{PI} + F_{PII} \tag{4-21}$$

$$F_{PI}a = F_{PII}b \tag{4-22}$$

同理，F 也可用校正平面 I 和 II 中的两个力 F_I 和 F_{II} 来予以平衡，即

$$F = F_I + F_{II} \tag{4-23}$$

$$F_I a' = F_{II} b' \tag{4-24}$$

显然，F_{PI} 和 F_I 在校正平面 I 内的合力为 F_{RI}，F_{PII} 和 F_{II} 在校正平面 II 内的合力为 F_{RII}。同理，多个不平衡质点 m_1，m_2，…，m_n 都可以分解到这两个校正平面内，并分别合成为两个合力。两合力 F_{RI} 和 F_{RII} 即代表了两校正平面所需校正量的大小，它们的指向则代表了所需校正的方位。与静平衡一样，也可用加重或减重的方法，但需在两个校正平面内

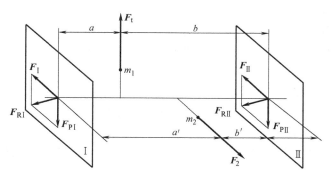

图 4-26 动平衡校正原理

进行。

汽车主要零件及组合件的允许不平衡值见表 4-12。组合件上一般有相应的装配标记。

表 4-12 汽车主要零件及组合件的允许不平衡值

零件或组合件的名称	平衡性质	允许不平衡值/（g·cm）	
		载重汽车	轻型汽车
曲轴	动平衡	100~150	10~50
飞轮	静平衡	35~90	10~35
离合器组合件	静平衡	18	10~18
曲轴带飞轮和离合器组合件	动平衡	75~150	15~50
传动轴组合件	动平衡	50~100	5~15
带轮胎的车轮组合件	静平衡	—	250~500
制动鼓与轮毂组合件	静平衡	—	400
离合器总成	静平衡	70~100	10~35

（3）零件静平衡与动平衡的关系 旋转零件静平衡的条件是分布于该旋转零件上各个质量的惯性力的矢量和等于零。旋转零件动平衡的条件是分布于该旋转零件上各个质量的惯性力的矢量和等于零，同时，惯性力所引起的惯性力矩的矢量和也等于零。

由上述旋转零件静平衡和动平衡的条件可知，动平衡同时满足了静平衡的条件。因此，动平衡的零件一定是静平衡的，而静平衡的旋转件则不一定是动平衡的，因为它并不满足动平衡的全部条件。

4.5 汽车总成装配的技术要求

4.5.1 汽车总成装配的一般技术要求

汽车总成装配是按照规定的技术条件，将组成总成的零件和部件连接在一起的过程。

汽车修理时的总成装配与汽车制造时不同，因为修理过程中进入总成装配的零件有三类：具有允许磨损量的旧零件、经修复合格的零件和换用的新零件。通常前两类的尺寸公差都比制造公差大，为使配合副的配合特性达到装配技术条件的要求，配套时必须按装配技术条件的要求对配合件进行选配，包括按尺寸进行选配和按重量进行选配。此外，为达到装配技术条件规定的配合特性要求，在装配过程中，往往需要进行一些钳工修合工作，如铰孔、研磨等。

总成装配的技术要求通常包括配合副配合特性、主要连接件的紧固力矩及其均匀性、各零件工作表面和轴线间的相互位置、旋转件的平衡要求、高速运动件的质量要求以及密封性、清洁度和调整要求等。

零件的配合特性要求与零件的结构、几何尺寸、形状公差以及表面粗糙度有关，常以间隙或过盈表示。

零件间的位置要求包括轴线间的平行度、垂直度和同轴度等。轴线偏差通常规定以直线长度上的偏差表示。例如，发动机连杆衬套孔和轴承孔轴线不平行、轴线的偏移会使活塞销配合和轴承与轴颈的配合间隙缩小 ΔS，其数值为

$$\Delta S = el/2L \tag{4-25}$$

式中，e 为在规定长度 L 上的轴线偏移量；l 为轴承宽度。

为保证装配精度，必须利用装配尺寸链来分析各组成环的尺寸偏差对封闭环的影响，从而采取措施来保证装配质量。总成装配中求解尺寸链的方法通常有完全互换法、不完全互换法、选配法、修配法和调整法。

4.5.2 汽车总成装配原理与试验

总成是由许多零部件组成的，总成装配是总成修理工艺过程中的最后阶段，它是按规定的技术条件，将组成总成的零部件连接在一起。

1. 总成装配的基本概念

总成是由零件、部件和组合件组装而成的。为了清楚地表示总成各零部件的装配过程，可绘制总成装配系统图。在总成装配系统图中，每一个零件或组件可用一个方格表示，其中标明零件（或组件）的名称、编号及数量，并标注附加说明、调整要求、配合方法等。这样就可形成组件或总成的装配系统图。

绘制总成装配系统图的方法如下：

1）先画一条横线，在横线左端画上代表基准件的方格。

2）在横线左端按安装顺序依次在横线上面画出代表直接进入装配的零件的长方格，横线下面依次画出代表部件或组件的长方格和垂直线。

3）在横线的右端，画出代表总成或组件的长方格。

4）在各组件的垂线下端，画出代表组件基准零件的长方格，并由下至上按组件的装配顺序在垂线左方标出直接进入组件装配的零件长方格，右方标出直接进入装配的部件长方格和相应表示组件装配关系的横线，在横线右端标出组件基准零件的长方格，并依次在横线下方标出直接进入组件装配的零件长方格。

图 4-27 所示为某型变速器中间轴分组件的装配图，它由 3 个部件和 12 个零件组成，其装配系统图如图 4-28 所示。

2. 总成装配精度

总成的装配精度是指采用相应的装配方法装配后，各配合副达到总成装配技术要求中各

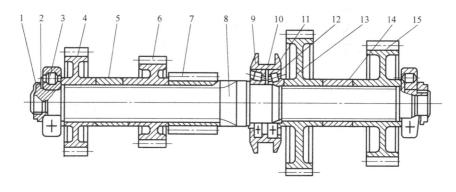

图 4-27　某型变速器中间轴部件

1—固定螺母　2—锁紧垫片　3—向心滚子轴承　4—三档主动齿轮　5、14—支撑套
6—二档主动齿轮　7—倒档主动齿轮　8—中间轴　9—轴承固定套　10—支撑环
11—圆锥滚子轴承　12—调整垫　13—五档主动齿轮　15—四档主动齿轮

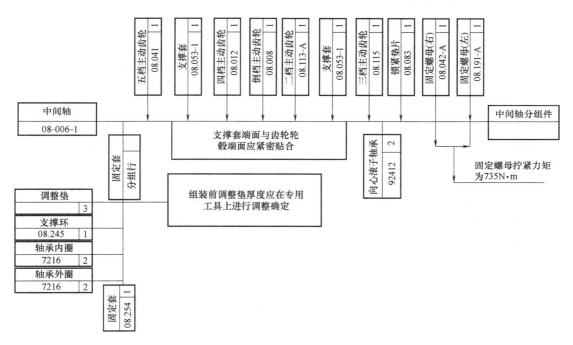

图 4-28　装配系统图

项指标的符合程度，它包括配合精度、位置精度和回转件的运动精度等。

　　显然，任何装配都不可避免地会出现误差，误差大则表明装配精度低、质量差。因此，分析装配误差，选择能保证装配精度的装配方法就成为提高装配质量的主要途径之一。

　　影响部件和总成装配精度的因素可归纳为以下四类：

　　1）部件或零件材料性质的变化。

　　2）零部件几何尺寸的变化。

　　3）部件相互位置公差的变化。

4) 部件或总成装配系统中装配尺寸链各环公差带分配关系的变化等。

汽车修理时，由于进入装配的零件有可用件、修复件和新件，总成修复后的装配往往比制造时总成的装配要复杂得多。在总成装配中，为了保证装配精度常采用选配法、修配法和调整法等。

选配法是提高精度的一种有效方法。它允许将零件的制造公差放宽到经济公差范围内，而在装配前按装配精度的要求将零件分成若干组，装配时按对应组进行装配，同一组的零件可以互换。由于分组，可使每组中零件的尺寸差别减小，因此可使装配精度提高。

修配法的实质在于考虑到零件加工工艺的可能性，有意识地将零件公差加大到易于制造的公差要求范围内，在装配时通过修配方法（如补充的机械加工和手工修配）来改变某一尺寸（通常指封闭环）以达到要求的装配精度。例如，活塞与气缸的配合可通过研磨来保证，活塞销与活塞销座孔的配合可通过铰削来保证等。

调整法是在装配尺寸链中加入调整环，装配时利用改变调整环的位置和改变调整环的尺寸，以达到封闭环所要求的精度。例如，汽车主减速器主、从动齿轮的装配精度就是依靠调整垫片或改变从动齿轮轴两端的调整螺套的位置来保证的。

3. 典型配合副的装配原理

（1）螺纹连接件的装配 螺纹连接件装配时的基本要求是"正确紧固、可靠锁紧"，重要连接件的紧固力矩应符合装配技术条件规定的要求。

1) 预紧力的规定。当螺栓、螺母拧紧后，连接件被压缩而螺栓伸长，两者均产生弹性变形。它们之间的相互作用力称为预紧力，其作用是保证螺纹连接的可靠性，防止松动，保证连接件之间具有足够的摩擦力和良好的密封性，并提高螺栓在动载荷下的耐疲劳强度。

预紧力是根据连接件的具体工作条件来确定的，各种连接件的预紧力在设计中已由材料和强度予以保证，在装配中是以规定拧紧力矩来实现的。

2) 拧紧力矩是根据各部位的工作条件、螺栓的材料和尺寸等因素规定的。汽车常用螺纹紧固件拧紧力矩见表4-13。对于各重要部位的紧固螺栓、螺母的拧紧力矩，各型汽车都有具体规定，装配时必须遵照执行。

表 4-13　汽车常用螺纹紧固件拧紧力矩

螺纹直径 /mm	螺距/mm		拧紧力矩/(N·m)					
			8.8 级			10.9 级		
	粗牙	细牙	标准值	最大值	最小值	标准值	最大值	最小值
6	1		9	12	6			
8	1.25		23	26	16			
		1	25	28	17			
10	1.5		59	75	37	74	90	52
		1.25	63	79	45	78	93	63
		1	64	80	46	80	95	65
12	1.75		95	111	73	140	156	105
		1.5	97	113	75	142	158	106
		1.25	99	115	78	145	161	108

（续）

螺纹直径 /mm	螺矩/mm		拧紧力矩/N·m					
			8.8 级			10.9 级		
	粗牙	细牙	标准值	最大值	最小值	标准值	最大值	最小值
14	2		160	185	122	175	200	141
		1.5	180	205	146	210	235	178
16	2		215	245	182	280	310	200
		1.5	240	270	199	305	335	240
18	2.5		268	298	229	437	467	380
		1.5	316	346	287	467	507	397
20	2.5		430	470	389	528	568	450
		1.5	440	480	396	558	598	475

3）拧紧顺序。对螺栓组拧紧时，为了避免导致零件变形，应考虑合理的拧紧顺序。总的原则是"由内向外、分次交叉、对称拧紧"。

（2）**过盈配合副的装配** 过盈配合副装配的关键在于控制配合过盈量。汽车总成中的静配合副，其过盈量在技术文件中都有明确规定，装配中应予以保证。

过盈配合副装配时应满足以下要求：

1）保持一定紧度。为此，除尺寸上应考虑过盈量要求外，还必须考虑保证配合表面的表面粗糙度和表面硬度的要求，否则其实际装配后的过盈量会在较大范围内变化。

2）装配时应保持零件清洁并涂以润滑油，防止配合表面在压入时刮伤或咬死。

3）为防止零件压入时发生偏斜，孔口应有 $30° \sim 45°$ 倒角；轴端应有 $10° \sim 15°$ 斜角，压入时应尽可能采用导套和专用夹具。

4）当配合过盈量较大时，装配时应采用热胀或冷缩法。当采用热胀法时，加热温度 T_t（℃）可根据材料的线胀系数和配合过盈量计算，即

$$T_t = \frac{\delta_{max} + \Delta}{100\alpha d} + T \tag{4-26}$$

式中，δ_{max} 为最大配合过盈量（μm）；Δ 为保证装配能顺利进行所需的装配间隙（μm）一般取 $(0.001 \sim 0.002)d$ 或 $(1 \sim 2)\delta_{max}$；α 为零件材料的线胀系数 ［μm/(m·℃)］；d 为孔或轴的名义尺寸（mm）；T 为室温（或被包容件的温度）（℃）。

（3）**齿轮传动副的装配** 齿轮传动副的装配需精确地保持啮合齿轮的相对位置，使之接触良好，并保持一定的啮合间隙，以达到运转时速度均匀、没有冲击和振动以及传动噪声小的要求。

1）圆柱齿轮的装配。圆柱齿轮的装配应保证齿轮啮合的正确性，即应保证规定的啮合间隙（包括侧隙和齿隙差）和啮合印痕。

圆柱齿轮的啮合间隙在装配技术条件中都有规定。例如，东风 EQ1090E 型汽车变速器各直齿和斜齿齿轮副的啮合间隙，原厂规定为 $0.055 \sim 0.175$mm；大修时允许的啮合间隙，常啮齿轮为 $0.15 \sim 0.50$mm，接合齿轮为 $0.10 \sim 0.40$mm，当在不同点测量时，其齿隙差不得大于 0.15mm。影响齿隙变化的原因，除齿轮加工误差外，主要是齿面磨损及中心距变化。

装配时应分析具体原因予以消除。

齿轮正确啮合时的啮合印痕，其长度不应小于齿长的60%，并应位于齿面中部。影响圆柱齿轮啮合印痕的因素包括壳体变形、齿轮轴弯曲、齿面磨损、轮齿变形等。装配时应通过印痕检查，查明原因并予以消除。

2）锥齿轮装配的特点及其调整。为了保证锥齿轮正常啮合，装配时必须使锥齿轮副的节锥顶和节锥母线互相重合，即要求两锥齿轮轴心线必须垂直相交。

锥齿轮的啮合印痕、齿隙和齿背不齐差三者是相互关联的。通常若啮合印痕正确，齿隙和齿背不齐差一般也是正确的，故锥齿轮装配时应先调整啮合印痕，然后检查齿隙和齿背不齐差。

理论分析表明，任一直齿锥齿轮，当其从正确啮合位置沿轴向移动时，齿轮的啮合印痕将同时在齿长和齿高上发生变化。当大齿轮沿轴向移动时，将导致啮合印痕沿齿长方向变动；而小齿轮沿轴向移动时，将导致啮合印痕明显地沿齿高方向变动。

对于曲线齿锥齿轮，如弧齿锥齿轮、渐开线齿锥齿轮及摆线齿锥齿轮，其啮合印痕位置的变化除了与直齿锥齿轮一样受安装距的影响外，还受轮齿曲线的螺旋角 β 和曲率半径 ρ 的影响。

实践表明：直齿锥齿轮和弧齿锥齿轮空载时，印痕应调整在偏向小头；当轮齿载荷增加时，其啮合区扩大并向大头移动。渐开线齿锥齿轮的轮齿满载时，啮合印痕扩大，同时移向小头。摆线齿锥齿轮空载时，印痕应调整在中央区；轮齿满载时，啮合区域只在原位扩大。

关于锥齿轮啮合印痕的调整步骤，由于各型汽车的结构不同，调整方法略有差异，一般应按说明书规定的调整方法进行。先确定调整哪一个齿轮（视啮合印痕在齿轮齿长方向上偏离，还是在齿高方向上偏离，前者应调大齿轮，后者应调小齿轮），然后判定调整齿轮的方向，即确定安装距的增减，啮合印痕调整正确后再检查啮合间隙，如不合适再予以调整。

锥齿轮啮合印痕和齿隙的调整可参考表4-14。

表4-14　锥齿轮啮合印痕和齿隙的调整

前进	后退	锥齿轮啮合的调整方法（先调接触区，后调齿隙）	——→ 表示调接触区 ----→ 表示调齿隙
		将从动齿轮向主动齿轮移近，如果这时齿间的侧向间隙过小，则将主动齿轮向外移动	
		将从动齿轮移远主动齿轮，如果这时齿间的间隙过大，则将主动齿轮移近	

（续）

		将主动齿轮向从动齿轮移近,如果这时齿间的侧向间隙过小,则将从动齿轮向外移开	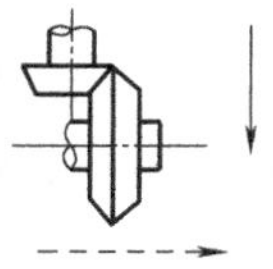
		将主动齿轮移远从动齿轮,如果这时齿间的侧向间隙过大,则将从动齿轮向内移近	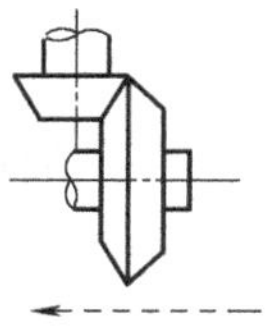
		轮齿切削的不正确或齿轮中心线不正确,应更换	
		轮齿切削的不正确,应更换	

4.5.3 汽车主要总成的磨合试验

为了检验总成的装配质量,总成装配后应进行磨合试验,其目的是:发现修理装配中的缺陷,降低发动机在修理、装配过程中各零件间摩擦表面的粗糙度值,获得更好的配合,提高配合副工作表面的承载能力。通过磨合可提高零件摩擦表面的质量、耐磨性、疲劳强度和抗腐蚀性能,发现并清除在零件修理和装配中由于偏离技术条件而引起的一些缺陷,提高总成的使用可靠性和耐久性。

1. 发动机的磨合试验

发动机以最佳规范进行磨合,是提高发动机修理质量的主要措施之一。最佳磨合规范是指按规范磨合时,可以以最少的磨合时间、最小的磨损量建立起能承受使用载荷的最佳工作表面。

发动机磨合规范的主要工艺参数是磨合转速和负荷的组合。不同类型的发动机,由于主要配合副的材料、加工工艺水平及结构不同,其磨合规范各异。根据发动机磨合过程中转速与负荷的组合不同,可将发动机磨合过程分为三个阶段,即冷磨合、空载热磨合和负载热磨合。磨合时应注意:

冷磨合时顶置式气门发动机装气缸盖而不装火花塞,冷磨合时曲轴转速由低速到高速可分为低、中、高三个档位分段进行,每一档位不超过1h的运转。冷磨合时间的长短,应根据零件加工质量和装配情况而定,加工表面粗糙度值低,时间可缩短,反之则长。进行冷磨合时,应常检视机油压力表所指示的压力是否正常和各机件的工作情况是否良好。若发现不正常情况或异响,应立即停止,进行检查并排除后,再进行磨合。冷磨合后应将发动机进行部分分解，检查活塞、活塞环与气缸内壁的接触情况，各轴颈与轴承（瓦）的磨合是否正常等。然后，排除发现的故障，将全部机件清洗干净，按规定标准全部装复，进行热试。

热试时，发动机温度应保持在 75~90℃。一般也按三个曲轴转速分段进行，每段约半小时左右。热试过程中，应由表及里地认真观察，检查发动机各部分的工作情况，以及各仪表所反映出的工作数据是否正常，必要时须进行调整。

（1）磨合转速的确定 冷磨合起始转速过高或过低都不利于磨合过程。磨合起始转速过低，将导致机油泵供油不足，不能及时导出配合副在磨合初期释放的热量，难以形成良好的润滑条件，加速了发动机的磨合磨损。磨合转速过高，会减少摩擦表面的接触时间，从而减少摩擦表面微观粗糙度的弹性变形和塑性流动的时间，但是增加了摩擦表面的接触频率，增加了摩擦行程，因而增大了单位时间的摩擦功，导致摩擦表面的温度升高，使摩擦条件恶化。

图 4-29 所示为某型发动机冷磨合起始转速与磨合期磨损的关系。由图可见，转速较低时，磨合时间明显增加，增大了磨合期的总磨损量；转速较高时，磨损速率较高，磨合期的磨损量也大。对该型发动机而言，选用磨合转速为 525r/min 较适宜。冷磨合起始转速 n_1，一般选用 400~600r/min，也可根据发动机额定工作转速 n_e 按下式确定，即

$$n_1 = (0.20 \sim 0.25)n_e \qquad (4-27)$$

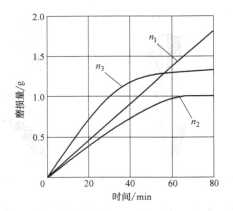

图 4-29 发动机冷磨合起始转速
与磨合期磨损的关系

n_1—300r/min n_2—500r/min n_3—700r/min

冷磨合终止转速是根据主要配合副在磨合期形成最大单位压力时的转速确定的。图 4-30 所示为某型发动机在不同冷磨合转速下测得的连杆轴颈与轴承配合副总压力的变化曲线。由图可见，发动机连杆轴颈与轴承配合副的总压力在 900~1200r/min 时最大。因此，再以高于1200r/min 的转速进行磨合，对改善摩擦面的接触状态已无意义。一般发动机冷磨合终止转速 n_2 为 1000~1200r/min，也可根据发动机额定工作转速 n_e 按下式确定，即

$$n_2 = (0.40 \sim 0.55)n_e \qquad (4-28)$$

发动机额定转速较高时取下限。

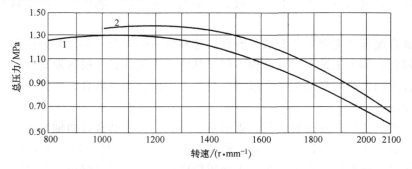

图 4-30 连杆轴颈与轴承配合副总压力的变化曲线
1—冷磨合 2—空载热磨合

试验表明，如图 4-31 所示，冷磨合时从起始转速过渡到磨合终止转速，采用有级调速比采用无级调速更为有利。因为采用有级调速时，每一磨合转速下的磨合时间是根据该转速下的磨损率已趋于稳定（或摩擦功趋于稳定）后才转入高一级转速所确定的，所以转速的提高与表面的承载能力是相适应的；而采用无级调速，因转速变化导致的配合副单位压力的变化，往往来不及与表面的磨合过程相适应，磨损率较高。因此，在冷磨合时通常采用有级调速，每级磨合规范的转速间距为 200 ~ 400r/min。

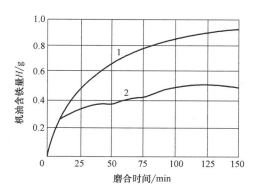

图 4-31　汽油发动机冷磨合时的磨损
1—转速无级调速　2—转速有级调速

空载热磨合的起始转速，通常与冷磨合终止转速相近。因空载热磨合时，配合副间的负载（气体压力和运动质量惯性力）与相应转速下冷磨合时的负载相差不大（见图 4-30），提高空载热磨合转速并不能使配合副间的负载相应增大，润滑油来不及将摩擦表面产生的热量排走，配合副易早期损坏。空载热磨合的目的是检查热工况下发动机各部件的配合情况，对发动机进行必要的调整，并消除发现的缺陷，为负载热磨合做准备。因此，通常取空载热磨合转速为 1000 ~ 1200r/min 或按 $(0.4 ~ 0.55)$ n_e 来确定。

负载热磨合的起始转速，通常是根据能保证发动机主油道有足够的供油压力来确定的，一般为 800 ~ 1000r/min。选取负载热磨合的起始转速时，必须考虑加载装置的工作特性，如采用交流异步电动机作负载装置时，负载热磨合的起始转速必须大于异步电动机的同步转速。

负载热磨合的终止转速，应根据发动机磨合后能承受 75% ~ 85% 额定功率的载荷来确定，一般汽油机的负载热磨合终止转速为 $0.8n_e$；柴油机为 n_e。

（2）**磨合负载的确定**　负载热磨合的负载取决于磨合转速和磨合后对配合副承载能力的要求。一般起始负载为 $(0.1 ~ 0.2)P_e$（P_e 为额定功率）；磨合终止负载一般为 $(0.8 ~ 1.0)$ P_e，汽油发动机一般推荐取 $0.8P_e$。

修理企业发动机修理后的磨合试验规范，应根据工厂的工艺水平，参照各型发动机规定的磨合试验规范并通过试验来确定。

国外现推行将发动机的磨合分为两个阶段进行的方案。

第一阶段：将发动机在冷磨合、空载热磨合以及在 10% ~ 20% 额定功率的情况下各运转 15min 左右，总计 30 ~ 50min（有时也可以不采用空载热磨合工序）。此阶段的主要目的是促进零件接触表面微观几何形状的改善，因此磨合磨损量较大，必须在出厂以前完成。

第二阶段：发动机负荷由 10% ~ 20% 额定功率开始，分级递增至全负荷，转速也相应逐步增至额定转速。此阶段共需 50 ~ 60h，相当于汽车行驶了 1000 ~ 2000km。这一阶段的磨合主要是为了改善摩擦副的宏观缺陷，一般在出厂后进行。

（3）**磨合时使用的机油**　发动机磨合时应采用低黏度机油，以改善摩擦表面间的散热条件。但这种机油的承载能力较差，不能有效防止表面擦伤和黏附，因此不是在所有情况下都适宜。选用机油黏度的依据是不同黏度机油磨合时的磨损量。

在机油中加入适量的活性添加剂，可明显改善磨合过程。例如，加入硫化添加剂可加速磨合过程，提高磨合表面的质量，磨合持续时间减少至原来的1/5~1/2，使磨合期的磨损量降低至原来的1/5~1/2。这是由于硫化添加剂会吸附在零件超微观表面，起着嵌入作用，而且生成的FeS和FeS_2等化合物比金属的塑性高。因此，能促进表层微观凸出部位的塑性变形，缩短磨合时间。而且硫化物对机油还有较高的亲和力，可以有效防止摩擦面间产生的机械黏着。发动机用硫化剂磨合后，必须对发动机润滑系统进行仔细清洗。

配制硫化添加剂是用20号工业机油加热到110℃在2h内加入2.4%~4.5%（质量分数）的硫元素，并不断搅拌，然后在2h内将油温升至150℃，保温24h。发动机磨合时机油中硫化添加剂的加入量K（kg）可按下式计算：

$$K=\frac{Qa}{b} \quad\quad\quad\quad\quad (4-29)$$

式中，Q为发动机润滑系统的容量（L）；a为机油中所需的含硫量（kg/L）；b为硫化添加剂中的含硫量（%）。

2. 传动系统总成的磨合试验

（1）变速器的磨合试验 变速器磨合试验由空载磨合和负载磨合两个阶段组成。各档进行试验时的转速、负荷和磨合时间，须根据变速器的结构、材料、修理时的换件情况以及表面质量等，通过试验来确定。正常情况下，变速器各档空载磨合所需的时间为20~25min；负载磨合时间为12~15min。磨合时所用机油温度一般不低于15℃，磨合中温升不应超过40℃。磨合试验时变速器第一轴的转速，解放CA1091型和东风EQ1090E型汽车为1000~1500r/min，一般汽车可采用1000~1400r/min。解放CA1091型和东风EQ1090E型汽车负载试验时加在变速器第二轴上的加载力矩见表4-15。加载装置按产生制动力矩的方式不同分为液力加载式制动器、电涡流制动器、交流或直流电力制动器、机械式制动器等。磨合后放掉机油，用煤油、柴油各占50%的混合液清洗。

表4-15 解放CA1091型和东风EQ1090E型汽车变速器第二轴的加载力矩

档位	加载力矩/(N·m)	档位	加载力矩/(N·m)
1	550	5	80
2	300	6	60(CA1091)
3	200	倒档	100
4	100		

有的汽车修理厂采用电脉冲齿轮磨合机。磨合时间只有30min，磨合面的硬度高，耐磨性好，不需要用手持式砂轮机修磨齿面。

电脉冲磨合的原理：利用15000Hz脉冲电流，通过齿轮间产生电火花。电火花放电区有很强的磁场，使该区间的介质电离和金属汽化，在能量高度集中的细微质点上，产生高达10000℃的高温，因此，齿轮表面凸出点逐渐被脉冲放电形成了金属气体、离子和熔态金属微粒。金属的气体和离子被润滑油吸收，而熔态金属微粒被挤移到齿轮的不平表面，同时受到润滑油冷却而淬火。

电脉冲磨合机是在一般专用磨合台上加装一套脉冲发生器，导通的脉冲电流是通过变速器第二轴上的接触器（相当于电刷），使磨合的两齿轮之间形成正、负电极。为了防止从外壳处短路，应在中间轴上进行绝缘（可用尼龙或胶木套），如图4-32所示。

（2）后桥（驱动桥）的磨合试验　后桥磨合试验用以检查后桥装配质量和改善配合副的接触状况。后桥的磨合试验由无负荷和有负荷两个阶段组成。空载磨合时主动锥齿轮的转速一般为 1400 ~ 1500r/min，磨合时间应根据后桥结构、材料以及修理装配情况，通过试验来确定。

试验按正转、反转、无负荷及有负荷进行，运转时间不小于 1.5h，有负荷一般为 15min。加载磨合时，加在每根半轴上的力矩值应符合有

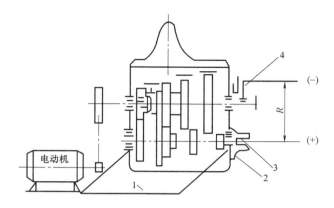

图 4-32　变速器电脉冲磨合机示意图
1—绝缘套　2—电极支架　3、4—电极接触器

关技术规范的规定，如加在解放 CA1091 型汽车后桥每根半轴上的力矩值为 350N·m。磨合时各轴承温升是在运转 5~6min 后，检查温度不应高于 50℃。

后桥磨合试验设备一般由驱动装置、加载装置和台架组成。驱动装置常与三相交流笼型异步电动机直接相连或通过万向节轴与被试后桥的主动齿轮轴相连。

加载方式可采用电涡流制动器，或用后桥本身的车轮制动器做短暂加载。

4.6　汽车总装配与验收

将修竣后的汽车各总成、组件、零件组装成为一辆完整的汽车的过程，称为汽车的总装。

汽车总装配后，尚需加以调整，使各部分符合技术条件要求，最后在行驶中试车予以检查，并鉴定其是否确实修理完好，此检查称为修竣检验。

总装配的工作是否完善，修竣检验是否确实，对汽车将来的使用性能及运行安全均有着极大的影响。

4.6.1　汽车的总装配

汽车的总装配以车架为基础，将各总成、组件、连接零件安装在车架上，使之成为一部完整的汽车。

由于汽车是由几千个零件组成的，比较繁杂，而技术要求又较高，因此在装配过程中，不论新件、修复件或留用件都应符合技术要求，然后进行必要的选配和组装。对能事先配装成部件或总成的，应尽量事先装配，以减少总装配的工作量。对装配后不便于喷漆和拆装费时的部件或总成，应按原定记号或一定的技术要求进行总装配。

装配前，要对各总成、组件及连接零件加以检查，要求有良好的技术状态。在装配中，应保持清洁，注意安装的顺序，并对某些零件、组件进行辅助加工和选配，以及进行必要的调整。同时，工作中应正确地使用工具和设备，防止损坏机件，以保证人身安全。

1. 总装配作业法

汽车总装配可用定位作业法，也可用流水作业法进行；可由专业小组负责，也可由各总成承修人员兼顾装配。快速修理法一般均采用定位作业法，并由各总成承修人员组成的专业小组，共同进行总装配工作。

按定位作业法装配时，应拟定全车装配工艺表。用流水作业法装配时，应拟定工作班（组）的工艺表。快速修理装配时，尚需编制交叉作业进度指示表。这些表式与拆散解体所用表式均类似。

采用定位作业法时，应先装配车架，以车架为基础，分上下前后左右装上各总成、组件及连接零件，使之成为一部完整的汽车。

采用定位作业法总装配时，与采用定位作业法进行解体时的情况一样，总装的工时越少，工作的人数越多，则工作班（组）将越多。总装配的工时定额在很大程度上取决于工作班（组）的组织、设备、工具及人员的技术熟练程度，而同一工作班（组）的人数不应增加到影响每个修理人员的活动。采用流水作业法时，汽车应在传送带上进行装配。

2. 汽车总装配顺序

汽车总装配的工作顺序随汽车的构造不同而有所变化，但主要的顺序基本相同。汽车总装配的一般顺序及主要内容如下。

（1）**安装前桥**　将车架架好，前端用吊车提起，把装有车轮和钢板弹簧的前桥推至车架下面，使钢板前端孔与车架上支架孔对齐，装入钢板弹簧销；再用同样方法连接后端吊耳及支架，也可先在车架上装好钢板弹簧，再装前桥和车轮。如有减振器，应先将减振器装在车架上，最后将减振器与前桥连接。

安装中，应注意钢板弹簧销、吊耳销与衬套的配合，钢板弹簧销孔端部与吊耳端部的间隙最大不超过0.80mm，否则，应加垫调整。销装好后，应装好锁紧螺栓和润滑油嘴。

安装减振器时，拉杆孔中的橡胶衬套等应完整。对于不对称式弹簧，应注意安装方向。

（2）**安装后桥**　将车架后部悬吊，把装有车轮和钢板弹簧的后桥推至车架下面，用钢板弹簧销及吊耳销使后桥与车架连接。也可先在车架上装好钢板弹簧，再装后桥和车轮。一般注意事项与前桥相同。

（3）**安装制动器**　安装液压制动装置时，应先装上制动主缸，然后安装制动油管，使之与前后轮制动轮缸连接。安装气压制动时，应先装贮气筒和制动阀，然后再连接各部气管。所有管路应安装牢固，以免颤振折断或磨破。

（4）**安装离合器踏板及制动踏板**　将踏板支架装在车架上，在踏板轴上装好离合器踏板和制动踏板。轴在支架孔内的间隙及制动踏板轴承孔与轴的间隙一般为0.08~0.25mm。装好离合器分离叉的拉杆、主缸推杆或制动阀拉杆，并装好各部拉簧。

（5）**安装发动机和变速器**　总装配时，先将发动机和变速器装合在一起，然后吊装到车架上，这样较顺利，但也可以分别安装。发动机支承处应注意安装橡胶软垫。发动机与车架有支承连杆时，应注意装配好。

（6）**安装传动轴**　传动轴装好中间支承后，置于车架下面，再将万向节凸缘接头与变速器及主传动器凸缘接头用螺栓连接。装好的传动轴，其两端的万向节叉应在同一平面内。传动轴分成两段的汽车（如解放、跃进等），可先安装前面的短传动轴，再装后面长的。安装时，应注意短传动轴两端的万向节叉应互相垂直，而长传动轴两端的万向节叉应在同一平

面内。

（7）**安装消声器** 消声器与排气歧管凸缘之间应装有石棉衬垫，用夹箍将消声器安装固定，并安装好消声器排气管。对于消声器及排气管平箍的固定螺栓，必须装有弹簧垫圈。

（8）**安装驾驶室** 驾驶室吊装时，应注意不使外表各部受到碰损。驾驶室与车架固定处，应安置橡胶软垫。在固定螺栓的螺母下面，应安置平垫圈。当螺母拧紧后，应用开口销锁住。

安装驾驶室后，即可安装加速踏板、连接节气门、阻风门的拉杆以及钢丝等连接部分。

（9）**安装转向器** 转向器壳在车架上的固定螺栓应安装弹簧垫圈。固定螺栓装上后不要拧紧，先将转向管柱在驾驶室内固定，再紧固固定螺栓。然后安装转向垂臂，安装转向垂臂时，可先将垂臂与直拉杆连接，再将前轮转至向前直线行驶位置，再把转向盘转至全部回转行程的中部（从一侧极限位置转至另一侧极限位置的总圈数之半），最后将垂臂装至垂臂轴上，垂臂螺母必须拧到底，螺母下面应垫以弹簧垫圈。

（10）**安装燃油箱** 将燃油箱安装到原有位置。燃油箱位置在驾驶室内的，如果螺栓下有弹簧的必须照原样装好，螺母拧紧后，用开口销锁住。燃油箱在车架侧方的，应用带衬垫的夹箍固定在车架的支架上。固定螺母下面应安装弹簧垫圈，最后连接油管。

（11）**安装保险杠、翼子板及踏板** 用螺栓把踏板安装到车架上，然后装挡泥板及翼子板。挡泥板和翼子板之间应有布条，在翼子板与踏板连接处应有橡皮衬垫，最后将保险杠及拖钩装到车架上。

（12）**安装散热器及发动机罩** 散热器与车架连接处，应安装橡胶软垫或弹簧垫圈。螺母不能拧紧到使弹簧垫圈压拢或橡胶软垫失去弹性，而且螺母必须用开口销锁住。然后紧固框架螺栓，连接橡胶水管，安好百叶窗及百叶窗拉杆与拉手等。百叶窗应能开足及关严，并开闭灵活。最后安装发动机罩等。

（13）**安装全车电气线路及仪表** 电线所经各处，应与板壁表面紧密贴合，并装好线夹。两线夹之间的电线应拉紧。各接头处应接触良好和紧固可靠。电气开关应可靠，灯泡应安装紧固，振动时，灯光不得闪烁。

（14）**各部加注各类油、液** 在安装黄油嘴及加油塞盖处，按规定加注润滑脂及润滑油。在液压制动主缸内加足制动液，排除管道中空气，并加满燃油和冷却液。然后进行车辆的初步试验与调整。

（15）**安装车厢** 注意，吊装车厢时，用U形螺栓将车厢与车架固定。在装U形螺栓处车架纵梁的槽内应安装衬木。安装顺序不是固定不变的，如车厢的安装也可以在安装电气线路以前进行。加注制动液常在安装制动踏板后进行。

汽车装配后，还应进行检查调整离合器踏板和制动踏板自由行程、前轮前束、转向盘游隙、点火装置、制动蹄片间隙、轮胎气压等。其中一些检查、调整常在装配中或装配后进行。行驶中发现的缺陷，还须再次检查调整。

4.6.2 汽车修理的竣工验收

汽车总装配完毕后，要进行汽车大修后的竣工验收。汽车大修竣工验收按 GB/T 3798.1—2016《汽车大修竣工出厂技术条件》、GB/T 15746—2011《汽车修理质量检查评定方法》等相关标准的要求执行。验收的方式有汽车道路试验和汽车综合性能检测站检测两种，或两种方式相结合进行。

道路试验（路试）对汽车进行竣工验收，是简便易行也是目前使用比较广泛的方式。路试的过程包括路试前的检验、路试、路试后的检查和调整三个环节。

1. 测试条件

性能测试应在平坦、干燥、清洁的高级或次高级路面，长度和宽度适应测试要求，纵向坡度不大于1%的直线道路上往返进行。测试数据取平均值。

2. 检验内容

（1）路试前的检验

1）外部检视要求。

① 检查各总成、附件、仪表等是否齐全，相互连接是否合乎要求。

② 油、水、制动液、电解液是否按规定加注。

③ 有无漏油、漏水现象。

④ 轮胎气压、灯光、信号等是否正常。

⑤ 离合器踏板、制动踏板的踏板自由行程和位置应符合要求，回位灵活。

⑥ 转动转向盘时，转向器壳不允许松动。转向盘自由转动量应符合要求（带转向助力器者除外）：总质量不小于4.5t的汽车，不大于30°；总质量小于4.5t的汽车，不大于15°。

⑦ 驾驶室、乘员舱、货厢及翼板应左右对称。

2）发动机无负荷运转试验要求。

① 发动机应起动容易，在任何转速均不应有异响。

② 急速运转平稳，正常运转时转速应均匀，过渡圆滑。

③ 发动机供油系统在任何转速下不得断油。

④ 机油压力应符合技术条件规定。

⑤ 检查储气筒充气情况和制动管路有无泄漏，检查真空助力器或真空增压器是否工作良好及有无漏气。

（2）路试要求 汽车路试的目的是通过各种工况下的行驶试验，检查汽车的动力性、操纵性、制动性、滑行性能以及各总成的工作状态。具体内容如下。

① 发动机性能试验。发动机起动是否容易，在各种转速下是否正常，有无排气管放炮及明显突爆声，有无异响。

② 离合器有无发抖、打滑或分离不彻底、挂档发响等现象。

③ 变速是否轻便，从中间档位起至最高档位做突然加速或突然减速运动，变速器是否自动跳档。

④ 在各种车速下试验传动齿轮有无异响。

⑤ 转向机构是否灵活轻便。在平直道路上，以30km/h的速度行驶时，放开双手试验汽车是否跑偏及摆头。

⑥ 测试发动机冷却液温度、油温以及变速器、差速器、制动鼓和轮轴温度。

⑦ 在平坦道路上，车速为30km/h时，做紧急制动，试验制动距离和制动跑偏量。制动性能应符合《中华人民共和国机动车制动检验规范》或GB 7258—2017《机动车运行安全技术条件》中有关制动性能的规定。

⑧ 在平坦道路上，用二档起步，拉紧驻车制动器时，检查发动机是否熄火，以试验驻车制动器的效能。

⑨ 汽车走热后，在平坦道路上，汽车空载行驶速度为 30km/h 时，将变速器置于空档，到完全停止为止，试验滑行性能，滑行距离应不少于 220mm。

⑩ 带限速装置的汽车，以直接档空载行驶，从初速度 20km/h 加速到 40km/h 的时间应符合表 4-16 的规定。

表 4-16 加速时间的规定

发动机标定功率与汽车自身质量之比/(kW/t)	加速时间/s	发动机标定功率与汽车自身质量之比/(kW/t)	加速时间/s
6.25~9.375	<30	>15.625~31.25	<15
>9.375~12.5	<25	>31.25	<10
>12.5~15.625	<20		

⑪ 带限速装置的汽车以直接档空载行驶，在经济车速下，每百公里燃油消耗量应不高于原设计规定值的 85%；汽车走合期满后，每百公里燃油消耗量不高于原设计规定。

⑫ 汽车车身、车厢各部不得漏水。汽车在多尘路上行驶，在所有门窗都关闭的情况下，当车外空气含尘量不低于 200mg/m³ 时，车厢和驾驶室内的含尘量不得高于车外含尘量的 25%。

⑬ 汽车噪声应符合 GB 1495—2002《汽车加速行驶车外噪声限值及测量方法》的规定。

⑭ 汽车排放限值应符合国家有关规定。

（3）路试后的检查与调整 在路试后应对汽车进行一次细致外部检视，紧固重要连接螺栓螺母，并排除路试中发现的故障和毛病。最后全车喷涂面漆一次，检验交车。

汽车大修竣工验收，除了用道路试验的方法外，随着技术进步，在汽车检测站进行验收逐渐取代了路试。利用汽车检测站进行汽车大修竣工验收具有速度快，效率高；可以量化，数据准确，检测效果好；机件磨损小；节约能源；不受道路、气候条件的影响等优点。

目前，利用检测站验收，一般是在 A 级综合性能检测站进行，A 级综合性能检测站设备齐全，其功能可充分满足汽车大修竣工验收的要求。特别是现在大部分检测站已实现了自动化/半自动化计算机联网管理，不仅提高了检测效率，更保证了检测数据的公正性、客观性和准确性。

思 考 题

1. 汽车修理的方法有几种？主要特点是什么？
2. 汽车修理的作业组织有几种？主要特点是什么？
3. 汽车修理的作业方式有几种？主要特点是什么？
4. 如何统筹与优化汽车修理工艺过程？
5. 进厂修理汽车的检验内容主要有哪些？
6. 如何清洗零件的表面油污、积炭和水垢？
7. 汽车零件的检验方法有哪些？
8. 汽车零件的常见探伤方法有哪些？
9. 简述绘制汽车总成系统装配图的方法。
10. 影响发动机磨合质量的因素有哪些？如何正确确定发动机的磨合转速和负荷？
11. 汽车总装配的一般顺序是什么？汽车修理的竣工检验标准有哪些基本内容？

第5章

汽车零件的修复

汽车进厂大修时，将汽车零件分为可用零件、需修零件和报废零件三类。其中需修件是指几何尺寸超出技术条件规定的容许值的零件，但从技术上、经济上考虑"二次制造"后恢复其技术性能都合理的旧件。

5.1 汽车零件的修复方法

汽车零件的修复方法有很多，经常采用的有机械加工修理法、焊接修理法、金属喷涂修理法、电镀修理法、压力加工修理法、胶粘修理法等。

5.1.1 机械加工修理法

机械加工修理法是零件修复中最基本和最常用的方法，汽车上许多重要的零件都是利用机械加工的方法修复的，它包括修理尺寸法、附加零件法、局部更换法、翻转修理法、栽钉补钉法等。

1. 机械加工修复的特点

汽车零件机械加工修复与零件的新件制造有较大的区别，其特点如下：

1）修复加工批量小，有时甚至是单件加工，不便于生产组织。

2）加工余量小，常常是对零件局部加工，精度难以保证。

3）加工难度大，零件表面硬度高。

4）加工要求高，几乎和新制件有同样的技术要求，包括尺寸公差、几何公差、表面粗糙度、硬度、耐磨性、结合强度、疲劳强度等。

5）由于损伤破坏了原有加工基准，定位困难，影响加工精度。

2. 汽车零件修复中应注意的问题

为了提高汽车修复零件的使用可靠性，在修复中应注意以下问题：

1）注意选择定位基准，保证加工质量和加工精度。

2）在不影响零件装配的前提下轴类零件应选取较大的过渡圆角，降低应力集中，提高零件的疲劳强度。

3）保证修复零件的表面粗糙度，提高耐磨性、疲劳强度、过盈配合质量以及抗腐蚀能力。

3. 常用的机械加工修理法

（1）**修理尺寸法** 修理尺寸法是将零件的损伤表面通过机械加工，恢复其正确的几何形状和配合性质的加工方法。它是将待修配合副中的一个零件利用机械加工的方法恢复其正确的几何形状和配合特性，然后选配具有相应尺寸的另一配合件与之相配合，以延长零件的

使用寿命。

加工后的零件尺寸称为修理尺寸，不同于零件的基本尺寸（轴缩小，孔加大），相配合件的尺寸（轴加大，孔缩小），按规定改变，以保证配合性质不变，如镗缸、磨曲轴等。

一般将配合副中比较贵重或结构比较复杂的零件进行机械加工修复，而选配便宜或结构简单的零件。

1）修理尺寸的级差。为了延长主要件和基础件的使用寿命，根据实际使用中磨损的情况及材料强度和结构限制，可以将修理尺寸分为若干等级，每级间隔即为级差。不同的零件修理尺寸级差可能会不一样。汽车零件常选择的级差有 0.04mm、0.20mm 和 0.25mm 等，以 0.25mm 级差使用较多。不同零件的修理级别在设计时确定。对于缸套和缸筒，级差通常取 0.25mm，每级依次增加，汽油车分成六级修理尺寸，柴油车分成八级修理尺寸；对于曲轴主轴颈、连杆轴颈，汽油车分成八级修理尺寸，柴油车分成十三级修理尺寸；活塞销分成四级修理尺寸；凸轮轴承孔内径分成二级修理尺寸。由于车辆报废里程及使用强度的限制，修理尺寸的实际加工等级会有所减少，如东风 EQ1090 型汽车的气缸一般只推荐 0.50mm、1.00mm 两级。

2）轴和孔修理尺寸的确定。

如图 5-1 所示，d_m 和 D_m 分别为轴和孔的基本尺寸，d_r 和 D_r 分别为轴和孔磨损后的尺寸，d_{r1} 和 D_{r1} 分别为轴和孔用修理尺寸法修复后的第一级修理尺寸，C 为单侧加工余量，δ_{max} 为零件单侧最大磨损量。

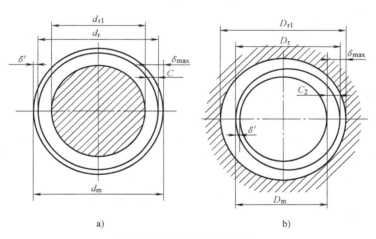

a)　　　　　　　　　　　　b)

图 5-1　轴和孔的修理尺寸

a）轴的修理尺寸　b）孔的修理尺寸

轴和孔各级修理尺寸计算式如下：

轴的第一级修理尺寸计算式

$$d_{r1} = d_m - 2(\delta_{max} + C) = d_m - 2(\rho\delta + C)$$

孔的第一级修理尺寸计算式

$$D_{r1} = D_m + 2(\delta_{max} + C) = D_m + 2(\rho\delta + C)$$

式中，ρ 为磨损不均匀系数，一般为 0.5~1；δ 为在修理间隔期中，零件直径的总磨损量，且有 $\delta_{max} = \rho\delta$。

单侧加工余量 C 数值的大小取决于设备精度、磨损情况及工人的技术水平。精车与精磨取 0.05~0.10mm，磨削和研磨取 0.03~0.05mm，汽车修理中一般取 0.03~0.10mm。

令 $r = 2(\rho\delta + C)$，n 为修理尺寸的序级号（即 1，2，3，4，…，n），则各级修理尺寸计算值为

$$d_{r1} = d_m - r \qquad\qquad D_{r1} = D_m + r$$
$$d_{r2} = d_m - 2r \qquad\qquad D_{r2} = D_m + 2r$$
$$\vdots$$
$$d_{rn} = d_m - nr \qquad\qquad D_{rn} = D_m + nr$$

式中，r 为修理间隔的级差值，各级级差不尽相同，但以 0.25mm 为最多，为便于配件供应通常使修理尺寸标准化。

计算后的修理尺寸值还应和标准的修理尺寸级别进行比较，最终确定需要加工的修理尺寸。如果计算值在两个标准级别之间，应取较大级别作为进行加工的尺寸。

3）修理尺寸法的特点。修理尺寸法有以下的特点：

① 修理尺寸法使各级修复尺寸标准化，便于加工和供应配件。

② 修理尺寸法要求零件加工后有正确的几何形状和表面粗糙度，而且要按规定标准加工，这就使加工段增大，修理次数减少。

③ 为了保证零件有足够的强度，尺寸的增大（孔）或缩小（轴）应有一个限度。由于零件强度的限制，采用修理尺寸法到最后一级时，零件就要采用镶套、堆焊、喷涂、电镀等方法才能恢复到基本尺寸。

④ 修理尺寸法能大大延长复杂零件和基础件的使用寿命，简便易行，经济性好。

4）修理尺寸法的应用。修理尺寸法适用于汽车上许多主要零件，如曲轴、凸轮轴、气缸、转向节主销孔等。

（2）附加零件法 附加零件法又称镶套修理法，对只是出现局部的磨损或损坏，在其结构和强度容许条件下，运用机械加工的方法可将其磨损部分切削小（对轴）或镗大（对孔），以恢复零件磨损部位的几何形状，然后用一个套通过过盈配合的方法将其镶在被切去的部位，以代替零件磨损或损伤的部分，最后再恢复零件的基本尺寸。汽车上的许多零件，如气缸套、气门座圈、气门导管、飞轮齿圈、变速器轴承孔、后桥和轮载壳体中滚动轴承的配合孔以及壳体零件上磨损的螺纹孔和各种类型的端轴轴颈等，都可以采用这种修复工艺。

图 5-2 所示为磨损孔的镶套示意图。

1）镶套时应注意的问题。

① 材料。镶套的材料应根据镶套部位的工作条件来选择。如在高温下工作的部位，镶套材料应与基体一致或相近，使它们的线胀系数相同；材料热稳定性能要好，以保证零件工作时的稳定性。为了获得好的耐磨性能，镶套也可用比基体金属好的耐磨材料。

② 过盈量。镶套过盈量应选择合适，必要时要经过强度计算。因为过盈量太大易使零件变形或挤裂；过盈量不足，又易松动和脱落。由于待镶的套是一薄壁衬套，镶套时包容件承受的是拉应力，被包容件承受的是压应力，因

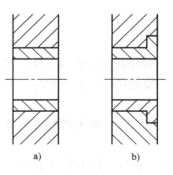

图 5-2 磨损孔的镶套示意图
a）通孔镶套 b）阶梯孔镶套

而当套的厚度不大时（一般为 2~3mm），应力与相对过盈量成正比关系。相对过盈量，是指单位直径（为镶套的基本尺寸）上的过盈量。如气缸体承孔镶套，套外径尺寸为 100mm，其过盈量为 0.05mm，则相对过盈量为 0.05/100 = 0.0005。根据相对过盈量的大小，镶套配合分为轻级、中级、重级和特重级等。

轻级镶套配合：能传递较小转矩，保持相对位置，受力大时另行固定。其主要用于转向节指轴（镶后焊牢）、变速器中间轴齿圈（镶后焊牢）等。

中级镶套配合的特点：能承受一定的转矩及冲击，分组选择装配，受力过大时仍需另行紧固。主要用于干式缸套、气门导管、变速器及后桥壳孔、主销孔、变速器中间轴齿轮等。

重级、特重级镶套配合的特点：能承受很大转矩、动载荷；不加固，分组装配，加热包容件，冷却被包容件。主要用于飞轮齿圈、气门座圈、转向节指轴（不焊）等。

③ 端面锁止。对于轴的轴颈端磨损，若结构和强度允许，可在轴颈上压入特制的轴套，如图 5-3 所示，并加工至需要的尺寸和精度。轴套与轴颈应采用过盈配合，为防止松动也可在轴套的配合端面点焊或沿整个截面焊接。

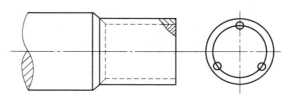

图 5-3 轴颈端的镶套修复

对于零件螺纹孔的修复，若结构允许可先镗大到一定尺寸，并车出螺纹，螺纹的螺距与原有螺纹螺距相同，然后将特制的具有内、外螺纹的螺纹套旋入零件的螺纹孔中，螺纹套的内螺纹应与原有螺纹孔的螺纹相同，螺纹套可用锁止螺钉固定。锁止螺钉的数量取决于零件直径。直径为 20mm 以下的零件，可以用一个锁止螺钉；直径为 30~50mm 的零件，可在同一截面的相对位置安装两个锁止螺钉；直径大于 120mm 的零件，用三个锁止螺钉固定，并相互间隔 120° 夹角。形状复杂的易损部位，有些在结构上已预先镶有附加零件，如气缸套、气门座圈、气门导管等。这样在修理时只需更换附加零件，可简化修理作业，保证修理质量。

④ 加工精度及表面粗糙度。在零件镶套时，各零件的表面粗糙度和加工精度，应根据图样要求选择。如果表面粗糙度值过大，压入时表面凸凹处互相剪切，压入后使实际过盈量减小。一般情况下，缸套外表面粗糙度为 $Ra1.25$，缸套承孔为 $Ra2.5$，气门座圈外表面为 $Ra2.5$，气门座承孔为 $Ra1.25$。为了保证准确的过盈量，配合面加工精度要求较高，通常采用 IT6 级、IT7 级。

2）镶套的操作。镶套是谨慎细致的钳工操作。镶套前应仔细检查配合件的尺寸及形状误差，检查倒角、表面粗糙度，并做好除锈、除油等清洁工作。在允许的圆柱度范围内，座孔应大头朝上，镶入件应小头朝下，平稳压力压入，忌用榔头敲击。压入过程中，应注意检查压入件是否歪斜，压力是否正常。

3）镶套法的特点。镶套法可以恢复基础件的局部磨损，延长基础件的使用寿命；应用镶套法一次可以使磨损了的零件恢复到基本尺寸，为以后的修理提供了方便；工艺简单，易操作，不需大型设备，成本低，质量易保证；不需要高温，零件不易变形。但它的应用受到零件结构和强度的限制。

（3）局部更换法 局部更换法是指被损伤的零部件的局部位置进行更换或修复，其他部分保留的一种修理方法。

具有多个工作面的汽车零件，由于各工作表面在使用中磨损不一致，当某些部位损坏时，其他部位尚可使用，为防止浪费，可采用局部更换法。将换下的部分重新加工制造或修复，然后再使其和主体零部件连接起来，恢复其原有的技术性能。

应用局部更换法修理汽车零部件，可以简化修复工艺，扩大零件修复范围，降低零件修理成本，因而应用很广。经常用于半轴花键端的修复、变速器盖球形支座修复、齿轮组某齿轮或齿的修复。

零件的局部更换法可获得较高的修理质量，节约贵重金属，但修复工艺较复杂。

（4）翻转修理法 翻转修理法是将零件的磨损或损坏部分翻转一定角度，利用零件未磨损部位恢复零件工作能力的一种修理方法。

翻转修理法的特点是方法简单、节省时间、成本低、经济性好，因此得到广泛应用。如齿轮的翻面使用，键槽、法兰孔转一定角度重新加工修复（原槽、孔焊死）。

翻转修理法修复磨损的键槽和螺栓孔的实例如图 5-4 所示。翻转修理法修复的典型实例是飞轮齿圈。飞轮齿圈啮合部位磨损严重时，将齿圈压出翻转 180° 后再将齿圈压入飞轮，以利用其未磨损部位工作。

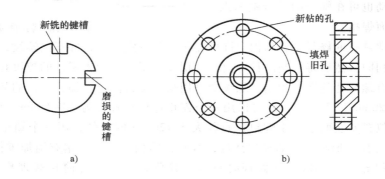

图 5-4　翻转修理法

a）磨损键槽的修复　b）磨损螺栓孔的修复

（5）栽钉补钉法

1）栽钉法。栽钉法是用排列的螺钉修理零件裂纹的一种方法，常用来修复气缸体、变速器体、后桥壳上的裂纹。修复时在裂纹两端钻出止裂孔，防止裂纹继续扩大。然后在裂纹处依次钻孔、攻螺纹（M6），旋入纯铜螺钉，用手锤轻敲裂缝、锉平，必要时可沿裂纹进行钎焊，最后试水压，5min 不渗水为合格。

2）补钉法。补钉法是用软金属皮借助铆钉或螺钉，为遮掩裂口和裂纹而钉补上一小块黄铜皮或软铁皮，从而补塞裂口和裂纹的方法，常用来修复气缸体、气缸盖、车架、驾驶室、乘员舱等的裂纹。修补缸体、缸盖时须注意以下问题。

① 在裂纹的始末端钻止裂孔，防止裂纹继续扩大。

② 补钉可采用黄铜皮或软铁皮，厚度为 1.5~2.0mm，长度要大于裂纹边缘 15~20mm。

③ 将补钉贴在裂纹处，用手锤敲打，使补钉与破裂表面贴合。

④ 拿下补钉，在其四周边缘钻孔，孔距约为 10~15mm，直径为 4~5mm。

⑤ 以补钉为样板，在裂纹四周钻孔。

⑥ 用丝锥在钻孔处攻螺纹。

⑦ 将补钉内表面涂上红油漆（密封），然后将螺钉拧入螺孔以固定补钉。

⑧ 油漆干后，用 0.3~0.4MPa 的压力试水压，裂纹处不得渗水。

补大梁、驾驶室、乘员舱裂纹时，常用铁皮和铆钉连接，根据铆钉的尺寸大小，可采用冷铆或热铆。

5.1.2 焊接修理法

焊接修理法是指用热量融化对象金属，修补或接合零件的方法。通常包括为钎焊、气焊、电焊、气体保护焊等。由于焊修的零件可以得到较高的强度，焊层厚度容易控制，且一般焊修法的设备简单、成本低、容易操作，因此，在汽车维修中得到广泛应用。

1. 钎焊修理法

钎焊是指被焊金属不熔化，焊剂熔化把被焊零件接合起来的方法。钎焊又分为软钎焊（<100℃）和硬钎焊（>500℃）。用锡焊、钎焊修理汽车水箱、油箱等属于软钎焊；用钼焊修补气缸体、多元合金焊接铝型材属于硬钎焊。

（1）钎焊原理 铝型材火焰钎焊，是在保持接头处完整的基础上，利用毛细吸附作用将熔化的钎料吸入接头异形断面的间隙中，以达到整个截面接头一次焊成的目的。焊接接头的形成有两个过程：一是钎料填满间隙的过程；二是钎料和母材相互作用的过程。液态钎料能否很好填满焊缝，主要取决于它的浸润性，后者表现了一种液体在一种固体表面上流布开来的能力。浸润性好，毛细作用就强。

在钎焊过程中，液态的焊料与基体金属存在原子相互扩散的现象，也就是它们相互作用的过程，当冷却后，即形成了焊缝，从而使被焊工件牢固地结合在一起。

（2）铝型材的钎焊

1）铝型材钎焊的特点。

① 钎焊接头外观好。钎焊的焊缝不需要高出工件表面，接头光滑、平整；充填性比气焊和氩弧焊好，密封性好。

② 焊接接头强度高。经测试，铝型材钎焊的接头抗拉强度为 110MPa；铝合金气焊为 30MPa，铝合金氩弧焊为 35MPa。

③ 经济性好，效率高。与铝合金气焊相比，加工费仅为气焊的 8% 左右，为铝合金氩弧焊的 5% 左右。其原因是焊接接头光滑平整，省去了焊后的机械加工，使生产率提高。

④ 设备简单，投资少，且易操作。

2）铝型材钎焊的焊料与焊剂。

① 焊料。焊料是钎焊用来填满焊缝，冷却后将钎焊接头连接在一起的材料，具有以下特点：

a. 焊料的熔点必须低于母材，至少低几十摄氏度，即焊料熔化而母材不熔化。

b. 焊料熔化后要有良好的浸润性，能够充分填满焊缝。在焊料中加入能被钎焊金属形成同相的合金元素，可以改善其对钎焊金属的浸润性，在接触面上发生相互的原子扩散。

c. 焊料本身具有一定的机械强度，以满足钎焊接头的工作要求。对于有外观要求的装饰件，还要求焊缝颜色与母材大致相同。

根据上述特点，可采用含硅 10%~13% 的铝硅二元合金和含硅 8%~12%、铜 3%~5% 的铝硅钢三元合金焊料，还可采用多元合金焊料，见表5-1。

表 5-1　铝基钎焊料

配方	元素（%）（质量分数）							熔点/℃	备　　注
	Si	Cu	Mg	Mn	Zn	Fe	Al		
L02	11.8	—	—	—	—	0.19	余量	500	流动温度
L04	11.0	1.0	0.4	0.5	—	0.19	余量	—	
L08	8~12	3~5	—	—	—	—	余量	570	流动温度
L19	4.5~5.0	11.3~12.3	—	0.25~0.27	20~25	—	余量	460	

②　焊剂。为了去除氧化铝膜，改善钎焊料对钎焊金属的浸润作用，在钎焊铝合金时，一般都用腐蚀性很强的焊剂。对焊剂的要求如下：

a.　焊剂的熔点要比焊料低（一般低50℃），以便在焊料熔化前就把焊缝中的氧化膜清除。

b.　焊剂要有良好的热稳定性，要在融化后100℃的范围内能保持其作用（因为钎焊温度一般高出焊剂温度100℃左右）。

c.　在钎焊温度范围内，焊料黏度要小，要有良好的流动性，便于浸润金属表面；但流动性也不宜过大，以防流散。

d.　焊剂及其生成物应有比液体焊料小的密度，以便去除，防止夹渣。

试验筛选的铝型材火焰钎焊剂配方（质量配比）见表5-2。

表 5-2　火焰钎焊剂配方

配方编号	LiCl	KCl	NaCl	ZnCl₂	NaF	熔点/℃
G06	15~30	30~50	25~30	7~12	8~12	440
G08	10~20	50~60	18~22	6~10	6~10	470

3）铝型材火焰钎焊的工艺要点。

①　焊前准备。钎焊前应做好以下准备工作：

a.　焊前检查。检查铝型材是否弯扭变形，如有变形要进行平整、校正。接头要平行、均匀，尺寸和角度要精确。

b.　表面处理。用酒精或汽油清洗表面油污；用砂纸、抹布或用喷砂、喷丸清除表面氧化膜；如用化学法清洗表面，清洗后应立即施焊。

c.　间隙保证。一般铝型材钎焊的间隙为0.3~0.7mm，最大不超过1mm；为了保证钎焊接头位置和合适的间隙，应有合适的夹具和装配工具。

d.　夹具和装配工具。要有一定的强度，利于火焰加热，且便于钎焊操作。设计和使用时，要考虑工件的膨胀和收缩，否则加热时钎焊剂、钎焊料流不进去。弹性夹具可克服上述问题。

②　施焊工艺。接头加热是铝型材钎焊的关键，焊剂、焊料的多少直接影响接头质量。

a.　焊炬的种类。手工火焰钎焊加热的焊炬有以下3种：氧-乙炔多孔莲蓬喷嘴、汽油喷灯、石油液化气加压缩空气喇叭形喷嘴。第一种喷嘴可直接拧在三号气焊枪上使用；第二种汽油喷灯灵活方便，可随点随灭，火焰温度高且较柔和，不易与焊剂起反应，焊口较白，易于控温，多用于实验室和零星生产；第三种喷嘴加热时与钎焊剂反应小，加热均匀，焊料易

一次填满焊缝，能获得质量较好的接头。

b. 加热方式。火焰钎焊的加热方式与气焊不同，不能像气焊那样把热量集中于焊缝区，而是不停地移动火焰，或固定火焰移动工件，使工件各部均匀受热。因为铝及铝合金导热性好，接头热量易散失，所以在较大范围内加热，才能保持接头温度均匀，使各部同时达到钎焊的温度。

c. 加热温度。应使钎焊时的温度严格控制在母材熔点以下、焊料熔点以上的范围内。工业纯铝熔点为 $658 \sim 660℃$，铝合金为 $620 \sim 640℃$，钎焊温度应控制在 $550 \sim 600℃$。因为铝及铝合金在加热熔化时没有明显的颜色变化，简单判断加热温度的方法，是将预热钎棒一端蘸上钎焊剂放在焊口上，若焊剂立即化为透明的液体，则说明温度合适，可以施焊；若焊剂不能立即熔化、发新冒泡，表明温度偏低，应继续加热。

d. 控制焊剂、焊料用量。加热温度合适后，应立即施加钎焊剂、钎焊料，用量合适，不可过多，保证焊缝填满即可。焊料过多不但会产生焊缝高出工件、结瘤的现象，增加了外部缺陷，而且还浪费了焊料和焊剂。

③ 焊后清理。完成钎焊以后，应对零件表面及接头进行清洗和除渣。清洗的方法有 3 种。

a. 热水清洗。钎焊料凝固后（停火后 $20 \sim 30s$），将整个接头淬入热水（$50 \sim 70℃$）中，将残渣崩落下来。一般在热水中泡 10min，再用刷子刷洗，即可将残渣除净。

b. 机械清洗。用纤维刷、钢丝刷等刷洗，或用砂布、砂纸、锉刀、抛光轮打磨，也可用喷砂、蒸汽等喷洗。但因铝合金较软，清洗时要避免损坏钎焊焊缝。

c. 化学清洗。可用 10% 的硫酸或用 5% ~ 10% 的磷酸溶液浸泡 $2 \sim 5min$，然后用清水冲洗掉化学溶液，进行干燥存放。这样可以去掉用清水难以清除的钎焊剂残渣。

2. 气焊修理法

气焊是指用可燃气体与氧气燃烧产生的火焰熔化金属进行焊接的方法。经常用的可燃气体为乙炔气体，通常由乙炔发生器产生并供给。工业用乙炔气体在常温和常压下是无色气体，因含有磷化氢和硫化氢等杂质，所以有特殊的臭味。在氧气的助焰下，火焰温度一般可达 $2000 \sim 3000℃$。

（1）气焊的特点 气焊时火焰温度较分散，工件受热变形大，生产率较低，其焊接质量不如电弧焊接。但是火焰对熔池压力及输入是可控制的，熔池冷却速度慢，焊缝形状、尺寸和焊透程度容易控制，能使焊缝金属与基体金属近似。同时由于设备简单，不受电源限制，方便灵活，用途较广。气焊主要用于碳钢、铝材、合金板件焊接。

（2）焊接工艺 发动机机体的裂纹、气门座孔内的裂纹、曲轴箱内的裂纹、气缸体上的平面裂纹，以及变速器壳体均可采用加热减应焊。

1）焊接准备。当焊接部分厚度在 6mm 以上时，要开 $90° \sim 120°$ 的 V 形坡口；所焊部位厚度在 15mm 以上时，要开 X 形坡口，如图 5-5 所示。焊前应去油污、除锈蚀，用水进行清洗、干燥。

2）施焊要点。施焊火焰应用弱碳化焰或中性焰，加热区用氧化焰。如采用加热减应焊时，施焊方向应

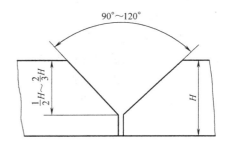

图 5-5　坡口尺寸

指向减应区。

施焊时，先熔母材，再渗入焊丝，否则熔化不良。应随时用焊丝清除杂质，以防产生气孔或夹渣。焊条常选用 QHT1、QHT2。施焊时应一次焊完，避免反复加热而造成应力过大。

3）焊后处理。焊接后要检查焊缝质量，如厚度不够应即补焊。用手锤敲击焊缝除渣，还可起减小应力作用；焊接面积大时，可采用保温冷却。

（3）铝合金气焊 铝合金气焊经常用焊丝或焊粉施焊，修理厂用成分相近的废铝活塞、铝缸盖浇注成的焊丝效果也很好。铝合金气焊时，金属的熔化、堆积易于控制，能保证焊接质量。但气焊的热量小、生产率低、成本高。

1）焊前准备。

① 选择焊料。焊厚件时可选择焊丝"丝311"（含硅的质量分数约5%，流动性好，成分接近母材）或"丝331"（铝镁合金焊丝），也可用上述自制焊丝；焊薄件时，常用"粉401"焊粉，其中含有氯、氟的钠盐或锂盐。熔渣对铝合金有腐蚀作用，焊后要对焊缝用热水清洗，用钢丝刷清理干净。

② 钻止裂孔。在裂纹的两末端钻出 $\phi4 \sim \phi5mm$ 的孔，防止施焊时裂纹继续扩大。

③ 开坡口。工件壁厚大于 5mm 时应开 60°坡口；为了防止焊穿，工件反面可垫石棉或铜板。

④ 清洁表面。焊前用 70~80℃氢氧化钠水溶液涂抹表面，5min 后用热水冲洗，用焊炬烤干，或用其他方法烘干。

2）施焊要点。

① 工件预热。工件加温至 200~250℃，使工件温度均匀上升，注意勿使零件温度过高。

② 选择焊嘴。焊接时采用小号焊嘴，选用中性焰或轻微碳化焰，切忌用氧化焰。

③ 施焊角度。焊丝涂以糊状焊粉，当工件熔化时送进焊丝施焊，焊嘴与工件的倾角为 25°~ 30°，如图 5-6 所示。

④ 除渣。当焊丝熔化滴入熔池里，表面产生皱状氧化膜时，要用焊丝挑出熔池内的氧化铝渣，防止夹渣。

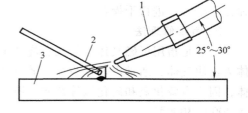

图 5-6 施焊角度
1—焊炬 2—铝焊丝 3—工件

3）焊后处理。

① 缓冷。将烧红的木炭放在焊补区周围加热，保温一段时间，再缓慢冷却。

② 除渣。用热水冲洗焊缝周围，把残留的焊粉熔渣冲净，以免腐蚀铝质工件。

③ 检查。查看焊缝质量，检查有无气孔、夹渣，焊缝充满程度，是否需要补焊。

3. 电焊修理法

电焊就是电弧焊，是用电能熔化金属进行焊接的方法。经常使用的方法有手工电弧焊、振动堆焊、气体保护焊等；焊接的金属主要是钢材、铸铁、铝合金等。

手工电弧焊是借助电弧产生的热量，将基本金属及焊丝金属熔化和熔合，使焊丝金属填补在零件上，恢复零件的完整。但焊缝机械加工性能差，焊缝硬而脆。

振动堆焊是焊丝以一定的频率和振幅振动的脉冲电弧焊，是机械零件修复中广泛应用的一种焊接方法。其实质是在焊丝送进的同时，按一定频率振动，使焊丝与工件周期性地起弧和断弧，电弧使焊丝在较低电压下熔化，并稳定均匀地堆焊到工件表面。其特点是堆焊层厚、结合强度高、工件受热变形小，常用于修复一些轴类零件。振动堆焊参数如电源及极性、堆焊电压、堆焊电流、电感、堆焊速度、送丝速度、堆焊螺距、焊丝的振幅与频率、焊丝成分、冷却剂等的选择，直接影响焊接的质量。

气体保护焊主要是指氩弧焊和二氧化碳保护焊。氩弧焊多用于铝合金焊修中，而二氧化碳保护焊，因其成本低，生产率高，焊接质量好，工件变形小，焊接处抗腐蚀、抗裂性强，多用于堆焊曲轴、铸铁件和薄钢板件。

(1) 振动堆焊的过程 振动堆焊的原理如图 5-7 所示。工件接负极，焊嘴接正极。电流从直流发电机的正极经焊嘴、焊丝、工件、电感线圈回到发电机的负极。

焊丝自焊丝盘经送丝轮进入焊嘴，送丝轮由送丝电动机驱动。焊嘴受交流电磁铁和弹簧的作用产生振动，为了防止焊丝和焊嘴黏在一起，焊嘴由少量冷却液冷却。在焊嘴振动过程中，焊丝末端与堆焊表面不断地起弧和断弧，焊丝被熔化并滴在工件表面上。当工件边旋焊边转动，同时焊嘴横向移动，焊道就成为螺旋状缠在零件上。为了控制堆焊层的硬度和工件的温度，喷嘴向堆焊层或工件上喷射冷却液。

振动堆焊的过程分为 3 个阶段：

1）短路期。送进焊丝，其尖端与工件表面接触，正、负极短路，电流由零急剧上升到最大值，而电压几乎下降到零。此时，电流使焊丝加热熔化，使焊丝尖端熔在零件表面上。短路期占循环周期的 1/4~1/3，所产生的热量为总热量的 10%~20%。

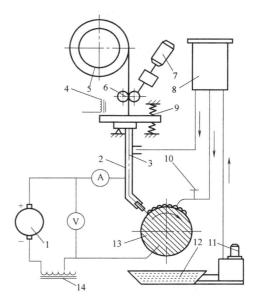

图 5-7 振动堆焊的原理

1—电源 2—焊嘴 3—焊丝 4—交流电磁铁
5—焊丝盘 6—送丝轮 7—送丝电动机
8—水箱 9—调节弹簧 10—冷却液喷嘴 11—水泵
12—冷却液沉淀箱 13—工件 14—电感线圈

2）电弧期。焊丝向后振动，尖端熔化处被拉断，在突然断开瞬间，由自感电势产生电弧，电弧放电使焊在零件表面上的焊丝熔化并堆焊在工件表面上。电弧期占整个周期的 1/3~2/3，所产生的热量高达总热量的 80%~90%。

3）空程期。焊丝向后振动，远离工件，放电结束，从电弧熄灭到焊丝再次与工件表面接触的阶段称为空程期。空程期不产生热量，时间越短越好。

上述 3 个阶段周而复始，从而完成了堆焊过程。其阶段的长短，取决于各堆焊参数，尤其是电感量影响较大，电感增加则电弧期延长，空程期缩短。电路中最适宜的电感，就是使空程期恰好在堆焊过程中消失。

(2) 曲轴的振动堆焊工艺 当曲轴的轴颈磨损已超过极限尺寸且不能按其最后一级修理尺寸磨削修理时，可采用振动堆焊的方法增补磨损表面，然后再用机械加工（车削、磨削）的方法恢复到曲轴轴颈的名义尺寸，从而延长曲轴的使用寿命。

1）焊前准备。

① 清洗。曲轴在堆焊前必须用清洗液或煤油等进行清洗，去除表面油污，用砂布打磨

掉轴颈的锈迹。

② 检查。用磁力探伤或渗透法探伤检查曲轴裂纹，如在曲轴拐角处有环形裂纹，慎用。深度浅的裂纹，除掉或补焊后再进行振动堆焊。曲轴变形严重者，应校正后再堆焊。

③ 磨削。金属喷涂修复过的曲轴，必须将原喷涂层磨掉后才能堆焊。曲轴轴颈表面金属在使用过程中因疲劳而产生一些细小裂纹，同时因受到有害气体和油酸的作用，使金属变质。在这样的金属表面上堆焊，易产生裂纹和气孔。因此，在堆焊前必须将表层磨掉。

④ 堵油孔。油孔和油道中的残留油脂是造成附近焊层气孔多的主要原因，因此在堵油孔前应仔细清洗油孔和油道，然后用铜棒、炭精或石墨膏堵塞油孔。

⑤ 预热。曲轴或者直径大于 60mm 的其他工件，焊前必须预热，这样可以预防产生跨焊道的纵向裂纹，并减少焊层里的气孔，改善堆焊时焊层与基体金属的熔合，一般的预热温度为 150~350℃，直径越大预热温度越高，预热时应垂直吊放，以防止曲轴变形。

2）堆焊过程。

① 选择参数。曲轴振动堆焊时，应选好合理的工艺参数。

② 装夹工件。根据设备的形式（立式或卧式堆焊）进行工件装夹，调好偏心值。

③ 堆焊连杆轴颈。六缸发动机每次焊 2 个轴颈，3 次焊完。为了防止轴颈圆角处应力集中，在距曲柄 2~2.5mm 处不应堆焊，且在堆焊靠近圆角处开始或终了两圈焊道时不浇冷却液。

④ 堆焊主轴颈。从中间一道轴颈起焊，依次往两端焊接。为了防止开始堆焊的地方有焊不透等缺陷，轴颈堆焊时最好从曲柄臂的前侧方向起焊，且圆角处不焊。

3）焊后处理。

① 保温。焊后在 100~200℃ 保温箱内保温一段时间，减少曲轴变形和消除内应力影响。

② 检查。检查焊层质量，有无夹渣、气孔，焊道连续和厚度尺寸等情况，如有缺陷时进行必要的补焊。

③ 机械加工。按修理尺寸和车型要求进行车削和磨削（清理通油孔后进行粗磨、精磨）。

④ 涂油入库。按图样检查各部的技术要求，全部合格后，涂油防锈，入库备用。

（3）振动堆焊的性质

1）硬度及耐磨性。振动堆焊层的硬度是不均匀的，这是由于后一圈焊道对前一圈焊道有回火作用。焊波峰部为回火马氏体及屈氏体，硬度为 40~60HRC，焊道搭接凹处为索氏体和珠光体，硬度为 20~40HRC。大量振动堆焊修复的曲轴装车使用表明，这种软硬相间的组织并不影响其耐磨性，与新曲轴相差不多，每行驶 10000km 主轴颈磨损 0.01~0.02mm。

2）结合强度。堆焊层与基体的结合强度高达 5MPa，这是由于堆焊层与基体的结合是冶金结合，比喷涂修复层的结合强度高得多，使用中很少发现有脱落、掉块现象。

3）疲劳强度。由于振动堆焊层与基体金属间有很大的内应力，振动堆焊修复后的零部件疲劳强度降低较多，最高可达 40%，因此，承受大冲击载荷的柴油机曲轴、合金钢及铸铁曲轴不宜采用振动堆焊修复。

振动堆焊的电功率和热量小，比手工电弧焊和其他自动堆焊更易产生焊不透、裂纹、夹渣、气孔等焊接上的缺陷。为了改善焊层的性能和质量，对堆焊过程可采用气体保护或焊剂保护，如采用蒸气保护下的振动堆焊、二氧化碳气体保护焊、埋弧焊等，其原理与振动堆焊

相同。

5.1.3 金属喷涂修理法

金属喷涂是把熔化了的金属，用高速气流喷敷在已经准备好的零件表面上，用以恢复零件的尺寸和技术性能。按金属熔化方法的不同可分为用乙炔火焰熔化金属的气喷涂和用电弧熔化金属的电喷涂。

1. 金属气喷涂

金属气喷涂也称气体火焰喷涂，是用氧-乙炔火焰熔化金属，再用高速气流将细化的金属颗粒喷敷到零件修复表面上。金属颗粒由熔化线材金属或粉末金属。产生喷涂层的结构不是熔合的金属结晶组织，而是由大小不同的金属颗粒不规则地堆积而成。颗粒被压扁成鱼鳞状，每个颗粒的外面都包着一层金属的氧化膜和氮化膜。涂层的性质主要由硬度、耐磨性、结合强度、疲劳强度决定。

目前应用最广的打底粉末是镍包铝复合粉末，工作粉末采用的是自熔性合金粉末。

（1）打底粉末 根据喷涂粉末的不同，喷涂层可具有耐磨、耐腐蚀、耐热等多种性能，但由于涂层与基体的结合强度较低（0.2MPa），从而限制了它的使用。为了提高喷涂层的结合强度，研制了打底粉末。目前常见的镍包铝粉末有 80Ni20Al、90Ni10Al 和 95Ni5Al 三种，它们的结合强度可达 0.35~0.5MPa，从而保证了涂层与基体材料的良好结合。

（2）工作粉末 基层表面喷打底粉末后，形成一个适性的表面层，然后再喷工作粉末，就可获得一定的结合强度。为了适应工件不同工作的要求，设计了具有不同性能的工作粉末，按合金粉中粉末基本元素的组成及合金含量，自熔性合金粉末主要有以下 3 种：

1）镍基合金粉。又称镍铬硼硅系合金，其中含有一定的铁和碳。

2）铁基合金粉。又称铁镍硼硅系合金，属于此类合金粉的还有铁铬镍硼硅系及铁铬碳硼系等多种。

3）钴基合金粉。又称钴铬钨硼系合金。

（3）喷涂工艺 喷涂工艺过程包括喷涂前工件表面的准备、喷涂（喷打底层和工作层）和喷后处理及加工。

1）喷涂前工件表面的准备。喷涂前工件表面的准备是喷涂成败的关键，通过表面准备使待喷涂表面绝对干净，并形成一定的粗糙度，才能保证涂层与工件的结合强度。

① 去油污和锈层。用有机溶剂、水蒸气或碱水除油，并用砂布除锈。通常油污渗透较深的多种铸件，还需用火焰多次烘烤直到油污彻底清除为止。

② 表面加工。其主要目的是除去表面的变性层，消除不均匀磨损，并获得一定表面粗糙度的干净表面。零件表面的粗糙处理一般采用车螺纹、镍拉毛和喷砂等。由于车螺纹和镍拉毛会降低零件的抗疲劳性能，对于曲轴之类要求抗疲劳性能比较高的工件，须采用喷砂处理。

③ 预热。预热可以去掉待喷表面的水分，降低涂层与工件的温差，从而减少涂层的应力积累，改善微扩散焊接条件，提高结合强度，但因受到工件表面氧化的限制，预热温度不宜过高，一般为 100~200℃。

④ 键槽、油孔处理。当喷涂表面有键槽、油孔时，应用碳棒等堵塞，堵塞物应稍高于涂层厚度。

2）喷涂。

① 喷打底层。在已经过特殊处理并预热好的工件表面上，均匀地喷上一层镍包铝粉末，作为打底层，厚约 0.1mm 即可。根据经验，只需将原工件上的金属光泽盖上即可。

喷涂火焰以采用中性焰为宜，喷涂距离要根据火焰功率大小来决定，一般以火焰喷向工件末端受压变弯 20~30mm 为宜，此时距离为 18~200mm，这个距离可获得粉末温度、飞行速度及沉积效率间的较好配合。

②喷工作层。工作层应满足工件使用要求，轴类零件一般应在车床上喷涂，这样可保证涂层厚度均匀，并减轻劳动强度。工件线速度应控制在 20~30mm/s，火焰应选用中性焰。为达到一定涂层厚度，喷工作粉末时应来回多次喷涂，且总厚度不应超过 2mm，太厚则结合强度会降低。

3）喷后处理及加工。因为涂层性质脆硬，结合强度较低，又需要保持涂层表面的多孔性，所以在选择加工方法、处理工具及加工规范时必须考虑此特点，以防止涂层加工时崩落、脱层和表面孔隙被堵塞。目前车削常采用 YG6 或 YG8 硬质合金刀头，车削速度为 20~40mm/min。对于精度及表面粗糙度要求高的零件，如曲轴等须采用磨削加工，磨削一般用粒度为 46 或 60、硬度为 L 或 K 的碳化硅砂轮，磨削深度为 0.01~0.05mm。

4）涂层性质。涂层性质与很多因素有关，如粉末材料、喷涂工具、喷涂工艺等，尤其是所选用的材料不同，其性能各异。

① 硬度。涂层的组织是在软基体上弥散分布着的硬质相，并含有 12% 的气孔，其硬度值主要取决于所选用的喷涂材料。用显微硬度计测定的粉 313 涂层的显微硬度：基体约为 480HM、硬质相约为 1200HM。

② 耐磨性。涂层的耐磨性优于新件和其他修复层，这是由涂层组织决定的。涂层这种软硬相兼的结构能保证摩擦面之间最小的磨损系数，并能保持润滑油洁净；此外，涂层中气孔的存在，有助于在磨损表面形成油膜，起到减摩贮油的作用，但是在磨合期或干摩时磨损较快，且磨下的颗粒易堵塞油道而烧瓦，因此必须重视。

③ 涂层与基材的结合强度。涂层与基材主要靠机械结合，因此结合强度较低，电喷涂只有 0.2MPa，氧乙炔焰喷涂可达 0.4MPa 以上，如果工件表面有水、油、锈等，则结合强度更低。

④ 疲劳强度。喷涂对零件疲劳强度的影响比其他修复法小，一方面是因为喷涂前表面加工量小；另一方面是由于喷涂时基体没有熔化，基材损伤小。

2. 金属电喷涂

金属电喷涂是将两根金属丝通过送丝轮等速向前送给，作为两级的金属丝尖端产生电弧，并使尖端不断熔化。熔化的金属被压缩空气吹成细小的颗粒，以高速撞击到零件表面上，逐渐形成了喷涂层。金属电喷涂修复零件要经过喷前准备、金属喷涂、喷后处理三个阶段。加工后的零件（如曲轴），需进行浸油处理，这样可以大大提高喷涂层的耐磨性。

（1）金属电喷涂的特性

1）可使工件表面具有耐磨、耐蚀、耐热及抗氧化的特殊性能。

2）涂层薄而均匀，表面光滑，结构致密，冲淡率极小，且焊层与基材结合强度高，因而得到了广泛应用,可用于修复旧件,也可用于新件的表面强化。

(2) 金属电喷涂层性能

1)硬度和耐磨性。硬度是在奥氏体基体上分布着碳化物和硼化物的硬质相,其硬度可达1000~1200HV。这些硬质相分布在整个焊层内,正是由于这些软硬不同的硬质相使喷焊层具有优良的耐磨性。

2)结合强度。焊层与基材的结合不同于喷涂,它是冶金结合,用Ni45在40Cr上喷焊,测定其结合强度为5.99~6.29MPa。

由于喷焊层具有较高的结合强度和较好的耐磨性,目前被广泛用于修复阀门、气门、键轴、凸轮等零件。

5.1.4 电镀修理法

用电解的方法使被修复零件的表面获得所需要覆盖层的工艺工程,称为电镀修理法。用电镀修理法不仅可以修复零件尺寸,而且还能改善零件的表面性质,提高耐磨性、防腐能力。同时因电镀过程中温度不高,不会使零件变形,也不会影响零件原来的热处理结构,主要用于修复磨损量不大、精度要求高、形状结构复杂、批量较大和需要某种特殊镀层的零件。

电镀需要特殊的设备,生产周期较长,镀层厚度一般只有0.01~0.05mm,修复有一定的限制。在汽车修理中最常用的有镀铬、镀铜和镀铁等。

1. 电镀的基本原理

图5-8所示为电镀原理示意图。置于装有电解液镀槽中的两块极板,阴极为电镀的零件,接直流电源负极,阳极为与镀层材料相同的极板(镀铬除外),接直流电源正极。电镀时,在电场力的作用下,带正电荷的阳离子向阴极方向移动,带负电荷的阴离子向阳极方向移动。

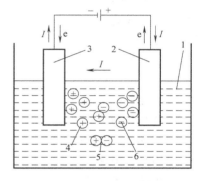

图5-8 电镀原理示意图
1—电解液 2—阳极 3—阴极 4—正离子 5—未电离的分子 6—负离子

电解液中的阳离子,主要是所需镀覆的金属离子和氢离子。金属离子在阴极得到电子还原成原子,呈金属析出并沉积在阴极表面。氢离子也从阴极得到电子还原为原子,一部分进入零件镀层,另一部分逸出镀槽。这种反应称为阴极反应。

能够导电的溶液称为电解液,如酸性镀铜的$CuSO_4$溶液、镀铬的CrO_3水溶液、镀铁的$FeCl_4 \cdot 4H_2O$水溶液等。在溶液中或熔化状态下能够导电的化合物称为电解质,如H_2SO_4、H_2CO_3、$FeCl_4$、CrO_3、$CuSO_4$等。电解液中的电解质在电场力的作用下被分解的过程称为电解。

电镀时的阳极反应有两种情况:一种是阳极不溶解的,称为不溶性阳极,如铅板,它不参加电极反应,只起传导作用;另一种为可溶性阳极,阳极的金属原子失去电子而成为阳离子进入溶液,以补充由阴极析出所消耗的阳离子。

2. 镀铬

镀铬是将镀铬电解液中的铬离子镀到零件表面的化学还原反应。在汽车零件修复中,常用于低碳钢、中高碳钢、铸铁、铜合金等零件的电镀修复。

（1）**镀铬的特点**

1）镀铬层硬度高，耐磨性高。镀铬层具有很高的硬度，高达 800~1200HV，比淬火钢还硬，具有较高的耐磨性。

2）镀铬层有较高的耐热、耐腐蚀性。在 480℃ 以下不变色，5000℃ 以上开始氧化，7000℃ 时硬度才显著下降，镀层能在高温下工作；镀层的化学稳定性好，在碱、硫化物、碳酸盐中稳定，但怕盐酸和热硫酸。

3）镀铬层导热性好，结合强度高。

4）镀铬层的吸油性差，镀层厚度受到限制，一般在 0.1~0.3mm 范围内为宜，生产过程复杂，环境污染严重。

5）镀铬电流效率低、镀液有毒，因此限制了它的使用。

镀铬用于修复各种轴颈和孔径（如曲轴颈、凸轮轴颈、销径、气缸孔径、活塞环外径等）的磨损，也广泛用于汽车保险杠、门把手、前灯罩等装饰性电镀，此外，镀铬还大量用于量具、刃具的制造，如车刀、钻头镀铬后不易黏结，可延长使用期 1~2 倍。

（2）**镀铬工艺**　镀铬的一般工艺包括镀前准备、电镀、镀后加工及处理。镀前进行机械加工、绝缘处理，除去油污和表面氧化层；装挂具吊入镀槽，根据要求选定镀铬规范，按时间控制镀层厚度；镀后检查镀层质量和尺寸，进行必要的镀后加工。但这种工艺存在电流效率低、沉积速度慢、工作稳定性差等缺点。

近几年来，已采用了快速镀铬、无槽镀铬、喷流镀铬等新工艺，并取得较好效果。

3. 镀铁

镀铁是将镀铁电解液中的铁离子镀到零件表面的电化学反应。

（1）**分类**　按电解液的温度分为高温镀铁和低温镀铁。

使用直流电源，在 90~100℃ 下进行的镀铁称为高温镀铁。高温镀铁的镀层硬度不高，且与基体结合不可靠。

采用不对称交流电源在常温下进行的镀铁称为低温镀铁，低温镀铁解决了常温下镀层与基体结合的强度问题，镀层力学性能好，工艺简单，操作方便，目前已逐渐取代了镀铬。

（2）**镀铁的特点**

1）镀铁与镀铬相比，形成电镀积层速度快、成本低、原料丰富、对环境污染小。

2）镀层力学性能好，工艺简单，操作方便。

3）高温镀铁的镀层硬度不高，与基体的结合强度不牢。

（3）**电解液**　电解液是进行电镀的媒介，对镀层质量有直接影响。常用的有低碳钢和盐酸、三氯化铁和盐酸、氯化亚铁和盐酸配制的电解液。

（4）**镀铁工艺**　镀铁工艺过程可分为镀前准备、表面活化处理、镀铁和镀后处理。

1）镀前准备。主要包括镀前检查、除油、除锈、绝缘和装挂等工序。

2）表面活化处理。清除零件表面的氧化膜，使基体金属显露出洁净的微观组织。铁离子在这种充分活化的表面上放电沉积，才能具有高的结合强度。现在镀铁表面活化处理的方法有多种，常用的有阳极刻蚀、盐酸腐蚀和交流活化等。

3）镀铁。按电源不同可分为不对称交流-直流镀铁、直流镀铁、特殊波形镀铁三种工艺。零件经过表面活化处理后应立刻进行起镀和过渡镀，然后正常镀，在此过程中必须遵守有关镀铁工艺规范。

4）镀后处理。包括水洗、中和、除氢处理、清除绝缘涂料和机械加工等。

4. 刷镀

刷镀也称涂镀、擦镀，属无槽电镀，它是应用电化学的原理，在金属表面局部有选择地快速沉积金属镀层，从而达到恢复零件尺寸，保护零件和改变零件表面性能的目的。

（1）**刷镀的基本原理**　刷镀的工作原理如图5-9所示。将接电源正极的刷镀笔周期性地浸蘸或浇注专用刷镀液并与接电源负极的工件表面接触做相对运动，镀液中金属离子在电场力的作用下向工件表面迁移，不断还原并沉积在工件表面而形成镀层。随着时间的延长和通过电量的增加，镀层逐渐增厚，直至达到需要的厚度。

（2）**刷镀的特点**

1）刷镀在低温下进行，基体金属性质几乎不受影响，热处理效果不会改变；镀层具有良好的力学和化学性能，它与基体金属的结合强度高于常规的槽镀和金属喷涂。

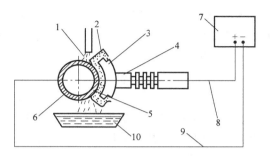

图5-9　刷镀的工作原理
1—刷镀液　2—阳极包套　3—石墨阳极　4—刷镀笔
5—刷镀层　6—工件　7—电源
8—阳极电缆　9—阴极电缆　10—储液池

2）因为不需要镀槽，所以工艺适用范围大，工件尺寸不受限制，可以现场镀覆，设备简单，操作安全，对环境污染小。

3）在大电流密度及高离子浓度下，仍能获得均匀、致密的镀层；沉积速度快，耗电少，成本低。一台设备可镀多种金属和合金，同一零件又可获得不同性能的镀层，镀层的厚度可控制在±0.01mm，适于修复精密零件。

4）刷镀适宜局部修复，只能单件不能大批量修复，且修复尺寸小，对大面积和大批量零件的修复不如槽镀。

5）刷镀机动灵活，可用于零件的局部修复，且镀层均匀、光滑、致密，尺寸精度容易控制，修理成本低，因此在修理行业得到广泛的推广和应用。

（3）**刷镀液**　刷镀液按其作用不同可分为预处理溶液、金属刷镀溶液、退镀溶液和钝化溶液四大类。机械维修中最常用的是前两种。

1）预处理溶液。包括电净液和活化液。它的作用是清除零件表面的油污杂质和氧化物，以获得洁净的表面和基体金属，为刷镀做准备。电净液呈碱性，在电流作用下具有较强的去油污能力，适用于所有金属的净化。活化液呈酸性，作用是去除金属表面氧化膜，以露出新鲜的金属基体。

2）金属刷镀溶液。这类刷镀液多为有机化合物水溶液，其金属离子含量高，沉积速度快。金属刷镀溶液的品种有很多，按获得镀层成分不同可分为单金属和合金刷镀液；根据镀液酸碱程度不同可分为碱性和酸性两种。

（4）**刷镀的工艺要求**　刷镀的工艺要求包括表面准备、电净处理、活化处理、镀过渡层、镀工作层、镀后处理。

1）镀前准备好电源、镀液和镀笔。对表面进行预加工并获得正确的几何形状和较小的表面粗糙度值，对油污零件进行除油。

2）电净处理是用电净液对欲镀表面及其邻近部位进行精除油。

3）活化处理是用活化液去除零件表面氧化膜和其他污物。活化是刷镀好坏的关键，它决定工件与刷镀层是否能结合良好。

4）在刷镀工作层之前，首先刷镀很薄的一层特殊镍、碱铜等作为过渡层，提高镀层与基体的结合强度。

5）刷镀工作层是最终镀层，必须合理设计镀层，正确选定镀层的结构和每种镀层的厚度。当镀层厚度较大时，选用两种或两种以上的镀液，分层交替刷镀，得到复合镀层。

6）刷镀后工件用温水清洗、擦干，检查质量和尺寸，必要时要进行机械加工。

5.1.5 压力加工修理法

压力加工修理法，是指在外力作用下，改变零件的几何形状或使变形的零件恢复到原有正确位置的方法。经常采用的方法有零件的校正、表面强化、零件镦粗。

1. 零件的校正

零件的校正主要是消除零件的弯曲和变形，恢复零件的正确几何形状。经常采用的方法有压力校正、敲击校正、火焰校正。

（1）压力校正 压力校正是以外加的静载荷使零件仅产生变形的修理方法。需要注意的是外力的加载部位、大小和时间，并进行时效处理。

将变形的零件放在压力机的 V 形槽中，凸面朝上，用压力机把零件压弯。反向压弯值是原来弯曲值的 10~15 倍，并保持一段时间后撤除压力，得到需要的反向塑性变形，检查变形情况。若一次校不直，可进行多次，直到校直为止。零件的校正如图 5-10 所示。由图可见，工件上部受压产生塑性变形，表面变短，下部受拉也产生塑性变形，表面伸长，中部为弹性变形。在校正过程中将产生内应力，使零件抗弯刚度下降，且变形不稳定，使用中容易弯曲。为使压力校正后的变形保持稳定，并提高零件的刚性，校正后需进行热处理消除应力。零件经校正后，疲劳强度下降 10%~15%，校正次数越多，下降越大，因此只适宜做 1~2 次校正。

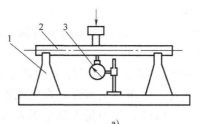
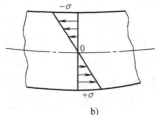

图 5-10 零件的校正
a）压力校正 b）零件应力分布
1—V 形铁 2—轴 3—百分表

对于调质或正火处理的零件（连杆、前梁、半轴、半袖套等），可在冷压后加热至 400~500℃，保温 0.5~2h；对于表面淬硬的零件（曲轴、凸轮轴）加热至 200~250℃，保温 5~6h，这样不会降低表面硬度。

对于汽车上由球墨铸铁制造的凸轮轴、曲轴、连杆等零件，由于其塑性差，冷压校正时易折断，故不易采用冷压校正。

静压校正会使零件中产生内应力，在零件
使用中这种内应力还会与由工作负荷作用产生
的应力汇集在一起，从而有可能出现第二次变
形。为了提高零件校正的稳定性和加强承载能
力，校正后的零件须进行热处理。图 5-11 表
示对用 45 钢制作的零件加热 1h 后，其温度对
恢复校正后的零件承载能力的影响。由图可
见，当零件加热到 400~500℃时，承载能力恢

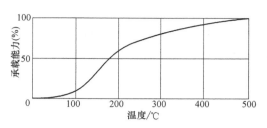

图 5-11　温度对校正零件承载能力的影响

复到原来的 90%。能加热到这种温度的零件是那些在制造中已进行过温度不低于 450~500℃
热处理的零件，如连杆、前轴梁等。高频淬火的零件（曲轴、凸轮轴）要保持校正的稳定
性，就要在不超过 180~200℃的温度下保温一段时间，消除内应力。这样能使承载能力恢复
到原来的 60%~70%。静压校正会使零件的疲劳强度降低 15%~20%。

某些零件接合平面所产生的翘曲不平，也可以通过压力校平。如气缸盖的翘曲可先用压
力校正，结合刮削予以修平。工字梁、车架等大件的压校，需要用专门的设备。图 5-12 所
示为校正车架纵梁弯曲的情形。

（2）**敲击校正**（冷作校正）　敲击校正是指用手锤或机动锤敲击零件的指定部位，产生
微小的变形，达到校正的目的。此外，敲击还用于焊缝、键槽、圆角等处的强化。

冷作校正法不存在静压校正法所固有的缺点。其优点是校正的稳定性好，校正的精度高
（可达 0.02mm），生产率高，一般不需要进行热处理，且不降低零件的疲劳强度。但是，它
不能校正弯曲量太大的零件，通常零件的弯曲量不能超过零件长度的 0.03%~0.05%。

校正曲轴时常用冷作校正法。校正时敲击曲柄臂的位置如图 5-13 所示。

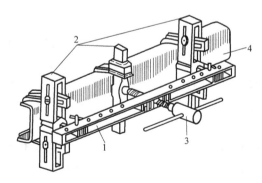

图 5-12　车架纵梁弯曲校正
1—横档　2—夹持器　3—螺杆　4—纵梁

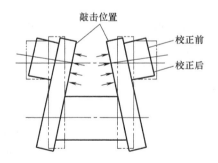

图 5-13　曲轴的敲击校正示意图

（3）**火焰校正**　火焰校正是用火焰对零件局部快速加热，根据热胀冷缩原理来校正零
件。经常用来校正轴、管、平板和一些不规则的复杂零件。

火焰校正的校正效果较好，效率高，尤其适用于一些变形量较大、形状复杂的大尺寸零
件，校正保持性好，对疲劳强度影响较小，应用比较普遍。

火焰校正是利用气焊炬迅速加热工件弯曲凸起处的某一点或几点后再急剧冷却的校正方
法，如图 5-14 所示。当工件凸起点温度迅速上升时，表面金属膨胀而使工件向下弯曲，上
层金属受压应力在高温下产生塑性变形。假设它本来要膨胀 0.10mm，由于受周围冷金属的

限制只膨胀了 0.05mm, 其余 0.05mm 产生了塑性变形。但冷却后仍然要收缩 0.10mm, 由于塑性变形的 0.05mm 无法收缩, 从而收缩量大于膨胀量 0.05mm, 则表层就缩短了 0.10mm, 使工件向上弯曲, 这就对原有的下弯量起到了校正作用。

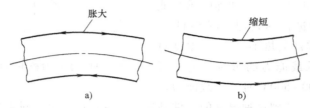

图 5-14 火焰校正的应力及变形

a) 加热时 b) 冷却后

火焰校正时零件支撑在 V 形块上, 用百分表检测弯曲情况, 如图 5-15 所示, 并用粉笔做好记号, 然后使工件凸点向上, 用火焰将凸点迅速加热到 700~800℃, 然后立即用水冷却。校正时, 可在凸处多加热几点, 直至校直为止。

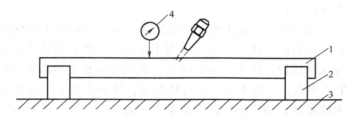

图 5-15 火焰校正法

1—零件 2—V 形块 3—平板 4—百分表

对曲轴进行火焰校正时, 在几个轴颈的曲柄侧面选加热点, 用各加热点校正的综合效果使曲轴校直。但由于选择加热点、热长度、宽度和深度都凭经验来确定, 因而较难掌握。

对于塑性较差的合金钢、球墨铸铁材料及弯曲较大的零件, 宜多选几个加热点。每点加热温度可稍低些, 使工件均匀校直, 不可使某一点温度过高。另外, 对铸铁件校正时不宜用水冷却, 应自然冷却, 以防应力过大而断裂。

火焰校正的关键是加热点温度要迅速上升, 焊炬热量要大, 加热面积要小。如果加热时间延长, 加热面积过大, 整个工件断面的温度都升高了, 就降低了校正效果。加热长度一般不宜超过工件长度的 70%。加热温度, 根据零件宜用 200~800℃, 最高不超过 1000℃。加热深度不得超过零件厚度的 60%, 以 30%~50% 为最好。加热深度凭经验掌握, 较难控制。这种方法最适合校正传动轴和车身。

2. 零件表面强化

表面强化是利用金属塑性的特点, 在一定条件下, 使零件表面产生塑性变形和组织结构改变, 零件在外力的强化后, 表层产生很大的残余压应力, 从而使零件的强度得到提高。

表面变形强化处理的主要方法有射丸、滚压、挤压、激光处理等。

(1) 射丸表面强化处理 射丸有喷丸和抛丸两种形式, 喷丸是用 400~500kPa 压力的压缩空气, 将小铁丸高速喷向零件表面。抛丸是用旋转的圆盘将小铁丸抛向零件表面。喷丸适用于单件或小批量生产，多用于零件的内孔、圆角、键槽的局部强化；抛丸适用于大量自动化生产。

曲轴上的曲柄圆角、连杆、气门弹簧、片状钢板弹簧、半轴等都可以采用射丸法强化，以延长它们的使用寿命。

（2）**滚压强化处理** 滚压是用硬度高的滚子对零件表面滚压，使零件形成紧密的冷作硬化层，并降低零件的表面粗糙度，得到表面强化，通常用来加工轴类零件的表面，也可用于内孔表面的加工。外圆柱表面滚压如图 5-16 所示。对刚性不足的零件，为防止轴的弯曲，可用如图 5-17 所示的多滚子滚压。

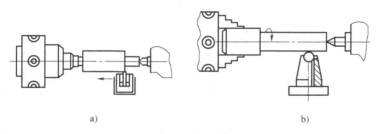

a) b)

图 5-16 外圆柱表面滚压
a）用滚子滚压 b）用滚珠滚压

（3）**挤压强化处理** 挤压强化仅用于内孔加工，它是用与孔形状吻合的挤刀推或拉过被加工的孔，使其达到一定尺寸精度或表面粗糙度的强化方法。挤压过盈量的大小与材料、工件孔径和壁厚三种因素有关。过盈量太小，表面粗糙度和精度均达不到要求；过盈量过大，表面会产生刮伤和拉毛。挤压时必须正确选择过盈量。挤压钢材料时用机油加少量石墨，挤压青铜材料时用稀机油，挤压铝合金材料时用肥皂水。

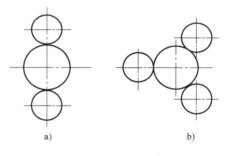

a) b)

图 5-17 多滚子滚压
a）双滚式 b）三滚式

（4）**激光表面强化处理** 激光表面强化处理包括表面硬化、表面合金化及表面熔覆等形式。经过强化处理，能提高零件的表层硬度、耐磨性、耐腐蚀性和耐热性等性能。

激光表面强化处理的原理是采用高功率密度的激光束，对零件表面按一定的轨迹和速度进行扫描，使金属表面产生相变和熔融，由于金属的热传导作用，随着激光束离开零件表面，零件表面的热量迅速向仍保持冷态的材料内部传递，而零件表面快速冷却，起到表面淬火、合金化和熔覆等强化作用。

先用离子注入或其他化学热处理方法将合金元素涂敷到待加工零件表面，再用激光束扫描的处理方法，即为激光表面合金化强化处理方法。

先用具有特殊性能的粉末涂敷在零件表面，再用激光束扫描的处理方法，即为激光表面熔覆强化处理方法。

激光束具有功率密度高、加热快、光束传递移动方便、容易控制、热影响区小、零件变形小和不影响基材的力学性能等优点，尤其适合对重要的零件、形状复杂的零件或零件局部进行强化处理。

3. 零件的镦粗

零件的镦粗修复是对需修零件施加压力，使其在垂直于压力方向产生塑性变形，使非工作表面的金属转移到工作表面，从而使磨损的工作表面尺寸得到恢复。

（1）**气门头部修复**　气门头部斜面经多次磨削后，锥面上边的柱形部分高度小于规定的高度，即不能使用。修复时，将气门头中心或下边颈部的金属向锥面方向挤压，从而恢复磨损尺寸。

对于材料为40Cr钢的进气门加热到820~870℃；对于材料为4Cr9Si2耐热钢的排气门加热温度为820~900℃。气门镦粗后，将其从模中顶出，在空气中冷却到300℃，再埋到干石灰末中缓冷。冷却后检查气门头部镦粗的质量，斜歪的要进行校正，最后对气门头部按技术要求进行车、磨机械加工。

（2）**半轴花键修复**　半轴常见的损伤是花键部分磨损，可采用镦粗方法修复。半轴多用40Cr或40MnB钢调质处理制成。修复方法如图5-18所示。

修复时，将半轴花键端加热到950~1050℃，放置在限制套管内镦粗2~3mm。镦粗后的半轴约能缩短12mm，尚不妨碍装车使用。

半轴镦粗后，要进行检查校正、外径及花键的机械加工，最后进行调质处理及抛丸强化。

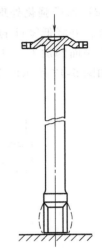

图5-18　半轴花键端的镦粗

5.1.6　胶黏修理法

胶黏修理法，是指用无机和有机化学胶黏剂修理损伤失效零件的方法。它具有工艺简单、设备少、成本低、不会引起零件变形和金属组织变化的特点。

1. 无机胶黏修理

无机胶黏修理法是用无机化学化合物制成的胶黏剂修理损伤零件的方法。实际中多用氧化铜粉末和无水磷酸调和制成胶黏剂，因此也称为氧化铜黏结法。

无机胶黏修理法的特点是耐热性好（600~900℃），黏结工艺简单，使用方便，但脆性大、耐冲击能力差，宜采用槽接或套接。适于缸体上平面、气门室裂纹的黏结，还可用来镶螺塞防渗漏，以及用轴与带轮的黏结代替键连接等。

氧化铜胶黏剂是将化学纯的氧化铜和无水磷酸等放在钢片上用竹片调匀，待拉出7~10mm的丝时即可使用。由于它是放热反应，为了防止调制量过多而发生冒烟固化导致无法使用，每次调制量为氧化铜粉10g、磷酸2.5mL。

2. 有机胶黏修理法

有机胶黏修理法是用有机化学化合物制成的胶黏剂修理损伤零件的方法。实际中多用环氧树脂、酚醛树脂等配制胶黏剂，因此也称环氧树脂胶黏法、酚醛树脂胶黏法。

（1）**环氧树脂胶黏法**　环氧树脂胶黏接法，是用高分子树脂状的化合物与材料表面产生较大的黏结力，来修复各种金属和非金属零件的损伤。

环氧树脂胶黏法的优点是黏附力强，固化收缩小，耐腐蚀，耐油，绝缘性好，使用方便；它的缺点是不耐高温、韧度低。

1）环氧树脂胶的组成。环氧树脂是以环氧树脂和固化剂为主，再加入增塑剂、填料和稀释剂等配制而成，在黏结零件时只能现用现配。

① 环氧树脂。环氧树脂的主要使用性能指标是环氧值，即每100g树脂里所含环氧基的当量数。环氧值高的树脂相对分子质量小，在常温下是黄色油状液体。这类树脂使用方便，黏结强度较高，并且黏结力受温度变化的影响也较小，最适合作胶黏剂。

表5-3所列为用作有机化学胶黏剂的环氧树脂牌号和规格。

表5-3　用作有机化学胶黏剂的环氧树脂牌号与规格

产品牌号	国家统一牌号	软化点/℃	环氧值当量/100g	相对分子质量	特　　性
618	E-51	液态	≤0.48	350~400	环氧值高,黏度低,黏结力强,使用方便
6101	E-44	14~22	0.40~0.47		黏度略高,适用于黏结一般汽车零件
634	E-42	20~28	0.38~0.47	450	
637	E-35	30~38	0.26~0.40	700	黏度较高,加温固化时不易流失,适用于黏结缸体
644	F-44	≤40	—	≥3800	耐热,黏结强度及抗冲击强度高

② 固化剂。固化剂也称硬化剂，它与环氧树脂化合，使线性结构的树脂变成立体的网状结构。固化以后的环氧树脂就成为热固性的固化物，温度升高也不再软化，同时也不溶于有机溶剂。它的化学稳定性好，既耐酸又耐油。常用固化剂见表5-4。

表5-4　常用固化剂

名称		对 E-42、E-44 实际使用量(%)（质量分数）	性能	配制方法	固化条件	
					温度/℃	时间/h
胺类	乙二胺	6~8	液体,有刺激嗅觉及毒性放热反应,固化快,使用期短	室温下混合,逐步加入,适当冷却,防止温度过高失效	室温	24
					80	3
	间苯二胺	14~16	浅黄色固体,熔点63℃,受潮变黑色,耐热性和耐化学性较好,机械强度较高	间苯二胺14~16份加入15份环氧树脂中,加热到70℃溶解搅拌,冷却到30℃;加入其余环氧树脂并混合拌匀	室温	24
					80	4
					120	2
					150	2
酸酐类	顺丁烯二酸酐	30~40	白色固体,熔点53℃,使用期长,耐热性好	树脂加热至60~70℃,加入固化剂拌匀(有升华现象)	160	4
					200	2
	邻苯二甲酸酐	35~45	白色固体,熔点128℃,耐热性好	树脂加热至130℃,加入固化剂搅匀	150	4
树脂类	650聚酰胺树脂	40~100	液体,使用期长,毒性小,韧度高	在室温下与树脂调匀	室温	24
					150	4
	酚醛树脂	30~40	液体,固化速度慢,可加胺类催化剂,耐热性好	在室温下与树脂调匀	160	4
					180	2

乙二胺固化剂多用于室温下少量树脂配制时的固化。固化时放热量大，使用时间短难以控制；固化后黏结层的热稳定性差，只能在低于80℃的温度下使用。间苯二胺的性能比乙

二胺好，但使用起来没有乙二胺方便。酸酐类固化剂所要求的固化温度高，耐热性也高。用这两种固化剂固化的树脂可在低于100℃的温度下使用。树脂类固化剂本身既是树脂又有固化作用，且与环氧树脂配合比例要求不太严格，可制成牙膏的形式，即一个管里装环氧树脂，另一个管里装聚酰胺树脂，挤出来搅拌均匀即可使用。汽车驾驶人用它可随车粘补，非常方便。

酚醛树脂本身就是胶黏剂，它与环氧树脂共用可提高胶黏剂的耐热性及黏结强度，能在150℃的温度下长期作用，最适合黏结离合器片、制动蹄片等。

固化剂的用量、固化温度和固化时间对黏结后的性能都有很大影响。固化剂用量不足会因固化不完全而黏结不牢；固化剂用量过多，也会降低黏结后的力学性能。对于固化温度来说，室温固化方便，但黏结强度低、脆性大；在条件允许情况下，可按表5-4中固化条件进行固化，保温固化可以提高黏结强度。

③ 增塑剂。增塑剂是增强有机黏结塑性、降低脆性的化学药品。常用的增塑剂有邻苯二甲酸二丁酯和磷酸三苯酯。邻苯二甲酸二丁酯是油状液体，除增加塑性外还有降低黏度的作用，其用量为环氧树脂质量的10%~20%。磷酸三苯酯是白色针状结晶，用量为环氧树脂质量的20%~30%。增塑剂的用量也要适当，多了会降低黏结强度和电绝缘性，甚至出现不固化现象。

④ 填料。加入填料的作用是改善黏结后的力学性能、耐热性和绝缘性，同时还可节约树脂的用量，填料及其作用见表5-5。

表5-5 填料及其作用

名称	作用	名称	作用
玻璃丝、石棉丝	提高强度和韧性	铝粉、铜粉、铁粉	增加导热性
石英粉、瓷粉、铁粉	提高硬度	石墨粉、二硫化铝	提高润滑性
氧化铝粉、瓷粉	增加黏结力	石英粉、瓷粉、胶水粉	提高绝缘体
石棉粉、瓷粉	提高耐热性	滑石粉、白粉	增加黏度

铁粉在粘补裂纹时用量为树脂质量的10%~20%，但在填补铸铁缺陷时可用到300%。石棉粉、石英粉、氧化铝粉在粘补裂纹时用量为树脂质量的10%~20%。玻璃丝或玻璃布也是粘补气缸体常用的填料，它们应是无碱的，因为有碱的吸湿性强，在使用中易折断并降低黏结力。另外，玻璃布在制造时涂用淀粉及油，不利胶合，使用前应在250℃的温度下烘烤几分钟。

⑤ 稀释剂。稀释剂用来降低胶黏剂的黏度，以便于操作并延长它的使用时间。常用的有机溶剂如丙酮、甲苯、二甲苯都可作稀释剂。这些稀释剂只是溶解树脂，并不参加化学反应，因此用量不限，也不需另加固化剂，稀释剂在固化前应完全挥发掉。

甘油环氧树脂、环氧丙烷苯基醚的用量为树脂质量的10%~15%。每100g这两种稀释剂所需另加的固化剂，相当于150g环氧树脂的用量。

2) 常用环氧树脂胶配方。常用的环氧树脂胶配方（质量配比）见表5-6。

修复蓄电池时，可用电烙铁开V形槽，滴浓硫酸浸润10min后冲洗烘干。修复镶套时配合间隙不宜过大，约为0.1mm。

3) 环氧树脂胶黏结工艺。

① 表面准备。黏结前的表面准备包括表面机械加工、表面清洁、表面化学处理 3 个工序。

表 5-6　常用的环氧树脂胶配方

粘补部位	蓄电池	气缸体水套裂纹	气门与气缸间的裂纹	磨损的孔	镶套	磨损轴颈
环氧树脂（类型、百分比）	6101　100	6101　100	637　100	6101　100	6101　100	618　100
邻苯二甲酸二丁酯	15	15	15	—	10	10
固化剂	乙二胺 8	间苯三胺 15	顺丁烯二甲酸胺 40	聚酰胺 80	乙二胺 7	间苯二胺 15
填料	石英粉 15 石棉粉 4 炭黑 30 电木粉 5	石英粉 15 石棉粉 10 铁粉 20	石英粉 10 石棉粉 12 铁粉 50	铁粉 20 玻璃丝 10	—	二硫化钼 2 石墨粉 2 玻璃丝

a. 表面机械加工。对有裂纹的部位在其两端钻 $\phi3\sim\phi4$ 的止裂孔，防止裂纹延伸，再用砂轮或砂纸打光裂纹的周围。

对于工作温度较高、受力较大部位的裂纹，可采用金属键扣合再用树脂胶粘补，以保证所修部位有足够的强度。键的材料一般用 Ni36，其强度大、热胀系数与铸铁相近，可采用通键或占壁厚 2/3 的键片。该种方法常用来粘补气缸体、气缸盖、变速器壳体、后桥壳等受力大部位的裂纹。

b. 表面清洁。主要是清除黏结表面的油污、氧化物、水分，保证黏结质量。氧化物的清除方法有很多，可用砂布擦、钢丝刷刷、砂轮磨、喷砂，也可以用盐酸清洗，其中以喷砂效果较好，效率也高，在除锈的同时也除了油，粗糙的表面有利于黏结。清除油污可用汽油、苯、丙酮清洗或揩拭。如用丙酮冲洗，应立即用热空气吹干，以防零件表面由于丙酮挥发降温而凝结水分，使胶层脱落。

c. 表面化学处理。被黏结表面经特殊化学处理后，可以明显地提高黏结强度。不同材料的黏结表面，其化学处理方法见表 5-7。

表 5-7　黏结表面化学处理方法

黏结件材料	化学处理剂的组成	处理方法
钢	10%的硅酸钠溶液或 10%的盐酸溶液	60℃，10min
不锈钢	浓盐酸 52g，40%的甲醛 10g，30%的过氧化氢 2g，水 45g	65℃，10min
铝	重铬酸钠 66g，96%的硫酸 666g，水 1000g	70℃，10min

黏结表面经化学处理完毕之后，应立即用水冲洗干净，再用丙酮揩拭、热空气吹干，然后即可涂胶。

② 涂胶。将涂胶表面低温（40~60℃）预热，然后将调好的胶均匀地涂满黏合表面，胶层的厚度应控制在 0.1mm 左右，太薄或太厚均会影响黏结强度。涂胶后，把两黏合面贴住，用夹具夹牢，夹具的压力为 34.3~68.6kPa。为了防止把胶挤出，可在黏合面内垫上直径为 0.1mm 的铜丝，或者在设计黏合面时预留 0.1mm 的间隙。

③ 固化。固化条件见表 5-4。乙二胺等室温固化剂，一般需要固化 24h，但在 80℃温度

下固化 3h，效果会更好。间苯二胺的固化条件是分阶段固化，先在室温下固化，再分 3 个阶段加热，如果用红外灯加热，可连续进行 48h。

（2）**酚醛树脂胶粘法** 酚醛树脂可以单独使用，也可以与环氧树脂混合使用，多用于黏结汽车的制动蹄片及离合器的摩擦片，其主要特点是耐热性好。

黏结制动蹄片的工艺：将两弧度相吻合的蹄片涂上酚醛树脂胶，自然晾干 2h，再用卡子夹紧放到烘箱里加热固化，加热的温度为 140℃，恒温 3~5h。

酚醛树脂与环氧树脂混合使用时，其用量为环氧树脂质量的 30%~40%，同样要加增塑剂和填料。为了加速固化，可加入 5%~6% 的乙二胺，这样既改善了耐热性又提高了韧度。

酚醛树脂胶使用前，零件的表面处理与环氧树脂胶黏结时的相同。黏结时，胶层的厚度为 0.1~0.3mm，涂后晾干用专用夹具夹牢，注意夹紧时不要将胶挤出过多。

酚醛树脂单独使用时，虽然有较高的黏结强度、耐热性好，但其缺点是脆性大、不耐冲击，因此，常和环氧树脂混合使用。

5.2 零件修复方法的选择

对某一汽车零件的失效损伤修复可能有多种方法，究竟哪一种方法最好，如何合理选择，需要考虑生产上的可能性、质量上的可靠性和经济上的合理性。

5.2.1 生产上的可能性

1. 符合开业标准

汽车零件修理单位，应符合 GB/T 16739.1—2014《汽车维修业开业条件》的规定。

（1）**人员条件** 应符合标准中关于维修企业负责人、维修技术负责人、维修质量检验、业务、价格结算、维修等各类人员的要求，持证上岗。

（2）**组织管理条件** 应符合标准中经营管理和质量管理的相关要求，实行计算机管理。

（3）**安全生产条件** 要求企业有安全管理制度、安全保护措施、安全操作规程、安全生产责任制、消防设施等，并明示上墙。

（4）**环境保护条件** 具有环境保护制度，配制"四废"处理设施，采光、通风、吸尘、净化和消声符合有关规定。

（5）**设施条件** 接待室（含客户休息室）、停车场、生产厂房及场地均应符合相关规定。

（6）**设备条件** 通用设备、专用设备、检测设备、仪表工具等应符合标准要求。

不符合上述开业条件者，不允许厂方开业。

2. 技术上可行

生产上的可能性，不但要考虑企业所具备的开业条件，还要考虑所修零件的方法技术上是否可行。即考虑修理企业能否满足零件的特点、零件的工作条件、零件的加工性等。

5.2.2 质量上的可靠性

被修复零件质量上的可靠性，通常用修复层的结合强度、修复层的耐磨性和修复层对零件疲劳强度的影响来衡量。

1. 修复层的结合强度

结合强度是评价修复质量的重要指标,如果修复层的结合强度不够,在使用中零件就会出现脱皮、滑圈、掉块等现象,即使其他性能再好也没有意义。结合强度按受力情况可分为抗拉、抗剪及抗扭转、抗剥离等,其中抗拉强度比较真实地反映了修复层与基体金属的结合力。

抗拉结合强度试验,目前国家还没有统一标准。在生产中,检验零件修复层结合强度的方法有敲击法、车削法、磨削及凿削、喷砂法等,若出现脱皮、剥落则为不合格。

修复层的结合强度与修复工艺规范、零件表面状态及零件的形状等有密切的关系。几种常用修复层的结合强度试验数据见表5-8。

表5-8 修复层的抗拉结合强度

堆焊层种类	抗拉结合强度/MPa	堆焊层种类	抗拉结合强度/MPa
手工电弧焊	720	镀铁	200
氧-乙炔焰焊喷	620	等离子喷涂	40
电脉冲堆焊	500	电弧喷涂	20
镀铬	490	粘接	10

喷涂及电镀层由于其结合强度较低,不宜用于修复轮齿的齿面、滚动轴承滚道和轴颈以及其他耐冲击的工作表面。

2. 修复层的耐磨性

修复层的耐磨性,通常以一定工况下单位行驶里程的磨损量来评价。不同修复方法所获得的覆盖层的耐磨性是不一致的。图5-19所示为不同修复层在磨损试验机上试验的耐磨性的结果。

由图5-19可见,采用普通焊条的手工电弧堆焊层的耐磨性最差,其抗黏着能力也很差;当采用含锰较多的耐磨焊条时,堆焊层的耐磨性可显著提高,但仍不如其他修复层。镀铬层不易磨合,但耐磨性比45钢淬火要好得多。电脉冲堆焊层、镀铁层的耐磨性与45钢淬硬层差不多,但镀铁层的抗黏着能力比45钢淬硬层好。这是因为在其表面上能迅速生成一层具有抗黏着能力的氧化膜。电弧喷涂层的颗粒性结构使其磨合性能比较好,虽然磨合期的磨损较高,但正常工作时,曲线水平,磨损很小。

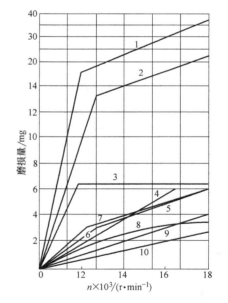

图5-19 不同修复层的耐磨性
1—45钢(正常) 2—手工电弧堆焊(普通焊条)
3—电弧喷涂层 4—手工电弧焊(耐磨合金焊条)
5—镀铁(80℃以上) 6—埋弧焊 7—埋弧焊后淬硬
8—45钢高频淬火 9—电脉冲堆焊 10—镀铬

3. 修复层对零件疲劳强度的影响

修复层对零件疲劳强度的影响是考核零件修复质量的一个重要指标,它不仅影响零件的使用寿命,而且关系到行车安全。表5-9所列为各种修复层对45钢(正常化)试棒的疲劳强度影响降低情况。

汽车维修工程

表 5-9　疲劳强度降低情况表

各种修复层	疲劳强度降低(%)	各种修复层	疲劳强度降低(%)
(正常化)试棒	0	镀铬层	-25
电弧喷涂	-14	镀铁层	-29
手工电弧堆焊	-21	电脉冲堆焊	-38

由表 5-9 可知，电弧喷涂疲劳强度下降最小，电脉冲堆焊下降最大。但在实际修复中，修复层对疲劳强度的影响相当复杂，它与修复规范、工艺参数、零件的材料和结构等有着密切的关系。

5.2.3　经济上的合理性

汽车零件修复方法在经济上是否合理，通常用成本比较法、经验公式法、耐用系数法、系统工程法等确定。

1. 成本比较法

比较零件的修复成本和制造成本，零件的修复成本必须小于零件的制造成本才合理，即

$$C_P < C_H \tag{5-1}$$

式中，C_P 为零件的修复成本（元）；C_H 为零件的制造成本（元）。

零件的修复成本　　　　　　$$C_P = M_P + W_P + A_P \tag{5-2}$$

零件的制造成本　　　　　　$$C_H = M_H + W_H + A_H \tag{5-3}$$

式中，M_P、M_H 分别为零件修复、制造材料费；W_P、W_H 分别为零件修复、制造的工人工资；A_P、A_H 分别为零件修复、制造的杂费，包括办公、水电、管理、废品损失等费用。

根据统计，$M_P : W_P : A_P = 72 : 30.6 : 62.2$，$M_H : W_H : A_H = 73.4 : 5.3 : 21.3$

即　　　　　　　　　　$$A_P = 2W_P, A_H = 4W_H \tag{5-4}$$

各种零件修复与制造工人工资的平均比为

$$W_P < 2.5W_H \tag{5-5}$$

2. 经验公式法

实践经验证明，成本比较法只考虑零件的修复成本，未考虑零件的寿命，旧件修复后寿命至少要达到新件的 80% 才是安全的，即

$$L_P \geqslant 0.8L_H \tag{5-6}$$

或　　　　　　　　　　　$$C_P \leqslant 0.8C_H \tag{5-7}$$

式中，L_P 为零件修复后的寿命；L_H 为新件的寿命。

将式（5-1）~式（5-5）和式（5-7）联立求解得出经验公式：

$$M_P = 0.8M_H - 3.5W_H \tag{5-8}$$

【例 5-1】　振动堆焊曲轴 $M_P = 30\%$，$M_H = 60\%$，$W_H = 8.6\%$，问该种方法修复曲轴是否合理？

解　只要计算式（5-8）右端，看是否大于公式左端 $M_P = 30\%$ 即可。

$$0.8M_H - 3.5W_H = 0.8 \times 60\% - 3.5 \times 8.6\% = 17.9\%$$

因为 17.9%>3%，所以该种修复方法合理。假定每根曲轴的制造成本为 300 元，修复100 根曲轴所节省的材料费为

$$（17.9\%-3\%）\times 300\text{ 元}\times 100 = 4470\text{ 元}$$

3. 耐用系数法

为了计算更合理，对式（5-1）加以修正，右端乘以耐用系数 K_i 得

$$C_P \leq K_i C_H \tag{5-9}$$

式中，K_i 为耐用系数，可按耐磨、屈服强度、疲劳强度、结合强度考查。

部分修复方法的耐用系数见表 5-10。

表 5-10　耐用系数表

修复方法	耐磨系数 K_1	屈服强度系数 K_2	疲劳强度系数 K_3	结合强度系数 K_4
CO_2 气体保护焊	0.72	0.95	0.90	1.00
振动堆焊	1.00	0.90	0.52	0.98
气体喷涂	1.50	0.85	0.90	0.62
镀铬	1.67	0.95	0.97	0.90
镀铁	0.91	0.95	0.82	0.80

不同的修复零件，可按其工作的环境，按不同系数计算。如综合考虑，可按四个系数中最小者计算。

【例 5-2】　修复曲轴，振动堆焊修复需 200 元，气体喷涂修复需 250 元，按耐磨考查哪种修复方法更合理。

解　由式（5-9）得 $C_P/K_i \leq C_H$，C_H 可看成不变，只要比较 C_P/K_i 即可。

$$C_{焊}/K_{焊} = 200\text{ 元}/1.00 = 200\text{ 元}$$
$$C_{涂}/K_{涂} = 250\text{ 元}/1.50 \approx 166\text{ 元}$$

因为 166 元 < 200 元，所以喷涂修复方法更合理。

4. 系统工程法

把国民经济看成一大系统，汽车维修看成大系统中的一子系统，则有

$$C_P \leq K_i C_H + C_O \tag{5-10}$$

式中，C_O 为主要与国家和用户有关的间接费用，包括停车损失费、库存费以及节省材料、能源、降低公害等费用。

式（5-10）为大力开展修旧利废找到了理论根据，不但 $C_P < K_i C_H$ 时可以进行零件修复，考虑到整体的利益，在 $C_P - C_O \leq K_i C_H$ 时，也可以进行汽车零件的修理工作。

思　考　题

1. 机械加工修理法常有哪些具体的修理方法？
2. 举例说明什么叫修理尺寸法？
3. 焊接修理包括哪几种修理方法？各有什么特点？
4. 金属气喷涂和金属电喷涂各有什么特点？
5. 简述刷镀修理法的工艺过程及特点。
6. 何谓压力加工修理法？常用的方法有哪些？
7. 如何选择零件的修复方法？

第6章

汽车发动机维修

汽车发动机经过长期使用后，其技术状况及性能会因基础件和主要零部件的磨损、变形和裂损而显著下降，故障率增加，不能满足使用要求和废气排放标准，最终丧失工作能力。发动机维修的目的就是通过定期检测与诊断，查找故障及损坏部件，经过调整和修复，使其恢复技术状况和性能，延长使用寿命。

6.1 发动机维修概述

根据修理作业范围和程度不同，汽车发动机的维修可分为大修和小修。大修是指发动机主要零件出现破损、断裂、磨损和变形，需要把发动机从汽车上拆下，进行解体、分解以及镗缸、磨削曲轴或更换发动机损伤零件，使其技术状况和性能必须达到规定的技术标准的恢复性修理。小修是指用修复或更换个别零部件的方法来消除发动机在运行中临时出现的故障或针对在维护作业中发现的隐患所进行的运行性修理。

6.1.1 发动机总成大修条件

为了贯彻视情修理的原则，防止提前进行发动机大修造成浪费，或推迟发动机大修造成汽车动力不足、运行速度下降、燃油和机油消耗量上升等不良影响，规定发动机总成符合下述条件时，可以送修理厂大修。

1）发动机加速性能恶化，明显感觉汽车起步加速时间和超车加速时间延长。

2）发动机标定功率或气缸压缩压力低于标准值25%以上。

3）气缸发生磨损，其圆柱度误差达到 0.175 ~ 0.250mm，或圆度误差达到 0.050~0.063mm。

4）燃油和机油消耗量明显增加。

5）发动机出现异响。

6）发动机不能正常运转或根本不能运转。

7）发动机机体发生重大损伤事故。

6.1.2 发动机总成大修检测方法

在将发动机从汽车上拆下之前，应先了解其发动机技术状况及故障症状。在对各因素进行综合分析后，再决定拆卸与否。在发动机拆下前，应采用通用仪器设备对发动机的常用参数进行检查。检查的项目与方法主要有以下几方面。

1. 气缸密封性检测

气缸密封性与气缸、气缸盖、气缸垫、活塞、活塞环和进、排气门等零件的技术状况有关；在发动机使用过程中，由于这些零件磨损、烧蚀、结焦或积炭，导致气缸密封性下降，这将使发动机功率下降，燃油消耗率增加，使用寿命大大缩短。因此，气缸密封性是表征发动机技术状况的重要参数。

在发动机不解体的条件下，检测气缸密封性的常用方法如下：

1）测量气缸压缩压力。

2）测量曲轴箱窜气量。

3）测量气缸漏气量或气缸漏气率。

4）测量进气管真空度。

5）测量曲轴箱机油中金属磨屑的含量等。

在就车检测时，只要进行其中的一项或两项就能确定气缸密封性的好坏。

2. 测量气缸压缩压力

发动机的工况首先观测发动机的气缸压缩压力，大部分汽油发动机的气缸压缩压力为 800~1100kPa，少数高压缩比的发动机气缸压缩压力为 1200~1300kPa。发动机的气缸压缩压力大小，主要取决于燃烧室的容积、发动机的压缩比、是否有增压机构、燃烧室积炭的多少以及燃烧室的密封状况等。测量活塞到达压缩行程上止点时的气缸压缩压力的大小，可以反映气缸密封性的好坏。气缸压缩压力的大小与发动机的功率密切相关，在对点火系统、燃料供给系统调整无效的情况下，应测量气缸压缩压力。对于运转异常或功率不足的送修发动机，根据气缸压缩压力的测量结果与标准值进行比较，便可判断出气缸与活塞的磨损情况、气门密封性的好坏以及气缸垫是否烧损或冲坏等。

测量气缸压缩压力的方法有用气缸压力表测量和用多功能发动机综合检测仪测量两种。用气缸压力表测量气缸压缩压力，方法简便、价格低廉，在汽车维修企业中得到广泛应用，但这种方法的测量误差大；而用多功能发动机综合检测仪测量气缸压缩压力则可获得精确的测量结果。

所测气缸压缩压力的诊断标准应符合 GB 7258—2017《机动车运行安全技术条件》的规定，大修后的发动机气缸压缩压力应符合原厂设计规定。汽油机应不超过各缸平均压力的 8%；在用发动机的气缸压缩压力，不得低于《道路运输车辆技术管理规定》（中华人民共和国交通运输部令 2016 年第 1 号）中规定的标准值的 25%，否则发动机应送厂大修。

根据气缸压缩压力的测量结果可判断气缸活塞组零件的故障，见表 6-1。

表 6-1 根据气缸压缩压力判断气缸活塞组零件的故障

测量结果		故障原因
超过标准值		燃烧室积炭过多，气缸垫过薄，缸体与缸盖接合面经过多次磨削加工
低于标准值	进气管漏气	进气门密封不严
	排气管漏气	排气门密封不严
	散热器加水口有气泡	气缸垫密封不严或烧蚀
	相邻两缸火花塞窜气	气缸垫在两缸之间烧蚀
	机油加注口漏气	活塞、活塞环或气缸磨损

3. 发动机功率检测

发动机有效功率是评价发动机的综合性指标之一。通过检测发动机功率可以定性地确定发动机的技术状况和定量地评定发动机的动力性变化。通常可就车使用无负荷测功仪或发动机综合检测仪检查。

所测发动机功率的诊断标准应符合 GB 7258—2017《机动车运行安全技术条件》和 GB/T 3798—2005《汽车大修竣工出厂技术条件》的规定，在用车的发动机的功率不得低于标定功率的 75%，大修后的发动机不得低于标定功率的 90%。

4. 发动机异响检查

发动机有异常声响表明发动机有故障，异响可用异响检测仪检查，在无检测仪器的情况下，常用人工判断。判断异响的方法是变换发动机工况、采用火花塞断火或喷油器断油、踩下与释放离合器踏板，以及比较发动机冷态与热态时声响强弱程度的变化。根据发动机上所有运转件产生异响时的音调、频率、音质和强度不同的声响特征通过听觉直接判断。但有一些声响不借助仪器是完全听不到的，即使能听到声响，也难以准确确定其发生部位。因此，检测人员需借助专门的异响检测仪在发动机前、后、左、右不同部位寻找查听异响的最强音点，与各种典型异常声响比较，便可确定异响部位和原因。

5. 进气管真空度检测

发动机进气管的真空度随活塞组件和气门组件的磨损而变化，并且与进气管的密封性、点火系统和燃油系统的性能有关，因此，检测进气管真空度，可以判断发动机故障的部位。

进气管的真空度是进气管内压力与外在环境压力的差值，单位是 kPa，进气管真空度的大小可用来判断发动机的技术状况。表 6-2 所列为根据进气管真空度判断发动机故障。

表 6-2　根据进气管真空度判断发动机故障

进气管真空度测量结果	故障原因
50~70kPa	发动机工作正常
稳定在低于正常值 10~30kPa	进气歧管漏气
在 20~65kPa 之间摆动	气缸垫漏气、气门密封不严、气门弹簧折断、气门导管磨损
在 45~60kPa 之间摆动	点火过迟
压力变化不规律或缓慢	混合气过浓或过稀

进气管真空度与测量地点的海拔位置有关，海拔越高，进气管真空度越低，海拔每升高 500m，真空度下降 3.3~4.0kPa。一般情况下，高转速发动机的真空度要低于低转速发动机。进气管真空度的诊断标准应符合 GB/T 3798—2005《汽车大修竣工出厂技术条件》的规定，四冲程汽油机转速在 500~600r/min 时，以海平面为准，进气管真空度应在 70kPa 左右。波动范围：六缸汽油机一般不超过 3.3kPa，四缸汽油机一般不超过 5.1kPa。

6. 曲轴箱窜气量检测

随着气缸活塞组零件的磨损，窜入曲轴箱内的气体增多，曲轴箱窜气量的多少与发动机运行工况有关。例如，新发动机的曲轴箱窜气量为 15~20L/min，磨损后的发动机则高达 80~130L/min。在一定工况下，单位时间窜入曲轴箱内的气体量，是检测气缸密封性的尺度。

曲轴箱窜气量的检测通常是在底盘测功试验台上进行的，先对发动机加载，节气门全开，发动机运行于最大转矩转速下，再用曲轴箱窜气量测定仪检测。具体的检测方法如下：

1）堵住机油尺插口及曲轴箱通风进、出口，保持曲轴箱密封。

2）在机油加注口上安装气嘴，接上橡胶管，橡胶管的另一端连接仪表入口。

3）缓慢均匀地开启测定仪的调节阀，直至全部开启为止。

4）记录仪表示值。

目前曲轴箱窜气量尚无统一的诊断标准，表6-3所列为单缸平均曲轴箱窜气量参考值，可供诊断时参考。将测得的曲轴箱窜气量除以被试发动机的气缸数，即为单缸平均曲轴箱窜气量。

表 6-3 单缸平均曲轴箱窜气量参考值

发动机技术状况	单缸平均曲轴箱窜气量/（L/min）	
	汽油机	柴油机
新发动机	2~4	3~8
需大修的发动机	16~22	18~28

7. 气缸表面及活塞顶状况检查

当发动机有异响或气缸活塞组件密封状况不良、缸壁拉伤时，可使用工业纤维内窥镜对气缸表面和活塞顶状况进行窥查，必要时对异常现象进行拍片分析，为发动机维修提供依据。

6.1.3 发动机总成大修工艺过程

发动机大修是汽车修理的主要作业项目之一。发动机总成大修工艺会直接影响发动机的修理质量、修理费用和在修时间的长短。因此，制定发动机大修工艺时，应从实际出发，贯彻技术经济指标合理的原则。

1. 传统的发动机总成大修工艺过程

传统的发动机总成大修工艺应包括拆装调试工艺和零件修理工艺两个主要部分。这种大修工艺的明显特点之一就是要进行镗缸和磨曲轴，即对基础件相关零件进行修理或机械加工。

图6-1所示为目前使用较为普遍的传统发动机总成大修工艺过程框图。

2. 以更换零件为主的发动机总成大修工艺过程

以更换零件为主的发动机总成大修工艺与传统大修工艺的区别在于零件经鉴定后，将其分为可用件和需更换件两类，取消了对气缸和曲轴的机械加工。以更换零件为主的发动机总成大修工艺过程框图如图6-2所示。

对缸体和曲轴不进行机械加工有两种原因：一是不同型号发动机基础件的可维修性不相同；二是当缸体或曲轴损坏，且修复困难时，以维修用发动机部件或外购件来替代已损坏的零件，既能保证发动机的大修质量，延长质保里程，又能大大缩短发动机的大修停厂时间。维修用发动机部件是指由发动机制造厂家将缸体、曲轴、活塞连杆组等按装配工艺技术要求组装而成的部件，很受用户青睐，近年来在我国得到长足发展。

3. 发动机总成大修过程中的工序安排方法

发动机总成大修工艺过程包含很多工序，如果把整个大修工艺过程视为一个系统，用统筹法对这些工序加以合理安排及规划，使其相互密切配合、协调一致，不仅可以确保大修质量，而且能缩短工时，减少费用，从而获得较大的经济效益。检修发动机时，应先将发动机总成从汽车上拆卸下来，经分解、清洗和检验后，再进行各项修理作业。由于车辆结构的种

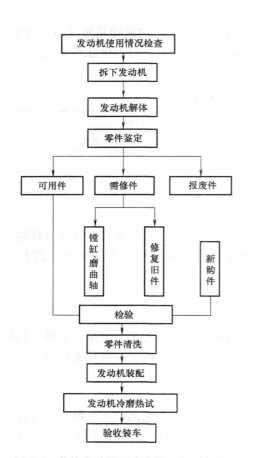

图 6-1 传统发动机总成大修工艺过程框图

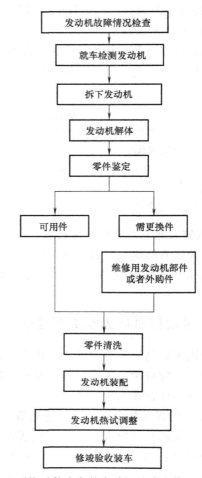

图 6-2 以更换零件为主的发动机总成大修工艺过程框图

种差别,从车体上拆下发动机总成及发动机分解的步骤及方法不尽相同。操作时应按照车辆制造厂使用维修手册中规定的程序和操作规则进行。

6.2 曲柄连杆机构的检修

6.2.1 曲柄连杆机构的组成

发动机曲柄连杆机构主要由三部分组成。

(1) **机体组** 主要由气缸体、气缸盖、气缸垫和曲轴箱等组成。

(2) **活塞连杆组** 主要由活塞、连杆、活塞环、活塞销、连杆轴承、连杆螺栓等组成。

(3) **曲轴飞轮组** 主要由曲轴、扭转减振器、主轴承、止推轴承和飞轮等组成。

曲柄连杆机构是发动机产生和输出动力的主要装置,该装置的修理在发动机修理中占有重要地位。它包括气缸体、气缸盖、曲轴等基础件的修理和轴承、活塞及活塞环等易损件的选配。

6.2.2 气缸体与气缸盖的修理

气缸体是发动机的基础零件，它的技术状况直接影响发动机的使用寿命，因此，它的修理是发动机的主要修理内容，必须在气缸镗磨之前修复，以免缸体变形。

1. 气缸体与气缸盖的损伤分析

发动机在使用中，气缸体与气缸盖容易出现的损伤是气缸体裂纹，气缸体上下平面翘曲变形，气缸的磨损、腐蚀及穴蚀损坏，气缸体上平面螺栓孔螺纹损坏，气缸盖平面翘曲，燃烧室表面裂纹，冷却水道孔边缘及螺栓螺纹腐蚀，火花塞螺纹孔损坏等故障。

（1）裂纹 气缸体与气缸盖的裂纹，是两者损坏的主要形式，通常也是它们报废的主要原因。气缸体与气缸盖上容易产生裂纹的部位，一般与它们特定的结构有关，不同的机型不尽相同。但一般来说，裂纹大多发生在水套的壁厚较薄处，或工作过程中应力尤其是热应力比较集中的部位，如气缸之间、气门座之间、气缸与气门座之间、壁厚不同部位的过渡处以及螺栓孔附近等。

气缸体与气缸盖裂纹发生的原因是多方面的，以下仅从使用方面提出几点：

1）水套中水垢过厚、散热性能变差，致使局部工作温度升高，热应力过大，易造成裂纹产生。

2）在冬季停车后没有及时放冷却液而发生冻裂；先起动发动机后加冷却液，造成局部热应力过大，或在严冬季节，骤加高温热水而炸裂。

3）发动机长时间在超负荷下工作，缸体内应力过大，易造成裂纹。

4）加工部位与未加工部位、壁厚不同部位的过渡处会产生应力集中，当与残余应力叠加时，易产生裂纹。另外在一些薄弱部位，刚度低也易出现裂纹。

5）气缸盖螺栓未能按规定的顺序和力矩进行紧固，以及紧固力不均匀或螺栓孔中的油、水污物清理不干净等，易造成气缸盖变形或螺栓孔附近产生裂纹。

6）拆装搬运时局部受力过大或受到撞击等均会产生裂纹。

（2）变形 气缸盖下平面及气缸体上下平面的翘曲变形，破坏了零件的正确几何形状，不仅会影响发动机的装配质量，影响飞轮及变速器的装配关系，造成离合器、变速器工作时发响和磨损加剧，还会导致气缸密封不严、漏水、漏气，甚至燃烧气体冲坏气缸垫，这将直接影响发动机的动力性、经济性和可靠性。

气缸体与气缸盖产生变形的主要原因如下：

1）热应力影响。发动机工作时，机件温度很高，使零件在热加工或机械加工中留有的残余应力重新分配，从而引起变形。

2）机械应力影响。气缸盖螺栓预紧力的大小及均匀程度、拧紧气缸盖螺栓的顺序、气缸垫的质量、气缸盖的刚度等因素，均会直接影响气缸体顶面及气缸盖底面的受力情况。在长期的不均匀力作用下，气缸盖和气缸体会产生变形。

3）气缸体上下平面在螺栓孔周围产生凸起，原因多数是由于装配时缸盖螺栓拧紧力矩过大，或装配时螺栓孔中的油、水污物清理不干净，拧紧时螺纹孔在过大的液压下产生凸起；或污物的影响使螺栓拧入深度不足，螺孔承受很高的燃烧气体压力作用而产生凸起。

另外，在使用中，发动机长期在变转速、大负荷条件下工作，若润滑不足、烧瓦抱轴等也会引起气缸体变形和轴承座孔中心线的变化。

2. 气缸体与气缸盖的检验

（1）**气缸体基准面的检验**　检验前应彻底清除平面上的水垢、积炭，清除毛刺，铲平或刮平螺纹孔周围的轻微凸起。将气缸体下平面放在平板上，用游标高度尺或专用设备，检测气缸的高度，如图 6-3a 所示，解放 CA6102 发动机气缸体高度应为 373mm，其上下平面的平行度误差不得大于 0.15mm。然后将气缸体倒置，如图 6-3b 所示，用专用设备检测第一道和第二道主轴承座孔盖接合面至气缸体下平面的距离，解放 CA6102 发动机应为 70mm。

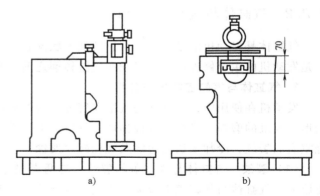

图 6-3　气缸体基准面的检测
a）检测上下平面的高度
b）检测下平面至主轴承座孔盖接合面的距离

（2）**气缸体与气缸盖变形的检验**　检查气缸体与气缸盖变形，可用水平尺放在其平面上，然后用塞尺测量水平尺与平面的间隙，塞尺的最大塞入量就是变形量，如图 6-4 所示。

检查标准：一般气缸体上平面和侧置气门式发动机气缸盖下平面的平面度误差，每 50mm×50mm 范围内应不大于 0.05mm，与其配合的整个气缸体上平面应不大于 0.20mm。EQ6100 发动机的推荐数值：气缸体上平面全长平面度误差不大于 0.15mm；50mm×50mm 范围内不大于 0.025mm；气缸盖下平面全长平面度误差不大于 0.10mm；在 100mm 长度上不大于 0.03mm。

（3）**气缸体主轴承座孔、凸轮轴轴承座孔的检验**

1）主轴承座孔的检验。装上主轴承盖并按规定力矩拧紧螺栓，先检验一下座孔圆度和圆柱度，用内径千分尺沿圆周方向测量 3~5 点，沿轴线方向测量三处，如图 6-5 所示。

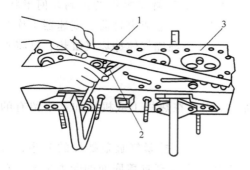

图 6-4　气缸盖变形检查
1—水平尺　2—塞尺　3—气缸盖

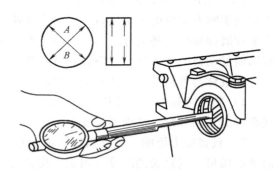

图 6-5　主轴承座孔圆度与圆柱度的测量

主轴承座孔的圆度及圆柱度，对于铸铁气缸体不大于 0.01mm，对于铝合金气缸体不大于 0.015mm。如果圆度和圆柱度超差，会使轴瓦配合变松，轴承与轴颈的间隙增大，曲轴的工作条件变差，降低发动机的使用寿命。

检查主轴承座孔同轴度时，应先清洗主轴承座孔，再将标准心轴放入，然后从中间开始

装上轴承盖，按规定拧紧轴承盖固定螺栓。一边拧紧螺栓一边转动心轴，找出各轴承孔的同轴度误差，遇到拧紧螺栓后心轴不能转动，则此孔的不同轴度误差最大。心轴通过相邻轴承座孔和通过全部轴承座孔的同轴度误差应符合规定。

2）凸轮轴轴承座孔的检验。先将凸轮轴轴承座孔清洗干净，然后仔细检查凸轮轴轴承的磨损情况，看磨损是否均匀、有无单边磨损现象，如偏磨不严重，可用修正轴瓦方法解决，比较严重时，可考虑磨削轴承孔解决。

（4）气缸体与气缸盖裂纹的检验　检验气缸体与气缸盖裂纹，主要用水压试验或气压试验的方法进行。对于新镶气缸套、气门座圈的气缸体，或焊修过的气缸体，均应进行水压试验。在没有水压试验设备时，可采用充气方法对其进行试验，即向水套内注入自来水，然后用气泵或气枪向水套内充气，看有无渗水、漏水部位。

3. 气缸体与气缸盖的修理

（1）气缸体与气缸盖变形的修理

1）气缸体变形的修理。当气缸体变形较大时，有条件的修理企业，一般在汽车第一次大修时，进行气缸体整形，用铣、刨、镗、磨的方法按标准进行加工。对气缸体变形不大，又缺少加工设备的小企业，可用钳工方法对气缸体上下平面刮磨，直到符合技术要求为止。

气缸体主轴承座孔圆度或同轴度超标时，轻者可用修刮轴瓦厚度解决，重者可将轴承盖两端接触面磨去少许，然后装合轴承盖，重新镗孔至规定尺寸。主轴承座孔的轴线与凸轮轴轴承孔轴线的平行度误差应不大于 0.10mm。

2）气缸盖变形的修理。气缸盖平面翘曲变形超过标准时，需要采用合适的办法进行修理。

变形较小时，用手工刮磨，使其符合规定标准要求。当缸盖变形量小于 1mm 时，常用刨铣的方法加以修理。如图 6-6 所示，将气缸盖平面朝上放置在支架上，校正水平后固定，按铣削规定进行加工，最大加工量小于 1mm。经过刨铣的气缸盖易出现燃烧室容积减小和各燃烧室容积不等的现象。标准规定汽油机燃烧室容积一般不应小于原厂规定的95%，同一台发动机各缸燃烧室容积差一般不应大于其平均值的 4%。CA6102 发动机燃烧室各缸容积差应不大于

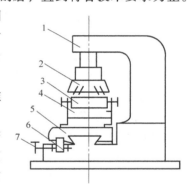

图 6-6　铣削气缸盖平面
1—机架　2—立铣头　3—气缸盖
4—气缸盖支架　5—工作台
6—传动齿轮　7—手轮

2.5mL，EQ6100 发动机燃烧室各缸容积差应不大于 4mL，否则将会出现怠速工作不稳、增加爆燃等现象。因此，气缸盖修理后必须进行测量和调整。

当气缸盖平面翘曲变形大于 1mm 时，可对气缸盖变形进行校正。如图 6-7 所示，在气缸盖平面两端与工作台上的校正专用平板间加入厚度不小于变形量 4 倍的垫片，使气缸盖平面中间部分悬空，然后拧紧压紧螺钉，并用喷灯加热气缸盖中部，使温度达到 300~400℃再继续加压，使其反向变形量不小于原变形量的 4 倍，用手锤对气缸盖加强筋逐步进行敲击 2~3 次，停留 5min 左右。

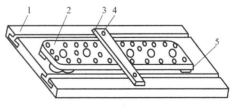

图 6-7　气缸盖的校正
1—工作台　2—气缸盖　3—压板
4—压紧螺钉　5—垫片

如果没有专用校正平板，可采用同车型气缸盖两个，面对面放置，两端加垫片，用长螺栓穿过缸盖中间通孔，用螺母拧紧，再按照上述校正法校正即可。松开螺母，检查校正情况，若与技术要求稍有差距，可用钳工铲刮修整平面，与技术要求相差较大时，需重新进行校正。

（2）**气缸体与气缸盖裂纹的修理**　气缸体与气缸盖裂纹的修理方法主要有黏结法、堵漏法、焊接法、栽钉补钉法等。具体采用哪种方法，要根据裂纹的大小、损伤程度以及企业的生产条件确定。

1）黏结法。对于受力不大、工作温度较低部位的裂纹，可采用环氧树脂、酚醛树脂等有机物进行黏结修复；对于工作温度较高部位的裂纹，可采用氧化钢粉末和磷酸调和的黏结剂进行黏结。

2）堵漏法。堵漏法是利用堵漏剂修补气缸体漏水的方法。堵漏剂是由水玻璃、无机聚沉剂、有机絮凝剂、无机填充剂和黏结剂等组成的胶状液体，适用于铸铁或铝合金气缸体所出现的裂纹、砂眼等缺陷的堵漏。

3）焊修法。若气缸体、气缸盖的裂纹发生在受力较大或工作温度较高的部位，则可以采用硬钎焊、气焊、电焊的方法进行修复。

4）栽钉补钉法。对于较长的裂纹，可在钻止裂孔后，用螺钉排列或打补丁的方法修复。

（3）**螺纹孔的修理**　气缸体与气缸盖由于冲击损伤或金属腐蚀会引起螺纹松动、滑扣；拆装不当也会造成螺纹及孔的损坏。修理时，可将原螺纹孔扩大后镶套，然后攻螺纹，使其内螺纹与螺纹孔相同。

4. 气缸的修理

（1）**气缸磨损的测量**　发动机气缸的纵向磨损是上大下小的锥形，最大磨损在第一道活塞环到达上止点的位置，活塞环达不到的位置形成缸肩；横向磨损为不规则的椭圆形，最大磨损在进气门相对的位置。

气缸磨损量的测量目的是测量气缸磨损后的圆度和圆柱度是否超标，从而确定发动机是否需要大修。测量气缸通常使用量缸表，如图6-8所示，其测量方法如下：

1）选择测量接杆。根据气缸直径选择相应的测量接杆，并将其固定在表杆的下端。按规定，接杆固定好后与活动测杆的总长度应与被测气缸的尺寸相适应。

2）校正千分尺与量缸表。外径千分尺的量程应符合被测气缸的直径，校零后将千分尺的读数调整到气缸标准直径；用千分尺校正量缸表，伸缩杆的压缩行程为2mm左右，旋转表盘，使指针对正零位。

3）测量气缸磨损。气缸的磨损量可在气缸的上、中、下三个截面测量，分别测量三个截面内平行和垂直于曲轴轴线方向的两个数值，确定实际磨损量；每个截面找出最大值和最小值，确定此截面圆度误差。上、中、下三个截面六个数值内找出最大值和最小值，确定此气缸圆柱度误差。上截面在缸肩部边缘测量，最大磨损出现在第一道活塞环在上止点位置时对应的气缸壁；下截面离气缸套下边缘10~15mm左右。

为了保证测量准确，量缸表测杆与气缸轴线须保持垂直。寻找垂直位置的方法：将测杆放入气缸后，稍稍摆动表杆，当表针指示最小数值时，即表示量缸表测杆与气缸轴线垂直，操作方法如图6-9所示。

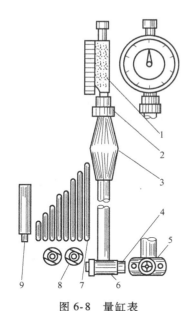

图 6-8　量缸表

1—百分表　2—锁紧螺母　3—表杆
4—接杆座　5—活动测杆　6—支撑架
7—接杆　8—固定螺母　9—加长杆

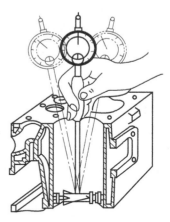

图 6-9　量缸表的使用方法

4）计算圆度误差和圆柱度误差。圆度误差为同一截面上直径最大值与最小值差值的一半；圆柱度误差则为气缸内任意方向上所测最大与最小直径差值的一半。

当圆度误差与圆柱度误差超过规定标准时，须进行镗缸修理。如汽油机的圆度误差超过 0.05mm，柴油机的圆度误差超过 0.063mm；汽油机的圆柱度误差超过 0.175mm，柴油机的圆柱度误差超过 0.25mm，则应进行发动机大修。

（2）气缸修理尺寸的确定　确定气缸的修理尺寸，主要是为镗磨缸、选配活塞和活塞环提供依据。几种常见车型发动机气缸的修理尺寸见表 6-4。其中发动机大修时一般常用 +0.50mm 和 +1.00mm。

表 6-4　发动机气缸的修理尺寸　　　　　　　　　　　　（单位：mm）

修理级别	气缸直径加大	CA6102	EQ6100	BJ492Q
标准尺寸	0.00	$101.60^{+0.02}$	$100.00^{+0.06}$	$92.00^{+0.036}$
一级修理尺寸	+0.25	$101.85^{+0.02}$	$100.25^{+0.06}$	$92.25^{+0.036}$
二级修理尺寸	+0.50	$102.10^{+0.02}$	$100.50^{+0.06}$	$92.50^{+0.036}$
三级修理尺寸	+0.75	$102.35^{+0.02}$	$100.75^{+0.06}$	$92.75^{+0.036}$
四级修理尺寸	+1.00	$102.60^{+0.02}$	$101.00^{+0.06}$	$93.00^{+0.036}$

（3）气缸镗削量的确定

1）气缸镗削量的计算。在修理尺寸确定后，选择同一级修理尺寸的活塞，镗缸时必须按活塞的实际尺寸进行，可通过下式计算气缸的镗削量 D。

$$D = D'_{max} - D_{min} + \Delta - C'$$

(6-1)

式中，D 为气缸的镗削量（mm）；D'_{max} 为活塞的最大直径（mm）；D_{min} 为气缸的最小直径（mm）；Δ 为气缸与活塞的配合间隙（mm）；C' 为气缸磨削余量（mm）。

气缸与活塞的配合间隙 Δ，不同车型要求不一样，一般为 0.02～0.06mm。气缸磨削余量跟设备的精度和操作人员的技术水平有关，常取 0.03～0.05mm。

【例 6-1】 解放 CA6102 发动机，气缸最小磨损处的直径为 101.95mm，采用二级修理尺寸，活塞最大尺寸为 102.10mm，如气缸配合间隙选为 0.035mm，磨缸余量留 0.05mm，试计算镗削量。

$$D = D'_{max} - D_{min} + \Delta - C' = (102.10 - 101.95 + 0.035 - 0.05)mm = 0.135mm$$

2）气缸镗削次数的确定。气缸镗削量确定之后，根据镗削设备允许的吃刀量和工艺过程的要求，确定镗削次数和每次镗削的吃刀量。铸铁气缸由于气缸表面的硬化层和磨损不均匀，造成刀具负荷不均匀，吃刀量过大易产生振动，影响镗削质量，因此，第一刀吃刀量一般为 0.03～0.05mm；中间过程的吃刀量可选大些，但一般不要超过镗削设备所允许的最大吃刀量；为了提高加工精度和减小表面粗糙度值，最后一刀吃刀量也选 0.03～0.05mm。

（4）气缸的镗削 气缸镗削的目的是为了恢复气缸原有的技术要求，包括气缸的圆度、圆柱度、表面粗糙度、垂直度等。现在常用的镗缸设备基本有两种：固定式镗缸机和移动式镗缸机。小型企业多采用移动式镗缸机，现以 T8014 型移动式镗缸机为例介绍镗缸工艺。

T8014 型镗缸机如图 6-10 所示。它是以气缸体上平面为镗缸定位基准，镗孔直径范围为 65～140mm；最大镗孔深度为 370mm；主轴转速为 250r/min、380r/min；主轴进给量每转为 0.11mm；最大切削深度为 0.5mm。

对气缸镗削之前，必须完成对气缸体的焊补、镶套等修理工作，以免镗磨后气缸体变形。

气缸的镗削工艺如下：

1）检修气缸体的上平面。如有不平或杂质，须用油石或细锉刀修平并擦洗干净，以免影响镗缸机的定位，使镗杆倾斜，导致气缸轴线与曲轴轴线不垂直，影响修理质量。

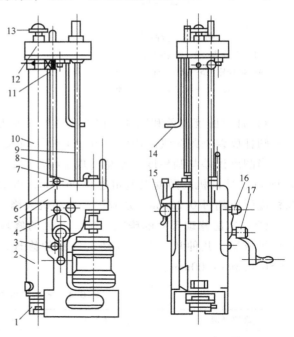

图 6-10　T8014 型镗缸机
1—镗头　2—机体　3—放油孔　4—油杯　5—变速器
6—注油孔　7—磨刀轮　8—升降丝杆　9—光杆
10—镗杆　11—张紧轮装置　12—带轮箱
13—定中心控制旋钮　14—自动停刀装置
15—开关　16—进给量变换杆　17—升降把手

2）安装镗缸机。将镗缸机底座擦拭干净，放置在气缸体上平面上，使镗缸机镗杆对正需进行镗削的气缸孔，初步固定镗缸机。

3）安装定心指。根据气缸直径选择一套长度相适应的定心指。清洁定心指并插入定心指孔内，用弹簧箍紧，然后转动定心指旋钮，使定心指收缩。

4）选择镗削中心。按镗削的气缸中心线与气缸原中心线是否重合，镗削中心可用同心法和偏心法进行选择。

同心法一般是以"缸肩"定中心，如"缸肩"动过，则改用气缸底部定中心，使镗缸机主轴中心线与原设计气缸中心线重合，这样可以恢复原设计要求。

偏心法是以气缸最大磨损部位定中心。由于气缸磨损不均匀，定中心时，使镗缸机主轴向磨损较大方向偏移，因此称为偏心法。图6-11所示为气缸中心偏移原理图。

同心法镗缸保证了原设计配合精度，但金属磨削量较大，气缸镗削次数少。偏心法镗缸金属损失量小，可进行多次镗削，但精度降低，偏到一定程度时，将影响发动机的使用寿命。因此，建议尽可能采用同心法镗缸。

5）调整镗刀。根据气缸直径选择刀架和镗刀，将镗刀装入刀架，再将刀架装入镗杆头上的刀架孔内，然后用专用的测微器调整镗刀，直到调整完毕，如图6-12所示。

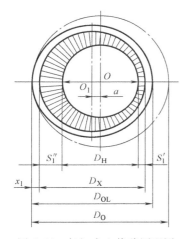

图6-11　气缸中心偏移原理图

D_H—气缸原有直径　D_X—最大磨损直径

D_{OL}—偏心法镗削后的气缸直径　D_O—同心法镗削后的气缸直径　S'_1、S''_1—直径方向最大、最小磨损量

x_1—加工余量　a—气缸轴线平行移动量

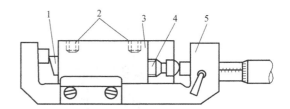

图6-12　镗刀的调整

1—镗刀　2—固定螺钉　3—刀架
4—调整螺钉　5—测微器

6）镗削参数的选择。镗削参数的选择通常是指镗头转速、进给量和吃刀量的选择，应根据气缸材料的硬度、气缸直径、刀具性能、镗削工序等要求合理选择。气缸材料硬度高、缸径大时，应采用低转速，进给量和吃刀量也不应太大。一般情况下，镗削第一刀和最后一刀的吃刀量为0.025~0.05mm，其余各刀吃刀量为0.07~0.08mm。吃刀量过大时，刀杆将产生振动，影响表面加工精度和表面粗糙度。

7）镗削。将镗刀降至缸口，用手转动镗头，检验吃刀量，以及镗刀在气缸圆周各个方向的吃刀量是否均匀。可以进行试镗，镗至气缸口下10mm处，用量缸表测出镗削实际尺寸，并与镗缸机的测微器进行比较，确定其误差，以便再次调整时予以修正。

8）校正自动停刀装置。根据所镗气缸的深度，校正自动停刀控制杆的位置，然后进行镗削。

9）缸口倒角。每镗好一缸，应随时用切削刃的角度在气缸上口镗出1×30°倒角，以便活塞环装入气缸，同时也保证了生产安全。

10) 质量检查。气缸镗削后的质量要求：同一发动机各缸应镗成同一级修理尺寸；气缸壁表面粗糙度值不超过 $Ra1.6\mu m$；预留有一定的磨削量（一般为 $0.03 \sim 0.04mm$）；气缸上口倒角符合要求；气缸轴线对曲轴主轴承孔轴线垂直度误差不大于 $0.05mm$；圆柱度误差不大于 $0.01mm$。

(5) 气缸的磨削 气缸经镗削加工后，表面存有螺旋形的加工刀痕。为了降低气缸壁的表面粗糙度值，达到气缸加工的最终要求，延长气缸和活塞的使用寿命，必须对气缸壁表面进行最后一次精加工。气缸磨削的主要加工工具是带有砂条的珩磨头，如图6-13所示。

珩磨头依靠气缸孔内圆定位，与磨缸机主轴挠性连接，因此可以消除主轴与气缸中心线的偏差。珩磨头由磨缸机主轴带动旋转，并做上下往复运动。气缸壁经过珩磨，条形油石从气缸壁表面磨去薄薄的一层金属，留下相互交叉的细微网纹，如图6-14所示。

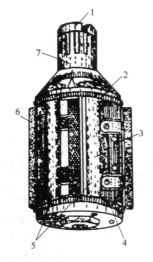

图 6-13 珩磨头

1—接头座 2、4—箍簧 3—磨条导片
5—连接杆 6—磨条 7—调整盘

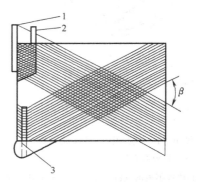

图 6-14 珩磨网状轨迹

1—前进行程开始时的磨条位置
2—返回行程终了时的磨条位置
3—前进终了时的磨条位置
β—磨痕螺旋线相交的角度

磨削时的圆周速度与往复运动速度在磨削中形成的交角，是影响磨缸质量和表面粗糙度的主要因素。磨缸的步骤和注意事项如下：

1) 准备工作。安装气缸体，清洁、检查气缸表面，选好珩磨头、条形油石，做好磨缸前的准备工作。

2) 安装珩磨头。把条形油石装在珩磨头上，把珩磨头放在气缸中，安装在磨缸机主轴上，调整磨条对气缸壁的压力。压力大、效率高，但表面粗糙度值大；压力小，气缸易磨成"锥形"。

3) 选好磨缸参数。磨头的圆周速度一般取 $60 \sim 70m/min$；往复运动速度，粗磨时取 $15 \sim 20m/min$，精磨时取 $20 \sim 25m/min$。

4）珩磨气缸。先粗磨、后精磨，磨缸顺序为"隔缸镗磨"。珩磨时要使磨缸主轴、珩磨头和气缸在同一直线上；应加冷却液（柴油或煤油中加 15%～20% 机油）以冷却缸体和清洗磨屑。

5）质量检查。珩磨后的气缸表面粗糙度值 Ra 不得超过 0.4μm；气缸的圆度误差不大于 0.0075mm，圆柱度误差不大于 0.01mm。湿式缸套的圆柱度误差不大于 0.0125mm。气缸若呈微量锥形，应上小下大。活塞与气缸的配合间隙应符合规定，配合间隙应在室温下进行。

用活塞试配时，先将活塞和气缸擦拭干净，把不带活塞环的活塞倒置在气缸内，在活塞裙部无膨胀槽一侧，夹入一规定厚度的塞尺，一手握住活塞，一手用弹簧秤拉出塞尺，如图 6-15 所示。其拉力应符合表 6-5 的规定，各缸之间的拉力差不得超过 9.8N。

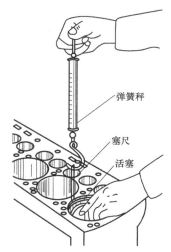

图 6-15 检查活塞与气缸的配合间隙

表 6-5 用塞尺检查配合间隙时的应力

车型	配合间隙/mm	塞尺长度/mm	塞尺宽度/mm	塞尺厚度/mm	拉力/N
CA6102	0.015～0.035	200	13	0.05	29～34
EQ6100	0.05～0.07	200	13	0.05	19.6～29.4
BJ492Q	0.05～0.07	200	13	0.05	29.4～44.1
桑塔纳	0.025～0.045	200	12～15	0.03	9.8～24.5

（6）镶气缸套 若气缸镗削超过最后一级修理尺寸，或气缸壁上有特殊损伤，可镶套（干式）或换套（湿式），以延长气缸体的使用寿命。

1）干式气缸套镶配。干式气缸套的镶配应注意以下问题：

① 根据气缸套的外形尺寸，将气缸镗到所需尺寸，保证气缸与缸套的良好结合。气缸体第一次镶套时，应选用外径尺寸最小的缸套，以便提高发动机的修理次数。如非第一次镶套，可用专用工具将旧缸套拉出，如图 6-16a 所示，或用镗缸机镗削掉。

② 镶配缸套的技术要求。镶配表面粗糙度值为 $Ra1.6$μm；圆柱度公差不小于 0.01mm；留有适当的压入过盈量，带有凸缘的为 0.05～0.07mm，无凸缘的为 0.07～0.10mm。选用有凸缘的气缸时，应在气缸体上端镗出凸缘槽，凸缘槽口每侧有不小于 0.05mm 的间隙。

③ 镶配缸套时，应在气缸套的外壁涂抹润滑油，

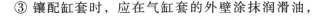

图 6-16 干式气缸套的更换
a）拉出旧缸套 b）压入新缸套

放正气缸套，垫上平整垫木，用压床缓慢压入，或用手操纵专用压具（见图 6-16b）压入新缸套。压力应逐渐增加，不能过大或过小。为了防止气缸体变形，应采用隔缸压入。

④ 检查。气缸套压入后，应与气缸体上平面平齐，不得低于气缸体上平面；若有高出，不得高出 0.10mm，高出部分可用削磨修平。

⑤ 镗磨。气缸套镶配完毕后，进行水压试验，不漏水则可，按气缸需要的修理尺寸，进行镗削和光磨。

2）湿式气缸套换配。湿式气缸套换配时应注意以下问题：

① 拆卸旧缸套。可轻轻敲击缸套底部取出，清理气缸体内污垢，气缸体与气缸套的结合处保持洁净，气缸体上下承孔的圆度和圆柱度误差应不大于 0.015mm。

② 压入气缸套。压入前应装入新的涂抹白漆的防漏水橡胶密封圈。气缸套与座孔的配合应符合机型的规定。

③ 检查。装入气缸套后，按不同机型要求，检查气缸套端面高出气缸体顶面的距离。距离过大或过小，可用专用垫片进行调整。

④ 进行水压试验，主要是检查防漏水橡胶密封圈的密封性，看其是否漏水。湿式气缸套因压入时用力不大，缸内径未受影响，可以不再进行光磨加工。

6.2.3 曲轴飞轮组的修理

1. 曲轴的失效

（1）**曲轴轴颈的磨损**　曲轴轴颈的表面磨损是不均匀的，径向磨损为椭圆形，轴向磨损成锥形，如图 6-17 所示。

主轴颈的磨损特点：径向磨损成椭圆形，最大磨损（长轴）部位靠近连杆轴颈一侧。如果主轴颈两侧均有连杆轴颈，将使主轴颈在两曲柄臂 120°夹角间的表面磨损最大，（如图 6-17 中 $B—B$）。主轴颈沿轴向的磨损是不均匀的，一般没有规律性。

连杆轴颈的磨损特点：径向磨损成椭圆形，最大部位在轴颈的内侧，即靠近曲轴中心线侧（如图 6-17 中 $A—A$）。轴向磨损为锥形，最大部位一般在油孔杂质沉积一侧和轴颈受力大的部位。连杆轴颈的磨损比主轴颈

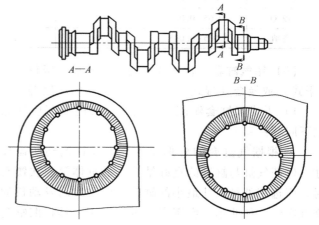

图 6-17　曲轴轴颈的磨损规律

的磨损速度快，这主要是因为连杆轴颈的负荷较大、润滑条件差。

发动机在工作时，连杆轴颈承受着三个力：周期性变化的气体压力、活塞连杆组往复运动的惯性力、离心力。三个力的合力作用在连杆轴颈的内侧，方向始终沿曲柄半径方向，使连杆大端压紧在连杆轴颈内侧，因而连杆轴颈的内侧磨损最大，造成轴颈的椭圆形磨损。连杆轴颈的轴向磨损产生锥形是由于通向连杆轴颈的油道是倾斜的，当曲轴旋转时，在离心力的作用下，润滑油中的机械杂质偏积在连杆轴颈的一侧，因此，加速了该侧轴颈的磨损，使连杆轴颈轴向磨成锥形。此外连杆大端的不对称结构、连杆弯曲、气缸中心线与曲轴中心线不垂直等原因，均会使轴颈沿轴向受力不均，导致沿轴向磨损偏斜。

（2）**曲轴的变形**　曲轴在周期性变化的气体压力、活塞连杆组往复运动的惯性力、离心力的共同作用下，既产生弯曲又产生扭曲，当其变形超过允许限度时，将使曲轴轴颈与轴承在工作过程中产生剧烈的磨损，使气缸与活塞连杆组件磨损加速。

曲轴变形的原因大多是使用不当和修理不当造成的。如发动机在爆燃或超负荷、冲击条件下工作；个别气缸不工作或工作不均匀；曲轴轴承松紧不一；曲轴轴颈与轴承座孔不同心；受力不均，经常振动；曲轴与轴瓦的轴向、径向间隙大，运转时受到冲击；曲柄连杆机构动平衡遭到破坏；发动机运转不平稳，各轴受力不均匀；修理时曲轴变形超标；使用中发动机发生烧瓦、抱轴等故障，均会造成曲轴的弯曲或扭曲变形。

（3）**曲轴的裂纹和折断**　曲轴的裂纹多发生在曲柄臂与轴颈之间的过渡圆角处，以及油孔处。由于曲轴受力条件十分复杂，既要承受燃烧气体的压力、往复运动惯性力、离心力，还要承受这些力所形成的弯矩和扭矩，使过渡区的应力急剧增加，极易产生疲劳，出现裂纹。在交变应力的作用下，裂纹扩展，导致曲轴的最后断裂。

曲轴由初始裂纹而导致曲轴疲劳断裂，这是发动机的严重故障。当曲轴即将断裂时，发动机振动极大，有沉重而粗闷的异常响声，下曲轴箱回响很大，随之发动机停止运转，则曲轴已完全折断。

曲轴的折断多发生在曲柄臂与主轴颈、连杆轴颈的结合处，如图6-18所示。

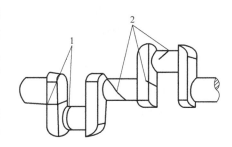

图 6-18　曲轴折断部位
1—因弯曲而引起的折断
2—因扭转而引起的折断

（4）**曲轴的其他损伤**　曲轴的其他损伤包括：轴颈表面的擦伤和烧伤；起动爪螺纹的损坏；曲轴前后油封轴颈的磨损；曲轴后凸缘法兰盘固定飞轮的螺栓孔磨损等。

2. 曲轴的检验

（1）**曲轴弯曲的检验**

1）弯曲的检验。将曲轴两端的主轴颈放置在检验平板的V形块上，或将曲轴放在车床的卡盘、顶尖上，校对中心水平后用百分表进行测量。由于中间轴颈受负荷和振动较大，弯曲变形量也较明显。将百分表的触头对准曲轴中间的一道或两道轴颈，避开油道口，转动曲轴一圈，百分表上所示的最大与最小值之差的1/2，即为曲轴的弯曲度，如图6-19所示。

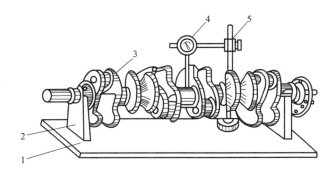

图 6-19　曲轴弯曲的检验
1—检验平板　2—V形块　3—曲轴　4—百分表　5—磁性百分表架

2）弯曲的校正。曲轴的校正有多种方法，经常采用的有冷压校正法和表面敲击法。

冷压校正法通常在压床上进行，如图6-20所示。将曲轴放在压力机工作的平板V形块上，并在压力机的压杆与曲轴轴颈之间加垫铜皮，以免压伤轴颈工作表面。在校正工作中，为了消除弹性变形的影响，沿曲轴弯曲方向施加的压力，必须能产生较大的弯曲变形。

对于钢制曲轴，压弯量应为曲轴原弯曲量的10～15倍，并保持1.5～2min后再释放压力。若曲轴弯曲较大，校压须反复多次进行，直到符合要求为止。要防止一次压校量过大，使曲轴折断。校正后的曲轴要进行自然时效或人工时效处理。即将

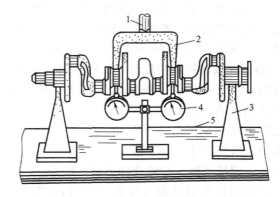

图 6-20 曲轴的冷压校正
1—压力机 2—压杆 3—V 形块
4—百分表 5—平板

冷压后的曲轴放置 10～15 天，再重新检校；或将冷压后的曲轴加热至 300～500℃，保持0.5～1h，以减轻弹性变形。对于球墨铸铁曲轴，校正时应特别小心，且压校变形量不得大于原弯曲量的 10 倍。

表面敲击法，通常采用球形手锤和风动锤进行敲击。敲击的部位为曲柄臂的非加工表面，曲柄变形后，使曲轴轴线发生位移，从而达到校正的目的，如图 6-21 所示。

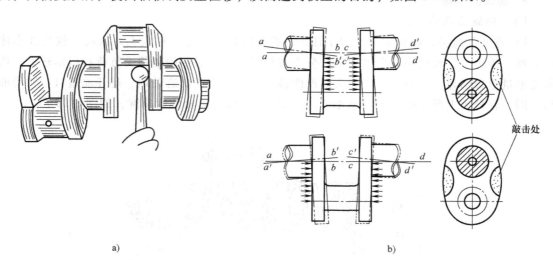

a)　　　　　　　　　　　b)

图 6-21 表面敲击法校正曲轴

敲击的位置、程度和方向要根据曲轴弯曲量的大小和方向确定。当曲轴弯曲方向与曲轴的曲柄平面重合时，可按图 6-21a 所示部位敲击。当曲轴弯曲方向不与曲轴的曲柄平面重合

时，按图 6-21b 所示部位，分别敲击两对曲柄，使其变形量之和等于弯曲度。在敲击过程中，敲击部位为非加工面，敲击过的表面不能再进行切削加工，以保证残余应力建立起的平衡状态。每处敲击 3~5 次，过多敲击同一部位校正效果反而降低。上述方法只适用于弯曲量不大于 0.05mm 的曲轴进行校正。

（2）**曲轴扭曲的检验**　曲轴检查弯曲之后，将同一平面的连杆轴颈（如解放 CA6102 的 1、6，或 2、5，或 3、4）转到水平位置，用百分表测出其到平板的高度差，即为扭曲度。曲轴扭曲的校正较为困难，扭曲度较小时，可在光磨曲轴时予以修正；若扭曲变形较大，光磨无法修正，则应更换新曲轴。

（3）**曲轴裂纹的检验**　曲轴清洗后，常用磁力探伤法或浸油敲击法检查曲轴的裂纹。尤其注意对曲轴圆角处、油孔处环形裂纹的检查，环形裂纹较长、较深、不能去除者，应慎用。

（4）**曲轴磨损的检验**　曲轴磨损的检验就是检验轴颈的圆度、圆柱度是否超标。检验时可用外径千分尺在轴的同一横断面进行多点测量，最大直径与最小直径之差的一半，即为圆度误差；两端不同截面最大与最小直径之差的一半，即为圆柱度误差；其值超过 0.01~0.0125mm 时，应在专用曲轴磨床上进行磨削加

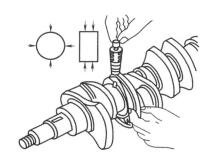

图 6-22　轴颈磨损的检查

工。磨削到最后一级修理尺寸时，可进行振动堆焊、喷涂、电镀等修复，再磨削至标准尺寸或修理尺寸。轴颈磨损的检查如图 6-22 所示。

3. 曲轴轴颈的修磨

当轴颈的圆度和圆柱度未超过规定限度，轴颈表面仅有擦伤、起槽、疤痕和烧蚀，以及轻微的磨损时，可用砂布、磨石、锉刀等手工修复。当轴颈磨损量较大，其圆度和圆柱度超过规定限度时，可按修理尺寸进行光磨，曲轴磨床通常用 MQ8260 型（图 6-23）和 MQ8230 型磨床。

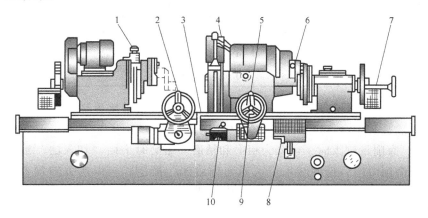

图 6-23　MQ8260 型曲轴磨床
1—左卡盘定位手柄　2—工作台纵向移动手轮　3—工作台机动/手动选择手柄
4—磨削液开关　5—横进给手轮　6—右卡盘定位手柄　7—配重块　8—按钮台
9—横进给刻度盘调整手轮　10—砂轮架快速进退手柄

(1) 曲轴修理尺寸的确定 曲轴轴颈修理尺寸是根据各轴颈中磨损量最大的轴颈来确定的。曲轴主轴颈和连杆轴颈应分别磨削成同一级修理尺寸，以便各自选配同一尺寸的轴承。曲轴主轴颈和连杆轴颈的修理尺寸级差为 0.25mm，汽油机一般分 6~8 级，柴油机一般分 10~12 级。几种常见车型发动机的曲轴轴颈的修理尺寸见表 6-6。

表 6-6　常见车型发动机的曲轴轴颈的修理尺寸　　　　　（单位：mm）

机型 标准 级别	解放 CA6102		东风 EQ6100		北京 BJ492Q		桑塔纳(1.8L)	
	主轴颈	连杆轴颈	主轴颈	连杆轴颈	主轴颈	连杆轴颈	主轴颈	连杆轴颈
标准尺寸	$75_{-0.02}$	$62_{-0.02}$	$75_{-0.02}$	$62_{-0.02}$	$64_{-0.018}$	$58_{-0.018}$	$54.00^{-0.022}_{-0.042}$	$47.80^{-0.022}_{-0.042}$
-0.25	$74.75_{-0.02}$	$61.75_{-0.02}$	$74.75_{-0.02}$	$61.75_{-0.02}$	$63.75_{-0.018}$	$57.75_{-0.018}$	$53.75^{-0.022}_{-0.042}$	$47.55^{-0.022}_{-0.042}$
-0.50	$74.50_{-0.02}$	$61.50_{-0.02}$	$74.50_{-0.02}$	$61.50_{-0.02}$	$63.50_{-0.018}$	$57.50_{-0.018}$	$53.50^{-0.022}_{-0.042}$	$47.30^{-0.022}_{-0.042}$
-0.75	$74.25_{-0.02}$	$61.25_{-0.02}$	$74.25_{-0.02}$	$61.25_{-0.02}$	$63.25_{-0.018}$	$57.25_{-0.018}$	$53.25^{-0.022}_{-0.042}$	$47.05^{-0.022}_{-0.042}$
-1.00	$74.00_{-0.02}$	$61.00_{-0.02}$	$74.00_{-0.02}$	$61.00_{-0.02}$	$63.00_{-0.018}$	$57.00_{-0.018}$		

(2) 曲轴主轴颈的磨削

1）定位基准的选择。曲轴磨削时，定位基准选择是否恰当，对曲轴磨削质量影响较大。曲轴磨修的基准应尽可能与制造时的加工定位基准一致，如制造基准被破坏，应加以修复或选择磨损小的地方为基准，这样才能使磨修后的曲轴轴线与制造时的轴线保持一致，提高加工精度。曲轴飞轮凸缘外圆表面、后端滚动轴承座孔、曲轴定时齿轮轴颈、起动爪螺纹等加工精度均较高，与曲轴轴颈的摆差也较小，可以作为主轴颈磨削的定位基准。

2）砂轮的选择。曲轴轴颈磨削时，一般选用粒度为 0.4~0.29mm（46~60 号），硬度为中软 IR_1 和 IR_2，以陶瓷为结合剂的普通氧化铝砂轮。

3）磨削规范。磨削规范的选择，应保证轴颈表面淬火层不退火，轴颈表面不产生裂纹，其规范见表 6-7。

表 6-7　曲轴轴颈磨削规范

参数 方法	砂轮圆周速度/ （m/s）	轴颈圆周速度/ （m/min）	横向进给量/ （mm/次）	"切入法"横向进给量/ （mm/次）	砂轮纵向速度/ （mm/s）
粗磨	25~30	12~25	0.010~0.015	0.02~0.05	<15
精磨	30~40	15~25	0.003~0.005	—	

4）冷却液。磨削时必须供给足够的冷却液，冷却液可采用含量为 2%~3%（质量分数）的碳酸氢钠溶液，其中含有少量的肥皂水和防锈液。

5）磨削。磨削量较大时，可分为粗磨和精磨。粗磨时采用"切入法"磨削，进给量较大，可以缩短磨削时间；精磨时采用"纵向进给法"磨削，可以磨去轴颈表面刀痕，如图 6-24 所示。在结束精磨时，应停止砂轮的横向进给，砂轮沿整个轴颈长度空走一两次，以降低表面粗糙度值。

(3) 连杆轴颈的磨削

1）选择磨削方法。磨削方法有同心法和偏心法两种，如图 6-25 所示。

同心法是磨修后与制造时的轴颈轴线保持同心，位置不变，可保持原来的压缩比不变，增大磨削尺寸的间隔，但磨削量大，曲轴的使用寿命较短。

偏心法也称不同心法，磨削时按磨损后的轴颈表面定位，这时连杆轴颈的中心线位置和曲柄半径均发生了变化，磨削后曲柄半径大于原曲柄半径，使活塞上移，压缩比增大，且各缸变化不均匀。偏心法磨削可以减少轴颈的磨削量，增加曲轴的修理次数；但各缸变化不一样，压缩比不同，引起曲轴的不平衡。

由上述分析可知，偏心法磨削后，曲轴臂半径增大 $a/2$（见图6-25），压缩比也相应地增大了，这样不但会引起发动机爆燃，还会引起活塞撞击气缸盖。柴油机对压缩比变化比较敏感，一般不用偏心法磨削曲轴；偏心法多用于汽油机曲轴连杆轴颈的磨削，采用时尽量减少轴颈轴线的偏移量，力求各轴颈的偏磨量一样。

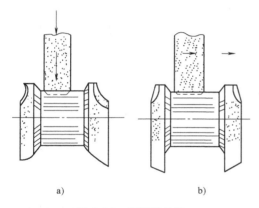

图6-24　磨削进给法

a）切入法　b）纵向进给法

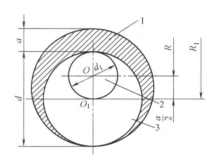

图6-25　同心法与偏心法磨削连杆轴颈的比较

1—曲轴臂　2—连杆轴颈　3—曲轴主轴颈
d—同心法磨削后曲轴主轴颈直径　d_1—偏心法磨削后连杆轴颈直径　a—连杆轴颈在靠近主轴颈侧多磨削的偏移量　R—同心法磨削后曲轴曲柄半径　R_1—偏心法磨削后曲轴曲柄半径

2）装卡定位。一般以定时齿轮直径和飞轮凸缘外圆表面为定位基准面。当曲轴经过初步调整处于水平位置后，用K形规检查两个连杆轴颈的高度，偏差值不得超过0.15mm，如图6-26所示。

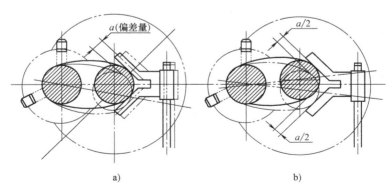

图6-26　连杆轴颈磨削时的调整

a）调整前　b）调整后

当一个连杆轴颈调整到与磨床主轴中心线重合后，再用 K 形规移至另一连杆轴颈上，轴颈应与 K 形规的两个平面靠合。若轴颈与 K 形规一面靠合，另一面有间隙 a，则表示曲轴有扭转。当 a 值未超过曲臂夹角允许的偏差值时，为了尽可能选用前面的修理尺寸，可微量转动曲轴，使轴颈在 K 形规两侧的间隙相等，即每边间隙为 $a/2$。这样调整后，该轴颈磨削量减小，而另一面轴颈磨削量增加，两轴颈磨削量趋于相等，延长了曲轴的使用寿命。

（4）**轴颈的技术要求**　轴颈磨削后需要抛光。在抛光夹上涂抹抛光膏，夹在轴颈上以 40~60r/min 的速度进行抛光，或用抛光机进行抛光。其目的是减小轴颈表面粗糙度值，表面粗糙度值要求小于 $Ra0.2\mu m$。

其他技术要求：轴颈的圆度和圆柱度误差不超过 0.015mm；直径偏差为 $d_{-0.020}^{+0.015}$；轴颈长度不应超过标准长度 0.3mm；圆角为 $R1~R3$；轴颈上的油孔应有 $C1$ 的倒角，并去掉毛刺。

4．曲轴其他部位的修理

（1）**起动爪螺纹孔修理**　曲轴起动爪螺纹孔的螺纹损伤超过 2 牙、磨损松旷，可用加大螺纹孔的方法修复。但应注意不能损伤螺纹孔倒角。

（2）**曲轴后端轴承孔修理**　曲轴后端变速器第一轴轴承孔与轴承的过盈配合量为 0.028~0.021mm。若磨损松旷，或与曲轴轴线不重合，其径向圆跳动误差超过 0.06mm 时（在轴承孔内测量），应对轴承座孔镶套修复。保证变速器第一轴与曲轴中心线重合，避免变速器齿轮产生噪声，加速磨损，甚至造成变速器跳档。

（3）**曲轴后端凸缘修理**　曲轴后端安装飞轮的凸缘端面应与曲轴轴线垂直，在端面边缘测量时，端面圆跳动误差不应大于 0.06mm。若超过此标准，应予修复或加垫片调整，以防飞轮工作时偏摆。飞轮螺栓孔磨损变形应予修复，螺栓与孔的配合间隙为 0~0.07mm，最大不得超过 0.10mm。

（4）**定位基准的修复**　曲轴轴颈磨削的定位基准一般采用定时齿轮轴颈和曲轴后端凸缘外表面。为保证其同心度，要求定时齿轮轴径向圆跳动误差不大于 0.03mm；后端凸缘外表面径向圆跳动误差不大于 0.04mm，否则应进行修整校正。

（5）**正时齿轮检修**　定时齿轮不得有裂纹和击伤，与轴颈的配合应符合规定。定时齿轮上的键槽宽度若有磨损、缺损应予以修复，修复加工后的键槽应符合原尺寸规定。

（6）**曲轴带轮修理**　曲轴带轮不得有破裂或轮槽宽度不均的现象，带轮轮毂孔与其轴颈的配合要符合规定。曲轴带轮油封的磨损超过 0.20mm 时，应予以修复。修复后油封应与曲轴同心，其径向圆跳动误差不应大于 0.05mm。安装带轮的轴颈对曲轴中心线的径向圆跳动误差不得大于 0.05mm。带轮槽对曲轴中心线的径向圆跳动误差不应超过 1mm。

5．曲轴轴承的修配

汽车发动机的曲轴轴承，多采用滑动轴承，由瓦片和减摩合金组成。瓦片用低碳钢板压制而成，背面镀有极薄的锡层，防止锈蚀。轴承的减摩合金有巴氏合金、锡铝合金和铜铅合金等。

巴氏合金为锡铅基合金，耐磨性、磨合性能好；缺点是疲劳强度低，不耐高温，当工作温度超过 100℃ 时，其硬度和强度急剧下降。锡铝合金的疲劳强度和承载能力高，抗蚀性好，适用于高负荷、高转速的发动机。铜铅合金的优点是减摩性好，强度高，多用于柴油机，但合金中的铅易受腐蚀。

（1）**轴承的失效形式** 轴承的主要失效形式是磨损和疲劳脱落。轴承的磨损在使用初期较明显，这时轴承的表面粗糙，接触面积小，磨损速度快；特别是在连杆轴承的上瓦片和主轴承的下瓦片，由于燃烧气体的压力、冲击负荷的作用，使初期磨损速度变快。而后由于轴承表面出现暗灰色的冷硬层，接触面积变大，耐磨性提高，使磨损速度减慢。使用后期，由于轴承间隙增大、润滑情况变坏、圆度和圆柱度超标，使轴承磨损加剧。轴承合金的疲劳脱落，是由于轴承合金在长期交变载荷、冲击载荷的作用下，产生疲劳出现初始微小裂纹，继而裂纹扩展，使表面局部脱落。

轴承比较常见的失效形式是刮伤和烧熔。如果润滑油中有杂质进入到轴承与轴颈的间隙中，硬质磨料便会刮伤合金表面，严重时在合金表面刮出许多环状沟痕。轴承合金的熔化主要是严重缺乏润滑油和超负荷运转，出现了干摩擦，使轴承温度急剧升高，合金膨胀，如果配合间隙过小，就会导致轴承合金烧熔、"抱瓦"。

（2）**轴承座孔的检验** 轴承座孔在修配轴承前必须检查，其圆度和圆柱度误差不得超过0.015mm。其检查和修正的方法如下：

1）圆度误差的检验。将轴承座孔擦拭干净，装上轴承盖，按规定力矩拧紧固定螺栓（母），用量缸表检查圆度误差，但在轴承盖接缝处两边各10mm范围内不作要求。

2）圆柱度误差的检验。用量缸表检查圆柱度误差，若轴承座孔的圆柱度误差超过规定值，可通过焊修轴承盖来修复。

圆度及圆柱度误差超标较小时，可用调整垫片进行调整；超标较大时，应结合气缸体整形对轴承座孔进行修正。图6-27所示为轴承座孔的检查，圆度及圆柱度误差超过0.05mm时，应按规定修理尺寸修正。

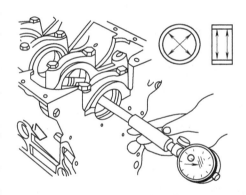

图6-27 轴承座孔的检查

（3）**轴承的选配** 曲轴主轴承和连杆轴承的选配方法因车型不同而不同，例如，按曲轴轴颈选配轴承（组瓦）；按轴承座孔尺寸选配轴承（对瓦）；根据轴颈尺寸或色标选配轴承；按轴承座孔、轴颈和轴承上的尺寸选配轴承等。这里介绍较常见的根据曲轴的结构尺寸选配轴承的方法。

1）轴承的修理尺寸。根据曲轴轴颈修后尺寸选择轴承时，应按修理级别选择和轴颈同一级别的轴承，不可用不同级别的轴承经加工后代替所选级别的轴承。

2）轴承的厚度和长度。轴承的厚度应符合规定。新轴承装入座孔内，上下两片的每端应高出平面0.03～0.05mm，以保证轴承与座孔紧密贴合，提高散热效果，如图6-28所示。

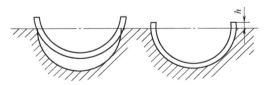

图6-28 轴承装入座孔的要求

检查轴承长度的经验方法：将轴承安装好，装上轴承盖，在座与盖的接合平面处放入厚度为0.03～0.05mm的垫片，用扭力扳手逐渐紧固螺栓（母），用手活动垫片，当垫片动不了时，扭力扳手的读数应在10～20N·m之间为合适。

3）轴承的定位凸点。轴承的定位凸点是轴承在座孔内圆周方向和轴向的定位结构。凸点损坏失效后，将导致轴承窜位。如凸点过低，可用尖铣铣出少许；若无法修复，应更换新轴承。

4）轴承弹性与贴合。把新轴承放入轴承座孔中，要求轴承的曲率半径大于座孔的曲率半径，以保证轴承装入后，靠自身弹力与座孔紧密贴合。检查轴承合金与轴承底板是否贴合紧密，可用经验法敲击轴瓦，听其声音有无沙哑，若声音沙哑，表明合金与底板结合不牢，应该更换新瓦。

轴承的选配可概括为：根据轴颈选轴承，轴承长宽合标准，背面光滑凸点好，弹性合适无哑声。

（4）轴承的修配　曲轴轴承的修配有多种方法，经常采用的有手工刮配、镗削和直接选配。

1）轴承的手工刮配。手工刮配虽然生产率不高，加工精度低，但因其方法简单，不需要加工设备，被小型修理企业广泛采用。

① 曲轴主轴承的修配。具体修配刮削的方法如下。

a. 校正水平线。将擦拭清洁的各道轴承放在倒置的气缸体轴承座内，放上曲轴并转动数圈，放下曲轴，察看各道轴承的接触位置。若接触位置是在轴承的两端略靠下的位置，则为正常。若接触位置在轴承两端边缘、轴承底部，甚至有的轴承不接触，均属不符合要求，应查明原因，若因轴承不符合要求，则应更换该组轴承。若接触情况不一致，但相差不大时，可对高出的部分稍加刮修，使各道轴承中心线一致。

b. 刮修轴承。水平线校正完毕后，放上曲轴和调整垫片，按方向装上全部轴承盖，按规定次序拧紧螺栓。开始时，每拧紧一道螺栓转动曲轴数圈，松开该道螺栓，然后依此方法，将其他螺栓拧紧、松开，直到完毕。取下主轴承盖和曲轴，根据接触情况刮修轴承接触工作面。刮修完成后，将全部轴承盖螺栓按规定拧紧，转动曲轴研磨各道轴承工作面，取下曲轴后，再进行选择性的刮削。

c. 轴承刮修时，应"刮重留轻、刮多留少、刮面留点"；接触面在轴承两端应多刮，在中间要注意保留两端接触面，取放曲轴的次数无要求，直到松紧度合适，接触面成点状分布并不低于25%为止。为了防止漏油，第一道和最后一道主轴承接触面应更好一些。

主轴承松紧度是否合适，可用经验法检查，每拧紧一道主轴承盖，应转动曲轴一次，如转不动，应检查轴承盖是否错位，调整垫片是否漏放。待全部轴承盖按规定力矩、顺序拧紧后，用双手扳动曲轴臂，曲轴能转动 1~1.5 圈，转动轻便且均匀无阻滞为宜。

② 曲轴连杆轴承的修配。将曲轴的第一道、最后一道主轴颈放在支架上，在连杆轴颈上涂少量机油或红丹，将装好轴承的连杆大端套在对应的轴颈上（注意方向），均匀地拧紧螺栓，边拧边转动连杆，直至感觉转动有阻力为止。转动连杆，使轴承与轴颈摩擦，拆下连杆观察磨痕，确定刮修部位。开始刮修时，轴承的两端较重，刮去多些，如在端盖接合面处加入调整垫片，可提高刮削速度，减少合金刮修量。

刮修的方法和原则同主轴承刮修一样。调整垫片不要漏装，以便小修和维护时抽减垫片，用以调整配合间隙。检查轴承间隙时，可将连杆大端按要求装在对应的轴颈上，用手甩动连杆，连杆应能转动 0.5~1.0 圈为宜。沿轴向扳动连杆，应没有轴向窜动的感觉。

2）轴承的机械镗削。曲轴轴承的镗削是在镗瓦机上进行的。国产 JCS—007 型镗瓦机如

图 6-29 所示。

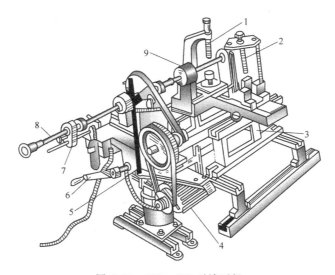

图 6-29　JCS—007 型镗瓦机

1、2—连杆卡压螺栓　3—机架　4—电动机　5—动力头升降螺杆
6—动力头升降手柄　7—进给箱　8—进给量调节手柄　9—刀杆轴承座

① 主轴承的镗削。将气缸体倒放在镗瓦机机座上，并加以固定，将垫铁及可调支架安装到气缸体的底平面上，装好各道主轴承盖，在气缸体两端的主轴承座孔中装入标准的定心套，然后将镗杆从一端定心套中穿入，穿过全部可调支架的衬套孔，从另一端定心套穿出。找中心，固定可调支架，取出定心套，装上各道轴承，并按规定拧紧全部主轴承螺栓，即可进行镗削，如图 6-30 所示。

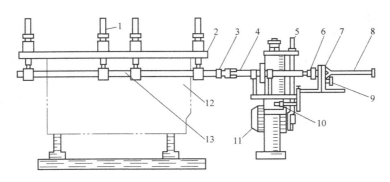

图 6-30　镗削主轴承的装卡

1—可调支架　2—垫块　3—万向节　4—传动轴　5—动力头垂直升降调节螺杆　6—开合螺母手柄
7—进给箱　8—进给丝杠　9—进给量调节手柄　10—电动机开关　11—电动机　12—气缸体　13—镗杆

调整刀头尺寸时，为了保证对刀精度，可采用带 V 形块的专用对刀千分尺进行测量，如图 6-31 所示。

如果要求镗削的直径为 D，则在对刀千分尺上的读数 A 应为

$$A = B + (D - d)/2 \tag{6-2}$$

式中，B 为用对刀千分尺测量刀杆的读数；D 为要求镗削的直径；d 为刀杆的直径。

② 连杆轴承的镗削。镗削连杆轴承时，将检查符合要求的连杆轴承装入连杆座孔，并按规定力矩拧紧连杆螺栓，以加工好的连杆小头钢套或活塞销为定位基准，将活塞销的两端放在镗瓦机的 V 形块上，连杆大头支撑在可调整的螺钉上，如图 6-32 所示。

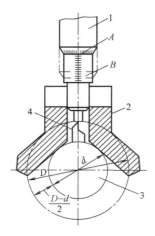

图 6-31　对刀千分尺
1—千分尺刻度套筒　2—V 形块
3—镗杆　4—刀头

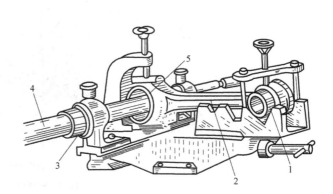

图 6-32　镗削连杆轴承
1—活塞销　2—连杆　3—轴套　4—镗杆　5—连杆大头

镗削后的轴承，其圆度和圆柱度误差应不大于 0.005mm；表面粗糙度值应不大于 $Ra1.25\mu m$；连杆大小头中心距变化量一般不大于 0.05mm；轴承与轴颈的配合间隙应符合规定的要求；接触面积应不小于 85%。

3）轴承的直接选配法。大多数轿车、微型车曲轴轴承的修理，均采用直接加工好的轴承，轴承尺寸精度、形状公差、表面粗糙度等由专业生产厂家控制。若气缸体各主轴承座孔同心度偏差在允许范围内，轴颈尺寸按照规定的修理尺寸精度光磨后，可以根据轴颈的修理尺寸选用同级修理尺寸经过精加工的标准厚度的轴承直接装配。装配后必须按规定检查松紧度，若偏紧，可加 0.05mm 厚度的垫片进行调整，或对个别接触重的部位用刮刀予以刮削，但一般不做全面刮修。若装配过紧，则应检查轴承座孔的直径、轴承的尺寸和厚度、装配的位置等是否符合规定；否则应另选轴承。

切诺基发动机的连杆轴承，可根据色标进行选配，见表 6-8。

表 6-8　切诺基连杆轴承选配表

连杆轴颈的色标和直径/mm	选配连杆轴承的色标和尺寸/mm	
	上轴承	下轴承
黄—53.2257~53.2079 标准	黄—标准	黄—标准
橙—53.2079~53.1901—0.0178	黄—标准	蓝—缩小 0.025
黑—53.1901~53.1723—0.0356	蓝—缩小 0.025	蓝—缩小 0.025
红—52.9717~52.9539—0.254	红—缩小 0.254	红—缩小 0.254

4) 曲轴轴承间隙的检查。曲轴轴承间隙是指曲轴的径向和轴向间隙，这两个间隙主要是适应发动机在运转中机件受热膨胀时的需要而规定的。

径向间隙的检查方法有以下三种。

① 经验检查法。将轴承盖与轴颈涂抹机油并按规定的方向、顺序、力矩拧紧后，用双手扳动曲轴臂，或用单手甩动连杆，松紧度要合适（转1圈左右）。这种方法简单易行，但要有一定的经验。

② 用软金属片测量。在轴颈和轴瓦之间，放一比标准间隙大约两倍的软铅片，按规定力矩拧紧轴承盖螺母，然后拆下轴承盖取出软铅片，用外径千分尺测量其厚度，该厚度即为曲轴轴承的径向间隙。

③ 用量具测量。用内径千分尺和外径千分尺分别测量轴承的内径和轴的外径，两个尺寸的差值就是它们之间的间隙。也可用量缸表和外径千分尺测量，一般径向间隙为 0.025~0.05mm。

轴向间隙是指轴承承推端面与轴颈定位肩之间的间隙。间隙过小，会使机件受热膨胀而卡住；间隙过大，易前后窜动，会给活塞连杆组机件带来不正常磨损。止推轴瓦或止推垫圈表面磨损，使间隙改变，形成轴向位移。因此，发动机大修时，应对曲轴轴向间隙进行检查和调整。通常用以下两种方法进行检查。

① 用塞尺检查。用撬棒将曲轴撬向后端，用塞尺在第一道（桑塔纳在三道，东风汽车在第四道）曲轴臂与止推垫圈之间进行测量。原厂规定桑塔纳为 0.07~0.17mm，BJ492Q 为 0.06~0.25mm，CA6102 为 0.15~0.34mm，EQ6100 为 0.06~0.27mm，大修时可参照执行。间隙过大或过小时，可更换或刮修止推垫圈进行调整。

② 用百分表检查。把百分表的测杆触头抵在曲轴的后端，或其他与曲轴垂直的平面上，前后撬动曲轴，表针的摆差即为曲轴的轴向间隙。调整的方法同前。

6. 飞轮的检修

(1) 飞轮的常见失效形式

1) 飞轮齿圈的磨损和断裂。齿圈用于发动机的起动，起动时齿圈上的轮齿受到起动机齿轮的频繁撞击和滑移干摩擦，且齿轮啮合处常夹杂着磨粒，使齿圈轮齿产生磨损、剥落，严重时产生轮齿的断裂。

2) 飞轮工作面的磨损。飞轮工作面即为离合器摩擦片接合的平面。离合器工作时产生滑动摩擦；使用中离合器分离不彻底加速了飞轮的磨损；飞轮平面因高速产生的高温使局部烧灼结硬，均使摩擦接合能力下降。

3) 飞轮螺栓孔的磨损和变形。飞轮是用螺栓与曲轴凸缘连接的，由于飞轮承受的转矩较大，并且传递转矩的同时，常伴随着冲击载荷，因而使飞轮螺栓孔不但产生磨损，还会出现变形失效。

(2) 飞轮的检修

1) 飞轮齿圈的检修。齿圈若是单面磨损，可翻面继续使用，翻面后，应在齿轮端头重新倒角。齿圈轮齿磨损超过 1/3 时，应更换新齿圈，新齿圈与飞轮的配合应有 0.25~0.97mm 的过盈量。新齿圈压入时，应将齿圈在机油中加温到 350~400℃，取出后对正安装位置压入。若轮齿断裂3个以上或连续打坏2个以上应更换齿圈或修复。

2) 飞轮端面的检查与调整。将百分表架装在飞轮壳上，表的测杆触头抵在飞轮的光滑端面上，转动表头指针对正"0"位，转动飞轮一圈，百分表上的读数除以表头至飞轮旋转中心距的两倍，即为轴向圆跳动量，一般不大于 0.20mm。如图 6-33 所示。

当飞轮轴向圆跳动量超过允许限度时，可在曲轴凸缘与飞轮之间加垫片调整，不得用机械加工方法修复。

3）飞轮工作面的修整。当飞轮工作面磨损成波浪形或有沟槽，深度超过 0.5mm 时，应光磨；当深度小于 0.5mm 时，允许有不多于两道的环行沟痕存在，但应去掉毛刺。飞轮修磨的厚度，和新轮比较，不得大于 1mm。

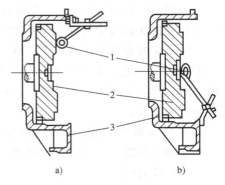

图 6-33　飞轮圆跳动量的检查
a）飞轮轴向圆跳动量的检查
b）飞轮径向圆跳动量的检查
1—百分表　2—飞轮　3—飞轮壳

4）飞轮螺栓孔的修复。飞轮螺栓孔磨损后，若圆度误差大于 0.035mm，可采用扩孔镶套修理；或焊死原孔，旋转一角度重新开孔。

(3) 飞轮壳的检修

1）检查垂直度。飞轮壳平面应与曲轴轴线垂直。常用百分表进行检查，安装时其倾斜度应不超过 0.20mm，如图 6-34 所示。

飞轮壳与气缸体安装在一起后，其安装变速器壳的平面应与曲轴中心线垂直，否则，会影响变速器第一轴轴线与曲轴轴线的重合度，使变速器齿轮产生工作噪声，并加速其磨损。垂直度若超过规定，可在飞轮壳与缸体接合面之间加垫片调整，或对不平处加以修整。

2）检查同心度。飞轮壳安装变速器第一轴轴承盖孔的中心线与曲轴中心线应同心，其同心度的检查如图 6-35 所示。在孔内测量时，旋转调整百分表角度并进行读数，偏差不超过 0.40mm，否则会影响曲轴与变速器第一轴中心线的重合。

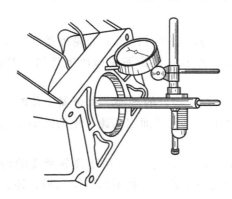

图 6-34　飞轮壳平面的检查

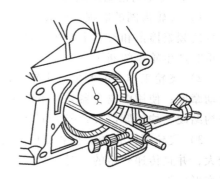

图 6-35　飞轮壳同心度的检查

飞轮壳上带有通风防护罩的，应予配齐；装有离合器分离叉轴衬套的，分离叉轴与两端衬套的配合间隙超过规定标准时，应更换衬套。飞轮壳与气缸体接合的定位销如有松动变形，应及时更换。

7. 曲轴、飞轮的平衡试验

曲轴、飞轮修理后，曲轴要做动平衡试验，飞轮要做静平衡试验，曲轴和飞轮与离合器安装在一起后应做总成的动平衡试验。超过标准要求时，可在飞轮上钻孔或在离合器上加装平衡片（不多于3片）予以调整。若总成的不平衡量在一定限度内，允许用加平衡片的方法调整；若超过允许限度，则必须拆散，对飞轮、曲轴、离合器重新进行平衡试验，合格后再组装进行动平衡试验。常见几种车型的曲轴、飞轮及其组合后的试验标准见表6-9。

表6-9　常见几种车型的曲轴、飞轮及其组合后的试验标准　　　（单位：N）

车型	飞轮静不平衡量	曲轴动不平衡量	曲轴、飞轮、离合器组动不平衡量
EQ6100 EQ6100-1	<0.736	<0.981	<0.981
BJ492Q	<0.343	<0.491	<0.687

6.2.4　活塞连杆组的修理

1. 活塞的失效与选配

(1) 活塞的磨损

1) 活塞环槽的磨损。活塞环槽是活塞最大的磨损部位，通常第一道活塞环槽的磨损最为严重，往下依次减轻。磨损后的环槽断面呈梯形，外宽内窄，侧隙增大，导致气缸漏气、窜油，使发动机动力下降，润滑变坏，燃烧室大量积炭等。

2) 活塞裙部的磨损。活塞裙部的磨损较小，通常是由于侧压力和惯性力作用而形成椭圆形磨损和擦伤。当活塞裙部与气缸壁间隙过大时，发动机易出现敲缸、窜油现象。

3) 活塞销座孔的磨损。由于气缸压力和惯性力的作用，活塞销座孔形成椭圆形磨损，其最大磨损部位在座孔的上下方向，使座孔与活塞销的配合松旷，产生异响。

(2) 活塞的其他损伤　在发动机工作中，活塞还会出现其他的损伤形式，如刮伤、烧伤、脱顶等。

1) 活塞刮伤。通常称为拉缸，主要是由于活塞与气缸壁间隙过小，不能形成足够的油膜；气缸表面不清洁，存在较多的、较大的磨粒和机械杂质；活塞销与销座孔配合过紧等原因造成的。

2) 活塞烧伤。主要是由于发动机在超负荷条件下或爆燃情况下工作时间太长，造成活塞顶或活塞侧面局部高温熔化。

3) 活塞脱顶，即活塞裙部与头部分离。主要原因是活塞环开口间隙过小，当环受高温时，活塞环因膨胀在气缸中卡死；活塞环与气缸壁间发生熔结，而活塞仍在连杆的拖动下运动，造成活塞头部与裙部断裂分离。

(3) 活塞的选配　在发动机大修或更换气缸时，应同时更换全部活塞。活塞的选配应按照气缸的修理尺寸来确定。换用新活塞时应注意以下要求：

1) 同一台发动机应选用同一厂牌、同一尺寸的活塞。活塞的材料、性能、质量、尺寸应一致，同一组活塞直径差不得大于0.025mm；各个活塞的质量差不得超过3%。

2) 活塞的修理尺寸，是指活塞的直径比标准直径增大一个或几个修理级差（级差为+0.25mm），增大的数值刻在活塞顶上。

3) 对于膨胀槽应开到底而未开透的活塞，装配前应将膨胀槽锯开。

2. 活塞销的失效与选配

(1) 活塞销的损伤　活塞销在工作时，由于受到气缸直径的限制，一般外径尺寸较小，因此单位面积上承受的冲击载荷较大，并受到一定的弯曲作用，活塞销受到的损伤主要是磨损和弯曲。

全浮式活塞销，由于其在工作中会慢慢地转动，使磨损减轻，并沿圆周方向均匀分布，提高了抗弯曲能力。半浮式活塞销多在微型车上采用，由于其沿圆周方向磨损不均匀，因此，在活塞销磨损的同时，会伴随弯曲变形。

活塞销磨损过大，会引起不正常的敲击和机件损坏；活塞销弯曲变形过大，会引起销座的应力集中，可能造成销座的破裂。

（2）活塞销的选配

1）发动机大修时，活塞销必须全部更换，选择标准尺寸的活塞销，给以后的维修留有修配的余量（修理尺寸通常分+0.08mm、+0.12mm、+0.20mm、+0.25mm四级）。

2）活塞销按其直径最小尺寸进行分组选配，每组相差0.0025mm。

3）同组活塞销的轻重变化要合适，重量差一般限制在10g范围内，否则将对机构动平衡产生影响。

（3）活塞销座孔的修配　全浮式活塞销与其座孔的配合要求很高。对于汽油机，常温下要求其有微量的过盈，一般为0.025~0.075mm；但在正常工作时，又要求其有微量的间隙，为0.005~0.008mm，使活塞销在座孔内能够转动，但无间隙感。销与座孔的接触面积低于75%。对于柴油机，在常温下是过渡配合，允许有轻微的间隙。

活塞销与其座孔是通过对活塞销的磨削、座孔的镗削或铰削来达到配合要求的。目前，多数维修企业采用长刃可调式铰刀对活塞销座孔进行手工铰削。活塞销座孔的铰削如图6-36所示。

1）选择铰刀。根据活塞销座孔的实际尺寸，选择合适的长刃可调式铰刀，将铰刀夹紧在工作台虎钳上，使其与钳口平面保持垂直。

2）微调铰刀。由于座孔的铰削量很小，第一刀是试验性的微量铰削，旋转调整螺母在30°~60°范围内，刀片上端露出销座孔即可，以后各刀的调整以60°~90°为宜。

3）铰削。将活塞销座孔与铰刀正确地接触后，用两手握住活塞稳妥地轻压，力量要均匀，掌握要平正，按顺时针旋转活塞进行铰削，如图6-36所示。

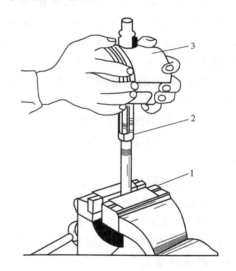

图6-36　活塞销座孔的铰削
1—台虎钳　2—铰刀　3—活塞

铰刀每调整一次，都要从座孔两个方向各铰削一次。每次铰削至座孔下方与铰刀下方平齐时，应压下活塞使其从铰刀下方脱出，避免铰偏和起棱。

4）试配。为了防止铰大，在铰削时应不断地与活塞销试配，当铰削到用手掌的力量能够将活塞销推入一个座孔的1/3左右时，应该停止铰削，如图6-37所示。

用木锤或垫以铜棒轻轻将活塞销打入销孔，试配一两次后，再继续进入另一活塞销座孔。活塞要放正，防止倾斜挤伤座孔工作面。最后取出活塞销，查看接触面情况，适当地进行修刮。

5）修刮。为了增加销与座孔的接触面积，获得合适的配合松紧度，通常在活塞销座孔铰削后，对座孔进行修刮。修刮时，刮刀应与座孔轴线成30°~40°，以免修刮面积过大，刮伤接触部位。按照"由里向外、刮重留轻、刮大留小"的原则进行，两端边缘少刮或不刮，防止形成喇叭口。松紧度和接触面接近合适时，再稍微刮修两端，使松紧度和接触面达到要求。修刮后能用手掌的力量将活

图 6-37　活塞销与座孔的试配

塞销推进一个座孔的 1/2~2/3 为宜。在座孔工作面上的印痕，应均匀分布，轻重一致。

（4）连杆衬套的修配

1）连杆衬套的选择。在修理过程中，如活塞、活塞销已换成新件，则连杆衬套必须同时更换。更换连杆衬套必须在连杆经过检查、校正之后进行。衬套与连杆小头的配合应有0.10~0.20mm 的过盈量，以保证衬套工作时不转动。新衬套压入前应检查连杆小头是否有损伤、毛刺等，以免擦伤衬套外圆。压入时，衬套应放正。对于整体式衬套，应使油孔对正；对于两半截式的衬套，则应使衬套压至连杆小头油孔的边缘，以保证机油流动畅通；露出连杆小头端面部分可用锉刀修平。

2）连杆衬套的铰削过程。

① 选择铰刀。根据活塞销实际尺寸选择铰刀，将铰刀夹紧在工作台虎钳上，使其与钳口的平面保持垂直。

② 微调铰刀。将连杆小头套入铰刀，一手托住连杆大头，一手压下连杆小头，以切削刃露出衬套上端面3~5mm 为第一刀的铰削量来进行铰削。如铰削量过大或过小，会使连杆在铰削中发生摆动，衬套易铰成菱形或喇叭口形。

③ 铰削。一手握住连杆大头，水平而均匀地用力扳转；一手把持小头，向下稍施压力进行铰削。如图6-38所示。

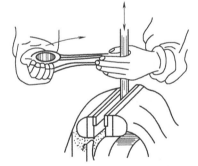

衬套下平面与铰刀下方相平时，应停止铰削。此时，将连杆小端下压，使衬套平稳脱出铰刀，以免出现

图 6-38　连杆小头衬套的铰削

棱坎。铰刀的调整量以旋转螺母 60°~90°为宜。在铰刀直径不变的情况下，将连杆翻转一面再铰一次。

④ 试配。为防止铰削过度，应边铰削边用活塞销试配，如图6-39 所示。当铰削到能用手掌的力量将活塞销推入衬套 1/3~2/5 时，应停止铰削。此时，应将活塞销压入或用木锤打入衬套内，并夹持在台虎钳上往复扳动连杆，然后压出活塞销，检查衬套的接触面积是否符合要求。

⑤ 修刮。根据接触面积和松紧程度，用刮刀做微量的修刮。修刮的要领和修刮活塞销座孔的要求相同。以手掌的力量把活塞销推入连杆衬套，感觉略有阻力，即为松紧度合适，如图 6-40 所示。衬套的接触面积应均匀分布，轻重一致，接触面积不得少于 75%。

图 6-39　活塞销与衬套试配

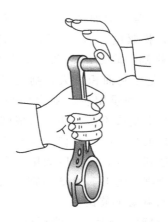

图 6-40　松紧度的试验

3. 活塞环的失效与选配

活塞环分气环和油环，其主要作用是密封，防止漏气和漏油。

（1）活塞环的失效　活塞环在工作时，由于受高温、高压、润滑条件差的影响，其磨损失效往往比气缸表面达到磨损极限快。初始磨损，由于环面不能与气缸壁完全密合，磨合磨损较快。磨合后进入运行磨损，正常工作期间磨损速度减慢。随着活塞与气缸壁的间隙逐渐增大，活塞倾斜也增大，活塞环形成不规则的磨损，弹力下降，密封性减弱，润滑油膜不能防止漏窜气体的浸入，形成了剧烈磨损。除上述活塞环磨损、弹力减弱外，活塞环有时还会出现断裂失效。

（2）活塞环的检修　为了确保活塞环与活塞环槽、气缸壁的良好配合，在选配活塞环时应进行活塞环的弹力、漏光、端隙、侧隙及背隙的检验。

1）活塞环弹力的检验。活塞环与气缸内壁应有一定的压力，使环的圆周均匀地压在气缸壁上。弹力过大，增加摩擦损耗；弹力过小，不能起到良好的密封作用，引起气缸的漏气、窜油。

活塞环弹力的检验，经常采用的方法如图 6-41 所示。检验时，将活塞环放在弹力检验器上，把活塞环的开口间隙放置在水平位置，移动检查器上的量块，当把活塞环开口间隙压缩至标准数值时，弹力应符合各机型规定的要求。

2）活塞环漏光的检验。其目的是察看活塞环与气缸壁的接触情况。漏光度过大，活塞环局部接触面积小，易造成漏气和机油上窜。选配时必须进行漏光检查。检查的方法：将活塞环平放在气缸内，用不装活塞环的活塞倒置将活塞环推平，在活塞环的下端位置放一个发亮的灯，活塞环上端放一块盖板，盖住活塞环的内圆，如图 6-42 所示。漏光缝隙一般不得超过

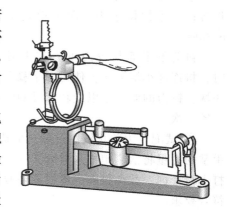

图 6-41　活塞环弹力的检验

0.03mm，漏光弧长在圆周上一处对应的圆心角不得大于 25°，同一环上的漏光弧长对应的圆心角总和不得超过 45°，在环端开口处左右对应的圆心角 30°范围内不允许有漏光现象。

3）活塞环端隙的检修。活塞环端隙也称开口间隙，检查时将活塞环置于磨好的气缸内，放平后，用塞尺检查活塞环开口处的间隙（见图6-43）。端隙过大，影响气缸的密封性，应另选活塞环；端隙过小，活塞环受热膨胀时，易卡死在气缸内，应对环口一端加以锉修。锉修时注意只能锉修一端环口，环口应平整，并应边修边测，然后去掉毛刺，防止刮伤气缸。

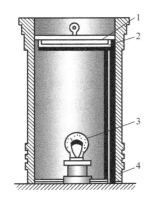

图6-42　活塞环漏光的检验

1—盖板　2—活塞环　3—灯泡　4—气缸套

图6-43　活塞环端隙的测量

4）活塞环侧隙的检修。活塞环侧隙即活塞环在环槽内的上下间隙。侧隙过大，将影响活塞环的密封作用；侧隙过小，活塞环可能卡死在环槽内，造成拉缸故障。检查时，将活塞环放在环槽内，用塞尺测量环槽的上下间隙，以活塞环在其槽内转动自如且无松旷感为宜。侧隙过大，需重新更换；侧隙过小，可将活塞环放在平板的砂布上研磨，减薄少许。

5）活塞环背隙的检修。活塞环背隙是指活塞环装入环槽后，在气缸内活塞环背面与环槽底部之间的间隙。为了测量方便，通常以槽深和环宽之差表示。背隙过小，可车深环槽或更换活塞环，以防活塞环卡死。

4. 连杆的检修

连杆是传递活塞上的作用力，把活塞的往复运动变成曲轴旋转运动的关键部件。连杆小头与活塞销相连接，大头与曲轴的连杆轴颈相连接。

（1）连杆的失效　连杆在发动机工作中受到气体压力、惯性力和大头旋转时产生的离心力作用，它承受着复杂交变的载荷，在做功时，要承受4~5MPa的压力。由于连杆受力较大，经常会出现连杆大头孔和小头孔的变形失效；杆身的变形（弯曲和扭曲）；连杆大头轴承及小头衬套的磨损；连杆螺栓和螺母的损伤等。

（2）连杆变形的检验　连杆的弯曲使连杆大小头轴孔中心线不平行，扭曲使大小头轴孔中心线不在同一平面内。在修理中会发现连杆弯、扭并存。这不仅破坏连杆大头轴承和小头衬套的正常配合，使气缸壁产生严重的偏磨，还会损坏轴承，产生烧瓦和拉缸故障。

连杆变形的检验，可在连杆检验器上进行，如图6-44所示。连杆检验器的测量工具是一个带有V形块的"三点规"。三点规上的三个点共面与V形块垂直，下面两点的距离为100mm，上测点与下测点连线的垂直距离也是100mm。

检验时，如果三点规的三点都与检测平板接触，则连杆既无弯曲也无扭曲，即无变形。

如果上测点与平板接触，下面两测点与平板不接触，且与测板的间隙相等；或下平面的两测点与测板接触，而上测点与平板不接触，则表明连杆发生了弯曲。这时，用塞尺测得的测点与平板间的间隙值，即为连杆在 100mm 长度上的弯曲度值。如果只有一个下测点与平板接触，且上测点与平板的间隙等于另一个测点与平板间隙的 1/2，此时下测点与平板的间隙，即为连杆在 100mm 长度上的扭曲值。

在实际测量中，连杆同时存在弯曲和扭曲变形。测量时表现为一个下测点与平板接触，但上测点与平板的间隙不等于另一个下测点与平板的间隙的 1/2，此时下测点与平板的间隙为连杆在 100mm 长度上的扭转度数值。上测点与平板的间隙和下测点与平板间隙的 1/2 的差值，为连杆在 100mm 长度上的弯曲度数值。

连杆双重弯曲的检测如图 6-45 所示。连杆大头端面与平板靠近，测出连杆小头端面与平板的距离 a，再将连杆翻转 180°，用同样的方法测出距离 b，若两次测出的数据不等，说明连杆有双重弯曲，两次测得的数值之差（$a-b$），即为双重弯曲值。

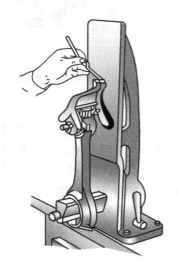

图 6-44　连杆变形的检验

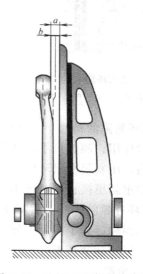

图 6-45　连杆双重弯曲的检验

当连杆的弯曲或扭曲超过允许的数值时，应对其进行校正。

（3）**连杆变形的校正**　当连杆的弯曲度大于其所规定的要求时，通常可用弯曲校正器进行校正，如图 6-46 所示。校正的步骤如下：

1）检验弯曲度，找出弯曲的方向和位置，用粉笔做记号，便于连杆弯曲的校正。

2）根据连杆的长度及弯曲方向，将垫块调整在适当的位置。

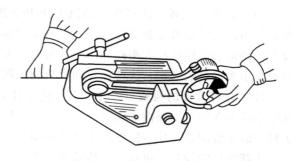

图 6-46　连杆弯曲的校正

3）将连杆平整地放在垫块上，轻轻旋转手柄，使垫块紧压连杆。松开手柄，取出连杆进行检查，如不符合要求，需反复紧压，直到符合校正要求为止。

当连杆的扭曲度大于其规定的精度要求时，可用扭转校正器进行校正，如图 6-47 所示。校正扭曲时，先将连杆盖装好，再装到检验器的心轴上，找准方向，然后用扳钳进行校正，直至合格为止。

连杆的校正，通常在室温下进行，卸去负荷后，连杆有恢复原状的趋势。因此，校正弯、扭较大的连杆时，校正后最好进行时效处理。方法如下：将连杆低温加热至 300℃ 左右，并保温一定时间后，自然冷却。在活塞连杆组装前，应再检验一次，观察弯、扭变形有无变化，如超过标准要求，还需校正一次。当弯、扭并存时，一般先校正扭曲后校正弯曲。

5. 活塞连杆的组装

（1）连杆轴承的选配　连杆轴承的选配是根据曲轴连杆轴颈的修理尺寸和连杆大头轴承座孔的尺寸来确定的。轴承

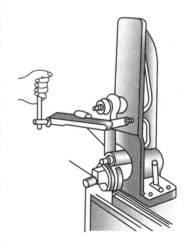

图 6-47　连杆扭曲的校正

的缩小尺寸与轴颈的修理尺寸相对应，应选同一级修理尺寸，轴瓦背面通常标有缩小的数（以 0.25mm 分级），供轴承选配时使用。轴承与轴颈的间隙可通过刮削、磨削进行调整至符合标准规定，轴承高出座面的距离及调整垫片应符合规定。

（2）活塞连杆的组装

1）装前检查和清洗。尤其是清洗干净连杆油道中的油垢，保证装配清洁度。

2）组装活塞与连杆。将活塞置于水中加热至 80～85℃，取出擦干活塞销座孔，在座孔和销上涂抹少许洁净机油，把活塞销插入一个座孔并稍微露出，随即将连杆小头伸入两活塞销座孔之间，并对正活塞销。迅速将活塞销轻轻敲入并通过连杆小头衬套，直至活塞另一侧销座孔锁环槽的内端面，装上锁环。锁环镶入环槽中的深度，应不小于锁环丝径的 2/3。锁环与活塞销两边各有 0.10～0.25mm 的间隙，否则活塞销易把锁环顶出，造成拉缸事故。组装后的活塞和连杆，若扳动连杆，应感觉有一定阻力。若配合不符合规定，应查明原因，予以排除。

应该强调的是，组装时必须是同一缸号的活塞和连杆，并注意活塞与连杆的安装方向。如解放 CA6102 型发动机的活塞顶部标有箭头，东风 EQ6100 型发动机的活塞顶部有一小缺口，它们的连杆和连杆盖上均有一个小凸点，装配时三个标记应朝向同一侧；装入气缸时，三个标记均应朝着发动机前方。活塞裙部的膨胀槽应背向做功行程受力较大的一侧。

3）检查垂直度。活塞与连杆装配后，应检查活塞中心线与连杆大头轴承中心线的垂直度。若不符合规定，应查明原因，重新校正后再进行装配。

4）活塞环的装配。将活塞环按设计要求装配到活塞环槽中，必须注意各道环的结构、位置和安装方向，同时安装时应采用专用工具，图 6-48 所示为用活塞环钳拆装活塞环。

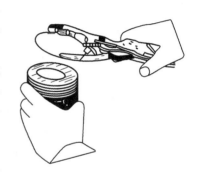

图 6-48　用活塞环钳拆装活塞环

镀铬环必须装在第一道活塞环槽内；外边缘切槽的，装配时应使切槽向下，装在第二、三道环槽内；内边缘切槽的，装配时应使切槽向上，若每个活塞上仅有一个，就

装在第一道环槽内。

现代新型发动机上采用的活塞环配置为三道环，第一道气环是鼓形面环，第二道气环是扭转面环，第三道是双轨组成的油环（也称三片式油环），如图 6-49 所示。

安装锥面环时，有标志的一面应朝上。例如，解放 CA6102 型发动机的活塞第二、三道活塞环上有"O"形标记的一面应向上；桑塔纳活塞环有"TOP"标记的一面应向上。装配组合油环时，首先将衬环装入油环槽中，并插入锁线，如图 6-50 所示，再将铸铁油环装在衬环外面，衬环与油环开口应错开 180°。通常活塞环开口位置应注意按规定错开，不可对齐成一线。

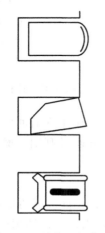
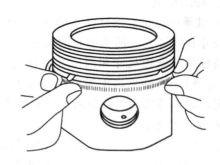

图 6-49　活塞环的装配　　　　　图 6-50　插入组合油环锁线

（3）活塞连杆组质量差的检验　活塞连杆组各零件组装后，应检查各缸活塞连杆组之间的质量差，以保证发动机运转平稳。检查时，可在盘式天平上进行，对于质量差超过标准的活塞连杆组，应拆开分别检查活塞、连杆的质量，并予以调整，以保证同一台发动机上的活塞连杆组质量符合技术要求。

6.3　配气机构的检修

6.3.1　气门及气门座的检修

1. 气门的失效

发动机在工作中，气门不停地开启和关闭，由于气门和气门座的相互接触、撞击、敲打和受到反复的冲击载荷，引起工作斜面的磨损和变宽。排气门要承受高温气体的冲击，会使工作面烧伤，出现斑点和凹陷。气门杆在气门导管内上下运动时产生摩擦，由于润滑条件差，加上窜进的灰尘磨料，使气门杆和导管受到严重磨损。气门杆尾端和摇柱（侧置式气门）或调整螺栓平面与摇臂（顶置式气门）之间相互撞击，或气门顶与活塞、气门与气缸盖的碰撞都会使气门杆弯曲；另外，气门杆与气门或气门座工作面不同心、气门导管与气门座工作面不同心也会使气门杆弯曲。当气门杆弯曲后，造成气门顶部的歪斜和偏斜。气门杆与气门导管的磨损，使其配合间隙过大，气门杆在管内晃动使气门歪斜，引起气门头部的偏磨。

2. 气门的检验

（1）**气门杆弯曲的检验** 将气门杆置于 V 形块上，转动气门，用百分表测量气门中部的弯曲度；再将百分表触头移至气门头部，测量头部径向圆跳动量，如图 6-51 所示。

若气门杆弯曲超过 0.03mm，或气门头部的摆差超过 0.05mm，可用压力机予以冷压校正。

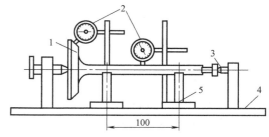

图 6-51　气门杆弯曲检验
1—气门　2—百分表　3—顶针　4—平板　5—V 形块

（2）**气门杆磨损的检验** 用外径千分尺（见图 6-52）按三部位测量，并与新气门杆进行比较。气门杆的允许磨损量不应超过 0.04mm，如果磨损过大，应电镀修复或更换气门。修复后气门杆的圆柱度误差不应超过 0.01mm，直线度误差不应超过 0.02mm。气门杆下端应平整，否则应磨平。

（3）**气门杆端面损伤检验** 气门杆端面磨损不均匀或有疤痕，可造成端面不平，气门关闭不严。检验时，将气门杆放置在两 V 形块上，用百分表测量，用表触头抵住气门杆端面，对所指杆身摆差应不大于 0.03mm。气门杆端面磨损修理，可用气门光磨机修磨，或用砂轮修磨。如图 6-53 所示。修磨时，将气门杆平放在带 V 形槽的夹具上，一手按住气门杆，一手转动气门头，并使杆端面轻抵砂轮磨平。

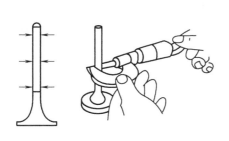

图 6-52　气门杆磨损检验

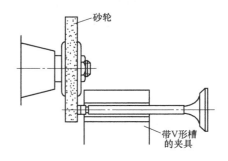

图 6-53　气门杆端面磨平

（4）**气门工作面磨损检验** 气门工作面磨损，破坏气门与气门座的密封性，会导致漏气并改变气门间隙。检验时，应检查气门工作面是否有疲劳脱层引起的点蚀、擦伤引起的刻痕和较大的斑痕、烧伤以及偏磨引起的凹陷。

3. 气门的修磨

若气门工作面出现轻微烧伤、斑痕等，但宽度符合要求，应研磨气门；若气门接触面宽度超过规定，或烧伤、斑痕、凹陷严重，应光磨气门。光磨气门通常是在气门光磨机上进行。气门光磨机的结构如图 6-54 所示。

气门光磨前，应检查砂轮面是否平整，根据气门杆直径选择合适的夹头，根据气门工作面的锥度，调整好尾座的角度。

磨削气门时，摇动横向手柄使气门靠近砂轮，但不要使气门与砂轮接触，起动砂轮电动机后，打开夹架电动机，移动纵向手柄，使砂轮缓慢接触气门工作面，然后停止砂轮的进给，进行气门工作面在砂轮上的磨削。此时，气门工作面不可移出砂轮面，以防损坏砂轮和磨坏气门。直至把气门工作面上的旧痕、缺陷、麻点全部磨去，再进行 3~5 次空进给，见不到火花为止。用"00"号砂布磨光气门工作面，然后关闭冷却液开关、电动机开关，摇退砂轮，切掉电源。

如果没有气门光磨机，可用台钻或车床代替，如图 6-55 所示。用锉刀沿气门工作面将凹痕、斑点等缺陷除去，最后在锉刀上包一层细砂布，将气门工作面磨光。当气门端面不平时，可将气门放在 V 形块上，用砂轮端面进行修磨。

气门光磨后，其头部边缘厚度不得小于 0.8mm，否则在工作中易变形或烧坏。边缘厚度小于规定值时，应进行修复或报废。

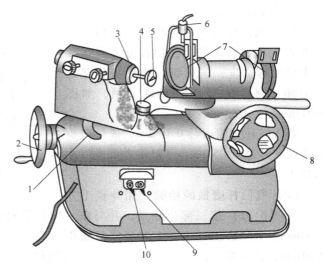

图 6-54 气门光磨机
1—刻度盘 2—横向手柄 3—夹架 4—夹架固定螺钉
5—气门 6—冷却液开关 7—砂轮 8—纵向手柄
9—砂轮电动机开关 10—夹架电动机开关

4. 气门杆与气门导管的检修

（1）**配合间隙的检查** 气门杆与气门导管配合间隙增大，会引起散热不良，气门温度过高，气门在导管中易摆动冲击，使气门座磨损不均，造成漏气、漏油、气门头部烧蚀，以及工作中气门不密封和偏磨等问题。

气门杆与气门导管配合间隙的检查，通常在拆卸清洗后进行，检查方法如图 6-56 所示。

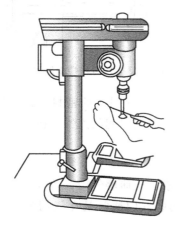

图 6-55 用台钻光磨气门

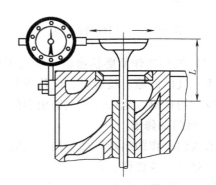

图 6-56 气门杆与气门导管配合间隙的检查

将气门杆提起至距气门导管端面一定高度 L（L 取气门长度的一半），用百分表的触头抵在气门头部的边缘，左右摆动气门，百分表摆差的一半即为气门杆与气门导管的配合间隙。当配合间隙超过规定值时，应进行修配。常见几种车型气门杆与气门导管的配合间隙见表 6-10。

表 6-10 气门杆与气门导管的配合间隙 　　　　　　　　　　　　　　　（单位：mm）

发动机型号	进气门			排气门		
	原厂规定	大修标准	使用限度	原厂规定	大修标准	使用限度
EQ6100-1	0.023~0.075	0.023~0.075	0.20	0.05~0.10	0.05~0.10	0.25
CA6102	0.25~0.062	0.025~0.062	—	0.04~0.077	0.04~0.077	—
BJ492Q	0.02~0.085	0.02~0.10	0.17	0.045~0.105	0.05~0.12	0.23
桑塔纳 JV	0.02~0.04	—	1.00	0.02~0.04	—	1.30

　　（2）气门导管的镶入与铰配　选用新气门导管时，要注意其内径应与气门杆的尺寸相适应，外径与气缸体或气缸盖的承孔配合有一定的过盈量。选用时，可用新旧导管对比的方法来确定过盈量的大小，只要新选的导管比旧导管直径大 0.01~0.02mm 即为合适。镶换气门导管时，先用铳子压出旧的气门导管，在选定的新气门导管外径涂薄薄的一层机油，将其压入导管承孔内，镶入后，要求导管的上端面距气缸体平面的距离应符合表 6-11 的规定。气门导管的压入方法如图 6-57 所示。

表 6-11 气门导管的技术要求 　　　　　　　　　　　　　　　（单位：mm）

汽车发动机型号		CA6102	EQ6100-1	BJ492Q
气门导管规格	内径	9~9.022	$9.5^{+0.03}$	$9.0^{+0.01}_{-0.03}$
	外径	$14^{+0.067}$	$16.0^{+0.065}_{+0.040}$	$17.0^{+0.065}_{+0.047}$
	全长	—	65.0	$64.0_{-0.87}$
气门导管与承孔配合过盈量	原厂规定	0.013~0.067	0.018~0.065	0.012~0.065
	大修标准	—	0.018~0.065	0.012~0.065
气门导管至气缸体（盖）平面的距离		—	27.5	42.50±0.50
气门导管加大修理尺寸		—	1 级中 $16.05^{+0.065}_{+0.040}$ 2 级中 $16.10^{+0.065}_{+0.040}$	—

　　气门导管镶入后，与气门杆的配合间隙应符合表 6-10 的要求。若间隙过小，可用气门导管铰刀进行铰削，如图 6-58 所示。铰削时，应根据气门直径大小选择和调整铰刀，进给量不能过大，铰刀保持平正，边铰削边试配，直到达到规定的配合间隙。将气门导管和气门

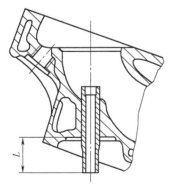

图 6-57　气门导管的压入深度

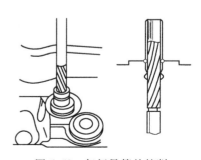

图 6-58　气门导管的铰削

杆擦拭干净，在杆上涂薄薄的一层机油，放入导管内上下拉动几次，这时气门如能徐徐下落，则认为配合适当，松紧适宜。

5. 气门座的检修

气门座工作面过宽，出现斑点、凹陷，下降到一定程度时，应进行铰削和磨削。如气门座留有裂纹、松动和严重烧伤时，应重新镶气门座圈，进行铰削或磨削到规定要求。

（1）镶气门座圈 先用拉拔器将旧气门座圈拉出，如无法使用拉拔器时，可用气焊火焰加热座圈，待冷却后撬出；或者如图 6-59 所示，在旧气门座圈的内表面堆焊一层金属，当自然冷却后座圈随之收缩，即可用拉拔器拉出。

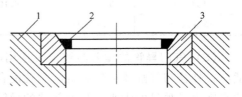

图 6-59 用堆焊法取出旧座圈
1—气缸体 2—堆焊的金属 3—气门座

气门座圈可用热胀法或冷缩法镶入。用热胀法镶入时，可将缸体承孔加热到 100℃ 左右，再将座圈外面涂以甘油与黄丹粉混合的密封剂，垫以软金属，迅速将座圈对正压进。镶入后座圈上端要与气缸体平面平齐。

（2）气门座圈的铰削 气门座圈与气门的配合为锥形，目的是使气体流通阻力减小，有自动对正中心的作用。长时间工作，气门座工作面会出现烧伤、斑点、凹陷、硬化层等缺陷，应进行铰磨修正。气门的铰削，通常用图 6-60 所示的气门座铰刀。铰削时，将铰刀插入气门导管内，以导杆定心，保证铰出的气门座中心线与气门导管的中心线重合。气门座圈的铰削步骤如下。

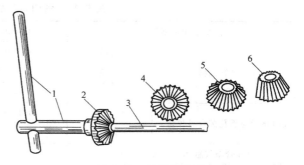

图 6-60 气门座铰刀
1—铰刀柄 2—45°细刃铰刀 3—导杆
4—15°座面铰刀 5—45°粗刃铰刀 6—75°座面铰刀

1）选择铰刀、固定导杆。根据气门直径选用合适的气门座铰刀；根据气门导管的内径，选择相适应的气门铰刀导杆，并插入气门导管内。

2）打磨硬化层。用粗砂布垫在铰刀下磨工作面出现的硬化层，防止铰削时出现铰刀打滑的现象。

3）初铰。把装有 45°粗刃铰刀的导杆插入导管内，用两手握住铰刀柄，沿顺时针方向转动铰刀进行铰削。导杆应正直，用力要均匀、平稳，直到将烧蚀、斑点等缺陷除去为止。

4）试配和修整工作面。初铰以后，用光磨过的气门进行试配。当工作面偏上时，用 15°座面铰刀铰削上斜面，缩小和改变上接触面；当接触面偏下时，用 75°座面铰刀铰削下斜面，缩小和改变下接触面。为了延长气门座与气门的使用寿命，当接触面距气门下边缘 1mm 时，即可停止铰削。

5）精铰。用 45°细刃铰刀或在铰刀下面垫上细砂布再次修磨气门座工作面，以减小接触面的表面粗糙度值。气门座工作面的铰削方法如图 6-61 所示。

（3）气门座的磨削 气门座除了用铰刀铰削外，还可用砂轮进行磨削。同铰刀铰削相似，用定型砂轮代替铰刀（角度同铰刀），用手电钻或电动机作动力代替手工铰削，也可用

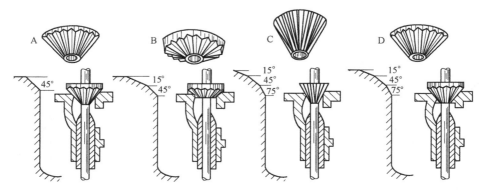

图 6-61 气门座工作面的铰削方法

风动工具带动砂轮修磨气门座。用砂轮修磨气门座，速度快、质量好，特别适用于硬度高的气门座。气门座磨削加工后，应检查气门座工作面与导管孔同心度偏差，其偏差不应超过 0.05mm。

6. 气门研磨

气门研磨的目的是保证气门与气门座接触良好，使配合密封性达到要求。气门研磨可分为机动研磨和手工研磨两种。

（1）气门机动研磨 气门机动研磨是在气门研磨机上进行的，如图 6-62 所示。

研磨时，先将气门与气门座擦拭干净，把气缸体或气缸盖安置于气门研磨机的工作台上，用专用角铁托架固定。在每个气门导管上套装一细小的圆形弹簧，在配好气门的斜面上涂一层均匀的粗研磨膏，将气门杆部浸润机油，并插入导管内。摆动手柄，使转轴停留在向上提起的位置，移动气缸体或气缸盖，使各气门座孔对正转轴的垂直平面，在转轴下端接头上有研磨转柄。

当转轴在提高位置时，转动工作台的升降手轮，使转柄压住气门顶部，直至气门与气门

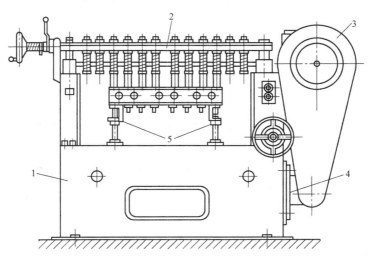

图 6-62 气门研磨机

1—床台 2—摆动和往复机构 3—减速器 4—电动机 5—高低调节支柱

座的距离达到 13mm 为止，观察转柄是否与气门在同一中心线上，然后将偏心轮上的距离加以调整，使转轴旋转的角度在 45°～90°范围内。

（2）**气门手工研磨**　没有气门研磨机的小型维修企业，可采用手工研磨气门。如图 6-63 所示，先清洁气门座及导管，在气门工作面上涂一层薄薄的粗气门砂，在气门杆上涂少许机油，将气门杆插入导管内，用橡皮碗（或旋具）旋转气门，使气门在气门座上研磨。

研磨时要经常变换气门与气门座的相对位置，保持气门的旋转和上下运动，保证磨合均匀。当气门与气门座磨出一条比较整齐且无斑点的环带时，可将粗砂洗去，涂以细砂继续研磨几分钟，洗去细砂，涂

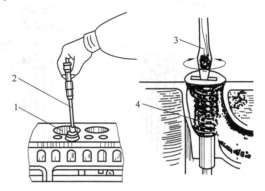

图 6-63　手工研磨气门
1—橡皮碗　2—木柄　3—旋具　4—弹簧

上机油空磨少许时间即可。手工研磨气门只能一个个地研磨，工作效率比较低，一般汽车维护和小修时经常采用。

7. 气门弹簧的检配

气门弹簧经过长期使用后，由于受力作用产生塑性变形，促使弹簧疲劳而缩短自由长度，弹力不足，簧身歪斜以至变形和折断，影响配气相位的正确性和气门关闭的严密性。歪斜和折断不仅影响发动机正常工作，而且在顶置式的气门装置中还会导致气门掉入气缸，造成事故。气门弹簧折断是由于弹簧质量不佳，高速时气门弹簧振动加剧，超过了弹簧的疲劳限度等造成的。

（1）**气门弹簧的检查**　可用磁力探伤法检查弹簧的裂纹，发现有裂纹和折断时应及时更换。弹簧各圈中心同心度误差应小于 0.05mm。气门弹簧的弯曲和扭转变形，可放在平板上用 90°角尺检查其垂直度，用游标卡尺检测气门弹簧在自由状态下的长度，用弹簧检测仪测量气门弹簧在自由长度和压力负荷下的弹簧张力。上述测量值应符合标准的规定，超限时应更换。

（2）**气门弹簧的修理**　因弹力减弱被换下的弹簧，可对其进行修理。方法是将弹簧放在四周塞满铸铁屑的厚铁皮箱内，在炉内加热至 925℃，保温 1h 后，在空气中冷却。将弹簧套在修复夹具的心轴上，和心轴一起装进夹具的框架内，如图 6-64 所示。

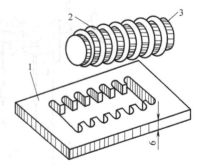

图 6-64　修理弹簧的夹具
1—框架　2—弹簧　3—心轴

修理弹簧的框架是由厚 6mm 的铁板制成，并按气门弹簧的螺距切出槽穴。将套有弹簧的心轴压入槽穴内，再将气门弹簧连同夹具加热至 810℃ 左右，然后淬火，再加热至 310℃ 后，在室温中冷却。

6.3.2　凸轮轴的检修

凸轮轴及凸轮的磨损速度较为缓慢，除磨损外，凸轮轴还会产生弯曲、扭转变形等故

障，要及时地检修，否则会影响配气机构的正常工作。

1．凸轮的失效

凸轮的失效形式有凸轮工作表面磨损、擦伤和疲劳剥落。

凸轮磨损的主要原因：凸轮与配气机件构成相对运动，其运动的接触形式是点接触，在凸轮的顶处接触压力最高，因此，凸轮顶尖磨损最重，造成气门升程降低，影响充气性和排气效果，使发动机性能变坏。

凸轮擦伤的原因：在高的表面接触应力作用下，由于凸轮润滑条件差，使零件表面处于半干摩擦状态，金属表面直接接触造成温度升高，发生黏着，导致表面擦伤。

凸轮表面疲劳剥落的原因：凸轮工作时，受周期性的交变应力作用，使表面产生弹性和塑性变形，表面出现初始裂纹，在油楔力的作用下裂纹扩展，最终引起疲劳脱落。

2．凸轮失效的检查

凸轮表面的擦伤和疲劳脱落，一般可凭直观检视发现。凸轮磨损的检查，可用外径千分尺测量凸轮顶尖与底部的基圆直径，两者之差即为凸轮的升程。凸轮侧面磨损可用样板尺测量。凸轮顶端磨损超过 1mm 时，应进行堆焊修复；凸轮尖端的圆弧磨损不应超过允许限度。凸轮顶端的斜度，即大小头尺寸相差 $0.08\sim0.12$mm，小头应朝前。各凸轮开闭角偏差不大于 $\pm2°$，各凸轮升程最高点对轴线的角度偏差小于 $\pm1°$。

3．凸轮失效的修理

凸轮的表面毛糙及不均匀磨损，可用凸轮磨床进行修磨，或用标准样板予以修整。凸轮高度磨损过大，可将凸轮轴置于水中，仅将施焊部分露出水面，用合金焊条堆焊，焊后进行渗碳与热处理，用凸轮轴磨床磨削，恢复凸轮原来的技术要求。

4．凸轮轴变形的检修

凸轮轴变形主要是指凸轮轴的弯曲，其检查方法如图 6-65 所示。

将凸轮轴两端轴颈放在 V 形块上，或用车床顶针装卡，把百分表的测杆触头抵在中间轴颈上。调整后，转动凸轮轴进行测量。径向圆跳动量应不大于 0.03mm，如在 $0.05\sim0.10$mm 范围内，可以结合凸轮轴轴颈修磨加以修正；若大于 0.10mm，可用冷压法校正。

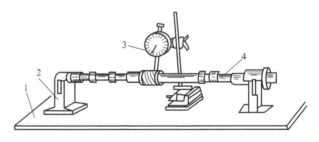

图 6-65　凸轮轴弯曲的检查
1—平板　2—V 形块　3—百分表　4—凸轮轴

5．凸轮轴轴颈磨损的检修

凸轮轴轴颈磨损，可用外径千分尺测量轴颈的磨损值。圆度和圆柱度误差，如超过规定值，应予以修理。修理尺寸见表 6-12。

表 6-12　凸轮轴轴颈修理尺寸　　　　　　　　　　　　（单位：mm）

修理尺寸	发动机型号	第一道	第二道	第三道	第四道	第五道
标准尺寸	EQ6100-1			$51.50^{-0.06}_{-0.09}$		
	BJ492Q	$52_{-0.02}$	$51_{-0.02}$	$50_{-0.02}$	$49_{-0.02}$	$48_{-0.02}$

（续）

修理尺寸	发动机型号	第一道	第二道	第三道	第四道	第五道
-0.25	EQ6100-1			$51.25_{-0.09}^{-0.06}$		
	BJ492Q	$51.75_{-0.02}$	$50.75_{-0.02}$	$49.75_{-0.02}$	$48.75_{-0.02}$	$47.75_{-0.02}$
-0.50	EQ6100-1			$51.00_{-0.09}^{-0.06}$		
	BJ492Q	$51.50_{-0.02}$	$50.50_{-0.02}$	$49.50_{-0.02}$	$48.50_{-0.02}$	$47.50_{-0.02}$
-0.75	EQ6100-1			$50.75_{-0.09}^{-0.06}$		
	BJ492Q	$51.25_{-0.02}$	$50.25_{-0.02}$	$49.25_{-0.02}$	$48.25_{-0.02}$	$47_{-0.02}$
-1.00	EQ6100-1			$50.50_{-0.09}^{-0.06}$		
	BJ492Q	$51.00_{-0.02}$	$50.00_{-0.02}$	$49.00_{-0.02}$	$48.00_{-0.02}$	$47.00_{-0.02}$

如超过最后一级修理尺寸，可进行电镀、喷涂、堆焊等修复，再磨削至标准尺寸。

6. 凸轮轴其他损伤的检修

凸轮轴上驱动分电器及机油泵的传动齿轮，如起毛应予修复。驱动燃油泵的偏心轮磨损超过 2mm 时，应予以堆焊修复，并按修理尺寸加以修磨。正时齿轮键与键槽磨损超过 0.12mm 时，可更换新键。凸轮轴装定时齿轮固定螺母的螺纹损坏若多于 2 牙，可进行修复或更换新件。

磨修后的凸轮轴轴颈，各个轴颈的圆柱度误差：大修标准为 0.005mm，不大于 0.015mm，使用限度为 0.025mm。凸轮轴轴颈与定时齿轮接触端面应和凸轮轴轴线垂直。对各轴颈标准尺寸一致的凸轮轴，为便于安装和防止刮伤各轴承的合金表面，其轴颈的修理尺寸公差应由前向后逐渐减小。

6.3.3　凸轮轴轴承修配

凸轮轴轴颈与轴承的配合间隙大于规定值时，应重新修配轴承，以保持轴颈与轴承的正常配合。凸轮轴轴承的修配方法有刮削法、铰削法和镗削法。镗削法在镗瓦机上进行，和曲轴轴承镗削相似；刮削法和铰削法是手工操作，设备简单，操作方便，企业应用较多。

1. 刮削法

刮削法是用三角刮刀，对凸轮轴轴承进行修刮，使轴承与轴颈达到配合要求。刮削步骤如下：

1）顶出气缸体后端堵孔盖，拆除旧轴承，选配同级尺寸的轴承。

2）确定刮削量。刮削量应为轴承和座孔的过盈量与轴承和轴颈配合间隙之和，要测量准确，避免刮多。

3）把刮好的轴承压入承孔。压入时要对正油孔，不要歪斜。将凸轮轴插入轴承孔内，转动数圈，根据接触的情况，看是否需要修刮。修刮时可用长把刮刀仔细修正，不可再将轴承取下修刮，否则将破坏配合过盈量。

4）检查。刮削后要求接触面积不小于 75%。轴与轴承的配合间隙可用量缸表和外径千分尺测量；也可用经验法确定，用手指拨动定时齿轮，轴应转动灵活无卡滞现象，且无明显的径向间隙感觉。

2. 铰削法

凸轮轴轴承的铰削采用专制铰削凸轮轴轴承的铰刀，铰刀杆上装有多把铰刀，可以进行分别调整，具体操作步骤如下：

1）顶出气缸后端的堵孔盖，拆出旧轴承，压入选好的新轴承。

2）将铰刀穿过所有轴承，缓慢旋转，进行铰削，铰削量各道轴承可分别调整。

3）铰刀取出时，可按铰削旋转方向慢慢退出。用压缩空气吹尽切屑并清洗干净，装上凸轮轴试配，检查各道轴颈配合间隙，反复多次，直到符合要求为止。

4）技术要求。将轴承内径铰至相应的修理尺寸，内孔圆度和圆柱度误差不大于 0.01mm，表面粗糙度值小于 $Ra0.4\mu m$。

6.3.4 摇臂及摇臂轴的检修

摇臂及摇臂轴安装在顶置式气门发动机的气缸盖上，摇臂作为一个换向杠杆，传递并改变凸轮轴凸轮的上下运动，以开关气门。

1. 摇臂的检修

摇臂一端运动的行程比另一端大，由摇臂轴孔中心到两端的距离不相等，形成杠杆比。摇臂的磨损为中间轴孔、两端接触面的磨损。中间轴孔的磨损可用内径量表检测，并观察有无过热损坏的痕迹，油孔是否堵塞。摇臂长端与气门杆端部接触面，检查时主要看其表面有无缺口、凹陷、沟槽、麻点、划痕和不均匀磨损；摇臂短端主要检查调整螺钉球头孔一端的损伤和磨损程度。

若摇臂轴孔磨损超过规定，应予修整、镶套或更换。摇臂与气门杆端接触面磨损不均匀，可用气门光磨机和细砂轮修磨，或用油石修整接触面；磨损严重、无法修复的，应予以更换。摇臂短端的调整螺钉螺纹损坏，应更换。

2. 摇臂轴的检修

摇臂轴的失效主要是轴颈的磨损和弯曲。轴颈磨损的检查主要是测量轴颈的磨损量和表面粗糙度。如轴颈磨损大于 0.02mm，或摇臂轴与孔的配合间隙超过规定，应予修理。摇臂轴的圆柱度误差大于 0.01mm 时，应电镀修复。摇臂轴弯曲变形，应用冷压校正，使其直线度误差在 100mm 长度上不大于 0.03mm。

6.3.5 气门推杆与挺杆的检修

1. 气门推杆的检修

气门推杆又称摇臂推杆，它的作用是把气门挺柱所受的力传至摇臂。不同的顶置式气门发动机有不同形式的气门推杆，多数是定长的，也有长度可调的；有空心和实心之分，大多用钢管或钢杆制成。

气门推杆表面要求光滑、平直，不得有裂纹，直线度误差不大于 0.30mm。推杆下端凸球面半径应符合规定，凸球面和上端凹球面磨损超标，可进行堆焊修复，再进行修磨。推杆弯曲超过规定值时，应进行冷压校正。

2. 气门挺杆的检修

气门挺杆外圆柱直径的磨损一般不超过 0.05mm，超过规定时应予以修理。修理时可采用磨床磨至修理尺寸，或电镀后磨至标准尺寸。

气门挺杆与挺杆衬套磨损后，应更换衬套，同时对气缸体挺杆衬套承孔进行检查，气缸体承孔与衬套外径配合间隙应在规定范围内，否则应进行修整。

6.4 润滑系统的检修

6.4.1 润滑系统维修概述

发动机正常工作时，零件间以很小的间隙做高速运动。如果没有良好的润滑，剧烈的摩擦将会造成零件迅速磨损，高温还会使相对运动零件产生热膨胀，出现配合间隙消失，减摩合金熔化、黏结，活塞环卡缸等故障。因此，润滑系统性能对发动机工作影响重大。汽车发动机常采用压力润滑、飞溅润滑、重力润滑等相结合的综合润滑方式。润滑系统的常见故障是机油压力过低或过高、机油消耗过多、机油温度过高和滤清器效能减弱等。

6.4.2 机油质量及压力检查

1. 机油的更换

新车完成初始行驶里程（磨合期）后，每行驶 5000km 左右需更换一次机油，并同时更换机油滤清器。

发动机热机后熄火，停几分钟，待各处机油都流回油底壳，再举升汽车，拧开油底壳底部的放油螺塞，放净原来用过的机油。更换机油的同时更换机油滤清器。旧机油滤清器连同它内部的机油和它与发动机壳体间的密封圈一同更换，在新的机油滤清器内先灌满机油，再在密封圈上涂一层机油（如不抹机油，下次更换时密封圈会黏附在发动机壳体上。如同时装新旧两个密封圈，工作时会发生泄漏）。然后用手将滤清器拧至新的密封垫压平，拧不动后，再用专用扳手拧 3/4 圈即可，不可拧得过紧。

机油滤清器安装后，然后按照规定力矩拧紧放油螺塞，从气门室罩加油口向发动机加注厂家规定的机油，油面位置应在机油尺最上面两格之间（下格"ADD"（添加），上格"FULL"（充满））。要重新起动发动机，检查是否有泄漏。

机油型号的选择，主要是选择适合发动机黏温性的级别。低温条件下使用的机油用 W 代表，W 之前的数字越小，其低温黏度越小，低温流动性越好，适用的最低气温越低；W 之后数字越大，机油的黏温性越好，适用的最高气温越高。如 5W 的机油可以在地球上的任何寒冷地区使用，10W 的机油可以在北京的冬季使用；15W 的机油可以在南方的冬季使用。通常高档轿车应选用 0W/40 和 5W/40 的机油；中高档轿车应选用 10W/40 的机油；中档轿车应选用 15W/40 的机油；普通轿车可以选用 10W/30 或者 15W/30 的机油。

2. 机油压力异常原因及诊断方法

发动机运转时，必须保持正常的油压。如果油压过低，各摩擦表面会因得不到足够的润滑而使磨损加快；如果油压过高，易使油封、油管损坏且浪费发动机的动力。汽车行驶时，机油的压力一般应保持在 0.2~0.5MPa；发动机温度较高而转速较低时，油压应不低于 0.2MPa；发动机温度较低而转速较高时，油压应不低于 0.5MPa。发动机怠速运转时，油压应不低于 0.1MPa（精确的油压规定值，可参考各汽车的说明书）。

（1）机油压力过低的原因

1）机油黏性不好，冷车时机油压力正常，热车后机油压力低；机油液面低于规定值。

2）机油集滤器堵塞或油泵发生早期磨损。

3）限压阀弹簧过软、折断或调整不当。

4）粗滤器后边的主油道堵塞，粗滤器装配不当，漏油。

5）曲轴主轴承、连杆轴承或凸轮轴轴承间隙过大，造成机油流失过快。

6）气缸垫损坏，冷却液进入曲轴箱。

7）机油表或传感器失效。

8）机油过脏，造成机油限压阀卡滞在泄油的一侧。

（2）机油压力过低的诊断方法

1）若机油压力始终低，应首先拔下机油尺，检查机油高度和黏度，以及油液中是否有水（有水机油会发白）和汽油。

2）检查机油压力表和传感器是否良好。打开点火开关，拆下机油压力传感器使其搭铁，如机油压力表针不动，说明机油压力表有故障。这是因为机油压力越高，传感器输出信号电流越大，传感器导线搭铁，表针应迅速上升。

3）拆下机油感应塞，短时间起动发动机，若机油喷射无力，应检查限压阀弹簧是否过软、折断，钢球是否磨损。如限压阀良好，拆下油底壳，检查机油集滤器是否发生堵塞。机油集滤器若没有发生堵塞，则应检查机油泵的配合间隙，重点检查主动齿轮与泵盖之间的间隙。

4）检查主轴承、连杆轴承和凸轮轴轴承间隙是否过大。

5）发动机在运转中，特别是刚维护完成试车时，机油压力突然下降，应立即熄火，检查润滑系统各部位有无泄漏，重点检查机油滤清器密封垫处。

6）汽车行驶中突然出现"啪啪"的沉闷响声，机油压力由正常突然变为零，说明曲轴主轴承合金脱落（曲轴主轴承合金脱落造成主轴承和曲轴的间隙过大，使油压迅速降低），应立即停车修理，或空车低速开到最近的修理厂修理。如继续强行行驶，会造成曲轴和轴瓦粘连。

（3）机油压力过高的主要原因

1）机油黏度过高（黏度级别选用不对）。

2）冲压阀弹簧调整过硬。

3）机油压力传感器下游的主油道堵塞。

4）新装发动机曲轴、凸轮轴装配过紧。

5）机油过脏，造成机油限压阀卡滞在不泄油的一侧。

6.4.3 发动机烧机油故障的诊断

气门导管油封损坏密封不良，或活塞环密封不良，均会造成烧机油的故障。诊断时打开气门室罩上的加油孔盖，起动发动机猛踩加速踏板，如加油口处有蓝烟窜出，说明活塞环密封不良，应检查活塞环是否间隙过大、折断或对口；如机油加油口不向外冒蓝烟，只是排气管冒蓝烟，说明气门油封密封不良；发动机烧机油，但排气管处不冒蓝烟，说明气门导管油封损坏密封不良。

活塞环密封不良时，各缸缸压都低。

将曲轴箱强制通风装置的真空软管从曲轴箱一侧拆下，发动机工作时，用手指堵住曲轴箱一侧真空软管，应感觉到有吸力，否则，说明真空软管堵塞。曲轴箱通风不良，会造成曲轴箱向外窜机油。

气压制动汽车，空气压缩机活塞环与气缸壁密封不良，也会向外窜机油。

采用废气涡轮增压的发动机烧机油，可能是涡轮轴承油封损坏引起机油进入排气管内，造成排气管冒蓝烟。

6.4.4　机油泵的检修

常见的机油泵有转子式和齿轮式两种。检修重点为各部分间隙。

1. 转子泵检查重点

1）机油泵泵轴间隙为 0.045 ~ 0.085mm，极限为 0.10mm。

2）转子端面与泵体高度间隙为 0.03 ~ 0.07mm，极限为 0.07mm，如图 6-66 所示。

3）外转子和壳体间隙为 0.10 ~ 0.12mm，极限为 0.30mm。

4）主、从动转子的间隙极限为 0.12mm。

2. 齿轮泵检查重点

1）齿轮和泵壳的间隙为 0.05 ~ 0.10mm。

2）齿轮端部与泵盖的间隙为 0.05 ~ 0.15mm。

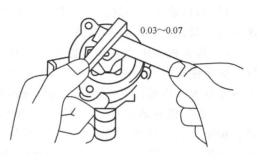

图 6-66　转子端面与泵体高度间隙检查

6.5　冷却系统的故障诊断与检修

6.5.1　冷却系统维修概述

发动机在工作过程中，气缸与燃烧室内的气体温度可高达 2000℃ 左右。直接与高温气体接触的气缸体、气缸盖、活塞和气门等，因热膨胀而破坏正常间隙，导致运动件运动受阻或者卡死；高温使各零件的强度降低甚至损坏，机油失去润滑作用等。发动机冷却不足，会引起发动机过热，使充气量和功率下降。对于汽油机，还可能造成早燃、爆燃和表面点火等不正常燃烧。同时，过高的温度会使机油黏度降低，导致零件磨损加剧。冷却过度，会使发动机温度过低，燃料蒸发困难，燃烧不完全，功率下降，油耗量增大，没有蒸发的燃油沿气缸壁流入曲轴箱内，不仅冲刷了缸壁上的润滑油膜，还会稀释机油，使机效果变差。因此，必须可靠冷却发动机，保证发动机工作温度在规定的范围内。

冷却系统由散热器、水泵、风扇、节温器、冷却液温度报警装置、储液箱、调压箱、进出水软管、热水阀、热器回水管等组成。

6.5.2　冷却系统的检修

1. 发动机冷却液的检查

最常见的冷却液是由 50% 的乙二醇和 50% 的软水配制而成，冰点为 -34℃。如由 68% 的乙二醇和 32% 的软水混合，将达到乙二醇冷却液所能达到的最大冰点 -62℃。浓度超过该比例，冷却液性能反而下降，如 100% 的乙二醇的冰点为 -30℃。50% 的乙二

醇和50%的软水的比例能提高冷却液的沸点，达到124℃左右，使其更符合现代汽车高速、高压缩比的要求，这种比例还能提供最佳的防腐蚀性保护，因此该种比例的冷却液最为常见。

冷却液不足时，直接添加水是不可取的。由于原来冷却液冰点较高，额外加注少量的水虽不会造成结冰，但乙二醇浓度如降低到冷却液总量的15%～20%会产生电化学反应，急剧增加腐蚀性，铸铁的部件会发现铁锈，铸铝的部件会发现铝浮物，这时必须把冷却液全部更换。如不及时更换劣质的冷却液，会造成冷却系统密封不良，铝合金缸盖内的冷却水套被严重腐蚀。水道和油道串通，散热器中有油，油底壳里有水，导致散热器内液面过低，只能补充原来型号的冷却液，严禁直接补充水，尤其不能补充硬水。

冷却液的pH值（碱性储备值）在7.5～11.0之间，用于保护发动机的气缸体、气缸盖、加热塞、散热器、水泵、自动变速器的冷却器等处的金属和橡胶密封件。随着使用时间的延长，旧的冷却液碱性储备值下降，开始对铜、铝、铁等重金属及橡胶件、密封垫、密封圈产生腐蚀。因此普通冷却液的正常使用寿命为2～2.5年，按行驶里程计算应为38000～48000km。

在检查冷却液时，应重点检查其冰点、密度及外观，发现密度增大、液体变稠、冰点升高及出现变质、变味、发泡等现象必须及时更换。

更换冷却液必须在冷车时进行。更换冷却液要彻底，并用清洁软水清洗后，再将新的冷却液加注到规定的高度。

2．水泵的检修

目前轿车发动机大多使用离心式水泵。水泵常见的损伤有水泵轴的弯曲与磨损；水泵壳体的渗漏与破裂；水泵叶轮叶片的破裂或松脱；水封垫圈与胶木垫圈的磨损与损坏；螺纹孔螺纹损坏及轴承松旷等。

（1）水泵的拆卸　拆卸前须将水泵放在加热容器中加热到80℃左右，然后用专用拆装工具压出水泵叶轮、水封副和水泵轴承组件，如图6-67所示。再用水泵轴拆卸专用工具，压出水泵轴，如图6-68所示。

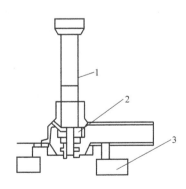

图6-67　水泵叶轮、水封副和水泵轴承的拆卸
1—专用拆装工具　2—水泵轴承　3—叶轮

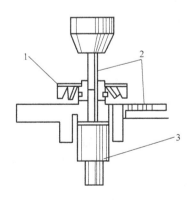

图6-68　水泵轴的拆卸
1—叶轮　2—专用工具　3—水泵轴

（2）水泵壳体的检修　检查泵壳和带轮有无损伤，轻微损伤可进行修复，损伤严重则

应予更换。对于泵壳上的裂纹修理，在裂纹两端各钻直径为 2.5mm 的孔，沿裂纹加工 V 形口，采用氧乙炔焊，焊丝用铸铁焊丝。当水泵壳体与盖的接合面和壳体与气缸体的接合面的平面度误差超过极限值（0.10mm）时应铣平。修理后壳体与盖的接合面对水泵轴承孔的垂直度误差为 0.05mm。当泵壳内水封接合面有沟槽、麻点时，应用铰刀铰销平整。对于磨损过大的可镶套修复。若水泵壳体的螺纹孔螺纹出现损坏，可扩大孔径后再攻螺纹或焊补后再钻孔攻螺纹。

（3）**水泵轴的检修**　检查水泵轴有无弯曲，轴颈磨损是否超过极限，轴端螺纹有无损伤。水泵轴弯曲量大于 0.05mm 时，用冷压校正，压弯量约为径向圆跳动量的 5 倍，并停留 2min，校正后径向圆跳动量应不大于 0.10mm。若水泵轴轴颈磨损失圆，则应进行光磨和镀铬修复或镀铁修复。水泵轴与轴承内圈的配合间隙一般为 -0.02～+0.04mm，大于 0.03mm 时，可用电镀加大轴颈修复。

（4）**轴承及座孔的检修**　当轴承松旷，如轴向间隙大于 0.30mm，径向间隙大于 0.15mm 时应更换新轴承。轴承座孔经常由于压入、压出轴承而产生磨损，当轴承座孔磨损超过 0.03mm 时，可用镶套法修复，轴承与轴承座孔的配合一般为 -0.02～+0.04mm。

（5）**水泵叶轮的检修**　检查水泵叶轮的叶片有无破损，叶轮上的轴孔是否磨损过甚。叶片破裂，通常用堆焊法进行修复或更换；轴孔磨损过甚可镶套修复。

（6）**其他零件的检修**

1）检查水封橡胶圈、胶木垫圈、弹簧等件的磨损及损伤程度，如有损伤或损坏应予更换。水泵大修时应更换水封组件。

2）检查带轮轮毂与水泵轴的配合情况。安装泵轴的孔磨损过甚，可镶套修复。

3）检查水泵轴及带轮键槽的磨损情况。可焊补后用铣床铣出键槽或与旧键槽相隔 90°～180°角的位置在铣床上重新加工键槽。

4）装风扇离合器的，应检查有无漏油。如有泄漏应予更换离合器总成。

（7）**水泵的装复标准**　泵轴与轴承的配合，一般 -0.010～+0.012mm，大修允许 -0.010～+0.030mm。水泵轴承与水泵壳承孔的配合，一般 -0.02～+0.02mm，大修允许 -0.02～+0.04mm。水泵轴与叶轮承孔的配合，无固定螺柱（螺母）的，一般为 -0.04～-0.01mm；有固定螺柱（螺母）的，一般为 -0.02～+0.05mm。水泵叶轮装合后，一般应高出泵轴 0.1～0.5mm。水泵装合后，叶轮与水泵盖之间一般应有 0.75～1.00mm 的间隙，叶轮外缘与泵壳内腔之间的间隙一般为 1.0mm 左右。水泵轴与风扇带轮轮毂的配合，无固定螺栓（螺母）的，一般为 -0.04～+0.01mm；有固定螺栓（螺母）的，一般为 -0.02～+0.06mm。各螺栓、螺母应按规定力矩拧紧，锁止应可靠。水泵体下方的泄水孔应畅通。水泵装合后，水泵轴应加注规定牌号的润滑脂。

（8）**水泵装配后试验**

1）水泵装合后，用手转动带轮，泵轴转动应无卡滞现象，水泵叶轮与泵壳应无碰擦现象。

2）将水泵装在试验台上试验。当水泵轴以 1000r/min 的速度运转时，每分钟的排量不应低于规定的数值。在 10min 的试验中不应有金属摩擦声和漏水现象出现。

3）在发动机上试验。试验时，不装节温器，拆下散热器回水管，起动发动机，使转速达到 2000r/min 左右，将水排入量筒内，检查排水量是否基本符合要求。如排水量相差过大

应检查原因并加以排除。

4）若无流量试验器，可堵住泵壳进水口，然后加水至水泵。转动泵轴时，泄水孔应无水漏出。

5）手持带轮测试径向和轴向轴承间隙，径向应无丝毫旷动，轴向允许稍有旷动。

3. 散热器的检修

（1）散热器的清洗 将散热器卸下，用清水和压缩空气洗净吹干其外部尘垢，置于含有 10%～15%（质量分数）氢氧化钠的水溶液内，加热保持在 80～90℃，浸煮 30min 左右，取出放入清水池清洗。

（2）散热器的渗漏检查 散热器的渗漏检查方法之一是空气压力检测，如图 6-69 所示。用橡胶塞堵住散热器进、出口，然后将散热器置于水槽中，从橡胶塞中的软管通入压缩空气进行检查，在 98kPa 气压下试验 1min，不得有漏气现象，若有气泡冒出，应做记号，以待焊修。另一种是用散热器检测器检测，如图 6-70 所示，把散热器检测器安装在散热器口上，对散热器施加 120～180kPa 的压力，检查冷却液渗漏情况，若有渗漏应做记号，以待焊修。

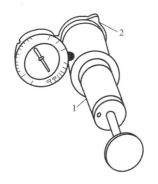

图 6-69 冷却系统压力测试仪
1—压力测试仪 2—散热器盖

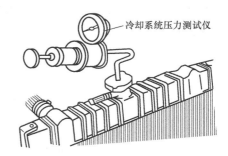

图 6-70 冷却系统压力试验

（3）散热器盖的检查 将散热器检测器安装在排水口上，泵压检测器直到排气阀打开为止。在标准值 75～105kPa 时，阀门应处于开放状态。当冷却液温度下降，冷却系统中产生的真空度达 0.98～11.8kPa 时，进气阀应开启。

（4）散热器的修理

1）散热器上、下水室的修理。散热器上、下水室碰伤塌陷，可在凹陷底部焊一钩环，然后将凹陷处拉起，并用小锤修理四周。散热器上、下水室有腐蚀或小孔时，可在清除水垢后，在其表面涂抹氯化锌溶液，再放入焊锡锅内镀锡。上、下水室有较大孔洞或裂缝时，可用 0.8mm 厚的铜皮进行焊补修复。

2）散热器芯管的修理。散热器芯管的修理方法有接管法、换管法和拼修法等。接管法适用于外层散热器芯管破损且损坏长度不大时的情况。方法是用尖嘴钳拆去已损坏的散热管上的散热片，剪下已损坏的一段散热器芯管。从芯管的端头插进通条，穿过剪去部分的上下口，用尖嘴钳将上下接口整理平直，从废旧散热器上剪截一段可用的芯管，其长度较需镶接的部分增加 10mm，并将两端接口部分稍为扩大，使其能套在待修芯管的上下接口。将镶接管套接于待修散热器的接口上，同时从芯管的端头插进通条，并将接口处理平顺。在接口处涂抹一层氯化锌铵溶剂，用氧-乙炔焊炬加热，将接口用铆焊焊合。

4．节温器的检修

节温器用来控制通过散热器冷却液的流量。它装在冷却液循环的通路中，一般装在气缸盖出水口。由于蜡式节温器具有工作稳定、水流阻力小、流入散热器的流量较大、结构牢固、使用寿命长、耐热、耐冻、耐压等优点而广泛采用。蜡式节温器的结构如图 6-71 所示。

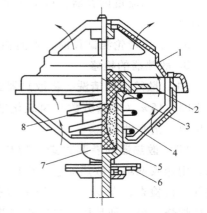

图 6-71　蜡式节温器的结构
1—支架　2—主阀门　3—推杆
4—石蜡　5—胶管　6—副阀
7—节温器外壳　8—弹簧

（1）**节温器的检查**　如图 6-72 所示，将节温器浸入装有水的容器中，并逐渐加热提高水温。检查阀门的开启时温度和阀门的提升情况。观察温度计，记下阀门开始开启时的温度、完全开启时的温度，以及全开时的升程。若不符合规定，应予更换。

节温器有低温和高温两种类型。低温型在 80~84℃时，阀门开始开启，在 95℃ 时的升程应大于 5mm；高温型在 86~90℃ 时，阀门开始开启，在 100℃ 时的升程为 8mm。如节温器在常温下开启或在冷态时关闭不严，都应更换。

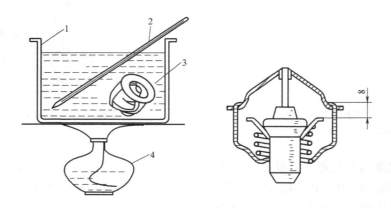

图 6-72　节温器检查
1—烧杯　2—温度计　3—节温器　4—酒精灯

（2）**使用蜡式节温器应注意的问题**

1）由于蜡式节温器比折叠式节温器热容量大，当冷却液温度变化时，阀门的启闭反应不如折叠式节温器快。故凡装有蜡式节温器的发动机，应待发动机冷却液温度达到正常后方可起步，以免因起步后立即以高速行驶或因发动机超负荷工作而引起冷却液温度突然上升。

2）蜡式节温器内的蜡如果泄漏，弹簧就顶紧阀门，水道的水流只能经旁通管进行小循环，而不能流向散热器。这样，若发动机继续工作，将导致其过热以致造成严重事故。因此，应定期检查节温器，必要时予以更换。

5. 风扇离合器检修

风扇叶片出现破损、弯曲、变形后，应及时更换。汽车行驶中，风扇工作的时间不到 10%，而普通风扇要消耗发动机功率的 5%~10%，因此，许多汽车发动机采用自动风扇离合器，控制风扇的风量，以改变冷却强度。风扇离合器有硅油式、电磁式和机械式三种类型。

（1）硅油式风扇离合器 硅油式风扇离合器，是根据流过散热器空气的温度，自动控制风扇的转速。其工作状况可用以下方法检查。

1）起动发动机，以中速运转 1~2min，在风扇开始旋转前关闭发动机，用手旋转风扇叶片应感觉较轻。

2）起动发动机，待温度上升到 85℃后，风扇应能非常有力地旋转。风扇不转或旋转无力，都说明有故障。

3）在发动机熄火后，硅油式风扇离合器刚结束工作时，用手拨动风扇叶片应感觉沉重。这是因为工作腔里充满了硅油。

4）在发动机热机情况下，通过观察双金属感温盘簧及转轴的运动情况，来判断硅油式风扇离合器的工作是否正常。检查时把螺钉旋具插入双金属感温盘簧的外末端处，从固定槽内把盘簧外端撬出，然后逆时针转动盘簧，直到感觉被绊住为止，不得用力迫使盘簧的外端转过止动处。如果轴不随盘簧的外端转动而转动，即阀片不能打开从动板上的进油孔，则表明该离合器已损坏，应解体、清洁、润滑阀片轴或更换新的硅油式风扇离合器。检查后，将盘簧外端压入固定槽内。

硅油式风扇离合器内硅油流失会导致风扇不转或转速过低，只要适量补充硅油，并做好密封，风扇离合器就可以正常工作。

（2）电磁式风扇离合器 电磁式风扇离合器由温度传感器控制风扇电动机直接驱动，发动机温度在 85~90℃时，风扇开始工作；发动机温度达到 95℃左右时，风扇开始低速旋转；发动机温度上升到 100℃左右时，风扇开始高速旋转。故障检查方法是使风扇离合器脱离温控器的控制，打开点火开关，风扇应运转平稳，工作电流符合原厂设计规范。

（3）机械式风扇离合器 采用形状记忆合金螺旋弹簧为温控和压紧装置。如图 6-73 所示，主动件和摩擦片为主动部分，它由滚动轴承支撑于主动轴上的从动件之间，采用摩擦传动。形状记忆合金螺旋弹簧位于主动件与主动轴前盖之间，长度随温度变化而快速变化，当散热器后面的空气温度在 50℃ 以下时，弹簧保持原状，离合器处于分离状态；当温度超过 50℃弹簧开始伸长，推动主动件后移，使离合器逐渐接合，直到温度达 60℃时，

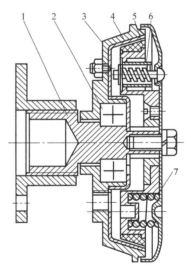

图 6-73 温控和压紧装置
1—主动轴 2—滚动轴承 3—从动件
4—摩擦片 5—主动件 6—复位弹簧
7—形状记忆合金螺旋弹簧

离合器完全接合，弹簧不再随温度继续升高而伸长。当环境温度下降到 54℃时，离合器开始分离，风扇速度随之降低；当温度降到 40℃时，离合器完全分离，轴承只是在轴承摩擦

力矩作用下，很缓慢地转动。

6.6 汽油机电子控制系统维修

6.6.1 汽油机电子控制系统的组成及工作原理

汽油机电子控制系统技术集中体现在汽油喷射技术、点火控制技术、排放控制技术、进气增压控制技术、自诊断技术等方面。图 6-74 所示为现代汽油直接喷射发动机控制系统基本组成。

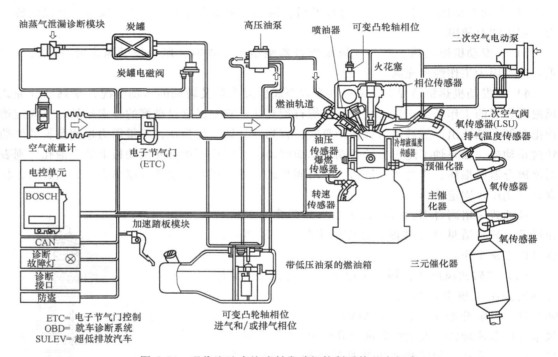

图 6-74　现代汽油直接喷射发动机控制系统基本组成

1. 汽油机电子控制系统的组成

汽油机电子控制系统主要由传感器、电控单元（ECU）和执行器三部分组成。图 6-75 所示为汽油机电子控制系统基本组成示意图。

在发动机电子控制系统中，传感器的作用是检测发动机各种运行状况的机械动作或热效应等方面的物理量信息，转换成相应的模拟或数字电信号，并传输给电控单元。传感器是一个完整的测量装置，它是电子控制系统的关键部件，如果没有各种传感器，电控单元就无法实现对发动机的有效可靠控制。实际发动机的电子控制系统应有多少个传感器，取决于控制功能的数目和实现控制功能所需考虑的影响因素（控制精度）。一般而言，控制功能的数目越多，涉及的影响因素越多，所需的传感器也越多。

电控单元（ECU）主要由输入回路、A/D 转换器、微型计算机和输出回路四部分组成，是一种实现多项控制功能的电子控制装置。其基本功能包括接收传感器或其他装置输入的信

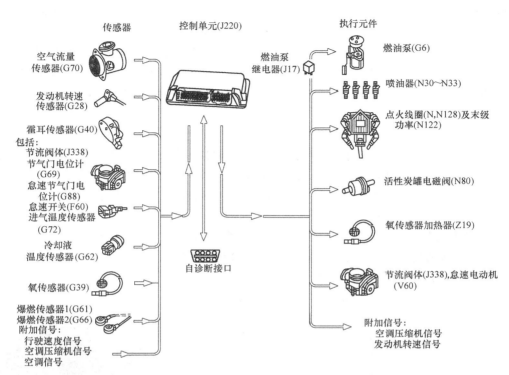

传感器　　　　　控制单元(J220)　　　　执行元件

空气流量
传感器(G70)

发动机转速
传感器(G28)

霍耳传感器(G40)
包括:
节流阀体(J338)
节气门电位计
(G69)
急速节气门电
位计(G88)
急速开关(F60)
进气温度传感器
(G72)

冷却液
温度传感器(G62)

氧传感器(G39)

爆燃传感器1(G61)
爆燃传感器2(G66)
附加信号:
行驶速度信号
空调压缩机信号
空调信号

自诊断接口

燃油泵
继电器(J17)

燃油泵(G6)

喷油器(N30～N33)

点火线圈(N,N128)及末级
功率(N122)

活性炭罐电磁阀(N80)

氧传感器加热器(Z19)

节流阀体(J338),急速电动机
(V60)

附加信号:
空调压缩机信号
发动机转速信号

图 6-75　汽油机电子控制系统基本组成示意图

息,为传感器提供参考(基准)电压(2V、5V、9V、12V);将输入信息转变为微型计算机能接受的信号;存储、计算、分析处理信息;存储车型特征参数;存储运算中的数据(随存随取);存储故障信息;根据信息参数求出执行命令数值,输出执行命令,把弱信号变为强的执行命令;将输出的信息与标准值对比,查找故障,输出故障信息;自我修正功能(自适应功能)。在发动机电子控制系统中,ECU 不仅控制燃油喷射,还控制进气、点火提前角、急速、增压、排放、自诊断、失效保护和备用系统等多项功能。

执行元件是受 ECU 控制,完成某项控制功能的装置。在汽油机电子控制系统中,执行元件的动作,大多由 ECU 控制执行元件电磁线圈的搭铁回路实现。也有一些执行元件是由 ECU 控制的某些电子控制电路操纵,如电子点火控制器等。

2. 汽油机电子控制系统的控制功能

汽油机电子控制系统的控制功能因发动机的形式、制造厂、生产的年份等有很大的差异。一般而言,生产年份较早的发动机,电子控制系统的控制功能相对较少,近年生产的汽油机的电子控制系统所具有的控制功能已有很大的扩展,以下为这些功能的概述。

(1) 汽油喷射控制 汽油喷射控制是汽油机电子控制系统最主要的控制功能。汽油机电子控制系统对汽油喷射的控制主要包括喷油量、喷油正时、汽油停供及电动汽油泵控制等。

在汽油机电子控制系统中,喷油量由 ECU 根据发动机转速、空气流量及其他输入信号确定;喷油正时控制与汽油喷射方式有关,当采用同步顺序喷射方式时,根据发动机运行工况,按各缸的发火顺序,将喷射时间控制在一个最佳的时刻。

当点火开关打开后,ECU 首先使电动汽油泵工作 2~3s,以建立必需的油压。此时若不起动发动机，ECU 将切断电动汽油泵的控制电路，使电动汽油泵停止工作。在发动机起动过程和运转过程中，ECU 控制电动汽油泵保持正常运转。

喷油正时分为同步喷射和异步喷射。同步喷射是指在既定的曲轴转角进行喷射，在发动机稳定工况的大部分时间里，燃油系统以同步方式工作。异步喷射是根据传感器的输入信号控制喷油时间，与曲轴的旋转角度无关，在起动、加速等过渡工况，喷油系统以异步方式工作。

ECU 对汽油停供的控制包括减速断油和限速断油两种情况。在汽车行驶中，当驾驶人快速收起加速踏板时，为了降低减速时 HC 及 CO 的排放量，ECU 将切断汽油喷射控制电路，停止喷油；在汽车加速时，当发动机转速超过安全转速或汽车车速超过设定的最高车速，ECU 将切断汽油喷射控制电路，停止喷油，防止超速；当发动机转速降至某一设定转速或低于安全转速时，又恢复供油。

（2）**点火控制**　点火控制是汽油机电子控制系统第二个主要的控制功能。汽油机电子控制系统对点火的控制主要包括点火提前角、闭合角及爆燃等控制。

1）点火提前角控制。在发动机电子控制系统中，点火提前角通常包括三部分内容：初始点火提前角、基本点火提前角及修正点火提前角。发动机运转时，ECU 首先根据发动机的转速和负荷信号，根据所存储的发动机各种运行工况下最理想的点火提前角，确定基本点火提前角，其关系如图 6-76 所示。然后由其他有关信号对基本点火提前角进行修正，最后确定实际的点火提前角。实际的点火提前角为这三部分之和，即

实际的点火提前角＝初始点火提前角＋基本点火提前角＋修正点火提前角（或点火延迟角）

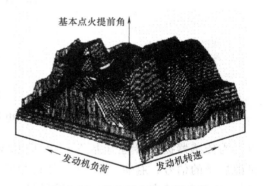

图 6-76　确定基本点火提前角

点火提前角（点火正时）控制包括两种基本工况控制，一是起动期间的点火控制，即发动机起动时，在固定的曲轴转角位置点火，点火时刻与发动机工况无关；二是起动后发动机正常运转期间的点火正时控制，此时的点火正时由进气歧管压力信号（或进气量信号）和发动机转速信号来决定基本点火提前角及修正点火提前角。修正项目随发动机型号而异，并根据发动机各自的特性曲线进行修正。

2）闭合角控制。由于点火能量的高低是由点火线圈初级电流的大小决定的，而该电流是按指数规律变化的，通电时间越长，其值越接近幅值，断电后在次级线圈中产生的感应电动势越高，点火能量就越大。为了使点火线圈次级产生足够高的电压，同时防止通电时间过长使点火线圈过热损坏，ECU

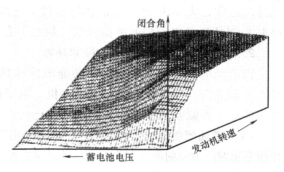

图 6-77　确定闭合角

根据蓄电池电压及发动机转速确定闭合角，即点火线圈初级的通电时间，其关系如图 6-77 所示。

发动机正常工作时，由于接近压缩终点的混合气已具有很高的温度，所需的火花能量较小（1~5mJ），而在发动机起动、急速及节气门急剧打开时则需要较高的火花能量。为了保证可靠点火，一般应保证有50~80mJ的点火能量。目前采用的高能点火装置，一般点火能量均要求超过80~100mJ。电流过大会造成点火线圈发热乃至损坏以及电能损耗的加大。因此，科学地控制点火线圈的通电时间，是点火控制的要素之一。

3）爆燃控制。对于爆燃的控制，ECU首先对经过滤波处理的爆燃传感器输出信号进行判定，然后根据发动机是否发生爆燃做出不同的响应。若发动机发生爆燃，ECU立即减小点火提前角；若无爆燃，则加大点火提前角。通过不断地加大或减小点火提前角，使发动机实际的点火提前角保持在接近爆燃的临界位置。

（3）**急速控制**　急速控制是ECU在空调压缩机工作、变速器挂入档位、发电机负荷加大等不同急速运行工况下，通过控制急速控制阀，使发动机始终在最佳急速转速运转。

（4）**排气净化控制**　在汽油机电子控制系统中，对排放的控制主要有开环与闭环控制、废气再循环（EGR）控制、二次空气喷射控制、活性炭罐泄放阀控制等。

在装有氧传感器及三元催化净化装置的发动机中，电控单元根据发动机的运行工况和氧传感器的反馈信号，确定对汽油喷射实行开环控制或闭环控制。

当发动机工作温度达到一定时，ECU根据发动机负荷和转速，控制废气再循环控制阀动作，实行废气再循环，以降低NO_x的排放量。

二次空气喷射控制是ECU根据发动机工作温度，对喷入排气歧管或三元催化转化器中的新鲜空气进行控制，以减少废气中有害物的排放量。

活性炭罐泄放阀控制是ECU根据发动机工作温度、转速、负荷等信号，控制活性炭罐泄放阀的动作，以降低汽油蒸发物的污染。

（5）**进气控制**　汽油机电子控制系统对进气的控制主要包括动力阀控制、涡流控制及增压控制等。

动力阀控制是ECU根据发动机的负荷，控制动力阀动作，以改善发动机的输出转矩与动力性。

涡流控制是ECU根据发动机的负荷和转速信号，控制涡流控制阀动作，以提高发动机大负荷下的充气效率，改善输出转矩和动力性。

增压控制是ECU根据进气歧管压力传感器的输入信号，控制排气通道切换阀动作，从而控制废气涡轮增压器工作或停止工作。

（6）**警告提示、故障自诊断和失效保护**　警告提示功能是当控制系统发生故障时，ECU控制各种指示和警告装置及时发出警告信号，使驾驶人能根据故障情况适时做出处理。

故障自诊断功能是在控制系统发生故障时，ECU除了发出警告提示外，并将故障信息以代码方式储存到ECU中，以供检修时调用和参考。

失效保护功能是在控制系统发生故障时，ECU除了完成以上两项控制功能外，自动按ECU中预置的程序和设定的控制值，保持发动机继续运行，使汽车能以较差的性能行驶到修理厂进行检修。

6.6.2　电控汽油喷射发动机控制系统的故障诊断

1. 电控汽油喷射发动机诊断测试基本原则

计算机控制系统是电控汽油喷射发动机控制系统的核心部分，其技术状况的好坏对发动机的性能、可靠性和使用寿命是至关重要的。然而，在汽车上计算机控制系统的工作环境十分恶劣，受到发动机工作时的高温、高压电、电磁波以及振动、潮湿、腐蚀性物质等强烈干扰和影响。为了提高发动机控制系统工作的可靠性和使用寿命，在使用和维修中应严格执行使用和维修手册中的规定，并坚持下述基本原则。

1）电控发动机出现故障时，首先应确定是发动机本身的问题还是电控系统的问题，切不可盲目拆检。

2）诊断时只要点火开关接通，无论发动机是否运转，绝对不允许断开各主要用电设备。

3）当接通点火开关，发动机起动后故障灯不熄灭，或汽车运行中故障灯亮，表明控制系统出现故障，应及时调出故障码，并排除故障。在排除故障的过程中应切断点火开关，但不可拆卸蓄电池的电缆线，否则，存储的故障码将丢失。对于除发动机控制系统外还具有其他控制系统的车辆，如自动变速器控制、防抱死制动控制等，拆卸蓄电池的操作应按维修手册的规定进行，并应在拆卸蓄电池之前调出其他各控制系统的故障码。

4）诊断中若需拆除和插装线路接头时应特别小心，拆除线路接头或打开卡锁和拉出接头时应将力用在接头上，先松开锁紧弹簧或按下卡锁，再拉出接头；插装线路接头时，要使接头全部插入，并将卡锁锁住。除在测试方法中特殊指明外，不应使用指针式万用表或欧姆表测试计算机或传感器，应使用高阻抗（大于 $10M\Omega$）的数字式万用表进行测试。用万用表检查线路接头时，如果接头是防水型的，应仔细取出防水橡胶套；当检查电阻、电流或电压时，将万用表表笔插进线束端的接头里，插入时不可对接头过分用力；检查后，在接头上可靠地安装防水橡胶套。

5）在进行电控汽油喷射系统检修作业之前，必须先拆下蓄电池搭铁线，以免损坏机件。当需要拆卸油管时，为防止汽油流出，必须先放泄掉管路内的压力，通常采用的方法是拔掉电动汽油泵导线插头，再起动发动机直至发动机自行熄火。由于电动汽油泵的控制开关不仅受点火开关控制，还受空气流量计内的油泵开关控制，在点火开关接通时，电动汽油泵并不工作，只有在发动机正常工作或起动时，当空气流量计内有空气流动时，电路才被接通。

6）诊断电控发动机故障时，一般总是先检查下列系统的工作情况：电控单元控制电源（蓄电池、易熔线、熔断器）；车身搭铁线；汽油供给系统（泄漏、汽油滤清器、电动汽油泵）；点火系统（火花塞、高压线、分电器、点火器和点火线圈）；空气供给系统（真空泄漏）；排气控制系统（曲轴箱强制通风系统、废气再循环系统）；其他（点火正时、怠速调整）等。

7）控制系统中线路发生的故障通常是由配线和插接器接触不良造成的，检查时应检查接头线端有无弯曲、是否完全插入并扣牢，当用手摇动或振动接头时检查信号是否改变。

2. 电控汽油喷射发动机故障检测程序

电控汽油喷射发动机故障检测程序框图如图 6-78 所示。

（1）**向用户调查** 为了迅速查找到故障源，首先必须了解故障的情况、出现的条件、如何发生以及是否已经检修等与故障有关的情况和信息。为此，必须认真了解用户对故障现象的描述。

（2）**目测检查** 目测检查的目的是在进入更为细致的测试和诊断之前，可消除一些一

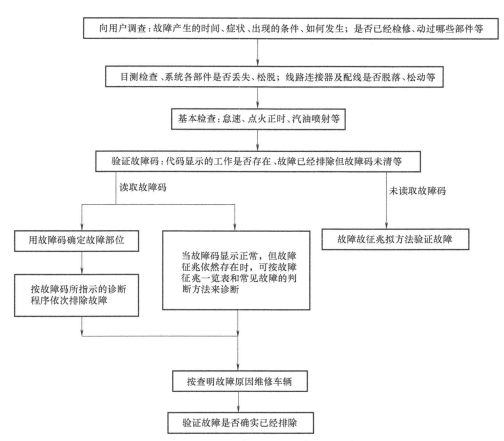

图6-78 电控汽油喷射发动机故障检测程序框图

般性的故障因素。其内容包括：拆除空气滤清器，检查滤芯及其周围是否有脏物、杂质或其他污物，必要时更换；检查真空软管是否破裂、老化或挤坏；检查真空软管是否堵塞，其经过的路径和接头是否恰当；检查电控系统电路线束的插接情况，包括传感器或执行器的电气连接器是否良好、线束间的插接器（接头）是否松动或断开、导线绝缘层是否损坏、导线是否断裂等；检视每个传感器和执行器有无明显的损伤；运转发动机并检视进、排气管及氧传感器处是否有泄漏等。对发现的故障进行必要的排除，并重新装上空气滤清器。

（3）**基本检查** 当故障码显示正常而发动机存在故障征兆时，在按征兆进行诊断之前，应按图6-79所示步骤进行基本检查。

基本检查主要包括基本怠速转速的检查、基本点火正时的检查以及燃油压力的检查等。

1）基本怠速转速的检查。起动发动机使冷却液温度达正常工作温度，关掉所有附属电器装置和空调电源开关，将变速杆置于空档，检查发动机怠速转速，当进气温度在10℃以上时，正常怠速转速为600~700r/min；当进气温度低于10℃时，正常怠速转速为700~850r/min。若怠速转速不符合要求，需要进行检查与调整。

2）基本点火正时的检查。起动发动机使冷却液温度达到正常值，将变速杆置于空档，将发动机转速稳定在怠速转速，检查基本点火正时，正常范围为8°~12°。计算机控制的直接点

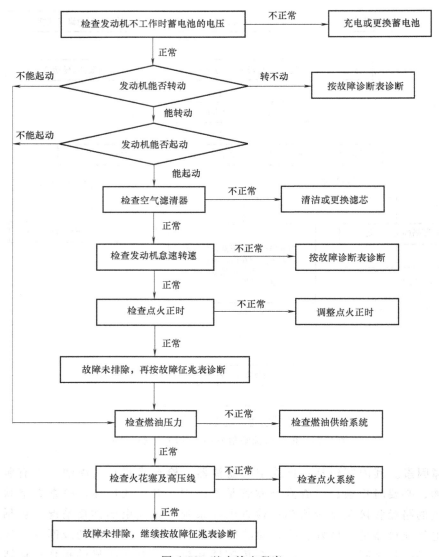

图 6-79　基本检查程序

火系统，其基本点火提前角大多是固定的，无法也无须再作调整，故只做点火正时检查。

　　3）燃油压力检查。测量燃油系统油压，一般标准压力应为 265～304kPa。若油压过高，则应更换燃油压力调节器；若油压过低，则应检查油路有无渗漏，以及燃油泵、滤清器、燃油压力调节器等。急速时的标准燃油压力为 196～235kPa。当拆下燃油压力调节器上的真空软管并用塞子塞住管口时，急速时的油压为 265～304kPa。如果压力不符合要求，则应检查真空软管和燃油压力调节器。发动机熄火后，检查油压表的读数是否能在 5min 内不降低（检查剩余压力，5min 剩余压力应为 140～150kPa），如不符合要求，应检查燃油泵、燃油压力调节器和喷油器。

　　3. 电控汽油喷射发动机检修注意事项

　　现代汽车电控系统是一个比较复杂的计算机控制系统，在对系统进行检查和故障诊断

时，需要掌握系统的方法和步骤，切不可随意乱动或用一般电路故障的检查方法进行检查。检修时应注意：

1）不要打开电控单元盖，因为计算机即使损坏也无法修理，若是好的，打开后很可能将电控单元损坏或破坏其密封性。

2）雨天检修及清洗发动机时，应防止将水溅到电子设备及线路上。

3）在拆下导线连接器时，要注意松开锁紧弹簧或按下锁扣。在装插连接器时，应插到底并锁止。

4）配线和连接器的故障，主要是断路、短路和搭铁。断路故障主要由导线折断、连接器接触不良、连接器端子拔出等造成。一般导线在中间折断很少见，大多是在连接处断开，因此应仔细检查传感器和连接器处的导线。接触不良可能是由于连接器端子氧化锈蚀，污物进入端子或连接器插头与插座之间接触压力过小所致，把连接器分开后，经检查、清洁、打磨、修整后再重新插上，可能会恢复正常接触。如果在进行故障诊断时，分别检查配线和连接器均正常，插回后检查，故障消失，则有可能是配线和连接器接触不良所致。短路故障主要由电气配线与车身搭铁，或者在开关内部短路所致。检查电气配线与车身之间是否短路时，应注意检查有无导线卡在车身内，或者与车身车架有摩擦将绝缘层磨破漏电。

5）检查线路断路故障时，应先脱开电控单元和相应传感器的连接器，然后测量连接器相应端子间的电阻以确定是否断路或接触不良。

6）检查导线是否有搭铁短路故障时，应拆开线路两端的连接器，然后测量连接器被测端子与车身搭铁之间的电阻值，电阻值大于 $1\text{M}\Omega$ 为合格。

7）检查外观和接触压力。断开连接器，检查连接器端子上有无氧化锈蚀或污物，检查端子是否松动或损坏，端子固定是否牢固。

4. 电控汽油喷射发动机间歇性故障模拟方法

在故障诊断中往往遇到隐性故障，即有故障但没有明显的故障征兆，遇此情况必须进行全面的故障分析，然后模拟与用户车辆出现故障相同或相似的条件和环境进行试验，以便找出故障所在。在故障征兆的模拟试验中，不仅要对故障征兆进行验证，还应找出故障的部位或零部件。因此，在试验前必须把可能发生故障的电路范围尽可能缩小，然后再进行故障征兆的模拟试验，判断被测试的电路是否正常，同时也验证了故障征兆。故障征兆的模拟方法主要有以下四种。

(1) 振动法 当振动可能是引起故障的原因时，即可采用振动法进行试验。基本步骤如下：

1）检查连接器。在垂直和水平方向轻轻摆动连接器，观察有无故障出现或者消失。

2）检查配线。在垂直和水平方向轻轻摆动配线。尤其是连接器的接头、支架和穿过开口的连接器等部位都应仔细检查，观察有无故障出现或者消失。

3）检查传感器。用手轻拍装有传感器的零部件，检查是否失灵，但不可用力拍打继电器。

(2) 加热法 当有些故障只是在热车时出现，可能是因有关零部件或传感器受热而引起的。可用电吹风或类似加热工具加热可能引起故障的零部件或传感器，检查是否出现故障。但必须注意以下事项：

1）加热温度不得高于60℃（温度限制在不致损坏电子元器件的范围内）。

2）不可直接加热电控单元中的元件。

（3）水淋法 当有些故障是在雨天或高湿度的环境下产生时，可用水喷淋在车辆上，检查是否发生故障。但必须注意以下事项：

1）不可将水直接喷淋在发动机电控零部件上，而应喷淋在散热器前面，间接改变温度和湿度。

2）不可将水直接喷射到电子元器件上。

（4）电器全接通法 当怀疑故障可能是因用电负荷过大而引起时，可接通车上全部电气设备，检查是否发生故障。

6.6.3 电控汽油喷射发动机控制系统的检修

1. 进气系统检修

在电控汽油喷射系统中，计算机主要根据空气流量计测得的空气流量信号或进气管压力传感器测得的进气歧管压力信号来控制喷油量，因此，进气系统密封不严漏气，将对发动机工作带来严重影响。为此在检修时应注意以下事项：

1）发动机机油尺、机油加注口盖、连接软管等的脱落均会引起发动机工作失常。

2）当空气流量计以后的进气系统零件、管件松脱、裂开时，将吸入空气，导致发动机工作失调。检修时应对上述部位是否漏气进行认真检查。

（1）空气流量计及其线路检修

1）叶片式空气流量计的检修。叶片式空气流量计的结构如图6-80所示。叶片式空气流量计的检测方法主要有元件单独检测和在线检测两种。元件单独检测主要是在传感器与线路不连接的情况下，对传感器内部情况进行检测，一般检测有关端子之间的电阻值或通断情况，如图6-81所示；在线检测是传感器在工作状态时检测有关端子的电压，在线检测是对传感器、ECU及连接导线的综合检测。

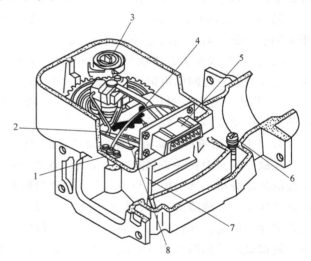

图6-80 叶片式空气流量计的结构

1—进气温度传感器 2、8—电动汽油泵触点
3—卷簧（回位弹簧） 4—电位计 5—导线连接器
6—CO调节器 7—旋转叶片

① 元件单独检测。关闭点火开关，拔下空气流量计与ECU连接线插头，测量空气流量计各端子之间的电阻值。

测量端子FC-E1之间的电阻值，当叶片不转动时，FC与E1之间不通，用手稍稍拨动叶片，FC与E1之间导通（电阻值<1Ω），说明油泵开关正常，否则油泵开关损坏；也可分别测量端子VC-E2之间、VS-E2之间、THA-E2之间的电阻值。上述各端子之间的电阻值应符合表6-13所列值。

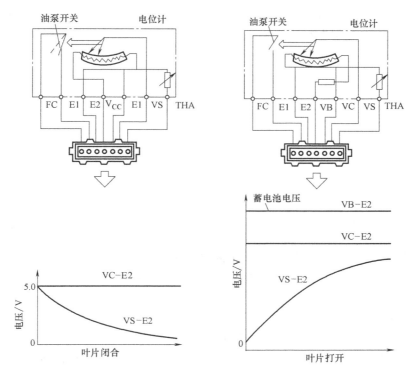

图 6-81　检测有关端子之间的电阻值或通断情况

表 6-13　端子之间的电阻值

端子	电阻值/Ω
VC-E2	200~600
VS-E2	200~400
THA-E2	10000~200000
	4000~7000
	2000~3000
	900~1300
	400~700

② 在线检测。

a. 接通点火开关，但不要起动发动机。

b. 找出 ECU，测量 ECU 插接器相应端子的电压，应符合表 6-14 的值。如不符合表6-14 的值，还应检查 ECU 与空气流量计之间的导线，若导线正常，则应检查或更换 ECU。

表 6-14　ECU 插接器相应端子的电压

端子	条件		标准电压/V
VC-E2	接通点火开关		4~6
		测量叶片全开	3.7~4.3
		测量叶片全关	0.2~0.5
	怠速		2.3~2.8
VS-E2	3000 r/min		0.3~1.0

2）卡门涡旋式空气流量计的检修。检测卡门涡旋式空气流量计的电路原理如图 6-82 所示，其插接器端子排列如图 6-83 所示。其中 THA 表示进气温度传感器。

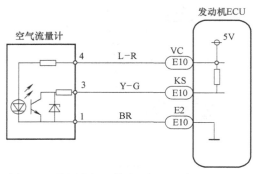

图 6-82 检测卡门涡旋式空气流量计的电路原理

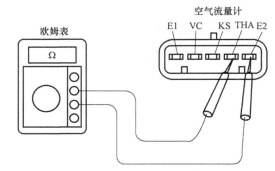

图 6-83 卡门涡旋式空气流量计插接器的端子排列

① 元件单独检测。拔下空气流量计插接器插头，测量端子 THA 与 E2 之间的电阻值，0℃ 时为 4~7kΩ；20℃ 时为 2~3kΩ；40℃ 时为 0.9~1.3kΩ。如不符合要求应更换空气流量计。

② 在线检测。

a. 找出 ECU，测量 ECU 插接器 KS 与 E2 端子之间的电压。

b. 接通点火开关，但不起动发动机，此时 KS 与 E2 端子之间的电压应为 4~6V。

c. 发动机运转时，KS 与 E2 端子之间电压应为 2~4V，进气量越大，电压越高。

d. 检测 VC 与 E2 端子之间的电压，正常值 5V，否则应检查 ECU 与空气流量计之间的导线或空气流量计；若电压不正常则应更换 ECU。

3）热线式空气流量计的检修。热线式空气流量计的连接器分为 5 端子和 6 端子两种。图 6-84 所示为日产尼桑车型热线式空气流量计与 ECCS（Electronic Concentrated Engine Control System，发动机电子集中控制系统）连接的电路原理图。其中端子 E 为蓄电池电压输入端，B 为信号输出端，D 为传感器搭铁端，F 为自清信号输入端。每当点火开关关闭后，ECU 通过 F 端子向流量计输入一个自清信号，使流量计内的加热电阻丝在 5s 内升温至 1000℃ 左右，并保持 1s 后切断电路，以便将残留在热线上的污垢和油渍等烧掉，以保证流量计的准确性。A 端子为调整 CO 的可变电阻输出端子。

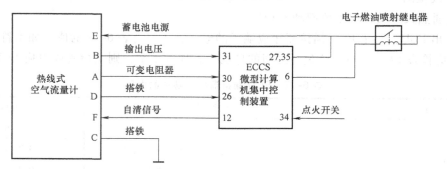

图 6-84 日产尼桑车型热线式空气流量计与 ECCS 控制的电路原理图

① 元件检测。

a. 如图 6-85a 所示，将蓄电池的电压加于 D、E 两端子之间，测量 B、D 之间的电压应为 2~4V。

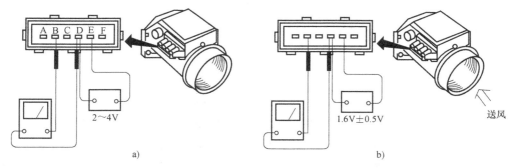

a)　　　　　　　　　　　　　　　　b)

图 6-85　热线式空气流量计元件检测

b. 如图 6-85b 所示，送风通过空气流量计，B、D 端子之间的电压应在 1~1.5V 之间变化。如所测电压不正常则应更换流量计。

② 在线检测。

a. 接通点火开关，但不起动发动机。

b. 测量 E、D 端之间的电压应有 12V。

c. 若无电压，再测量 E 与 C 端子之间的电压，其值若为 12V，则说明 D 端搭铁不良，应检查端子 D 与 ECU 之间的导线或 ECU 的搭铁线是否搭铁。

d. 测量 B、D 端子之间的电压，应为 2~4V。

e. 起动发动机，测量 B、D 端子之间的电压，应在 1~1.5V 之间变化。

f. 使发动机冷却液温度上升至 60℃ 以上，发动机转速上升超过 1500r/min，然后用电压表测量 F、D 端子之间的电压。关闭点火开关，电压应回零并在 5s 后又跳跃上升，1s 后再回零，这说明自清控制信号正常。

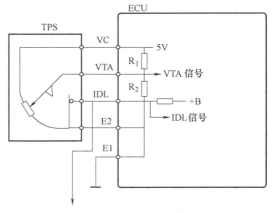

图 6-86　线性输出型节气门位置传感器与 ECU 的连接

（2）节气门位置传感器及其线路检修

1）线性输出型节气门位置传感器的检修。线性输出型节气门位置传感器与 ECU 的连接如图 6-86 所示。

① 元件检测。拔下传感器插接器插头，测量各端子之间的电阻值应符合表 6-15 所列值。如电阻值不正常，则应更换节气门位置传感器。

表 6-15　各端子之间的电阻值

节气门开度	端子 VTA-E2	端子 IDL-E2	端子 VC-E2
全闭	0.2~0.8kΩ	1Ω	固定值
全开	2.8~8.0kΩ	∞	固定值
从全闭到全开	逐渐增大	∞	固定值

② 在线检测。打开点火开关，但不起动发动机。测量各端子之间的电压应符合表 6-16 所列值。

表 6-16　各端子之间的电压

节气门开度	端子 VTA-E2	端子 IDL-E2	端子 VC-E2
全闭	0.7V	低于 1V	5V
全开	3.5~5.0V	4~6V	5V
从全闭到全开	逐渐增大	4~6V	5V

2）开关输出型节气门位置传感器的检修。开关输出型节气门位置传感器结构简单，只需测量其怠速触点和功率触点的通断情况即可判定其好坏。怠速触点在节气门全闭时应闭合，节气门略打开一点即断开。功率触点在节气门开度小于 50% 时应断开，节气门开度超过 50% 时应闭合。

（3）发动机转速与曲轴位置传感器、凸轮轴位置传感器及其线路检测

1）电磁式传感器的检修。电磁式传感器安装在曲轴前端的带轮之后，作为曲轴位置传感器。在带轮后端设置一个带有细齿的薄圆齿盘（用以产生信号，称为信号盘），它和曲轴带轮一起装在曲轴上，随曲轴一起旋转。在信号盘的外缘，沿着圆周每隔 4° 有一个齿。共有 90 个齿，并且每隔 120° 布置 1 个凸缘，共 3 个。安装在信号盘边沿的传感器盒是产生电信号的发生器，其结构如图 6-87 所示。发动机转动时，信号盘的齿和凸缘引起通过感应线圈的磁场发生变化，从而在感应线圈里产生交变的电动势，经滤波整形后，即变成脉冲信号，产生曲轴转角 1° 的信号。信号产生原理如图 6-88 所示。

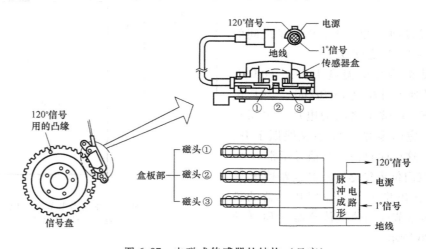

图 6-87　电磁式传感器的结构（日产）

① 元件检测。关闭点火开关，拔下传感器插头，用欧姆表测量传感器感应线圈的电阻值，测量值应符合原厂规定，其阻值一般为 300~1500Ω。

② 在线检测。

a. 用交流电压表 2V 档测量其输出电压：起动时应高于 0.1V，运转时应为 0.4~0.8V。

b. 用频率表测量其工作频率。

c. 用示波器检测其输出信号波形。

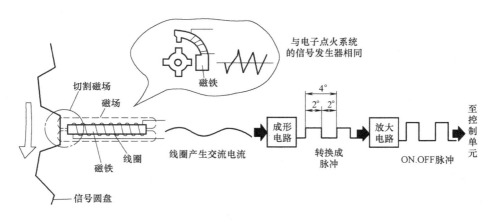

图 6-88 电磁式传感器信号产生原理

d. 如果在传感器上能检测到电压信号，而 ECU 插接器上检测不到信号，则应检查传感器至 ECU 之间的导线及插头。

2）光电式传感器的检修。光电式传感器的结构及工作原理如图 6-89 所示。光电式传感器可安装在凸轮轴上或分电器内，由信号发生器与带缝隙和光孔的信号盘组成。信号盘外围有 360 条缝隙，产生 1°（曲轴转角）信号；外围稍靠内侧分布着 6 个光孔（间隔 60°），产生 120°点火控制信号，其中有一个较宽的光孔是产生对应第一缸活塞到达上止点的基准信号的。信号发生器固装在分电器壳体上，主要由两个发光二极管、两个光敏晶体管和电子电路组成。两个发光二极管分别正对着光敏晶体管，发光二极管以光敏晶体管为照射目标。信号盘位于发光晶体管和光敏晶体管之间，当信号盘随发动机曲轴运转时，因信号盘上有光孔，产生透光和遮光的交替变化，造成信号发生器输出表征曲轴位置和转角的脉冲信号。

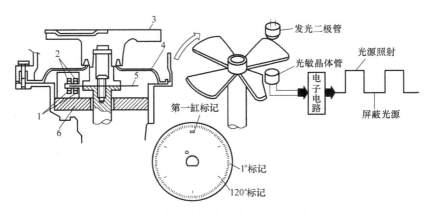

图 6-89 光电式传感器布置及工作原理

1—光敏晶体管 2—发光二极管 3—分火头 4—密封盖 5—遮光盘 6—线路基座

检修光电式传感器可按下述方法进行。

① 拔下传感器插头，打开点火开关，检查插头上电源端子与搭铁端子之间的电压，应为 5V 或 12V（视车型而异）。若无电压则应检查传感器至 ECU 的线路和 ECU 上相应端子的电压，若 ECU 端子有电压，则为传感器至 ECU 之间的线路断路，否则为 ECU 故障。

② 插回传感器插头，起动发动机，转速保持在 2500r/min 左右，测量传感器输出端子的电压，应为 2~3V，否则为传感器损坏。

③ 用示波器检测传感器的信号波形。

3）霍尔式传感器的检测。霍尔式传感器是利用霍尔效应的原理，产生与曲轴转角相对应的电压脉冲信号的。它是利用触发叶片或轮齿改变通过霍尔元件的磁场强度，从而使霍尔元件产生脉冲的霍尔电压信号，经放大整形后即为曲轴位置传感器的输出信号。霍尔信号发生器由永久磁铁、导磁板和霍尔集成电路等组成。内、外信号轮侧面各设置一个霍尔信号发生器。信号轮转动时，当触发叶片进入永久磁铁与霍尔元件之间的空气隙时，霍尔集成电路中的磁场即被触发叶片所旁路（或称隔磁），如图 6-90a 所示，此时传感器无霍尔电压输出；当触发叶片离开永久磁铁与霍尔元件之间的空气隙时，霍尔集成电路中的磁场饱和，如图 6-90b 所示，传感器输出霍尔电压。霍尔电压的变化反映了曲轴的位置，单位时间内霍尔电压的变化次数可反映发动机转速。

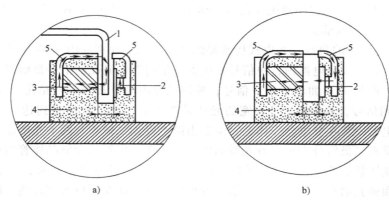

图 6-90 霍尔信号发生器工作原理

a）触发叶片进入空气隙，磁场被旁路

b）触发叶片离开空气隙，磁场饱和

1—信号轮触发叶片 2—霍尔元件 3—永久磁铁 4—底板 5—导磁板

检修霍尔式传感器可按下述方法进行。

① 拔下传感器插头，打开点火开关，检查插头上电源端子与搭铁之间的电压，应为 5V 或 12V（视车型而异）。若无电压则应检查传感器至 ECU 的线路及 ECU 上相应端子的电压，ECU 相应端子有电压，则为传感器至 ECU 之间的线路断路，否则为 ECU 故障。

② 插回传感器插头，起动发动机，测量传感器输出端子信号电压，应为 3~6V 或 10~14V，若无信号电压，则为传感器故障。

③ 用示波器检查传感器输出电压波形。

（4）进气压力传感器及其线路检修 进气压力传感器根据发动机的负荷状态测出进气歧管内绝对压力（真空度）的变化，并转换成电压信号，与转速信号一起输送到 ECU，提供计算喷油持续时间的基准信号。进气压力传感器与 ECU 的连接电路如图 6-91 所示。

检测方法如下：

1）拔下传感器插头，打开点火开关，测量插头上 VC 与 E2 端子之间的电压，应为 4.5~5.5V。若无电压，则应检查 ECU 上相应端子的电压。若 ECU 相应端子上的电压正常，

则为 ECU 至传感器之间的线路故障，若无电压则为 ECU 故障。

2）插回插头，拆下传感器上的软管，打开点火开关，测量 ECU 插接器上 PIM 与 E2 端子之间在大气压下输出的电压，应符合图 6-92 所示的输出特性。

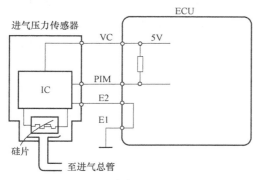

图 6-91 进气压力传感器与 ECU 的连接电路

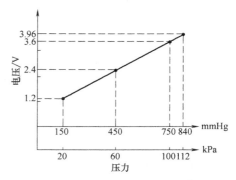

图 6-92 进气压力与输出电压的关系

3）对传感器施以 13.3~66.7kPa 的负压（真空度），再测 ECU 插接器上 PIM 与 E2 端子之间的电压，应符合表 6-17 所列值。

表 6-17 真空度与 PIM 和 E2 之间电压的关系

真空度/kPa	13.3	26.7	40.0	53.5	66.7
电压/V	0.3~0.5	0.7~0.9	1.1~1.3	1.5~1.7	1.9~2.1

（5）进气温度、冷却液温度传感器及其线路检修 进气温度传感器通常安装在空气滤清器之后的进气软管上或空气流量计上，还有的在空气流量计和谐振腔上各装一个，以提高喷油量的控制精度。冷却液温度传感器用于检测发动机冷却液温度，传感器安装在发动机冷却液通路上，冷却液温度的变化将引起电阻值的变化，进气温度和冷却液温度传感器工作原理相同，内部是一个具有负温度电阻系数的热敏电阻，外部用环氧树脂密封。

进气温度传感器、冷却液温度传感器两者检测方法相同。

1）元件检测。拆下传感器，测量传感器 THW、THA 端子与 E2 端子之间在不同温度下的电阻值，应符合其特性曲线相应温度下的电阻值（见图 6-93）。否则应更换传感器。

2）在线测量。

① 拔下传感器插头，打开点火开关，测量插头上 THW、THA 端子与 E2 端子之间的电压，应为 5V。若无电压，则应检查 ECU 插接器上 THW 与 THA 端子之间的电压，若为 5V，则为 ECU 与传感器之间的线路故障，若无 5V，则为 ECU 故障。

② 插回插头，起动发动机，测量传感器 THA、THW 端子与 E2 端子之间在不同温度下

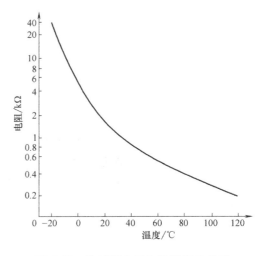

图 6-93 传感器电阻与温度变化关系

的电压，应在 4~5V 之间变化，温度越低电压越高，温度越高电压越低。

2. 汽油喷射系统检修

汽油喷射系统的作用是根据发动机工作所需，供给最适量的汽油。系统主要由汽油供给装置、传感器和控制装置等组成。在电控汽油喷射系统中，汽油供给系统及其控制电故障将直接影响发动机的性能，因此对汽油喷射系统及其控制电路的检修也是重要内容之一。

（1）汽油喷射系统的油压检查　汽油喷射系统的油压是保证发动机正常工作的必备条件，在检修时首先要检测系统油压。检测方法如下：

1）将系统残余油压泄掉，将油压表接入管路中。

2）分别在下列条件（工况）下检查油压。

① 静止油压。打开点火开关但不起动发动机，ECU 控制汽油泵工作 2~3s，配备叶片式空气流量计的电喷发动机可跨接汽油泵使之运转 2~3s。

② 起动工况油压。

③ 怠速工况油压。

④ 正常运行工况油压。

⑤ 系统最高油压。压力表指示油压应比没夹住回油管时高 2~3 倍，否则汽油泵性能下降，泵油压力不足。

⑥ 管路油压回落检查。接通点火开关并连续起动 15s，记下油压表所指示的压力，待 30s 后再次观察油压表指示的压力，其值不应回落。表 6-18 所列为供油压力与供油量的规定值。

表 6-18　供油压力与供油量的规定值

喷油系统类型	测试项目		压力值/MPa	测试条件
MPI	系统压力		0.25~0.35	汽油泵运转或怠速
	系统保持压力	10min 后	大于 0.20	发动机熄火后开始
		20min 后	大于 0.15	
	汽油泵压力		0.5~0.7	汽油泵运转
	汽油泵保持压力		0.35	汽油泵停转
	汽油泵供油量（L/min）		0.2~2.6	汽油泵运转
SPI	系统压力		0.07~1.10	汽油泵运转或怠速
	调节压力		0.10	
	调节保持压力		0.05	
	汽油泵压力		0.30	汽油泵运转
	汽油泵供油量（L/min）		0.85~1.5	汽油泵运转

（2）汽油泵控制电路的检查　要检查汽油泵控制电路，首先必须熟悉该车型的汽油泵控制电路，不同车型汽油泵控制电路各有差异，因此，检查的方法、步骤不尽相同，但检查的基本方法和思路是相同的。图 6-94 所示为具有转速控制的汽油泵控制电路，大致可按下列步骤检查。

1）检查汽油泵的电源供给电路。汽油泵电源供给电路一般受 EFI 主继电器及熔断器控制，当熔断器断路或主继电器出现故障时，接通点火开关，汽油泵控制 ECU 的 +B 端子将无

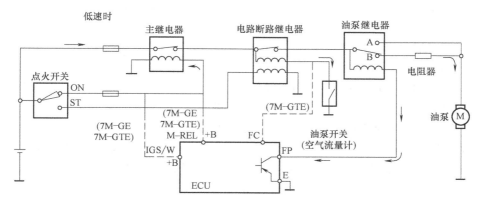

图 6-94　具有转速控制的汽油泵控制电路

电压。

2）检查汽油泵控制电路。汽油泵控制电路主要由油泵继电器控制，油泵继电器受 ECU 控制。

① 检查油泵继电器和油泵 ECU。

② 检查油泵调速附加电阻（旁路电阻）。

③ 检查 ECU 控制线路 FC、FPC、DI 等端子（丰田车系），切诺基汽车检查 SBEC Ⅱ 控制器 51 端子。

（3）**汽油泵检查**　拔下汽油泵线路插接器，用万用表欧姆档测量油泵电动机插接器插座两端子之间的电阻值。若电阻为无穷大，则电动机内部有断路故障或电刷接触不良。若电阻为零，则电动机内部有短路故障。这两种情况均应更换汽油泵。

（4）**喷油器及其控制电路的检修**　喷油器是汽油供给系统中的重要组成部件，其性能好坏及其控制电路对发动机工作性能及能否工作影响很大。喷油器及其控制电路的检修主要有以下内容。

1）喷油器工作状况的检查。在发动机热起动后使其怠速运转，将螺钉旋具或听诊器放在喷油器上方，若能听到各缸喷油器发出的清脆均匀且有节奏的"嗒、嗒"声，表明喷油器工作正常。若某缸喷油器的工作声音很小或听不见工作声，表明该缸喷油器工作不正常或完全失效，应对喷油器及控制电路进行检修。若发动机杂声较大，声音不很明显，可拔掉喷油器线束插头后测听响声是否消失。若各缸喷油器工作声音清脆均匀，表明喷油器良好。

2）喷油质量的检查

① 喷油器油束形状检查。拆下喷油器，安装到喷油器试验台上，起动喷油器试验台，观察喷油器的工作情况，性能良好的喷油器油束应呈圆锥形状，油束喷射角度一般为 20°~30°。

② 喷油器滴漏检查。起动喷油器试验台，设置测试系统油压为 0.35MPa，可观察喷油器的喷嘴，在 1min 内滴漏不允许超过 1 滴。

③ 喷油器的供油量检查。起动喷油器试验台，测量其喷油量，一般喷油量为 200mL/min，各喷油器喷油量的误差不超过 1.5%~2.0%。

3）喷油器控制电路的检查。喷油器控制电路一般由点火开关或主继电器供电，由 ECU

控制喷油器的搭铁回路。图 6-95 是桑塔纳 2000Gli 轿车发动机电控系统控制电路,结合该电路图的检查方法如下:

① 拔下喷油器插接器插头。

② 接通点火开关。

③ 起动发动机,测量喷油器控制线插接器插头上的电源线的电压,应为 12V。若无电压,则应检查点火开关及熔断器或主继电器及线路。

④ 检查 ECU 的喷油器搭铁线 E1、E2,搭铁是否良好。

⑤ 将专用检查试灯串接到喷油器插接器的两插头上,起动发动机,试灯应闪烁,不亮或不闪烁则控制回路有故障,可检查喷油器至 ECU 的线路和 ECU 是否有故障。也可用示波器检测喷油器的脉冲波形,对控制电路进行检查。

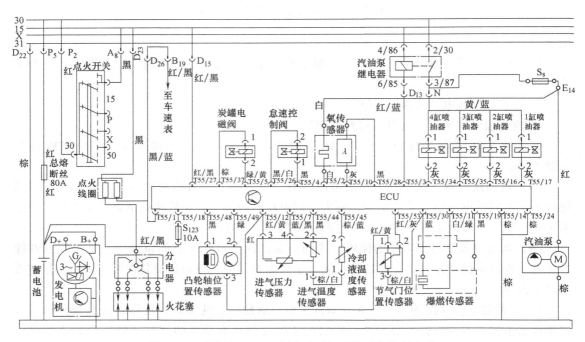

图 6-95　桑塔纳 2000Gli 轿车发动机电控系统控制电路

(5) 油压调节器检修

1) 油压调节器工作状况的检查。先测量发动机运转时的油压,怠速运转时的油压应为 250kPa 左右。拔下油压调节器真空软管,并检查油压。此时的油压应比怠速运转时的油压高 50kPa 左右。如压力变化不符合要求,则说明油压调节器工作不良,应更换。

2) 油压调节器保持压力的测量。当汽油系统保持压力不符合标准值(低于 147kPa)时,应做此项检查。其检查方法是先将油压表接入汽油管路,用一根短导线将电动汽油泵的两个检测插孔短接。打开点火开关(旋至 ON 位置),并保持 10s,让电动汽油泵运转。关闭点火开关,拆下检测孔上的短接导线。用包上软布的钳子将油压调节器的回油管夹紧。5min 后观察汽油压力,该压力即为油压调节器保持压力。如果该压力仍然低于汽油系统保持压力的标准,说明汽油系统保持压力过低的故障不在油压调节器;相反,若此时压力大于 147kPa,则说明油压调节器泄漏,应予更换。

（6）**断油控制系统的检测**　断油控制系统有急减速断油、超速断油和溢油消除三种功能。其中超速断油功能的检测要让发动机超速运转，容易造成发动机损坏，因此，通常只检测急减速断油和溢油消除两种功能。

1）急减速断油功能的检测。先起动并预热发动机。再拔下节气门位置传感器线束插头，用一根导线将插头内与节气门位置传感器的急速开关相接的两个插孔短接。慢慢踩下加速踏板，逐渐提高发动机转速，检查发动机转速是否在升高到 1700r/min 后突然自行下降至 1200r/min，此后若踩住加速踏板不动，发动机转速将在 1200~1700r/min 之间来回变化，即出现游车状态，说明急减速断油控制系统工作正常；否则，说明急减速断油功能不正常，应检查急速开关、发动机转速传感器及其线路。

2）溢油消除功能的检测。拔下喷油器线束插头，将万用表两表笔接在喷油器线束插头两插孔内。再将加速踏板踩到底，同时起动发动机，检查电压表指针，指针应无摆动，否则，说明溢油消除功能失效，应检查节气门位置传感器及控制线路。

3. 急速自动控制系统的检修

急速自动控制系统的故障会使发动机急速失常，出现急速不稳、急速过高或过低、无冷车快急速、无空调快急速等故障。其原因主要是计算机、控制线路及急速控制阀出现故障。这些故障通常不能被计算机故障自诊断电路检测出来，只能通过人工检测的方法找出故障部位。

急速控制系统的检测方法主要如下：

1）在冷车状态下起动发动机，暖机过程中发动机急速应能达到规定的快急速转速（通常为 1500r/min 左右）。在发动机达到正常工作温度后，急速转速应能恢复正常（通常为 700~800r/min 左右）。如果冷车起动后急速不能按上述规律变化，则说明急速控制系统有故障。

2）当发动机达到正常工作温度后，打开空调开关，发动机急速应能上升至 700~900r/min左右。若打开空调开关后发动机转速下降，则说明急速控制系统有故障。

3）在发动机急速运转中，对急速调整螺钉做少量调整，发动机急速转速应不会发生变化（调整后应使急速调整螺钉恢复原来位置）。若在调整中急速转速有变化，说明急速控制系统不工作。

4）拔下急速控制阀线束插头，用电压表测量。如果在发动机运转中，急速控制阀线束插头有脉冲电压输出，说明急速控制系统工作正常。若无脉冲电压输出，可打开空调开关后再测试，若仍无脉冲电压输出，说明急速控制系统不工作。对此，应检查计算机与急速控制阀之间的线路是否接触不良，有无断路。如线路正常，则说明计算机有故障，应更换计算机。

4. 排放控制系统检修

现代汽车对发动机的排放污染采取许多控制有害物排放及净化的措施。由发动机 ECU 控制的减少有害物排放措施，包括装用三元催化转化器及空燃比反馈控制、废气再循环（ECR）控制、二次空气喷射控制、活性炭罐吸附及泄放控制等。排放控制系统的某些故障一般不能被计算机故障自诊断电路检测出来，只能通过对各个零部件的检测来查找故障。

（1）**三元催化转化器的检修**　为了进一步降低发动机排放中 CO、HC 和 NO_x 的排放量，现代轿车汽油机在排气系统中，普遍安装净化装置，对上述三种有害物质进行净化处理，这种净化装置称为三元催化转化器。三元催化转化器安装在排气消声器前面，由三元催化芯子和外壳等构成，如图6-96所示。大多数三元催化芯子以蜂窝状陶瓷芯作为承载催化剂的载体，在陶瓷载体上浸渍铂（或钯）和铑的混合物作为催化剂，它们不仅能促进CO和HC氧化变成CO_2和水，而且还能促使NO_x与CO进行化学反应，转变成N_2和CO_2。在三元催化芯子内所进行的化学反应，前者是氧化反应，后者是还原反应。

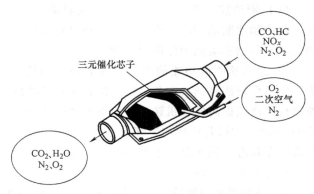

图 6-96　三元催化转化器的结构

为了提高芯子的抗颠簸性能，芯子的外面通常用钢丝包裹。三元催化转化器使用时应注意以下事项：

1）装有三元催化转化器的汽车，不能使用含铅汽油。含铅汽油燃烧后，铅颗粒随废气排放经三元催化转化器时，会覆盖在催化剂表面，使催化剂作用面积减少，从而大大降低三元催化转化器的转化效率，这就是常说的"三元催化转化器铅中毒"。经验表明即使只使用过一箱含铅汽油，也会造成三元催化转化器的严重失效。

2）应避免未燃烧的混合气进入三元催化转化器。三元催化转化器开始起作用的温度是200℃左右，最佳工作温度是400~800℃，而超过1000℃后作为催化剂的贵金属成分自身也将产生化学变化，从而使三元催化转化器内的有效催化剂成分降低，使催化作用减弱。催化器降低HC和CO这两种有害物质是通过在三元催化转化器内部进行燃烧使其转化为H_2O及CO_2而实现的，这种反应会产生热量，发动机工作正常情况下，这两种成分的含量适当，燃烧所产生的热量会使三元催化转化器保持在最佳工作温度附近，而发动机工作出现异常时排气中这两种成分的含量远远超过正常情况。燃烧所产生的热量有很大可能将使三元催化转化器温度超过工作上限从而伤害到催化剂，使催化器损坏。因此，在车辆使用过程中要注意避免以下几种情况：

①过久的怠速空转；②点火时间过迟；③个别气缸失火不工作；④喷油正常但起动困难；⑤混合气过浓；⑥发动机烧机油等。

3）行驶时应特别注意不要"托底"。大多数三元催化转化器的内部都是蜂窝陶瓷形成的催化剂承载体，碰撞后容易破碎，使三元催化转化器和排气系统堵塞。

（2）氧传感器及其线路的检修　三元催化转化器对CO、HC和NO_x三种有害排放物的转化效率与发动机的空燃比有关，只有当发动机在理论空燃比 A/F（14.7：1，过量空气系数 $\alpha=1$）附近运转时，三元催化转化器才同时对三种有害物质都具有最高的转化效率。氧传感器用来检测排气中氧的含量，以电信号输送到 ECU，ECU 根据氧传感器的输入信号，对实际空燃比相对理论空燃比的偏离情况做出判断，并以此对喷油量进行修正，实现空燃比的精确控制。

氧传感器的基本电路如图6-97所示。

1）氧传感器加热器电阻的检测。将点火开关置于"OFF"位置，拔下氧传感器的线束

插接器，用万用表欧姆档测量氧传感器接线端中加热器端子与自搭铁端子（图6-97的端子a和b）间的电阻，其电阻值应符合标准值（一般为4~40Ω，具体数值参见具体车型说明书）。如不符合标准，应更换氧传感器。测量后，接好氧传感器线束插接器，以便做进一步的检测。

2）氧传感器反馈电压的检测。测量氧传感器反馈电压时，应先拔下氧传感器线束插接器插头，对照被测车型的电路

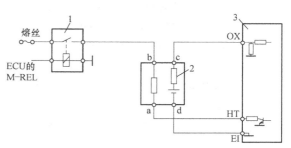

图6-97 氧传感器的基本电路
1—主继电器 2—氧传感器 3—发动机ECU

图，从氧传感器反馈电压输出端引出一条细导线，然后插好插接器，在发动机运转时从引出线上测量反馈电压。有些车型也可以从故障诊断插座内测得氧传感器的反馈电压，如丰田汽车公司生产的轿车，可从故障诊断插座内的OX_1或OX_2插孔内直接测得氧传感器的反馈电压（丰田V形六缸发动机两侧排气管上各有一个氧传感器，分别和故障检测插座内的OX_1和OX_2插孔连接）。

（3）**燃油蒸发控制系统的检修** 将发动机热车至正常工作温度，并使之怠速运转。拔下蒸气回收罐上的真空软管，检查软管内有无真空吸力。若系统工作正常，在发动机怠速运转中电磁阀应不通，软管内应无真空吸力，如果此时软管内有吸力，应检查电磁阀线束插头内电源电压是否正常。若有电压，说明计算机有故障；若无电压，说明电磁阀有故障。

踩下加速踏板，使发动机转速大于2000r/min，同时检查上述软管内有无真空吸力。若有吸力，说明正常；若无吸力，应检查电磁阀线束插头内的电源电压。若电压正常，说明电磁阀有故障；若电压异常或无电压，说明计算机或控制线路有故障。

若要单独检查电磁阀，可拔下电磁阀线束插头，向电磁阀吹气，电磁阀应不通气，再将电源接在电磁阀两接线柱上，同时向电磁阀内吹气，电磁阀应可以通气。如果有异常，则说明电磁阀有故障，应更换。

（4）**废气再循环控制系统的检修** 高温、高压和富氧是产生NO_x的主要因素。当发动机燃烧温度超过1370℃时，就会形成NO_x。而在发动机做功的瞬间，燃烧室温度可达2000℃以上。由此可见NO_x根本不可能消除，只能在现有的条件下设法减少它的排放。废气再循环（EGR）装置可适时适量地向进气歧管输入燃烧后的废气，有效降低燃烧室温度和含氧量，使NO_x的排放明显降低。其工作原理如图6-98所示。废气再

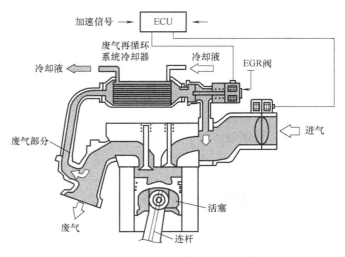

图6-98 废气再循环装置的工作原理

循环装置的好坏对发动机工作性能有很大影响。

1）废气再循环控制系统工作的检查。起动发动机以怠速运转，将手指伸入废气再循环阀，按在膜片上，检查废气再循环阀有无动作。在冷车状态下踩下加速踏板，使发动机转速上升至2000r/min左右，此时废气再循环阀应不开启，手指上应感觉不到膜片的动作。在热车状态下（冷却液温度高于50℃），踩下加速踏板，使发动机转速上升至2000r/min左右，此时废气再循环阀应开启，且手指可感觉到膜片的动作。若废气再循环阀不能按上述规律动作，则说明该系统工作不正常，应检查该系统的各零部件。

2）三通电磁阀的检查。如图6-99所示，拔下三通电磁阀的线束插头及真空软管，拆下三通电磁阀。当电磁阀线圈不接电源时，A和B、A和C之间应不通气，B和C之间应通气；否则，说明三通电磁阀损坏，应更换。接上电源后，A和B之间应通气，A和C、B和C之间应不通气；否则，说明三通电磁阀损坏，应更换。

图6-99　三通电磁阀的检查

3）废气再循环阀的检查。使发动机以怠速运转。拔下连接废气再循环阀与废气调整阀的真空软管。用手动抽真空器对废气再循环阀膜片室施加约19.95kPa的真空度。若此时发动机怠速运转性能变坏甚至熄火，说明废气再循环工作正常；若发动机运转性能无变化，说明废气再循环阀损坏，应更换。

4）废气调整阀的检查。起动发动机，并预热至正常工作温度。拔下连接废气调整阀与废气再循环阀的真空软管，用手指按住真空管接口。当发动机怠速运转时接口内应无真空吸力；踩下加速踏板，使发动机转速上升至2000r/min，此时接口内应有真空吸力。如不符合要求，说明废气调整阀工作不正常，应拆卸检查。

拆下废气调整阀，在连接节气门体真空管的接口处接上手动抽真空器，用手指堵住连接废气再循环阀的真空接口。向连接排气管的进气口内施加气压，同时扳动手动抽真空器，施加一定真空，在连接废气再循环阀的接口处应能感到有真空吸力；停止抽真空后，真空吸力应能保持住，无明显下降；放掉排气管进气口的压力，真空吸力也应随之消失。如有异常，应更换废气调整阀。

6.7　发动机的装配与调试

发动机的装配是把新零件、修理合格的零件、组合件和辅助总成等按照规定的工艺和技术条件装配成完整的发动机，并对其进行磨合与调试。发动机的装配与调试是发动机大修的最后一个作业环节，装配质量对发动机的维修质量有重大影响，对大修后的发动机使用寿命影响极大。

6.7.1 发动机的装配

发动机装配包括各组合件装配和总成装配两部分。发动机装配的步骤因车型、结构的不同而异，但其原则是以气缸体为装配基础，由内向外逐段装配，基本顺序相似。

1. 发动机装配注意事项

1）需要使用专用工具。

2）待装配零件、部件必须保持清洁，不得黏有异物，如气缸体上的油孔（道）、曲柄连杆机构的油道安装前应用压缩空气吹净。凡经过加工的零件，如镗磨过的气缸、磨削加工的曲轴等，必须彻底清洗表面的金属磨屑（粒）。

3）对于间隙配合的零件，有相对运动的配合副工作表面应涂抹清洁的机油；组装过盈配合件时，应涂以少许机油，以减小装配阻力。气缸垫和进、排气歧管的衬垫应涂以石墨润滑脂；螺栓应涂以红丹油。

4）装复配合件需要在零件工作面施加压力或锤击时必须加垫软金属块或使用铜锤。

5）各部位螺栓、螺母应按技术标准中规定的力矩和顺序拧紧，以防零件松脱和变形。

6）装配中应注意装配记号的方位、对正，各部位的配合间隙符合要求，以确保安装关系正确。

7）凡规定用开口销、金属锁丝、弹簧垫圈等锁紧件者，均应装妥。

8）正确安装密封件。应根据工作压力大小和温度高低选用不同材质的新密封件，保证零件的密封表面光洁平整，并使接触压力大小均匀一致。在装用金属或非金属衬垫时，应涂上密封胶，以提高防漏效果。

9）装配中应注意检查各零件的装配质量，以确保发动机装复后符合技术要求。

2. 发动机装配的要点

（1）活塞连杆组的装配 对于采用全浮式活塞销的活塞连杆组，应预热活塞（50~70℃）；注意活塞顶上的向前标记与连杆杆身的向前标记；各道活塞环不应错位或装反，有数码或标记的一面应朝上，相邻活塞环的开口应相应错开。对于采用半浮式活塞销的活塞连杆组，应按厂家规定进行热装（连杆加热到240℃）或在常温下进行压装。压装时应采用专用承压和导向工具，以免活塞裂损或活塞销偏位。

（2）曲轴的安装 轴瓦装入缸体时，对于"组瓦"，因各道轴瓦可互换，注意上、下轴瓦不可装反，轴瓦上的油孔（或油槽）与缸体上的油道口对正。对于"对瓦"，因各道不可互换，不仅上下不能装反，每对瓦的前后位置也不能装错。安装推力轴承时，应将有抗磨合金层并有油槽的一面朝向曲柄一侧。各道轴承盖应对号入座，按规定力矩和顺序拧紧螺栓。曲轴轴向间隙，应符合要求。

（3）活塞连杆组的安装 装入气缸前要确认活塞与气缸序号一致，并把各道活塞开口方位调整好。连杆轴承盖装配好后，应检查连杆大头的轴向间隙是否符合要求。

对于轻型柴油机，活塞连杆组装入气缸后，应检查活塞顶凸出或凹入气缸体上平面的距离是否符合要求。不符合标准值时，应选用不同厚度的气缸垫进行调整。

（4）凸轮轴及配气机构的安装 对于下置凸轮轴发动机，安装曲轴后应接着安装凸轮轴，注意各道轴承装入座孔时，其油孔应与座孔上的油道对正，轴颈与轴承配合间隙及凸轮轴轴向间隙符合要求。顶置凸轮轴的安装，应在气缸盖安装后进行。对于双凸轮轴的，注意区分进气凸轮轴与排气凸轮轴。摇臂轴安装时，应识别进排气摇臂和摇臂轴，两者不可互换。正时链条、齿形带和齿轮安装时，应注意配气正时记号要对正，如图 6-100 所示。

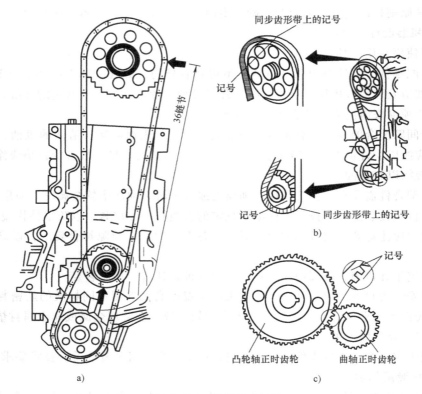

图 6-100　配气正时记号

a）链条与链轮正时记号　b）同步齿形带与带轮正时记号　c）正时齿轮记号

（5）分电器的安装　分电器安装时应注意其传动环节相关零件的方位，以保证点火正时准确无误。

1）曲轴定位。摇转曲轴，使第一缸活塞处于压缩行程上止点前、制造厂家所规定的点火提前位置。

2）机油泵驱动轴定位。部分车型的机油泵由分电器轴驱动，分电器轴端的偏置双切面刃部与机油泵轴端的偏置槽口相配合。由于分电器插入气缸体座孔后，其轴上齿轮与凸轮轴上的螺旋齿轮在啮合过程中，要相对转过一个角度，因此为了保证分电器安装后位置正确，机油泵轴槽口的方位要预先设定，可与缸体平行或倾斜一定角度，如图 6-101 所示。

3）分电器与分火头的定位。安装分电器前，应使其壳体上的记号与其传动齿轮轴上的记号对齐，如图 6-102 所示。然后将分电器插到位，并将其固定，确认分火头指向与分电器盖上 1 缸高压线插孔方位一致，则表明分电器安装正确。需要注意的是，当换用维修用发动机（中缸）时，上述三项不必进行。

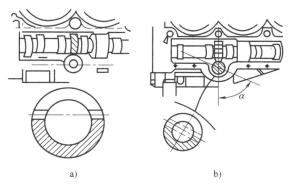

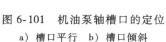

a)　　　　　　　b)

图 6-101　机油泵轴槽口的定位

a）槽口平行　b）槽口倾斜

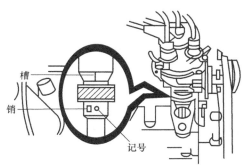

槽

销

记号

图 6-102　分电器与分火头的定位

6.7.2　发动机的磨合与调试

发动机总成经大修装配后，应按一定的规范和要求进行磨合与调试。磨合是修理工艺过程的一个重要工序，其目的是测定发动机总成的工作性能，检查其维修、装配质量，及时发现和消除隐患，扩大相互摩擦零件的接触面积，以减小各摩擦表面的表面粗糙度值，降低零件初期阶段的磨损量，延长总成的使用寿命。

发动机的磨合分冷磨合和热磨合两种。冷磨合是用其他动力带动发动机运转进行磨合的过程。热磨合是以发动机本身产生的动力进行磨合的过程。发动机自行空转磨合称为无载热磨合；加载自转磨合称为负荷热磨合。发动机的磨合质量除材料、结构、装配质量等条件已定的情况下，主要取决于磨合时的转速、载荷、磨合时间、机油品质。因此，由磨合转速、载荷和磨合时间组成了发动机的磨合规范。

1. 冷磨合规范

（1）冷磨合转速　起始转速一般为 400～500r/min，终止转速为 1200～1400r/min。起始转速过低，尤其是发动机自润滑磨合，曲轴甩油能力不足，机油泵输油压力过低，不能满足配合副很大摩擦阻力和摩擦热对润滑、冷却、清洁能力的需求，势必引起配合副破坏性耗损。由于高摩擦阻力和高摩擦热的限制，起始转速不能过高。发动机磨合的关键是气缸、活塞环、活塞和曲轴与轴承等配合副的磨合，配合面上的载荷主要由连杆活塞组的质量和离心力形成。资料显示，在 1200～1400r/min 的转速范围内单位面积上的载荷最大，超过或低于此转速，反而减小，影响磨合效率，如图 6-103 所示。

磨合转速采取四级调速，在每级转速下，随着表面质量的改善，磨损率逐渐下降至平衡状态。无级调速磨合效率低，为了提高磨合效率，采用有级调速，如图 6-104 所示。

（2）冷磨合载荷　冷磨合时单靠活塞连杆组所产生的载荷显然不够，磨合效率低。实践证明，装好气缸盖，磨合后期堵死火花塞螺纹孔，借助气缸的压缩压力来增加冷磨载荷是非常有益的。

（3）冷磨合的润滑　现行的润滑方式有自润滑、油浴式润滑和机外润滑。实践证明，机外润滑方式效果最佳，对提高磨合效率极为有利。机外润滑是指由一专门的泵送系统，将

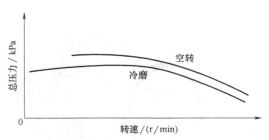

图 6-103　连杆轴颈上总压力与转速的关系

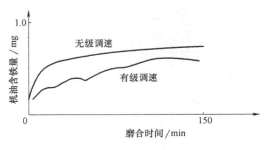

图 6-104　冷磨磨损特性

专门配制的黏度较低、硫化极性添加剂含量高的专用发动机机油，以较大的流量送入发动机进行润滑的润滑方式。该种润滑方式不但使摩擦表面松软、加速磨合过程，而且润滑、散热以及清洁力很强，还可以提高磨合过程的可靠性。

（4）**磨合时间**　各级转速的冷磨合时间约为 15min，共 60min。

2. 热磨合规范

（1）**无载热磨合规范**　无载热磨合是为有载热磨合做准备，其磨合原理与冷磨合类似，因此无载热磨合转速取发动机额定转速的 40%～55%。

（2）**有载热磨合规范**　起始转速取额定转速的 40%～50%，磨合终了转速一般取额定转速的 80%。四级调速，起始加载取额定转速的 20%，磨合终了前加载取额定转速的 80%，采取四级加载方式，与四级调速相应组合。

磨合时间的确定，多以每级磨合中的转速变化或机油温度来判断。当每级负载不变时，随着磨合时间的延续、零件工作表面质量的改善、摩擦损失的减小，发动机转速会有明显的升高，这就表明该级磨合已达到了磨合要求，可以转入高一级转速负载梯度的磨合。也可以用机油的温度变化评价每级磨合时间，在发动机冷却液温度保持恒定的条件下，摩擦阻力进入稳定阶段后，机油也从升温转入温度稳定状态，就可以转入高一级磨合。实践证明，上述磨合规范的总磨合时间为 120～150min。

在热磨合过程中，必须进行发动机的检查调整和发动机性能试验，排除故障使发动机符合大修竣工技术条件，并清洗润滑系统，更换机油和滤清器滤芯，加装限速装置。

6.7.3　发动机总成修理竣工技术要求

1. 一般技术要求

1）装备齐全，按规定完成了发动机的磨合，无漏油、漏水、漏气、漏电现象。

2）加注的机油量、牌号以及润滑脂符合原厂规定。

3）无异响，急加速时无突爆声，消声器无放炮声。

4）机油压力和冷却液温度正常。

5）气缸压力符合原厂规定，各缸压力差，汽油机应不超过各缸平均压力的 8%，柴油机不超过 10%。

6）四冲程汽油机转速在 500～600r/min 时，以海平面为准，进气歧管真空度应在 57.2～70.5kPa 范围内。其波动范围，六缸发动机不超过 3.5kPa，四缸发动机不超过 5kPa。

2. 主要使用性能

1）发动机在正常工作温度下，5s内能起动。柴油机在5℃，汽油机在-5℃环境下，起动顺利。

2）配气相位差不大于2°30″。

3）加速灵敏，速度过渡圆滑，怠速稳定，各工况工作平稳。

4）最大功率和最大转矩不低于原厂规定的90%。

5）最低燃料消耗率不得高于原厂规定。

6）发动机排放限值符合GB 7258—2017《机动车运行安全技术条件》的规定。

二级维护竣工的发动机除装备齐全有效之外，还必须进行性能检测。要求能正常起动；低、中、高速运转均匀、稳定；冷却液温度正常；加速性能好，无断火、放炮等现象；发动机稳定后应无异响；无负荷功率不小于额定值的80%。

思　考　题

1. 发动机总成大修条件有哪些？

2. 检测气缸密封性的常用方法有哪些？

3. 曲轴的失效形式有哪些？并说明原因。

4. 活塞的磨损形式有哪些？

5. 如何进行气缸体和气缸盖的检验？

6. 连杆变形如何检验？简述连杆弯、扭的校正方法有哪些？

7. 如何选配曲轴轴承？轴承的修配方法有哪几种？简述如何检查轴承间隙。

8. 如何检修凸轮轴？

9. 气门与气门座如何检修？

10. 发动机装配应注意哪些事项？

11. 发动机的磨合与调试内容有哪些？

12. 发动机总成修理竣工技术要求有哪些？

第7章

汽车底盘的修理

本章主要介绍汽车传动系统中离合器、变速器、传动轴、驱动桥、悬架、转向系统和制动系统的修理。

7.1 离合器的维修

7.1.1 离合器的失效分析

1. 从动盘

从动盘是离合器的摩擦元件,常见的失效模式如下:

1) 磨损、烧蚀、开裂、油污。

2) 铆钉松动和钢片翘曲变形。

3) 从动盘花键、减振弹簧与减振器盘的磨损。

其中,磨损和烧蚀是主要的失效形式;产生油污的主要原因是变速器第一轴回油螺旋线回油能力降低,使油从第一轴花键处漏出;从动盘钢片翘曲变形是因为变速器第一轴与曲轴中心线不同轴,使从动盘工作中产生周期性弯曲所致。

2. 压紧弹簧

压紧弹簧弹力减弱及断裂是弹簧失效的主要形式,其原因是弹簧长期使用疲劳。对膜片弹簧来说,其内端与分离轴承接触处还会产生磨损。

3. 压盘与离合器盖

压盘工作面的磨损、烧蚀是主要失效形式。

离合器盖与压盘的传力部位产生磨损,离合器盖还会产生变形与裂纹。翘曲变形往往是因为装配或安装工艺不当、装配时不使用专用工具、螺栓拧紧顺序不对等造成的。

4. 分离及操纵传动件

分离杠杆、分离轴承及操纵传动件的失效形式主要是配合部位的磨损。更换或修理从动盘,更换分离轴承,以及因磨损而产生的调整作业,是离合器常见的主要维修作业。

离合器上述失效形式造成其工作可靠性下降,主要表现为离合器打滑、起步发抖、分离不彻底和产生噪声。

7.1.2 离合器主要零部件的检修

1. 从动盘

摩擦片有轻微的油污可用汽油清洗后烘干;有轻微硬化、烧损,可用砂布打磨;磨损严重,铆钉头埋入深度小于 0.5mm,或有裂纹、脱落、严重烧损及油污时,应予更换。

钢片翘曲变形，其外缘轴向圆跳动量一般不超过 0.8mm。超过规定时，可用专用扳钳进行校正或更新。其花键与变速器第一轴花键的配合间隙应符合原厂规定，过大时应更换新件。摩擦衬片与钢片的铆接过程如下：

1）选择衬片和铆钉。其规格应符合原设计的设计要求。

2）钻铆钉孔。将两衬片一起放在钢片同一侧夹紧，用直径与铆钉孔径相同的钻头钻通所有的铆钉孔。

3）扩孔。选用与铆钉头部相同直径的钻头扩孔。扩孔有通孔和埋头坑两种，两者应交叉排列，以便使两衬片分别与钢片铆合，如图 7-1 所示。钻埋头坑时需用特制钻头。坑的深度对含铜丝的衬片来说，为其厚度的 2/3；对不含铜丝的衬片来说，为其厚度的 1/2，铆钉头埋入深度不可小于 1mm。

4）铆合。两衬片应与钢片铆合，这样既易铆紧而又不易铆裂，如一片损坏也不影响另一片。

5）有波形钢片者，应铆在钢片后方，以减小离合器动作时从动盘的轴向移动量。铆合的衬片表面外缘对轴线的轴向圆跳动量一般不大于 0.8mm。

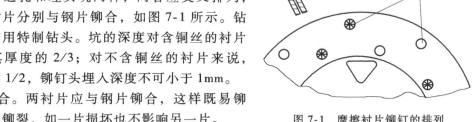

图 7-1　摩擦衬片铆钉的排列

2. 压紧弹簧

压紧弹簧的弹力应符合规定，多簧式离合器的各压紧弹簧的弹力差应符合规定，其自由长度差一般不大于 2mm，弹簧外圆柱面与端面的垂直度误差不超过 2mm。膜片弹簧内端与分离轴承接触面磨损深度应不超过 0.6mm。不符合要求的弹簧一般应予更换。膜片弹簧内端应在一个平面，最大高度差应不超过 0.5mm。可用专用量具和塞尺测量，也可在平板上用游标高度卡尺测量。超过规定时可用扳钳校正或者更换新件。

3. 压盘与离合器盖

若压盘工作平面烧蚀、龟裂、划伤不严重，可用油石打磨光滑。沟槽深度超过 0.5mm 或平面度误差超过 0.12mm 时应磨削修复，但磨削总量应不超过限度，一般限定在 1~1.5mm。磨削后的压盘应重新进行动平衡。

双盘离合器中间压盘传力孔与销或传力槽与块的配合间隙超过规定时，可换位另开孔槽或更换。

离合器盖如有裂纹可焊修，如其传力孔磨损出现台阶可堆焊，如有翘曲变形应校正。

4. 分离件

分离杠杆内端磨损超过规定时可焊修。分离轴承转动应灵活、无卡滞或异响，轴向间隙应不大于 0.6mm，否则应更换。分离拨叉轴与套磨损时，可进行电镀修复或更换新套。

7.1.3　离合器的装配与调整

1. 离合器装配要点

1）清洁和润滑。摩擦片要清洁，各活动处及摩擦表面应涂少许润滑脂。

2）弹簧装配。弹簧式离合器的弹簧应按其自由长度分组均匀搭配，以使压紧力均匀。装配时应使用专用工具，以防离合器盖变形，如图 7-2 所示。

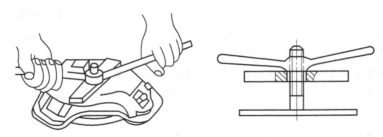

图 7-2　离合器拆装专用工具

3）注意装配安装记号。离合器盖与压盘间、平衡片与离合器盖间、离合器盖与飞轮间均应按原记号或位置装配，以防破坏动平衡。

4）安装时应注意从动盘的方向。单盘离合器从动盘花键毂的一面朝向飞轮；双盘离合器应按规定安装。解放 CA1091 汽车的双盘离合器是短毂一面相对，黄河 JN1171 汽车的双盘离合器是花键毂短的一面朝向飞轮。

5）保证安装同轴度。为了保证从动盘与曲轴的同轴度，离合器安装时可用该车型的变速器第一轴或专用导向轴插入从动盘，并用曲轴后端导向轴承孔定位。

6）离合器平衡试验。大修时，离合器应装在曲轴飞轮上做动平衡试验，其不平衡量应符合修理标准规定。

2. 离合器的调整

（1）分离杠杆高度的调整　分离杠杆高度即为分离杠杆内端至飞轮表面或压盘表面或其他规定平面的距离。分离杠杆高度应符合原厂规定，且各杠杆高度差应符合要求。如东风 EQ1090E 型汽车限定分离杠杆内端至减振器盘后平面的距离为 32.4mm，各杠杆的高度差应不大于 0.2mm。高度差的调整各车型方法不同，如东风 EQ1090E 型汽车是通过分离杠杆支点螺栓的调整螺母进行调整；解放 CA1091 汽车双盘离合器是通过分离杠杆外端连接压盘分离螺栓与锁紧螺母进行调整。调好后要采取措施加以锁止。

（2）中间压盘的调整　双盘离合器中间压盘有的用限位螺钉限制其分离行程，装配后应调整限位螺钉，使中间压盘的分离行程与后压盘的分离行程相同，以使从动盘与中间压盘或后压盘均能有效地分离。调整时按原厂规定调整即可。如黄河 JN1171 型汽车中间压盘分离行程应为 1.5～1.75mm，调整时将三个限位螺钉拧到底，抵住中间压盘，再退回 1～7/6 圈即符合要求，如图 7-3 所示。

（3）离合器踏板自由行程的调整　正常情况下，离合器踏板的自由行程主要是分离杠杆内端（或膜片弹簧内端）与分离轴承的间隙在踏板上的反映，大修装配后应进行调整，使其符合原厂规定。如东风 EQ1090E 型汽车的离合器踏板自由行程为 30～40mm，则分离杠杆内端与分离轴承端面的间隙为 3～4mm。离合器踏板自由行程的调整方法如下：

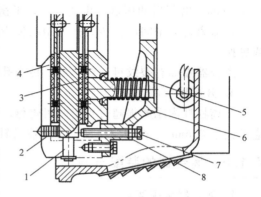

图 7-3　中间压盘限位螺钉的调整
1—定位块　2—分离弹簧　3、4—从动盘
5—压紧弹簧　6—离合器盖
7—限位螺钉　8—锁紧螺母

1）机械式操纵结构。机械操纵式离合器踏板自由行程的调整，一般是通过分离拨叉拉杆调整螺母来调整拉杆或钢索的长度来实现的。

2）液压式操纵结构。离合器调整时先调整主缸活塞与推杆的间隙，有的通过调整螺母调整推杆长度；有的通过踏板臂与推杆相连的偏心装置调整推杆伸出长度。其间隙量有的可直接测量，有的则测量此间隙在踏板上反映的自由行程量。BJ2020 型汽车是通过偏心螺柱调整推杆伸出长度，使其与活塞间的间隙为 0.5~1.0mm，反映到踏板上的自由行程应为 3~6mm。再通过调整分离拨叉推杆长度，来调整分离轴承与分离杠杆间的间隙，使踏板自由行程总量符合要求。如 BJ2020 型汽车的离合器踏板自由行程总量为 32~40mm，分离轴承至分离杠杆的间隙为 25mm。有的车型离合器踏板高度也是可调的，即踏板高度限位装置是由螺柱调整的，故在调整踏板自由行程前应先调整踏板高度。

7.2 普通齿轮式变速器的维修

汽车在行驶过程中，随着行驶条件的变化，常常需要改变汽车的驱动力和行驶速度。变速器的主要功用就是改变由发动机传到驱动轮上的转矩和转速以及旋转方向，以适应各种行驶条件的需要。目前，汽车上使用的变速器主要有普通齿轮式变速器和自动变速器两种形式。

7.2.1 普通齿轮式变速器主要零件的失效

普通齿轮式变速器零件的主要失效形式是各配合副磨损及壳体变形和裂纹。这将导致变速器工作可靠性下降，产生自动脱档、乱档、换档困难、振动、噪声及漏油等故障。

自动脱档是变速器最常见的故障，其实质问题是由于轮齿的不正确啮合，产生的轴向分力大于原来的轴向锁止力，将齿轮从啮合状态自动推至空档位置。锁止力减小是自动脱档的条件因素，轮齿的啮合长度不够，自锁机构工作失效等，将削弱锁止条件。

乱档是与变速杆配合的有关部位间隙过大而造成变速杆位置的失准。换档困难对于有同步器的变速器是同步器同步元件或锁止元件功能失效所致。振动是变速齿轮径向或轴向振动在变速杆上的反映。噪声是齿轮传动中产生冲击力，相互碰撞所致。

变速器主要零件失效规律及对总成工作可靠性的影响分析如下。

1. 变速器壳

变速器壳的主要失效形式是变形、裂纹和轴承孔磨损，主要是由作用在壳体上的工作负荷和自身重力所致。

变速器壳既受弯又受扭，变形复杂。第一轴与中间轴、中间轴与第二轴的齿轮传动中，径向分力通过轴与轴承施加于壳体前、后端，造成轴承孔偏磨和壳体变形，使上、下两轴线间距加大，并造成后大前小的不平行，导致两轴线平行度误差超标。齿轮传动中轴向分力将造成壳体扭转，导致上、下两轴线在其垂直于公共平面的方向产生异面平行度误差（偏斜）和上平面的平面度误差（翘曲变形）。紧急制动、超载运行、长时间低档行驶等都将加重上述变形。

对于悬臂式固定于发动机体或飞轮壳后端面的变速器来说，在自身重力及其冲击力的作用下，前端将发生微动磨损和变形，甚至发生固定螺栓的断裂。由于平面下方受挤压压力大，其磨损和变形也大，将造成壳体前端面与第一、二轴轴线不垂直。其后果和飞轮壳后端面与曲轴轴线不垂直的后果相同，即变速器直接档易自动脱档、第一轴轴承损坏、第一轴回油螺旋线处易漏油，以及离合器从动盘易损坏。

2. 轴及齿轮

轴颈与轴承及轴颈与齿轮的主要失效形式是磨损、松旷，不仅使轴承产生噪声，而且其配合间隙的增加也会使啮合齿轮的中心距加大，破坏了正常啮合。对于固定轴，如倒档轴或定轴式中间轴与壳体间是过盈或过渡配合，当其磨损间隙过大时，将产生漏油现象。轴与齿轮及轴与凸缘配合磨损过大时，不仅会产生传动噪声，而且输出轴花键处还可产生漏油现象。

常啮合齿轮损坏较小，滑动换档齿轮磨损较大，往往是因为换档冲击造成齿端磨损而使齿长减短，以及由于换档摩擦、齿轮轴向间隙过大、挂档不到位等造成轮齿的楔形磨损。

3. 同步器

汽车上常用的惯性式同步器的常见失效形式是摩擦锥面螺旋槽磨损和锁环或锁销的锁止倒角磨损。螺旋尖部磨损过深时，锁止倒角磨损，使锁止作用不可靠，换档困难，造成同步前啮合而产生挂档噪声。

4. 操纵件

操纵件的主要失效形式是各配合处磨损。变速杆球节配合处及球头与拨叉槽配合处的磨损，是造成乱档的主要原因。自锁装置磨损失效及拨叉与槽间的磨损则是自动脱档的原因之一。

7.2.2 主要零件的检修

1. 变速器壳及盖

一般裂纹可焊修，但与轴承孔相通的裂纹及安装固定处有裂纹时应报废。变速器壳与平面有关的几何误差超过技术要求时，应修复。修复方法有锉削、刮研或磨削。

当壳体因变形或轴承孔磨损使与各承孔有关的几何误差超标时，均应修复，严重时应报废。修复时可采用镶套法，但必须保证孔的形状公差、轴线的位置公差，同时也要保证轴承的配合公差。公差超标且又无法修复时，则予以报废。

当变速器盖上与变速杆中部球节配合的轴承孔磨损使其比原设计直径增加 0.50mm 以上时，应采用局部更换法修复或予以报废。变速叉轴与盖（或壳体）轴承孔的配合间隙应为 0.04~0.20mm，超过最大值时应修复或更新。

2. 轴、齿轮与花键

轴的长度小于 250mm 时，中部径向圆跳动量应小于 0.03mm；大于 250mm 时，为 0.06mm。超过上述标准应进行压力校正。

滚动轴承或齿轮与轴颈的配合，与原设计相比，间隙配合允许增加 0.02mm；过渡配合允许增加 0.002mm；过盈配合不允许有间隙。超过规定时，可对轴进行电镀修复。

衬套与轴颈及轴承的配合，与原设计相比，间隙或过渡配合允许增加 0.02mm；属过盈配合的，应符合原设计规定。超过规定时应更新。

齿轮的啮合面上不允许有明显缺陷或不规则磨损。若有，轻者用油石打磨，重者应更新。接合齿轮或相配合的滑动齿轮齿端磨损，大修限度应不超过长度的 15%，使用限度为齿长的 30%；常啮合齿轮的啮合侧隙大修时应为 0.15～0.50mm，使用限度应不超过 0.80mm；接合齿轮的啮合侧隙，大修时应为 0.10～0.40mm，使用限度应为 0.60mm；各齿轮的啮合印痕，应在啮合面的中部且啮合面积大于 60%。不符合上述要求时应予以修复或更新。应注意成对更换，以保证啮合印痕。滑动齿轮与花键轴配合的侧隙，应不超过原设计的 0.15mm；齿座、滑动件与花键轴配合的侧隙应符合原设计规定，超过规定时应予以修复。

3. 同步器

当摩擦锥面螺旋槽磨损使锁环与接合齿轮端面（锁环式），或摩擦锥环与锥盘内端面（锁销式）间的间隙小于规定值时，应更新。例如 BJ2020 型汽车变速器锁环式同步器的这一间隙 S 应为 0.80～1.25mm（见图 7-4），当 S 小于 0.80mm 时，应更换；东风 EQ1090E 型汽车变速器锁销式同步器的这一间隙 S，若小于 0.30mm，则应更换，如图 7-5 所示。

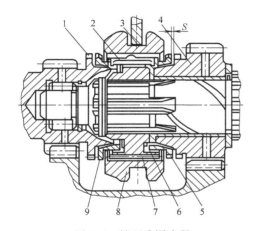

图 7-4　锁环式同步器
1—第一轴齿轮　2—滑块　3—拨叉　4—第二轴齿轮
5、9—锁环　6—弹簧圈　7—花键毂　8—接合套

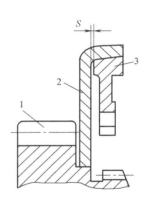

图 7-5　锁销式同步器
1—齿轮　2—摩擦锥盘　3—摩擦锥环

另外，锁止倒角磨损时，可堆焊修复，锁止倒角应符合原设计要求。锁环式同步器的滑块中部凸起磨损后，也应更换。

4. 操纵件

变速叉端面磨损量应不大于 0.4mm，该端面与齿轮环槽配合间隙应为 0.2～1.0mm。超过规定时，可对磨损的端面堆焊修复。变速叉端面对叉轴孔轴线的垂直度误差应不大于 0.2mm。超过时，可进行压力校正。其垂直度的检验，可在变速器盖上用直角尺进行。

变速杆下端球头与变速叉拨槽磨损，应分别不大于 0.4mm 和 0.6mm；变速杆定位槽磨损应不大于 0.4mm。磨损超过要求时可堆焊修复。

7.2.3　变速器的装配与调整

由于不同车型变速器结构不同，其装配工艺也略有不同，装配时应注意各自的特点和要求。变速器装配的一般要求如下。

1. 组合件装配

一般变速器，如东风 EQ1090E 型汽车的变速器，在总装配前须先进行组合件装配，主要有中间轴、第二轴及变速器盖。

（1）**中间轴**　中型以上车辆的变速器中间轴通常是转轴，轴上装有靠键连接和过盈配合的齿轮。组装时，应注意齿轮和垫片的位置和方向，应用压力机压入，并将各齿轮压靠到位。

（2）**第二轴**　装配各常啮合齿轮时，应用垫片调整其轴向间隙，使其符合各车型的要求。一般大修时为 0.10～0.30mm；使用限度，轻型车以下为 0.30mm，中型车以上为 0.80mm。

装配时要注意齿轮的方向，特别是直接档齿套、齿座常带有防自动脱档结构，若装反了便失去此功能。装同步器特别是锁销式同步器，要保证同步锥环有足够的轴向间隙，以防止工作时产生摩擦，使局部温度升高而膨胀，使摩擦锥面自行接触磨损失效。

（3）**变速器盖**　装上变速杆并用定位销定位后，应转动灵活无卡滞。装变速器叉轴时应该使用专用工具，以防自锁钢球弹出，如图 7-6 所示。先装入的叉轴应放入空档再装其他轴。自锁、互锁球勿漏装，且规格应相符。

倒档锁装置应符合要求。如东风 EQ1090E 型汽车变速器的倒档锁销的球面端应与拨块槽口平齐，或有小于 0.5mm 的高出量，如图 7-7 所示。

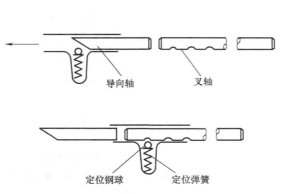

图 7-6　用导向轴引导安装变速器叉轴

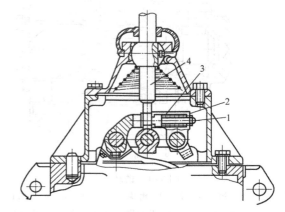

图 7-7　东风 EQ1090E 型汽车的变速器倒档锁
1—倒档锁销　2—倒档锁弹簧　3—倒档拨块　4—变速杆

2. 变速器装配工艺

总装配顺序一般为先装倒档轴、中间轴，再装第一、二轴，最后装变速器盖。

（1）**装倒档轴和中间轴**　倒档齿轮、中间轴固定塔轮的端面间隙一般为 0.10～0.35mm，使用限度为 1.00mm。过大时，可用垫片调整。

（2）**调整轴向间隙**　第一轴轴向间隙应不大于 0.10mm，其他各轴轴向间隙应不大于 0.30mm。调整的方法是增减轴承盖密封垫片 4（见图 7-8）的厚度或增减轴承盖与轴承外环端面间垫片 3 的厚度。

垫片厚度的确定原则：应尽可能压住轴承外环端

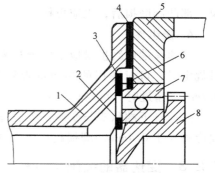

图 7-8　变速器第一轴轴向间隙的调整
1—轴承盖　2、6—轴承卡簧
3—金属调整垫片　4—密封垫片
5—变速器壳　7—轴承　8—第一轴

面，保证不漏油，尽可能减小轴的轴向间隙。

（3）**对正常啮合齿轮** 中间轴与第二轴相啮合的常啮合齿轮副应对正，不对正时，可通过调换中间轴调整垫片在前、后端的位置进行调整。

（4）**检查啮合情况** 啮合侧隙，常啮合齿轮应为 0.10 ~ 0.50mm，使用限度为 0.8mm。啮合印痕，应在轮齿啮合面中部，且不小于啮合面的 60%。里程表驱动齿轮和第二轴凸缘平面应平整，以防漏油。

（5）**安装变速器盖** 在装变速器盖前，应检查箱内是否有异物；变速器的各档齿轮均应处于空档位置，螺栓的拧紧顺序及力矩应符合规定。装后进行各档试验，应无异常。

7.2.4 变速器的磨合与试验

1. 磨合与试验的目的

1）改善各动配合副，特别是齿面的配合要求，延长变速器的使用寿命。

2）检查变速器修理与装配质量，排除故障，提高变速器的可靠性。

2. 磨合与试验的规范

变速器磨合分无负荷与有负荷两个阶段。变速器各档空载磨合时间为 20min 左右，加载磨合时间为 15min 左右，所加负荷为传递最大转矩的 30% 左右。磨合试验的转速各车型规定不同，第一轴转速一般为 1000 ~ 2000r/min。磨合时应加机油，油温升高应不超过环境温度 40℃。磨合结束后应放掉机油，用煤油、柴油各 50% 的混合油清洗干净。

3. 磨合与试验的设备

驱动装置可用电动机或车用发动机；加载装置按产生制动力矩的方式不同有液力加载式制动器、电涡流式制动器、交流或直流电力式制动器、机械式制动器等。

液力加载式制动器即用液压泵作负载，通过节流阀改变液压泵输出油压，从而改变制动力矩；电涡流式制动器是通过改变励磁电流来改变制动力矩，它具有制动力矩变化范围较大、低速时制动力矩较大、制动力矩随转速变化较小等特点。上述两种制动器的结构简单，工作可靠，适合一般修理企业使用。电力式制动器结构复杂，成本较高，一般修理企业不宜采用；机械式制动器靠摩擦力矩加载，结构虽简单、易于制造，但性能不稳，限制了它的发展。

4. 磨合与试验的检查

磨合中要注意检查，发现异常现象时应查明原因并予以排除。变速器加载试验，在任何档位均不允许有自动脱档、乱档现象；操纵机构和同步器换档应轻便、灵活、迅速、可靠；运转和换档时不得有异常响声，变速杆不允许有明显的抖动现象；所有密封装置不得有漏油现象。

7.3 自动变速器的维修

自动变速技术是人们一直追求的目标，经历了相当长的发展过程。现在汽车上使用的自动变速器主要有以下类型：①液力自动变速器；②液压传动自动变速器；③电传动自动变速器；④有级式机械自动变速器；⑤机械式无级自动变速器；⑥电子控制自动变速器。

在上述 6 种类型中，目前最广泛采用的是液力自动变速器，尤其是电子控制的液力机械自动变速器，普遍应用于现代轿车。液力自动变速器主要由液力变矩器、齿轮变速器、油泵、液压控制系统、电子控制系统、油冷却系统等部分组成。

自动变速器的结构和工作原理均十分复杂。不论是换档执行元件损坏，还是控制电路、阀板中的控制阀或其他任何部件出现故障，都会影响自动变速器的正常工作。自动变速器不易拆装，给故障的诊断与排除带来一定的困难。因此，当自动变速器出现故障或工作不正常时，首先应利用各种检测工具和手段，按照合理的程序和步骤，找出故障的原因，以便针对性地进行检修。盲目拆卸分解往往找不出产生故障的真正原因，甚至造成自动变速器不应有的损坏。

7.3.1 自动变速器的检验

自动变速器的检验大体可分为基础检验、失速试验、时滞试验、液压试验和道路试验等内容，其目的是发现和找出存在的问题，确定故障所在的部位及相应的修理方法。

1. 基础检验

进行基础检验的必要前提是汽车的发动机工作正常，底盘性能良好，尤其是汽车的制动系统性能良好，不然，有可能将发动机加速不良、车轮制动器拖滞或其他问题的反映误认为是自动变速器的故障表现。

基础检验由一系列检验项目组成，分别是发动机怠速检验、节气门全开检验、节气门阀拉索检验、自动变速器油位检查、空档起动开关检验和超速档控制开关检验。通过这一系列的检验可以判明自动变速器是否已准备好正常的工作，而且通过这些检验，可以发现许多最基本的问题。因此，必须进行上述检验。

（1）**发动机怠速检验**　这项检验的关键内容，就是确定当自动变速器变速杆置于 N 位时，汽车发动机的怠速转速是否在规定的范围内。

若发动机的怠速转速过低，则当变速杆从 N 位换至 R、P、1 或 2 位时，会因不稳定的怠速而使汽车整体发生振动，影响乘坐的舒适性；若怠速转速过低情况比较严重的话，则在变速杆位置变换时，还可能引起发动机熄火。当然，过低的怠速转速对发动机的排放控制也是非常不利的。

如果发动机的怠速转速过高，则当变速杆从 N 位换至其他位置时，将产生过度的换档冲击。另外，怠速转速过高还将引发异常的车辆蠕动问题。虽然车辆蠕动是装用自动变速器的汽车所特有的现象，即当变速杆置于 D 或 R 等位且发动机怠速时，若松开制动踏板，即便是未踩加速踏板，车辆也会有轻微的移动，但怠速转速正常的汽车，蠕动现象应该是轻微的，并在允许范围之内。如果蠕动超出了允许的范围，如当变速杆置于 D 位或 R 位时，除非用力踩下制动踏板，否则汽车就会开始移动，则可能在车辆起步前进或倒车时出现失控的局面，甚至发生不应有的前后碰撞。

发动机的怠速检验在满足以下条件后方可进行：发动机达到正常工作温度；已安装空气滤清器；进气系统所有的管路和软管均已接好；所有的附件（包括空调在内的用电设备）均已关闭；所有的真空管路，包括废气再循环装置在内，均已正确连接；电子控制燃油喷射（EFI）系统的配线插接器已完全插好；点火正时已正确设定；自动变速器位于空档。

满足上述条件后可将转速表连接至发动机，并开始检查怠速。检查时，最好先将发动机

以 2500r/min 的转速空转约 1.5s，然后再检查怠速转速的高低。例如，对于日本丰田汽车公司雷克萨斯 LS400 轿车所装用的发动机，其怠速转速范围为（650±50）r/min；对同属该公司生产的凯美瑞轿车所用的 3VZ-FE 型发动机，其怠速转速范围为（770±150）r/min。若怠速不符合规定，则应检查怠速控制阀和进气装置。

（2）**节气门全开检验**　这项检验要求将加速踏板踩到底时，发动机的节气门应全开。显然，其目的是检查发动机的输出功率是否在规定的范围内。

若节气门不能全开，当汽车处于高速、大负荷工况时，因发动机功率输出受限而达不到最高车速，汽车加速性能变坏，影响自动变速器强制降档的响应时间。

如经检验发现节气门开度不符合要求，应对发动机节气门操纵系统进行必要的检查和调整。

（3）**节气门阀拉索检验**　这项检验用于检查表征发动机负荷大小的节气门开度，能否被准确地反映到自动变速器内部的节气门阀处。

在自动变速器节气门阀拉索上，都有调节记号，即在拉索上嵌有如图 7-9 所示的挡块标记。检查时，应注意拉索的具体类型。对有长的橡胶防尘罩套的拉索（见图 7-9），检查时必须使发动机的节气门处于全开位置，即必须将加速踏板踩到底，这时，橡胶防尘罩套末端与挡块标记间的距离应为 0~1mm，若超出此范围，可用调节螺母调整拉索的长度；对仅有极短橡胶防尘罩套的拉索，则需在发动机节气门处于全闭位置时检查，若短的防尘罩套与拉索上的挡块标记间的距离在 0~1mm 范围内则为合格，若此距离不符合标准，同样用调节螺母对拉索的长度进行调整。

如对防尘罩套末端与挡块标记间距离的变化听之任之而不进行检查和调整，则当该距离过大，即标记距罩套末端过远时，由于一定的发动机节气门开度反映在自动变速器节气门阀处要滞后一定值，图 7-10 实线所示的自动变速器换档规律会平行地向下移动一段距离（见实线下方的虚线），这时，在给定的发动机节气门开度下，自动变速器只能在比原定的升档车速 v 高的某一车速 v'' 处出现升档变换，因而换档点升高，并造成过大的换档冲击；若节气门阀拉索上的挡块标记跑到了防尘罩套内部，则会使自动变速器节气门阀过早地工作，即反映在图 7-10 中，换档规律曲线会平行地向上移动一段距离（见实线上方的虚线），这时，在给定的发动机节气门开度下，自动变速器仅需比原定的升档车速低的某一车速 v'，即可

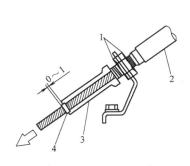

图 7-9　节气门阀拉索检查

1—调节与锁紧螺母　2—外拉索

3—橡胶防尘罩套　4—挡块标记

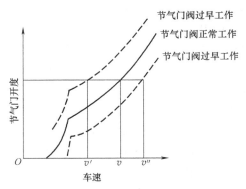

图 7-10　节气门阀拉索工作情况对换档规律的影响

发生升档变换，因而换档点降低，并引起发动机的功率损失等后果。

（4）**自动变速器油位检查** 这项检查用于检验自动变速器中的油液位置是否在规定的范围之内，同时一并检查自动变速器油的状况。

检查时发动机和自动变速器的温度必须达到正常工作温度（自动变速器油温为 80 ~ 100℃），再将变速杆自 P 位依次变换至 1 位，然后又依次换回 P 位。满足这些条件后，方可在发动机怠速状态下检查油位是否在规定的范围内。

若发动机未运转或更换自动变速器油，应将油位调整在油尺上的冷态（COOL）范围内，但此结果仅可作为参考，只有热态下的检查合格才可以被接受。

如果检查时发现自动变速器油位低于规定值，应立即添加原厂规定的自动变速器油，否则有可能会出现油泵吸入空气的问题，轻者导致齿轮和其他旋转零部件润滑不良，离合器和制动器打滑，重者则影响到自动变速器的工作质量。若加油过量造成油位过高，也应放掉多余的油液，否则有可能在车辆行驶过程中由于颠簸晃动而出现油液自通风管溢出的问题。另外，若油位过高造成控制阀体的排油孔泄油不畅，将阻碍离合器、制动器的平顺分离，使档位变换不稳。

（5）**空档起动开关检验** 空档起动开关是一个多位开关，它可以向电控单元（ECU）提供自动变速器是否处于空档起动状态，以及变速杆所处的不同位置等内容。

空档起动开关检验的目的是核查汽车的发动机是否仅在自动变速器变速杆处于 N 位或 P 位时方可起动，以及倒车灯开关是否仅在变速杆置于 P 位时才接通，从而使倒车灯点亮。检查时，若发现发动机在变速杆被置于除 N 位和 P 位以外的其他位置（如 D、2、1 位等）时也能起动，则应按以下方法进行调整。

拧松空档起动开关螺栓，然后将变速杆设定在 N 位，接下来将空档起动开关上的空档基准线与凹槽对齐，并保持位置不动，拧紧螺栓至规定力矩。如图 7-11 所示。

（6）**超速档控制开关检验** 这项检验用于确认自动变速器的超速档电控系统是否工作正常。

检查时自动变速器油温应处于正常状态（80 ~ 100℃），然后将发动机熄火，打开点火开关，按动超速档（O/D）控制开关，查听位于变速器内的相应电磁阀有动作时是否发出"咔嗒"声，如有"咔嗒"声，则说明被检自动变速器的超速档电控系统工作正常。

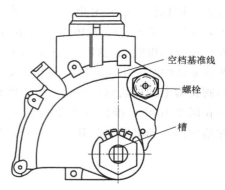

图 7-11 空档起动开关的调整

若需确认自动变速器能否在按下超速档（O/D）控制开关时，可以在发动机节气门开度和汽车行驶速度适宜时产生由三档升为四档（超速档）的升档变换，以及从四档降为三档的降档变换，则必须进行道路试验。

2. 失速试验

对自动变速器中液力变矩器的工作特性来说，除增矩状态与耦合状态的分界点，即耦合器工作点之外，还有一个重要的点，就是失速点，它对应于液力变矩器一种特定的工况，即泵轮转动而涡轮不转。失速的最大值发生在泵轮以最高转速旋转而涡轮静止不动时，这时的

泵轮或发动机转速，就是液力变矩器的失速转速。

进行失速试验的目的是通过测取变速杆置于 D 位或 R 位时的失速转速，来检查自动变速器和发动机的整体性能。

进行失速试验时，应满足以下要求：自动变速器油温在 50~80℃范围内，为保证安全应选择开阔且有良好附着力的平坦地面，同时，试验要由两人配合进行，一人进行试验，另一人在车外观察车轮或车轮垫木的情况。

试验时，先用垫木挡住 4 个车轮，然后将转速表接至发动机，拉紧驻车制动器操纵手柄，再将制动踏板牢牢踩到底。准备就绪后起动发动机，将变速杆置于 D 位，再把加速踏板一脚踩到底，与此同时，记住发动机的最高转速，即为失速转速；接着，将变速杆推至 R 位进行同样的试验并快速读出相应的失速转速。试验完成后，将 D 位和 R 位的失速转速与汽车制造厂家提供的失速转速标准值进行比较，以分析原因，找出故障所在。

为便于说明问题，以日本丰田汽车公司的雷克萨斯 LS400 轿车为例。该轿车 D 位的失速转速为（2000±150）r/min，R 位也为相同数值。

若试验结果为 D 位和 R 位失速转速均低，则可能的故障原因是发动机输出功率不足，或导轮单向离合器运转不正常，此时要注意，如果失速转速低于规定值 600r/min 以上，则极有可能是液力变矩器单向离合器的故障；若试验结果为 D 位和 R 位失速转速均高，则可能的故障原因是油路压力太低，自动变速器油位不正确或超速档单向离合器运转不正常。

如果试验发现仅是 D 位失速转速高，则可能的故障原因有油路压力太低，前进档离合器打滑，2 号单向离合器运转不正常以及超速档单向离合器运转不正常等；如果仅是 R 位失速转速高，则可能的故障原因有油路压力太低，直接档离合器打滑，第一档和倒档制动器打滑以及超速档离合器打滑等。

由于失速发生时发动机所发出的全部能量都转化为液体的动能，液力变矩器中油液的冲击和温升相当大，因此，自加速踏板踩下到松开，整个时间不得超过 5s，以防油温急剧升高和液力变矩器损坏。另外，连续试验的次数也不得超过 3 次，且连续试验时，应等油温降至正常后再做下一次试验。

3. 时滞试验

时滞试验的目的是测定发动机怠速时，自动变速器自变速杆从 N 位换到 D 位或 R 位，直至感觉到换档冲击为止的这一段滞后时间，换言之，也就是说从 N 位换到 D 位或 R 位，中间经历液压控制系统启动、行星齿轮装置起动，一直到将驱动力矩传至汽车驱动轮这一段完整的时间。

测定时滞时，先用驻车制动器锁止汽车，然后起动发动机，在关掉空调系统的前提下检查怠速转速是否在允许的范围内，如果在允许的范围内，则将变速杆从 N 位换至 D 位，用秒表测量从换档开始至感觉到振动的时间，然后用同样的方法，测量 N 位至 R 位的时滞。对绝大多数装用自动变速器的汽车来说，N 位至 D 位的时滞应小于 1.2s，N 位至 R 位的时滞应小于 1.5s。

进行时滞试验时，自动变速器的油温应正常（80~100℃），同时，各项试验之间起码要有 1min 以上的间隔，以便使变速器内部的相应离合器和制动器恢复至全开状态。另外，为使测量结果准确可靠，同一内容试验应反复做 3 次，并取各次测量结果的平均值作为最终的时滞值。

以雷克萨斯 LS400 轿车为例，对时滞超过规定值的可能原因进行分析。若 N 位至 D 位的时滞较长，则说明油路的压力太低，前进档离合器磨损，超速档单向离合器动作不正常。若 N 位至 R 位的时滞过长，则可能是因为油路压力太低，直接档离合器磨损，第一档和倒档制动器磨损以及超速档离合器磨损等。

总而言之，自动变速器中的离合器、制动器与摩擦片之间的间隙因磨损等原因变得越大，则接合所需的时间越长；而管路中的油压越低，获得离合器、制动器活塞工作压力所需的时间也越长，因而时滞越长。

4. 液压试验

液压试验即测量自动变速器的油路压力。进行该项试验时，油温应为 80～100℃。为安全起见，测量油路压力时，一定要有两人配合，即一人进行测量，另一人站在车外观察车轮或车轮垫木的情况。

具体的试验程序如下：

1）预热自动变速器油。

2）拆下自动变速器壳体上的测试塞，将油压表接上。

3）拉紧驻车制动器操纵手柄，并用垫木将 4 个车轮挡住。

4）起动发动机并检查急速转速是否正常。

5）将制动踏板踩到底，使变速杆换入 D 位。

6）在发动机急速运转的情况下，检查并记录油路压力，然后，将加速踏板踩到底，在发动机转速达到失速转速时，迅速记录油路最高压力。

7）用同样的方法对变速杆置于 R 位时的油路压力进行检测。

一般来说，如果变速杆无论置于 D 位还是 R 位时测得的油路压力均高出规定值，则造成这种现象的可能原因有节气门阀拉索失调、节气门阀故障和调压阀故障；如果在 D 位和 R 位时测得的油路压力均低于规定值，则可能的原因有节气门阀拉索失调、节气门阀故障、调压阀故障、油泵故障和超速档直接离合器故障。

假如出现的问题仅是在 D 位时油压低，则可能的故障原因为 D 位工况油路泄漏或前进档离合器故障；若仅是在 R 位时油压低，则可能的故障原因有 R 位工况油路泄漏、直接离合器故障，或第一档和倒档制动器故障。

5. 道路试验

由于自动变速器最终是以其在车辆行驶状态下所表现出来的使用性能和换档性能的优劣来加以评价的，因此道路试验是重要的，而且也是必需的。

道路试验是对汽车自动变速器性能的最终检验，检验内容侧重于换档点、换档冲击、振动、噪声和打滑等方面。进行道路试验时，由于只能根据试验人员的感觉来判断是否已换档，即捕捉换档冲击来加以判断，试验人员应尽可能多地积累操纵各种自动变速器的经验，否则路试的结果不会太理想。

道路试验前，汽车的发动机、底盘等各总成或系统的技术状态应完好，自动变速器应已经过了各种检查和试验。考虑到取决于自动变速器换档规律的升、降档换档点因具体的车辆型号不同而异，因此在进行道路试验前，要设法找到被试车型自动变速器的换档规律图或换档一览表，以便加以对照检查。

进行道路试验时，自动变速器中的油液温度应处于正常状态，即 80～100℃。

下面以雷克萨斯 LS400 轿车为例，对自动变速器的道路试验加以探讨。

（1）D 位工况试验　将变速杆换入 D 位，使加速踏板保持在对应发动机节气门完全开启的恒定位置，然后通过捕捉换档冲击来检查以下内容。

1）检查升档变换。检查是否发生由一档升二档、二档升三档，以及三档升超速档的升档变换，同时对照表 7-1，判断实际换档点是否符合要求。

表 7-1　雷克萨斯 LS400 轿车自动变速器换档点

工　　况		换档要求	换档点车速（km/h）
D 位	节气门完全开启	一档换二档	75～91
		二档换三档	125～135
		三档换超速档	198～210
		超速档换三档	191～203
		三档换二档	115～123
		二档换一档	46～49
	节气门完全关闭	三档换超速档	31～37
		超速档换三档	26～30
2 位	节气门完全开启	一档换二档	75～91
		三档换二档	119～126
		二档换一档	55～61
L 位	节气门完全开启	二档换一档	55～61

2）检查换档时有无过大的换档冲击或打滑。这时要检查的是在由一档升二档、二档升三档以及三档升超速档等升档变换时有无过大的换档冲击或打滑现象发生。若自动变速器内相应的多片离合器打滑，则由低档升高档时，由于离合器接合不及时，从动部分的转动滞后于主动部分，因而车速提高较慢；打滑严重时，功率传递中断，发动机转速瞬时升高，换入高档时必然伴随着强烈的换档冲击。

3）检查有无异常的振动和噪声。检查在 D 位工况下，当自动变速器的液力变矩器锁止离合器发生锁止或以超速档行驶时，有无异常的振动和噪声。在进行异常振动和噪声检查时，一定要极为仔细，因为这些情况也可能是由汽车传动系统中的传动轴、差速器、轮胎，或者是由自动变速器中的液力变矩器等的不平衡所引起的。

4）检查降档变换。在 D 位工况下以二档、三档或超速档行驶时，分别检查二档降一档、三档降二档，以及超速档降为三档时的降档点，是否与表 7-1 中所给的标准值相等。

另外，还要注意检查降档时有无异常噪声和打滑等问题。

5）检查液力变矩器的锁止机构。执行此项检查时，应使汽车在 D 位工况下的超速档，即约为 70km/h 的稳定车速行驶（这时，若液力变矩器的锁止机构工作正常，锁止离合器应处于接合状态），轻轻踩下加速踏板，发动机的转速应没有突然的变化。一旦发现此时发动机转速有大的跳跃，则说明锁止失效。

（2）2 位工况试验　将自动变速器变速杆换至 2 位，并将加速踏板保持在使发动机节气

门处于完全开启状态的位置，然后检查以下内容。

检查自动变速器能否进行由一档升为二档的升档变换，且换档点应与表7-1相符。应该注意的是，在2位工况下，没有从超速档降为三档的功能，同时，液力变矩器锁止离合器也不能产生接合，即无法锁止。

在2位工况下汽车以二档行驶时，松开加速踏板，检查有无一定的发动机制动效果。

另外，还要检查在加、减车速时有无异常噪声，换高档和换低档时有无过大的换档冲击。

（3）**L位工况试验**　将变速杆换至L位，并将加速踏板保持在使发动机节气门全开的位置，同时检查是否有升为二档的升档变换。显而易见，在L位工况下是不允许有这种升档现象发生的。另外，检查汽车加速或减速时有无异常的噪声出现。

在L位工况下行驶时，松开加速踏板，应出现较强的发动机制动效果。

（4）**R位工况试验**　将变速杆换入R位，在发动机节气门完全开启的状态下使车辆起步，检查有无打滑现象发生，如能迅速倒车，则说明不打滑。

（5）**P位工况试验**　将汽车停在坡度大于9%（或角度大于5°）的斜坡上，将变速杆置于P位后松开驻车制动器，检查车辆是否可以保持原地不动。

7.3.2　自动变速器常见故障的诊断与维修

1. 自动变速器过热

自动变速器正常的工作温度为80~100℃，变速器工作温度过高，会造成油液过早氧化，特别是变速器的工作温度超过120℃时，油液中的抗氧化添加剂失效，油液氧化速度急剧加快。

（1）**自动变速器过热可能造成的故障**

1）加快油液的氧化速度，油液中会产生大量的积炭，并可能造成各种卡滞。

① 换档阀发生卡滞。换档阀轻微卡滞会造成升档时有换档冲击。若换档阀发生严重卡滞，会造成缺档。自动变速器内装有高速档/M档离合器时，若2~3档换档阀卡滞在不工作的一侧，变速器不仅没有3档，而且液力变矩器不会进入锁止工况，变速器也没有倒档。

② 锁止继动阀卡滞。锁止继动阀卡滞在工作一侧，就会出现起动正常，一挂档就熄火的故障。氧化造成的积炭和油泥还会导致蓄压器卡滞，节气门阀、强制降档阀、主调压阀、滑行制动调节阀等卡滞，还有可能堵塞自动变速器油滤清器，造成一系列故障。3~4档换档阀轻微卡滞会造成3档升4档时有换档冲击。

2）计算机启动失效保护程序。装有自动变速器油温传感器的车型，当变速器油底壳处油温上升到135℃以上时，计算机会启动失效保护程序，变速器不许进入锁止工况，变速器不能升入4档。

当变速器出现工作温度过高时，一定要及时修理，以避免引发上述故障。

（2）**离合器、制动器打滑造成自动变速器过热**

1）自动变速器油液面过低和过高造成离合器和制动器打滑。

① 自动变速器油液面过低。自动变速器在所有的档位上油液的液面都必须高于控制阀体，否则空气会侵入液压控制系统。此时用举升器举起汽车，起动发动机，运转时用手摸油底壳可以明显感觉到高频振动。这是由于油泵内侵入空气，窜入出油处导致油液脉动引发

的。在变速器前部可听到"吱吱"或"呵呵"声，急加速时能听到尖叫声。变速杆位移时，有海绵状感（就像液压制动系统内有空气时踩制动踏板的感觉）。挂档时间滞后，挂上档后至少需3~4s汽车才能起步。变速器时而能升档，时而不能升档，车速很低（油液液面越低，侵入空气越多，车速越低），所有的离合器和制动器都打滑，并可听到由于润滑不良造成的干摩擦声。

② 自动变速器油液液面过高。变速器在P位时所有的离合器、制动器都处于释放状态，此时自动变速器油液面最高。自动变速器采用单一的压力润滑方式，在P位时，其液面高度必须低于行星齿轮机构，以及和它们一起旋转的离合器。

自动变速器油液面过高，在行星齿轮机构和离合器的搅动下，空气与自动变速器油混合，自动变速器油出现泡沫状，会造成以下危害。

a. 主油压不稳定，时而主油压过高，换档时有换档冲击；时而主油压过低，所有的离合器、制动器都打滑。车速上不去，自动变速器油液面过高时，最高车速通常只有80~90km/h。

b. 自动变速器油液面过高，变速器还会向外窜油，汽车行驶中，车裙处向外返黑烟（窜出的油滴到排气管上）。

c. 自动变速器油的泡沫化会破坏润滑效果，使正常情况根本不可能产生的磨损现象发生。正常的液面高度是在热车（变速器油温在35~45℃）、怠速情况下，汽车停在平地上，所有档位都走一遍，擦干净油尺，在P位测量，有油尺的一律在最上边的两格之间，没有油尺的，液面应和加油孔平齐，或往下10mm之内。

③ 其他因素造成的自动变速器油中有空气。除了自动变速器油过多和过少会使空气侵入外，诸如自动变速器油滤清器堵塞等因素也会造成自动变速器油中侵入空气。自动变速器油滤清器堵塞后，随着发动机转速的升高，油泵因供油不足而产生真空，使油泵内真空度加大，油泵外为正压，内为负压，此时状态再好的密封圈也无法阻挡空气的侵入。

2）主油压过低会造成离合器和制动器打滑。除液压系统中有空气造成主油压过低外，油泵发生早期磨损、主调压阀失调或卡滞在泄油一侧、节气门拉索过松、节气门位置传感器输出电压过低、主油压电磁阀密封不良、离合器或制动器的工作系统发生泄漏、蓄压器发生泄漏等因素均可能造成主油压过低。

3）单向离合器打滑。与其并联的单向离合器打滑，也会造成变速器过热。

2. 自动变速器异响

自动变速器内部主要是金属件，在产生异响的同时，噪声会随着金属零件传遍整个变速器，从声源上很难准确判断变速器中哪个部位发生异响。另外，自动变速器的某些异响只出现在一些特定的工况，只有再现这种特定工况，才能重新听到异响。在没有准确找到造成变速器异响声源之前，盲目地分解变速器，会给故障的查找带来极大的困难。

（1）大负荷急剧改变车速时变速器前部有金属撞击声 只在大负荷状态下急剧改变车速，才能听到变速器前部有金属撞击声，可能性最大的是变速器导轮与泵轮或涡轮间发生运动干涉，但不能完全排除变速器前部的行星齿轮机构发生运动干涉。

为了准确判断故障，可专为此做一次失速试验。失速转速只要不高出标准值200r/min以上，表明变速器内没有任何零件转动，随发动机曲轴旋转的只有变速器和油泵。如果油泵内部有金属撞击声，汽车将无法行驶。

失速试验时听到的金属撞击声，是由于导轮与泵轮或涡轮发生运动干涉发出的，分解变速器，在油底壳和变速器内可以发现从导轮上掉下来的大量铝末，维修时必须更换变速器总成。

（2）只在行驶中才有异响声　使用自动变速器的汽车严禁空档滑行，因此空档时没有异响（空档时行星齿轮不转）。行驶中能听到异响，最常见的是行星齿轮机构发出的异响。

判断异响的具体部位时，支起驱动轮，挂档旋转，再现异响，判断异响的大致部位，以便下一步的重点检查。

行星齿轮机构能够产生异响的原因主要如下：

1）行星架上行星齿轮轴周围有黑色的"眼圈"，说明行星架过载，已经发生变形。应更换行星架。

2）行星齿轮与行星架之间的轴向间隙过大。行星齿轮与行星架之间轴向间隙的正常值是 0.2~0.7mm。超过 0.8mm 时，应更换行星架。

3）用手旋转行星齿轮，检查其运转是否平滑。如不平滑，则应检查齿轮上是否有硬伤。

4）检查行星齿轮机构之间是否漏装止推垫圈或推力轴承。

（3）只在特定档位发动机制动时有异响　自动变速器内的单向离合器在它负责的工作档位上，踩下加速踏板时，发动机曲轴带着变速器输入轴转动，处于锁止状态。迅速、完全地放松加速踏板，实行发动机制动，驱动轮带着变速器输出轴转动，变速器内单向离合器与行星齿轮机构一起反向旋转。

自动变速器内单向离合器发生卡滞，或有磕伤，旋转时就会和同组的行星齿轮机构在发动机制动时发生运动干涉，并发出"嗡嗡"的异响声。踩下加速踏板异响声又立即停止。单向离合器卡滞后应及时更换，因为卡滞会造成烧蚀，使其附近的零件变形。

（4）中、高速行驶中一阵剧烈的金属撞击声后汽车不能行驶　故障发生前没有任何征兆，在行驶中突然听到一阵剧烈金属撞击声，随后汽车就不能行驶了，或虽能重新起步，但最多只能行驶 1min 左右。这种故障一般是自动变速器涡轮花键毂早期磨损。

（5）挂档或换档后，有一阵剧烈的金属撞击声，油尺孔冒蓝烟，汽车不能行驶　自动变速器大修后，起步挂档或换档时，突然出现一阵剧烈的金属撞击声，油尺孔冒蓝烟，汽车不能行驶。这种故障很可能与单向离合器有关。

自动变速器装配中要特别注意单向离合器的装配方向。由于单向离合器负责固定的行星齿轮机构元件不同，与之配合的施力装置不同，发生的故障也不同。有的会发生反向行驶；有的会在某些前进档位形成空档；有的则会锁住旋转方向，如 D 位或 L 位不能起步，2 位起步正常；也有的发动机输出转矩较大，致使单向离合器解体，其内的滚珠在离心力作用下被抛出，打坏旁边的零件。如一档单向离合器解体后打坏紧邻它的低速档制动器，使后行星排的三个元件在所有档位上都没有固定装置，汽车在所有档位上都形成空档，无法行驶。

（6）大负荷时变速器前部有轰鸣声　大负荷时，换档和满载时自动变速器前部有轰鸣声，通常是自动变速器油滤清器堵塞。

造成自动变速器油滤清器堵塞的常见原因有：①油液过脏。②变速器托底。③换油不彻底，只放出行星齿轮机构内的油，没有放出自动变速器及冷却器内的油。旧油中的抗氧化添

加剂，无法溶入新油，而分离出来结成块状，堵在滤网上（不易发现）。

（7）**汽车急加速时变速器前部有尖叫声** 此种噪声故障伴随有挂档时滞时间明显延长。通常挂前进档的时滞时间只有 1.0~1.2s，挂倒档的时滞时间只有 1.2~1.5s。故障原因是自动变速器油液面过低，导致主油压过低，挂档时滞时间被延长到 3~4s。

（8）**汽车行驶中变速器内传出很轻的"咔咔"声** 自动变速器内的离合器或片式制动器工作间隙过大，在它不工作的档位上，随着由它负责固定的行星齿轮机构振动，使彼此间发生碰撞而产生很轻的"咔咔"声。

（9）**在空档位加速时发出"唔唔"的尖叫声** 在 P 位和 N 位随着发动机转速的升高，自动变速器内发出"唔唔"的尖叫声。拔出油尺，发现油液发白，说明自动变速器油进水，应及时检修或更换自动变速器油的冷却器，并彻底更换自动变速器油。

（10）**所有档位都有连续的异响声** 如果所有档位都有连续的异响声，且汽车车速越高轰鸣声越大，做主油压试验时怠速油压过低，失速油压正常，说明变速器油泵发生早期磨损，如不及时更换，待汽车行驶 1000km 左右，所有的离合器和制动器就会发生烧蚀。

3. 挂档熄火的故障原因

使用自动变速器的汽车，起动时正常，但无论挂哪个档位都会立即熄火。挂档熄火是由于发动机负荷过大造成的。在实际修理时应注意以下事项。

（1）**发动机怠速转速过低** 通常轿车发动机的怠速转速为 800r/min，当发动机怠速转速只有 700r/min 时，汽车没有蠕动。

使用自动变速器的汽车，松开制动踏板，不用踩加速踏板，汽车便可以很低的速度移动，这种移动称为蠕动。汽车没有蠕动说明怠速转速过低，蠕动过快则为怠速转速过高。

当发动机怠速转速只有 500r/min 时，因输出转矩过小，不足以克服行驶阻力，一挂档就熄火。

（2）**空调离合器开关继电器信号中断** 因空调的使用须消耗掉一部分发动机的动力，所以起动空调时，空调离合器开关继电器应同时给 ECU 和 TCU 信号，前者使发动机转速提高 200~300r/min，后者则增大主油压。

如 ECU 没有接到信号，起动空调后挂档，发动机怠速转速没有提高，就会出现一挂档就熄火的现象。

起动后，打开空调，一挂档就熄火，二次起动时，关掉空调，挂档如不再熄火，应重点检查空调离合器开关继电器和电路。

（3）**锁止继动阀卡在工作端** 大部分挂档熄火的原因是锁止继动阀卡滞在工作端。

锁止继动阀负责改变液力变速器锁止离合器盘后侧油腔的通路。在没有进入锁止工况时，锁止离合器盘后侧油腔和变速器进油道相通，锁止离合器盘前、后油腔的油压均为 0.4MPa，锁止离合器处于分离状态。进入锁止工况后，进油道关闭，通向油底壳的泄油道打开，变速器进入锁止工况。

如锁止继动阀卡滞在工作端，变速器始终处于锁止工况，这时挂档如不踩加速踏板，不提高发动机的转速就会熄火（这和传统汽车不踩离合器就挂档是一样的）。

锁止继动阀刚开始卡滞时，在行驶中等红灯时，有类似传统汽车离合器分离不开，汽车总往前窜动的感觉。

若控制阀体装有上、下阀体，锁止继动阀大部分装在上阀体，它是所有滑阀中套筒最长的，直径也仅次于主调压阀，因此是较易发生卡滞的滑阀。

锁止继动阀一旦发生卡滞，必须拆下来用 1200 号砂纸沿圆弧方向打磨，直到在不加油润滑的前提下，依靠自身重力能够在阀孔中滑动为止。

如果只是用浸洗剂浸泡控制阀体，也许当时可以消除挂档熄火的故障。但通常在一周左右，故障会重新出现。

（4）锁止电磁阀或其电路短路　当点火开关置于 ON 位置时，变速器内所有电磁阀的正极都接上了电源，但其负极是否搭铁，则需计算机根据相关传感器的信息再决定。如锁止电磁阀或其电路短路，便等于自己接上了负极，只要接通整车电源，变速器便进入锁止工况，此时一挂档就会熄火。

检查锁止电磁阀的电阻值，若电阻值过低说明锁止电磁阀内部短路，必须更换；若锁止电磁阀电阻值正常，则应进一步检查电路，检查有无短路处。

7.4　万向传动装置

7.4.1　万向传动装置主要零件的失效

传动轴主要零件的失效主要包括花键、十字轴与轴承、中间支承轴承和轴颈的磨损、传动轴的弯曲和扭曲变形。

1. 零件的磨损

花键的主要磨损是单侧磨损。当花键因磨损产生松旷后，会引起传动轴发响，其响声为运转冲击振动声。另外，由于花键轴与套磨损不均，造成轴与套的不同心和不平衡而产生振动响声，这种响声随转速增高而增大。

十字轴与轴承由于是摆转振动，相对转速很低，润滑油膜不易形成，且是单边受力，容易在轴颈处磨出沟槽而使配合间隙增大。传动轴中间支承轴颈及轴承磨损松旷，会由于其轴线不定位，产生径向摆振，其摆振响声随转速升高而增大。

2. 传动轴变形

传动轴变形主要表现为轴管弯曲、凹陷和轴管与花键头不同轴。轴管弯曲和凹陷往往是因为车辆使用中与地面凸起物撞击或维修中碰磕所致。轴管与花键头不同轴一般是由于焊接工艺不当所致。

传动轴的不平衡，是由于偏离轴线（距离为 r）的偏移质量（m），在轴旋转时（转速为 n）产生一离心力 F，破坏了平衡，即

$$F = mr\omega^2 = mr\left(\frac{\pi n}{30}\right)^2 \tag{7-1}$$

这一离心力将使传动轴进一步弯曲，且转速越高弯曲变形越大（$F \propto n^2$），磨损越大，振动也越厉害，这种振动会传至车架和车身。

7.4.2　主要零件的检修

1. 轴管

轴管表面有明显凹陷、严重碰伤或裂纹时，应更换。轴管余长 L 的径向全跳动量：$L \leqslant$

600mm 时应不大于 0.6mm；600mm<L≤1000mm 时应不大于 0.8mm；L>1000mm 时应不大于 1.0mm（轿车应比上述值减小 0.2mm）。超过规定时，应校正。

2. 花键轴与套

花键轴外表面及传动轴中间支承轴颈的径向圆跳动量应不大于 0.15mm，超过时可将其从轴管端车去，重新焊接。花键轴与滑动叉和凸缘键槽的侧隙，轿车应不大于 0.15mm，其他车型应不大于 0.30mm。超过标准时应修复或更换。

3. 万向节叉

万向节叉轴承承孔与万向节轴承为过渡配合，其配合间隙应符合规定，超过规定应修复或更换。万向节十字轴轴颈与万向节轴承配合间隙应符合规定；轴管叉两轴承孔公共轴线对传动轴轴线的垂直度应符合规定，否则应修换。

4. 中间支承

中间支承轴承、油封、橡胶件损坏一律换新。中间支承轴承与轴颈为过渡配合，其配合量为 ±0.02mm；油封与油封颈配合应不大于 0.30mm。超过上述要求时，一般进行电镀修复或镶套修复。

7.4.3 传动轴的平衡

传动轴大修后应重新进行平衡。平衡时应将传动轴按规定方向装上滑动叉、万向节和防尘套，在专用的动平衡试验机上进行动平衡试验。任一端的动不平衡量，轿车应不大于 10g·cm；其他车型应符合表 7-2 的规定。

表 7-2　传动轴允许的动不平衡量

传动轴轴管外径 d/mm	d≤58	58<d≤80	d>80
允许的动不平衡量/(g·cm)	30	50	100

所加的平衡片每端应不多于 3 片。传动轴进行动平衡后，滑动叉、凸缘叉应做位置记号，以防拆装时错乱破坏平衡。

7.4.4 传动轴装配的注意事项

（1）对准记号　同一根传动轴两端万向节叉应在同一平面内，并对准记号。凸缘叉也应与传动轴万向节叉对准记号。

（2）轴向间隙调整　十字轴轴向间隙一般为 0.02~0.25mm，超过时可在轴承壳外端加调整垫片，但应两端等量加减，以防破坏平衡。

（3）中间支承轴承调整　中间支承轴承的紧固螺栓在装配时先不要拧紧，让传动轴运转一段时间自动调整位置后再拧紧。

（4）按规定拧紧螺栓　瓦盖式或用 U 形螺栓紧固轴承盖的万向节，其紧固螺栓应严格按规定力矩拧紧，以防力矩过大轴承壳变形。

（5）考虑平衡和润滑　装防尘套时，两个卡箍的锁扣位置应相隔 180°；十字轴油嘴方向应朝向轴管且在同一纵向平面内，中间支承油嘴应朝下，以方便加注润滑脂。对于安装后无须润滑的密封性轴承，应将十字轴端部的储油空间加满润滑脂。

7.5 驱动桥的维修

7.5.1 驱动桥主要零件的失效

1. 桥壳及半轴套管

桥壳及半轴套管的主要失效形式：桥壳的弯曲变形、裂纹；桥壳与主减速器壳接合平面磨损、变形；半轴套管与桥壳过盈配合处磨损；半轴套管轮毂轴承部分磨损及与半浮式半轴外端轴承配合部分磨损等。

桥壳弯曲变形将使半轴在工作中产生弯曲交变应力而导致疲劳断裂，同时使车轮产生内倾，造成轮胎加剧磨损或异常磨损。桥壳裂纹一般发生在弯矩最大的钢板座处和扭转力集中的制动底板处。

半轴套管与桥壳为过盈配合，由于微动磨损，其最外一道配合轴颈最易松动，当其配合间隙过大时，第二道轴颈支撑便增大了悬臂的长度，使支撑刚度降低。

2. 主减速器壳

主减速器壳的主要失效是轴承孔磨损，以及由于轴承孔磨损和壳体变形造成的轴线与轴线、轴线与平面间位置误差超标。特别是主、从动锥齿轮轴线的垂直度与位置度误差对主减速器工作可靠性的影响最大。该误差过大时，主减速器锥齿轮就不可能有正确的啮合印痕与啮合间隙，必然造成啮合印痕不符、面积减小，这将使齿轮应力集中、产生噪声，影响齿轮的使用寿命。

3. 半轴

半轴的主要失效是花键磨损、变形和断裂。由于半轴花键是汽车上承受转矩最大的部位，不仅磨损大，且易产生扭曲变形。半轴断裂常发生在应力集中的凸缘根部圆角处和花键端部圆角处。

7.5.2 驱动桥主要零件的检修

1. 桥壳及半轴套管

整体式桥壳以两端内轴颈为基准，其端面的平行度误差应不大于0.30mm和0.40mm，外轴颈径向圆跳动量应不大于0.30mm。分段式桥壳以桥壳的接合圆柱面、接合平面及另一端内锥面为支撑，内、外轴颈径向圆跳动量应不大于0.25mm，桥壳与减速器接合平面的轴向圆跳动量应不大于0.10mm和0.80mm（接合平面直径分别为大于和小于200mm者）。桥壳油封颈的径向磨损应不大于0.15mm。桥壳与半轴套管的配合应符合原设计规定。

2. 主减速器壳

主减速器壳上各承孔与轴承（或轴承盖）的配合应符合原设计规定。若为过盈配合，使用限度一般不超过0.02mm的配合间隙。差速器左、右轴承承孔同轴度误差不大于0.10mm。

主减速器壳各横轴支撑孔轴线对前端面的平行度误差应不大于0.12mm和0.10mm。纵轴线对横轴线的垂直度误差应不大于0.16mm和0.12mm。纵、横线应位于同一平面（双曲线齿轮结构除外），其位置度误差应不大于0.08mm。超过上述要求者应修复或更新。

3. 半轴

对半轴进行探伤检查，若有裂纹应予报废。半轴花键应无明显扭曲，否则应报废。花键齿侧间隙不得大于原设计规定 0.15mm，否则应报废或修复。以半轴轴线为基准，中部未加工部分径向圆跳动量应不大于 1.30mm，花键外圆柱面径向圆跳动量应不大于 0.25mm，半轴凸缘内侧轴向圆跳动量应不大于 0.15mm。超过规定时，可进行校正或对端面车削修复。

7.5.3 驱动桥的装配与调整

驱动桥的装配与调整一般包括主减速器和差速器的装配与调整、轮毂的装配与调整，调整是装配质量的关键。

1. 差速器的装配调整

（1）螺栓的拧紧 当用螺栓将从动齿轮紧固在差速器壳上时，螺栓应按规定的顺序和力矩拧紧，以防变形。

（2）圆跳动误差 从动齿轮紧固后，应检查齿轮背面的圆跳动误差，其值应小于 0.10mm。

（3）垫片的方向 半轴齿轮垫片有油槽的一面，应对着半轴齿轮。

（4）行星齿轮装配 装配后行星齿轮应运转自如、平顺，啮合间隙应符合规定。超标时，应用止推垫片调整或更换齿轮。

（5）差速器壳的装配 装配差速器壳时，应对准装配标记。

2. 主减速器的装配调整

主减速器的装配调整顺序一般是在总体装配前，先分别调整主、从动齿轮各轴承预紧度，再在装配中调整主、从动锥齿轮的啮合印痕和间隙。另外，对于从动锥齿轮背面有止推装置的，还要有止推装置的调整。对双级主减速器，还有二级减速齿轮的装配与调整。

（1）轴承预紧度的调整 轴承预紧度一般都是通过螺纹、垫片或隔套等改变两轴承内环或外环之间的间隙来调整的，其结构不同，调整装置和部位也不同。

1）主动锥齿轮轴承预紧度的调整。主动锥齿轮轴承预紧度广泛使用调整垫片调整，其中又多半是两轴承外环距离已定，用改变轴承内环之间的距离来调整，如图 7-12b 所示。

图 7-12a 中两轴承之间有隔套 2，图 7-12b 中主动锥齿轮上有轴肩。在隔套与轴肩前面装有轴承预紧度调整垫片 3，增减垫片 3 的厚度即可改变两轴承内环之间的距离。垫片厚度增加，距离加大，轴承预紧度减小；反之，轴承预紧度加大。

为提高调整效率，调整时可先多加垫片，按规定力矩拧紧螺母后，用百分表测量齿轮的轴向间隙，按间隙值减去垫片厚度再进行调整。轴承预紧度的定量检查方法：按规定力矩拧紧凸缘螺母后，在各零件润滑的情况下，用弹簧秤测量凸缘盘拉力，如图 7-13 所示。

2）从动锥齿轮轴承预紧度的调整。单级主减速器从动锥齿轮的轴承就是差速器轴承，其预紧度调整因结构不同而异。对整体式桥壳来说，通常是通过两差速器轴承外侧的螺母来调整的，旋进螺母预紧度加大，反之减小。

（2）主从动锥齿轮啮合印痕和间隙的调整 调整啮合印痕和间隙前应先进行检查。

啮合印痕的检查：在从动锥齿轮上相隔 120° 的三处，用红丹油在齿轮的正反面各涂 2~3 个轮齿，再用手对从动锥齿轮稍施加阻力，并正反向各转动主动锥齿轮数圈，观察从动锥齿轮上的啮合印痕。双曲线齿轮的啮合印痕应沿齿长方向在齿的中部偏向小端，离小端端面

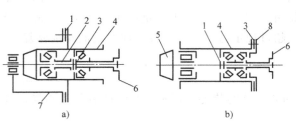

图 7-12　主动锥齿轮的支撑形式及调整装置　　　　图 7-13　主动锥齿轮轴承预紧度的测量

1—啮合状况调整垫片　2—隔套　3—轴承预紧度调整垫片

4—轴承座　5—主动锥齿轮　6—凸缘叉

7—主减速器壳　8—油封盖

2~7mm，长度不小于齿长的 50%；沿齿高方向不小于齿高的 50%，一般离齿顶的距离应为 0.8~1.6mm。

啮合印痕和间隙在调整过程中，往往难以同时满足两者的要求。一般情况下先满足啮合印痕要求，后满足间隙要求，如间隙超过大修要求或使用限度时，应成对更换齿轮。

（3）圆柱齿轮的调整　双级主减速器圆柱齿轮的啮合间隙为 0.15~0.70mm，超过此间隙时应成对更换。调整时，圆柱主、从动齿轮应对中，不可偏向一端。如解放 CA1091 型汽车的双级主减速器，是在装配从动齿轮时通过差速器调整螺母进行调整的。需注意的是，在调整齿轮对中时，一侧轴承螺母松出多少，另一侧螺母应旋进多少，以防改变轴承预紧度。

（4）从动齿轮止推装置的调整　中型以上车辆的单级主减速器，由于从动齿轮直径较大，为提高支撑刚度，往往在其相对于主动齿轮的背面有止推装置。在调整完齿轮的啮合印痕和间隙后，应对该止推装置进行调整，使其与从动齿轮背面具有规定的间隙。

3. 轮毂的装配与调整

轮毂装配时，其空腔内加注润滑脂不可过多，涂抹一层以防锈即可。轴承润滑脂也不可加满，应留有 1/4 的空隙，使空气流动有利散热。轮毂轴承的预紧度调整应合适。如轴向间隙过大，将调整螺母拧到底再退回 1/8~1/4 圈，按规定力矩拧紧锁紧螺母后，轮毂应转动灵活、轴向扳动无间隙。

7.5.4　试验与要求

为了改善各运动副的工作表面状况和检查修理质量，驱动桥修理装复后应进行磨合与试验。驱动桥修理与装配质量的好坏主要从齿轮工作噪声的大小，轴承发热、漏油等情况来判断。

试验前应按规定加注指定的齿轮油进行运转试验。试验时传动轴的转速一般为 1400~1500r/min；要进行正转、反转、无负荷及有负荷试验。运转 5min 后，用手摸外壳各轴承处，不得有过热的感觉。总的磨合时间，最短不得低于 15h，带负荷运转，一般不超过 15min。

进行运转试验时，可就车进行，也可在试验台上进行。就车进行适用于没有试验设备的小型修理企业，将驱动桥装在汽车上，顶起驱动桥，将变速器挂入对应传动轴转速为 1400～1500r/min 的档位；加载时可调小制动蹄片间隙，比较有无负荷的运转情况。在试验台上进行磨合试验时，试验设备一般由驱动装置、加载装置和台架组成。驱动装置常用电动机。加载方式可采用电涡流制动器。

齿轮啮合不允许有敲击声或高低速变化的响声，各轴承区的温升不应大于 25℃，各结合部位不允许有漏油现象。试验合格后，应用煤油和柴油各 50% 的清洗液清洗干净，并加入规定质量和数量的齿轮油。

7.6　悬架系统的维修

7.6.1　悬架系统的失效形式及故障分析

1. 车身侧倾过大

1）横向稳定杆弹力减弱或连接杆损坏，应更换稳定杆或连接杆。

2）横向稳定杆或下悬架臂磨损及损坏，应更换。

3）减振器损坏，应更换。

2. 乘坐不舒适

1）轮胎尺寸或帘布层数不符合规定，应更换符合规定型号的轮胎。

2）轮胎充气压力不正确，应调整气压至规定范围。

3）减振器损坏，应更换。

4）弹性元件弹力减弱、磨损或损坏，应更换。

3. 汽车在平地上停放车身倾斜

1）一侧悬架弹簧弹力减弱，应更换。

2）稳定杆或连接杆损坏或磨损，应更换。

3）悬架臂衬套磨损，应更换。

4. 悬架有异响

1）悬架臂球头节润滑不良或磨损，应予以润滑或更换。

2）减振器损坏，应更换。

3）稳定杆或连接杆损坏或磨损，应更换。

4）悬架连接有松动处，应重新拧紧。

5）悬架臂衬套磨损，应更换。

5. 行驶不稳定

1）弹性元件弹性减弱，应更换。

2）减振器损坏，应更换。

3）稳定杆弹力下降、损坏或连接杆磨损，应更换相应零件。

4）悬架臂衬套磨损，应更换。

5）悬架臂球头节磨损，应更换。

6）转向系统故障，应予以检修。

7）车轮定位不当，应重新调整。

8）车轮损坏或不平衡，应换新车轮或重新平衡。

7.6.2 悬架系统的拆装

1. 前桥与前悬架的拆装

前桥与前悬架是汽车行驶系统的一个组成部分，它支撑着汽车前部；同时还承受路面作用于车轮各方向的力及力矩，吸收、缓和路面上的各种冲击力。

前桥与前悬架按其结构可分为独立悬架和非独立悬架。独立悬架多用于轿车上，非独立悬架多用于货车上。

独立悬架的结构组成比较简单，主要由前轮毂制动鼓、前转向节、减振器、钢板弹簧等组成。

在发动机前置前驱的轿车上，广泛应用滑柱式独立悬架，也称麦弗逊式独立悬架。这种悬架由撑杆总成、控制臂和稳定杆组成。图 7-14 所示为奥迪轿车前悬架分解图。

撑杆总成的拆卸方法如下。

（1）撑杆总成从车上拆下

1）松开半轴螺栓 9（见图7-14），举起车身并支撑住，拆下车轮。

2）在不拆开制动油管或管路的情况下拧下制动钳安装螺栓，拆下制动软管支架，将制动钳悬挂在一旁。

3）拆下稳定杆螺母 11，将稳定杆的头部从控制臂上拆下，取下橡胶套。

4）拆下转向节上的自锁螺母 10，抽出螺栓 8，把上控制臂外端从转向节上拆下。

5）拆下传动轴螺栓，将控制臂向下推，从轮毂轴承盖中抽出传动轴 19。

6）拆下自锁螺母 7，卸下转向拉杆 5。

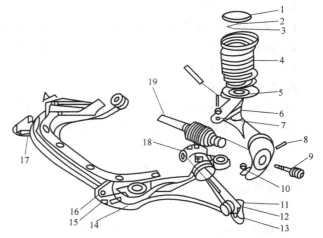

图 7-14 奥迪轿车前悬架分解图

1—盖板 2、7、10—自锁螺母 3—垫圈 4—悬架弹簧
5—转向拉杆 6—转向节总成 8、9、16、18—螺栓
11、15—螺母 12—垫片 13—球头销
14—支架 17—橡胶垫 19—传动轴

7）拆下自锁螺母 2、垫圈 3，把撑杆总成从车上拆下。

（2）撑杆总成的分解（见图 7-15）

1）把撑杆总成放在工作台上，给螺旋弹簧装上专用的弹簧压缩器，压缩弹簧至足以拆下活塞杆上的自锁螺母 16 及弹簧支柱的自锁螺母 1。

2）待拆下自锁螺母 16 及自锁螺母 1 后，拆下弹簧支柱座 15。

3）拆下撑杆总成上面的零件：轴承垫板 14、轴向轴承 13、弹簧座圈 12。

4）放松弹簧压紧器，拆下螺旋弹簧 8。

5）拆下保护套 10、密封圈 9、限位挡块 2 及密封盖 3。

6）用专用工具拆下螺母 4，从车轮轴承罩上抽出减振器总成。

（3）**控制臂的拆卸**　控制臂的装配位置如图7-14所示，其拆卸顺序如下：

1）拆下自锁螺母10，拆下螺栓8。

2）拆下螺母11及垫片12，把稳定杆从控制臂孔中拆下。

3）向下压控制臂，把球头销13从车轮轴承罩上拆下来。

4）从副架上拆下螺栓9，拆下控制臂。

（4）**稳定杆的拆卸**　稳定杆的装配位置如图7-14所示。其拆卸顺序如下：

1）拆下控制臂上的螺母11及垫片12。

2）拆下L形夹子上的螺母15、螺栓16，拆下U形夹子及橡胶垫17。

3）拆下另一侧U形夹子上的螺栓及螺母，拆下稳定杆。

2．后桥与后悬架的拆装

后桥与后悬架位于汽车后部，起着支撑汽车后部质量的作用。其结构与前桥和前悬架大致相似。因此，这里只就一种螺旋弹簧非独立悬架进行详细阐述。

螺旋弹簧非独立悬架多用于发动机前置前驱轿车的后悬架上，主要由车桥、螺旋弹簧、各种推力杆、减振器等组成。图7-16所示为奥迪轿车后桥分解图。

图 7-15　撑杆总成的分解图

1、16—自锁螺母　2—限位挡块　3—封闭盖
4—螺母　5—活塞杆　6—减振器
7—车辆轴承罩　8—螺旋弹簧　9—密封圈
10—橡胶保护套　11—保护套的座
12—弹簧座圈　13—轴承　14—轴承垫板
15—弹簧支柱座

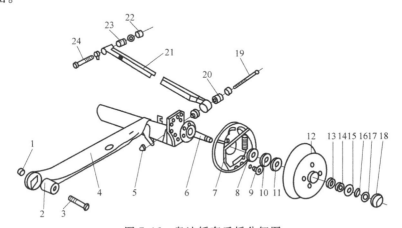

图 7-16　奥迪轿车后桥分解图

1、5、22—自锁螺母　2、20、23—橡胶衬封　3、9、19、24—螺栓　4—纵臂　6—短轴
7—制动底板总成　8—油封　10、11—内轴承总成　12—制动鼓　13、14—后轮外轴承总成
15—垫圈　16—锁紧螺母　17—开口销　18—润滑脂盖　21—横向推力杆

（1）**后轮毂及制动鼓的拆装**

1）拆卸。

① 将车辆抬起，拆下装饰罩，拆下轮胎螺栓，卸下轮胎。

② 拆下润滑脂盖 18，拔下开口销 17。

③ 用专用扳手拆下锁紧螺母 16 及垫圈 15，拆下后轮外轴承总成 14，拆下制动鼓 12。

④ 用拉拔器拉下后轮内轴承，拆下油封。

⑤ 拆下螺栓 9，卸下制动管路、制动底板及短轴。

2）装配。按照与拆卸相反的顺序进行，各部位的螺栓要按规定的力矩拧紧。轮毂轴承锁紧螺母的松紧要合适。重新装配时，开口销 17 要更换新件。

（2）横向推力杆及支撑杆的拆卸

1）拆下自锁螺母 5，拔出螺栓 19，拆下横向推力杆车桥的一端。

2）拆下自锁螺母 22，拔出螺栓 24，从车上拆下横向推力杆 21 及支撑杆的一端。

3）拆下支撑杆另一端的固定螺母及螺栓，拆下支撑杆。

4）用压床压出横向推力杆两端孔内的橡胶衬套 20、23，如有损坏或老化应予以更换。

（3）螺旋弹簧及减振器的拆装

奥迪轿车螺旋弹簧及减振器的结构如图 7-17 所示。这种形式的悬架弹簧与减振器是套在一起的，因此，拆卸时要注意支撑好车辆。

首先拆下螺母 11 及螺栓 1，然后拆下螺母 10，卸下减振器与弹簧总成。

1）减振器与弹簧总成的拆卸（见图 7-18）。

① 用螺旋弹簧压缩器把螺旋弹簧 10 压缩到能拆下减振器杆上的固定螺母 1。

② 放松螺旋弹簧压缩器，拆下螺旋弹簧上座 3、弹簧软垫 4、缓冲块 5、螺旋弹簧 10 及弹簧下座 8。

③ 拆下减振器防尘罩 6，卸下保护罩 9。

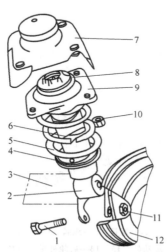

图 7-17 奥迪轿车螺旋弹簧及减振器的结构

1—螺栓 2—减振器 3—后梁 4—弹簧下座
5—螺旋弹簧 6—防尘罩 7—连接件
8—弹簧上座支撑橡胶 9—弹簧上座
10、11—螺母 12—制动鼓

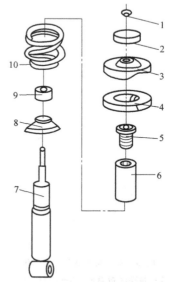

图 7-18 减振器与弹簧总成的分解图

1—固定螺母 2—隔热垫 3—螺旋弹簧上座
4—弹簧软垫 5—缓冲块 6—减振器防尘罩
7—减振器 8—弹簧下座
9—保护罩 10—螺旋弹簧

2）装配。减振器与弹簧总成的装配按照与拆卸相反的顺序进行。装配弹簧时，要用弹簧压紧器固定，防止弹簧飞出。各种橡胶衬套如有损坏或老化，应予以更换。

（4）车桥总成的拆装 车桥的结构如图 7-16 所示。

1）拆卸。

① 支撑好车身，卸下后轮，卸下排气消声器吊架，将排气消声器和排气管放低。

② 拆下驻车制动器连杆平衡臂上的螺母，从支架上拆下拉索护套，将驻车制动器拉索从其支架上拆下。

③ 拆开制动软管并堵塞管线开口。

④ 拆下纵臂 4 上的自锁螺母 1，拆下制动压力调节器弹簧。

⑤ 拆下横向推力杆的固定螺母 5 及螺栓 19，拆下减振器下支撑的固定螺母及螺栓。

⑥ 拆下螺栓 3，在调整驻车制动器拉索的同时，拆下后桥总成。

⑦ 将纵臂放在压床内，从纵臂上压出衬套。

2）装配。按与拆卸相反的顺序进行装配。注意：纵臂衬套装复时，衬套上的槽在纵臂内应处于水平位置。

7.6.3 悬架系统的检修

悬架的维修主要是对各元件的安装及功能进行检查，元件不得有松动、间隙过大、弯曲或变形、弹力减弱、磨损过度等，特别是悬架臂弯曲、衬套磨损或球头节磨损，将使车轮定位失准，易发生故障。主要检查内容如下。

1. 悬架弹簧

1）弹簧有无裂纹、损坏或磨损，可通过外观目测检查。有裂纹、损坏及磨损过度的应更换。

2）检查弹簧弹力是否下降。可将汽车停放在平地上，各轮胎充气至规定值，按检修手册所规定的部位，测量车辆高度。

3）检查弹簧安装情况。如螺旋弹簧的端部是否紧靠弹簧座；钢板弹簧的纵向、横向间隙是否符合规定；U 形螺栓和卡子有无变形、松弛、损坏等，应视情况更换相应的零件。

2. 悬架杆件

1）用撬杠撬动各悬架臂、支撑杆、稳定杆和控制杆的固定架，以及各个方向的间隙。若间隙过大说明连接松动或衬套磨损，应重新拧紧或更换衬套。

2）对撑杆式悬架可用手扳住轮胎顶部，推拉车轮来检查上支架的间隙，检查上支架安装部位有无松动、损坏。松动则加以拧紧，损坏的零件应予以更换。

3）检查悬架臂有无变形，若有变形应予以校正或更换变形的零件。

4）检查安装连接情况，安装松动的应按规定力矩重新拧紧，支架有裂纹和损伤的要更换。

5）检查球头节间隙，间隙过大、磨损严重的应予以更换。

3. 减振器

1）检查减振器有无油液泄漏、变形和损坏，若有则应更换。

2）检查安装部位有无裂纹、损坏或间隙过大，若有则应更换相应零件或做适当修复。

3）检查减振器的工作情况。用手在汽车的四周用力向上或向下扳动，然后放开，看上下的振动是否立即停止。如不能，则说明减振器已经失效，应予以更换。

4. 车轮定位

检查前轮定位情况，使之在规定范围内。在汽车直线行驶时，检查后轮轨迹，它应以汽车纵向中心线为对称。

7.7 转向系统的维修

转向系统是驾驶人操纵汽车行驶方向的枢纽，其性能的好坏，直接关系到车辆操纵性和运行安全。在汽车的使用中，容易遇到转向系统故障，若不及时检修和排除，就会有操纵失灵甚至发生交通事故的危险。因此，在使用中要注意维护，发现故障要及时诊断，消除不安全隐患，确保车辆安全运行。

随着车辆的使用里程延长，转向装置零件的磨损也会增大，以致改变了原来正确的几何尺寸和配合间隙，使之技术状况变坏，从而影响汽车的操纵稳定性，同时也使机动性能降低。

7.7.1 转向系统的失效形式及故障分析

1. 行驶跑偏

（1）**现象** 汽车行驶中，转向盘位于中间位置不动，汽车却自动地向某一边行驶。

（2）**原因**

1）左、右轮胎磨损不等或气压不相同。

2）两前轮定位参数不一致。

3）左、右转向横拉杆弯曲、变形，铰链处间隙过大。

4）两前悬架螺旋弹簧变形过大。

5）轮毂轴承磨损后出现间隙过大。

（3）**排除方法**

1）检查轮胎气压和两轮磨损程度。调整左、右轮胎气压至规定值（220kPa）。若两轮胎磨损相差较大，应换位。

2）调整前轮定位有关参数，使之符合规定值。

3）左、右转向横拉杆若变形或弯曲，应校直或更换；铰链处若间隙过大（0.25～0.50mm），应更换球头销。

4）螺旋弹簧若发生较大的塑性变形或折断，应更换新件。

5）轮毂轴承若磨损过度，应更换。

2. 转向偏重

（1）**现象** 左右转动转向盘时，感到非常吃力。

（2）**原因**

1）前轮定位不正确。

2）轮胎气压不足。

3）转向传动机构变形、磨损，球头销过紧。

4）转向器内缺油。

5）安全转向柱及凸缘变形。

6）前螺旋弹簧折断或车身变形。

（3）排除方法

1）用前轮定位仪检查前轮定位参数，使其达到规定值。

2）若轮胎气压过低，应对其充气，使之达到规定值（满载时前后轮气压均为220kPa）。

3）将左、右转向横拉杆铰接处拆开，视球头销（座）是否有过紧处，若有，应调松并加注润滑油，变形、磨损严重者，应更换。

4）若转向器内油量过少，应加注油至规定高度。

5）若安全转向柱及凸缘变形严重，应校正或更换。

6）更换已折断的前螺旋弹簧，若车身变形，应维修或更换。

3．左、右转向轻重不一致

（1）现象 汽车行驶中，向左再向右转动转向盘，感到一侧重，另一侧轻。

（2）原因

1）分配阀中的滑阀调整不当，使滑阀偏离中间位置。

2）分配阀滑阀台肩两侧的预开缝隙不等。

3）滑阀内有污物，使滑阀或反作用柱塞卡住，造成左右移动阻力不同。

4）动力缸一侧存有空气。

（3）排除方法 检查各有关部件，看其损坏程度并进行调整、修复或更换。

7.7.2 转向系统的检查

1．转向盘游动量检查

1）停放汽车，使前轮处于自动回正位置，在不转动前轮时，测量转向盘的游动量（见图7-19）。

2）如果游动量超过规定值，则调整齿条导轨。如果仍然得不到规定值，检查转向齿轮机构和联动机构。

2．转向柱检查

1）检查转向柱的滚珠轴承及滚珠轴承的间隙、运动情况，如果有噪声或间隙过大，则更换万向节或转向柱总成。

2）检查定位凸缘是否损坏，如果损坏应更换定位凸缘。

3）检查减振板、减振板导向元件、滑盖是否变形或断裂，如果有变形或断裂应更换。

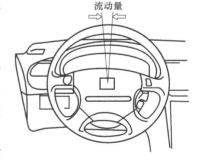

图7-19 转向盘游动量检查

4）检查倾斜杆预载。

① 将倾斜杆从松动的位置移到锁止的位置3~5次，然后测量倾斜杆端部的预载（见图7-20），预载为70~90N。

② 如测得的值不在规定的范围内，则按以下步骤调整预载：松开倾斜杆，将转向柱置于"空档"位置；拆下锁紧螺母，拆下限位器，左、右转动锁紧螺栓来调整预载，将倾斜杆拉到最高位置，并装入限位器，再次检查预载；如测得的值不在规定的范围内，则重复上述步骤。

3. 动力转向泵压力检测

注意，应先检查动力转向液的液位和转向泵传动带的张力，再检测动力转向泵的压力。

1）从转向泵出口接头上拆下软管，然后将转向泵管接头适配器连接到转向泵出口。

2）将软管适配器连接到动力转向压力表上，然后将出口软管与适配器相连。

3）将动力转向压力表接到转向泵接头适配器上（见图7-21）。

4）完全接通断流阀和压力控制阀，起动发动机，使之怠速运转。

5）从一侧锁止位置向另一侧锁止位置转动转向盘几次，使转向液升温至工作温度。

6）测量平稳后的液压，如转向泵良好，则压力表的读数至少应为1500kPa。

7）断开断流阀，然后逐渐断开压力控制阀，直至压力表指针不动，读取压力值。

8）立即使断流阀接通，如果转向泵工作良好，压力表读数至少应为6400~7400kPa。

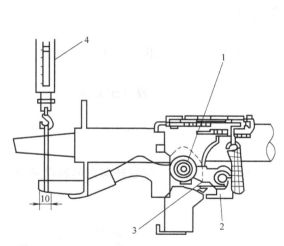

图7-20 倾斜杆预载检查

1—倾斜杆锁紧螺栓 2—锁紧螺栓
3—限位器 4—弹簧计

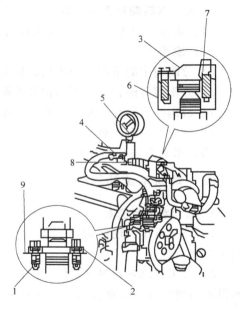

图7-21 动力转向泵压力检查

1—螺栓 2—动力转向泵接头适配器
3—出口软管接头 4—断流阀 5—动力转向
压力表 6—动力转向软管适配器 7—软管连
接螺栓 8—压力控制阀 9—泵出口接头

4. 动力转向泵传动带检查与调整

（1）检查

1）传动带张力测量仪检查法。在传动带上连接传动带张力测量仪，测量传动带张力。检查传动带是否有裂纹或损坏，必要时换用新传动带。传动带的标准张力为：旧传动带390~540N，新传动带740~880N。

2）非传动带张力测量仪检查法。在动力转向泵带轮和曲轴带轮间的传动带上施加98N的力，测量传动带的垂度，正常时旧传动带为13.0~16.0mm，新传动带为11.0~12.5mm。

（2）调整

1）松开动力转向泵安装螺母，转动调节螺栓使传动带张力达到标准值，然后重新拧紧安装螺母。

2）起动发动机，将转向盘从一侧锁止位置转至另一侧锁止位置几次，然后使发动机停转，重新检查传动带的垂度。

7.7.3 转向系统的维修

1. 转向传动机构的维修

1）如图7-22所示，卸下六角头螺栓23及螺母6，分离支架7和齿轮罩。

2）从支架上拆下左、右转向横拉杆22、25。

3）从支架上拆下转向减振器4。

4）检查支架、锁止板是否有变形或裂纹，变形轻微时可修复或校正，严重时应更换。

5）检查左、右转向横拉杆，看其是否有弯曲现象，若有弯曲超过1.0mm或发生双向弯曲者，应更换新件。

6）用磁力探伤机检查左、右转向横拉杆，看其是否有裂纹，若有裂纹，必须更换。

7）检查调整拉杆17上的螺纹是否损坏，若损坏应更换。

8）检查左、右转向横拉杆两端球头销与销座的连接，看其是否松动，必要时更换球头销。

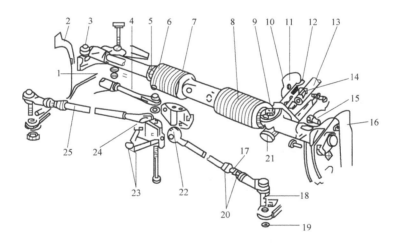

图 7-22 转向器及转向传动机构

1、11、19—自锁螺母 2—右侧车轮罩 3、15、23—六角头螺栓 4—转向减振器 5—软管夹箍 6—螺母 7—支架 8—波纹管 9—调整螺钉 10—隔板 12—隔板密封件 13—法兰套管 14—夹箍 16—左车轮罩 17—调整拉杆 18—横拉杆接头 20—锁止螺母 21—转向齿轮 22—左转向横拉杆 24—锁止板 25—右转向横拉杆

2. 动力转向系统的检修

1）检查液压系统的油压（637～784kPa）。若油压过低，应检查该系统的渗漏之处或动力缸、分配阀、叶轮泵的工作情况，必要时应更换有关部件。

2）检查动力转向液的黏度，看其是否变质或有无杂质，视情况更换。

3）检查储油罐中的油面高度。若油面过低，应检查有无渗漏之处，并将动力转向液加至规定高度。

4）检查液压系统中是否混有空气，若有，应立即排除。

7.8 制动系统的维修

现代汽车在使用中，为提高效率，都具有较高的行驶速度。但为了保证行车安全，防止事故发生，在汽车转弯或在不平道路上行驶时，需要降低车速。当有紧急情况时，应能在很短的距离和时间内停车。一般车辆上均装有常规制动系统和防抱死制动系统（ABS）（见图7-23），以满足行车安全的需要。

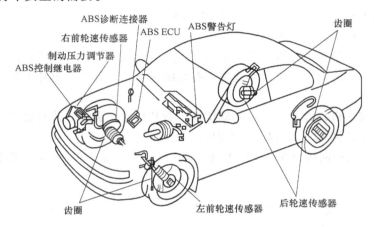

图 7-23　汽车制动系统

7.8.1 制动系统的失效形式及故障分析

1. 常规制动系统的故障诊断

常规制动系统的故障诊断表见表7-3。

表 7-3　常规制动系统的故障诊断表

故障现象	故障原因	排除方法
制动踏板软、有弹性	液压系统中有空气	排除液压系统中的空气
	制动蹄片弯曲或变形	更换不合格的制动蹄
	制动蹄片和制动鼓、衬块和制动盘没有完全贴合	研磨制动蹄片或衬块,使制动蹄片和制动鼓、衬块和制动盘贴合
	后制动器调节不当	调整后制动器
制动踏板高度降低	制动器自动调整失灵,使蹄片和制动鼓之间的间隙过大	起动汽车,向前向后使用制动停车,制动器即自动调整。若踏板行程仍过大,则需要调整制动蹄片和制动鼓的间隙
	后制动蹄片磨损严重	更换制动蹄片
	制动蹄弯曲变形	更换制动蹄
	液压系统中有空气	排除液压系统中的空气
	液压系统泄漏	加注制动液至规定的液面,踩下制动踏板,检查制动钳、制动轮缸、油管、软管及接头处是否泄漏,并进行修理和更换

（续）

故障现象	故障原因	排除方法
制动踏板高度降低	制动液不合理,温度高时制动液汽化	用清洗用的制动液清洗液压系统并加注规定的制动液
	制动主缸活塞密封圈磨损或主缸缸内孔刮伤、泵缸磨损或锈蚀	更换制动主缸活塞或制动主缸
	制动钳与其固定支板导轨接合面出现油污、铁锈或腐蚀,制动衬块在支板接合面上	清除制动钳和导轨接合面上的污垢
制动踏板硬,制动失灵	真空增压器、真空软管松动或软管漏气	紧固连接处或更换漏气软管
	制动蹄片或衬块质量不良	更换制动蹄片或衬块
	制动蹄弯曲或破碎	更换不合格的制动蹄
	制动钳在导管处卡住	更换导销和衬套,清除后制动支撑座底板的铁锈、污垢或更换制动底板
	制动钳、制动轮缸、制动主缸的活塞黏结或卡住	检修制动钳、制动轮缸和制动主缸,或更换部件
	真空增压器止回阀失灵	在发动机转速为1500r/min时使发动机熄火,等2min后踩下制动踏板,若真空增压器的作用不到2次,说明止回阀损坏,应修理或更换
	真空增压器内部卡住	检查真空增压器的工作是否正常,若不正常应更换
	制动主缸回油孔被污垢堵塞	检修或更换制动主缸
	制动管路堵塞或不畅	用压缩空气清洁管路污垢,更换不合格零件
	制动液不合格,使橡胶零件膨胀,在缸孔中卡住	更换橡胶零件和规定的制动液
制动器拖滞	真空增压器内部卡住	找出真空增压器发卡的原因,必要时更换增压器
	停车制动拉索调整不正确或损坏	调整停车制动拉索,更换卡住的拉索
	后制动器回位弹簧变软或损坏	更换后制动器回位弹簧,必要时更换制动蹄
	制动器自动调整不起作用	检修制动钳、制动轮缸和制动主缸,必要时更换
	制动摩擦片被制动液或润滑油脏污	找出被脏污的原因,更换全部制动蹄
	制动主缸回油孔堵塞	用压缩空气吹回油孔,严禁用铁丝捅堵塞的孔
	制动蹄上摩擦片松动或不适合	紧固或更换制动蹄
	制动钳固定支板螺栓松动	紧固螺栓
	后制动器底板松动	紧固后制动器底板螺栓
制动时跑偏	一侧制动摩擦片有油污	找出油污原因,更换两侧摩擦片
	一侧制动蹄弯曲、变形或摩擦片松动	更换两侧制动蹄
	一侧制动钳固定支板松动	紧固松动的螺栓
	制动摩擦片与制动鼓或制动盘未磨合	研磨制动摩擦片
	制动钳活塞卡住	检修或更换制动钳
	制动摩擦片被水浸湿	在行驶中,连续使用制动使水分蒸发
	悬架装置紧固件松动	紧固悬架装置的螺栓
	轮毂轴承磨损或损坏	更换轮毂轴承
	轮胎气压不当	按标准给轮胎充气

（续）

故障现象	故障原因	排除方法
制动时发抖	制动鼓/盘划伤或不圆	同时更换左、右两侧制动鼓/盘
	制动蹄变形，摩擦片打滑	更换制动蹄片
	摩擦片上有油污	找出油污的原因
	制动轮缸有故障	检修制动轮缸
	制动盘摩擦片卡住	更换摩擦片
	真空增压器有故障	更换真空增压器
制动时有噪声	制动蹄片磨损，蹄片直接与制动鼓接触	更换制动蹄
	制动蹄摩擦片松动或回位弹簧折断	更换损坏的零件
	制动底板凸凹不平	更换制动底板
	制动盘或制动鼓破裂，磨出沟痕	更换制动盘或制动鼓
	使用不合格的摩擦片	更换不合格的摩擦片
	制动蹄弯曲变形或破碎	更换全部制动蹄
	制动盘表面铁锈过多	清洁制动盘上的铁锈
	制动钳上有毛刺或生锈	清洁制动钳上的毛刺或铁锈

2. ABS 的故障诊断

图 7-24 所示为桑塔纳 ABS 控制电路。

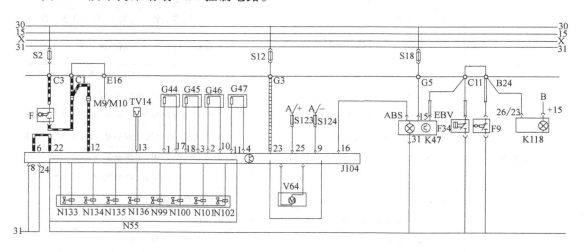

图 7-24　桑塔纳 ABS 控制电路

A—蓄电池　B—在仪表内+15　F—制动灯开关　F9—驻车制动灯开关　F34—制动液位报警信号灯开关
G44—右后轮速传感器　G45—右前轮速传感器　G46—左后轮速传感器　G47—左前轮速传感器
J104—ABS ECU　K47—ABS 警告灯　K118—驻车制动及制动液位警告灯　M9—左制动灯
M10—右制动灯　N55—制动压力调节器（HCU）　N99—右前轮进油阀　N100—右前轮出油阀
N101—左前轮进油阀　N102—左前轮出油阀　N133—右后轮进油阀　N134—右后轮出油阀
N135—左后轮进油阀　N136—左后轮出油阀　S2、S18—10A 熔丝　S12—15A 熔丝
S123—液压泵 30A 熔丝　S124—电磁阀 30A 熔丝　TV14—诊断连接器　V64—电动液压泵

（1）使用 VAG1552 故障诊断仪的正确操作步骤

1）关闭点火开关，将诊断仪与诊断插接器对接后再打开点火开关。

2）输入地址信息：键入功能代码"03"后按"4"键即可进入 ABS 工作环境。

3）输入功能代码：根据所需功能键入代码后按"Q"键确认。

4）完成所需功能后，键入功能代码"06"，再按"Q"键确认即可退出。

5）关闭点火开关，将诊断仪与诊断插接器拆开。

（2）**故障码的读取和消除** 在安装好诊断仪并输入地址信息后，若键入"02"再按"Q"键将显示故障数量，之后按"—"键将依次显示每一个已检测到的故障码。

在安装好诊断仪并输入地址信息后，若键入"05"再按"4"键，即可清除故障码。若故障码无法清除，说明该故障码所代表的故障还没有排除；若故障码能被清除，说明故障码所代表的故障已被排除或属间歇性故障。

（3）**间歇性故障的诊断**

1）由于振动而导致故障现象间歇出现时，一般都是接触不良故障。可用手上下左右摇动线束插接器、线束、传感器和其他元件，若摇动某一部位时故障再现，说明故障发生在该处。

2）若怀疑某元件温度过高或过低引发故障，可使用热吹风加热或用冷喷雾剂冷却被疑有故障的元件，以确定该元件是否有故障。

3）若怀疑电源电路接触电阻过大，可打开所有电器开关（包括前照灯和后除霜开关），看故障是否再现。

按上述方法若不能再现故障以查明故障原因，就只能等到下次故障出现时再进行诊断。一般来说，间歇性故障会越来越严重，不会变好。

（4）**制动压力调节器故障的诊断** 诊断时，先连接好诊断仪并输入地址信息，再按检测顺序对各车轮进行检查，若检查结果与诊断表对照属于正常状态，说明制动压力调节器无故障。车轮检查顺序为左前轮、右前轮、左后轮、右后轮。

（5）**根据故障码诊断排除故障**

1）故障码 00283、00285、00287、00290。在故障诊断时，若读出上述故障码，说明 ABS 存在与轮速传感器有关的故障，可能原因是传感器或齿圈漏装、传感器线圈或线束短路或断路、传感头与齿圈间隙过大、传感器线束插接器接触不良、车轮轴承间隙过大、ABS 处理器有故障等。上述故障码的诊断可按表 7-4 进行，在每一步的检查中，若检查结果与表不符，则进行下一步检查。

表 7-4 故障码 00283、00285、00287、00290 的诊断

步骤	检查内容	检查结果	排除方法
1	检查轮速传感器安装是否正确	不正确	重新正确安装
2	检查轮速传感器的输出电压和电阻	正常	更换 ABS 处理器
3	检查轮速传感器和线束插接器	不正常	修理或更换
4	检查轮速传感器齿圈	不正常	更换
5	检查车轮轴承间隙	不正常	修理或更换
6	检查轮速传感器与计算机之间的线束	不正常	修理或更换

2）故障码 00668。出现此故障码，说明供电端子 30 未提供电压或电压过高，可能原因有 ABS 熔丝熔断、蓄电池电压过高或过低、ABS 线束插接器损坏、ABS 处理器故障等，故

障码 00668 的诊断可按表 7-5 进行。

表 7-5　故障码 00668 的诊断

步骤	检查内容	检查结果	排除方法
1	检查 ABS 系统 30A 熔丝	不正常	更换
2	断开 ABS 线束与处理器的连接,打开点火开关,测量线束端子 8 与 9、24 与 25、8 与 23 之间的电压	11.5~12.6V	更换 ABS 处理器
3	检查 ABS 线束插接器	不正常	修理或更换
4	检查蓄电器电压	11.5~12.6V	维护或更换

3）故障码 01044。当 ABS 处理器软件编码与 ABS 线束的硬件引脚连接不一致时会出现此故障码,可按表 7-6 进行诊断。

表 7-6　故障码 01044 的诊断

步骤	检查内容	检查结果	排除方法
1	用 VAG1552 诊断仪检查 ABS 处理器软件编码	错误(正确码为 04505)	重新编码
2	检查线束引脚 6 和 22 是否导通	不导通	修理或更换线束

4）故障码 01130。当 ABS 受高频电磁波干扰或处理器认为车速信号不正确时,会出现该故障码,可按表 7-7 进行诊断。

表 7-7　故障码 01130 的诊断

步骤	检查内容	检查结果	排除方法
1	检查轮速传感器输出电压	正常	更换 ABS 处理器
2	检查轮速传感器	不正常	修理或更换
3	检查传感器与处理器之间的线束	不正常	维护或更换

5）故障码 01276。当车速在 20km/h 以上时,若 ABS 处理器监测到液压泵电动机不工作即会出现此故障码,可能原因有供电不足、液压泵电动机连接不良、电动机损坏、ABS 处理器故障等,可按表 7-8 进行诊断。

表 7-8　故障码 01276 的诊断

步骤	检查内容	检查结果	排除方法
1	检查蓄电器电压是否过低	过低	充电
2	将液压泵电动机加熔丝直接接到蓄电器上	电动机不工作	更换
3	检查 ABS 熔丝和处理器线束插接器	不正常	修理或更换
4	用 VAG1552 诊断仪清除故障码并对制动压力调节器进行诊断	故障重现	更换 ABS 处理器
		故障不重现	按间歇性故障诊断

（6）根据故障现象诊断排除故障　有些故障 ABS 处理器无法检测到,即 ABS 工作不正常,但调不出故障码。在此情况下,只能根据故障现象进行诊断。

1）在发动机熄火状态下,打开点火开关,ABS 警告灯不亮。出现此种故障现象,可能是警告灯电源电路断路、灯泡烧坏或警告灯控制器损坏,可按表 7-9 进行诊断。

表 7-9 ABS 警告灯不亮故障的诊断

步骤	检查内容	检查结果	排除方法
1	检查 ABS 警告灯熔丝及其插座	不正常	更换或修理
2	拆开 ABS 处理器连接器，打开点火开关	警告灯亮	更换警告灯控制器与处理器间线束
3	检查 ABS 警告灯	灯泡烧坏	更换
4	检查 ABS 警告灯电源和搭铁电路	线路断路	更换线束
5	检查 ABS 警告灯电源和搭铁电路连接器	不正常	修理或更换
6	检查故障现象是否重现	故障重现	更换警告灯控制器
		故障不重现	按间歇性故障诊断

2）发动机起动后，ABS 警告灯常亮。出现此现象而无故障码记忆，可能是 ABS 警告灯控制器损坏、控制器电路断路或处理器故障，可按表 7-10 进行诊断。

表 7-10 ABS 警告灯常亮故障的诊断

步骤	检查内容	检查结果	排除方法
1	检查 ABS 警告灯控制器与处理器间电路是否断路	断路	更换线束
2	检查 ABS 警告灯控制器	不正常	更换控制器
		正常	更换 ABS 处理器

3）ABS 工作异常。ABS 工作不正常与驾驶状况、路面条件及 ABS 各元件均有密切关系，若出现此故障现象而无故障码记忆，可按表 7-11 进行诊断。

表 7-11 ABS 工作异常故障的诊断

步骤	检查内容	检查结果	排除方法
1	检查轮速传感器安装是否正确	不正确	重新正确安装
2	检查轮速传感器的输出电压	正常	更换 ABS 处理器
3	检查轮速传感器和线束插接器	不正常	修理或更换
4	检查轮速传感器齿圈	不正常	更换
5	检查车轮轴承间隙	不正常	修理或更换
6	检查 ABS 处理器连接器及中间连接器	不正常	修理或更换
7	检查故障现象是否重现	不重现	按间歇性故障诊断
8	拆下 ABS 处理器，检查 ABS 线束相应端子间轮速传感器的电阻（检查的同时摇动线束及插接器）	电阻正常	更换 ABS 处理器
		电阻不正常	修理或更换线束及插接器

4）制动踏板行程过长。可按表 7-12 进行诊断。

表 7-12 制动踏板行程过长故障的诊断

步骤	检查内容	检查结果	排除方法
1	目视检查液压管路接头处有无泄漏	有泄漏	拧紧管接头
2	检查制动盘磨损情况	不正常	更换制动盘
3	检查驻车制动装置	不正常	更换
4	对制动系统进行排气检查	有空气排除	重新排气
5	用 VAG1552 故障诊断仪检查制动力调节器中出油阀的密封性能	密封不良	更换调节器

5）踩制动踏板费力。在制动时，若感觉踩制动踏板非常吃力，一般是因真空助力器工作不良或制动压力调节器中进油阀不能打开所致，可按表 7-13 进行诊断。

表 7-13　踩制动踏板费力故障的诊断

步骤	检查内容	检查结果	排除方法
1	用 VAG1552 故障诊断仪检查制动压力调节器的进油阀	不正常	更换调节器
2	检查真空助力器及踏板行程	不正常	按普通制动系统故障维修

6）不能与诊断仪通信。在对系统进行检查或诊断时，若无法与 VAG1552 故障诊断仪通信，可能是 ABS 处理器电源或诊断线路断路所致，可按表 7-14 进行诊断。

表 7-14　不能与诊断仪通信故障的诊断

步骤	检查内容	检查结果	排除方法
1	将诊断仪与其他车辆接口通信试验	无法通信	维修诊断仪
2	检查 ABS 电源熔丝	熔断	更换
3	诊断仪屏幕有无显示	无显示	修理诊断连接器及其线束
4	拆下处理器连接器，检查线束中处理器接线端子 13 与诊断连接器端子 7 是否导通	不导通	修理诊断连接器或 ABS 线束
		导通	更换 ABS 处理器

7.8.2　制动系统的检查

汽车制动系统技术状况的好坏，直接关系到行车安全。评价制动系统技术状况的综合指标是制动距离。制动器摩擦片与制动鼓磨损、油污或卡滞；液压制动系统中有空气、制动液渗漏及制动主缸内制动液不足；气压制动系统控制阀或制动气室密封不良以及空气压缩机传动带松弛和工作效率降低、制动轮缸是否有制动液泄漏、制动钳是否有油污、制动盘摩擦端面跳动量是否在正常范围内、制动盘是否磨损过度等，均会造成制动距离的增加。因此，制动系统的检查，除制动系统零件的紧固、清洁和润滑外，主要是检查制动器摩擦片与制动鼓的间隙、真空增压器的密封性、制动液泄漏、制动盘变形和磨损情况，以及制动系统中空气的排除等。下面以前盘后鼓的制动系统为例说明制动系统的检查。

1. 前轮盘式制动器的检查

前轮盘式制动器的拆卸与分解步骤如下：

1）将车架起，将车轮和制动管路拆下。

2）拆下制动钳体。

3）拆下弹簧、制动摩擦块、垫片及支撑板等。

4）拆卸气缸体滑动轴套、防尘罩和活塞。

在拆卸制动钳时，如不更换摩擦块，拆卸之前应在摩擦块上做记号，以便重新装配，否则会影响制动效果。

制动摩擦块的检查：外侧摩擦块可以通过轮辐上的孔进行目测检查其厚度，内侧摩擦块可以利用反光镜进行目测。摩擦块的使用极限为 7mm。同时还应检查磨损的均匀度。更换制动盘时，同一车辆两个制动盘必须同时更换，以确保两轮所产生的制动力相等。

安装摩擦块时，在活塞回位之前，应先抽出制动油罐中的制动液，特别是在已经添加了制动液后，溢出容易造成腐蚀油漆涂层的现象。排放制动液时，只能用专门盛放制动液的容器。

2. 后轮鼓式制动器的检查

利用制动器底板上的观察孔检查制动摩擦片的厚度和拖滞情况。新的摩擦片厚度为5mm，磨损极限为2.5mm。制动摩擦片是用铆接的方式与底板连接固定在一起的。更换需更换整个制动蹄。

更换后轮制动摩擦片可按以下步骤进行：

1) 撬下轮盖，松开车轮螺母，拆下车轮。

2) 通过车轮螺栓孔，向上拨动楔形调整块，使制动蹄放松，然后取下制动鼓。

3) 用钳子拆下制动蹄保持弹簧及座圈。

4) 用螺钉旋具或撬杆取出软蹄和下回位弹簧，拆下驻车制动拉索。

5) 用钳子拆下楔形调整块弹簧及上回位弹簧，取出制动蹄。

6) 装上回位弹簧，并把制动蹄与推杆连接好。

7) 装上楔形调整块，凸出的一侧朝向制动底板。

8) 将另一制动蹄装到推杆上，并装入上回位弹簧。

9) 装制动拉索。

10) 将制动蹄装到支架中，并装上制动蹄保持弹簧和座圈。

11) 装入制动鼓及后轮轴承并调整轴承间隙。

12) 用力踩制动踏板一次，使后制动器能正确就位。

3. 真空增压器的检查与更换

一般情况下，在发动机怠速时产生的真空度为50kPa，在大节气门开度时的真空度为10kPa；在抬起加速踏板、踩下制动踏板时的真空度为80kPa，此时真空增压器的增强系数为3.0。

(1) 真空增压器的检查　使发动机熄火，然后用力踩制动踏板数次，以清除真空增压器中留有的空气。用适中的力踩下制动踏板并保持在一定位置，然后起动发动机。如果真空增压器正常，则制动踏板的位置应有所下降，否则应检查真空管路。如果真空增压器已损坏，则应更换。

(2) 真空增压器的更换　更换真空增压器时，最好将制动主缸与支架一起从车身上拆下，这样比较方便。各螺母的拧紧力矩是15N·m。

4. 驻车制动的检查与调整

驻车制动的传动机构为机械式，通过钢丝绳传动作用于后轮。驻车制动的自由行程是制动手柄处2齿。放开驻车制动手柄，两个后轮都应能自由转动。如果需要对驻车制动进行调整，可按以下方法进行：

1) 放开驻车制动手柄。

2) 用力踩制动踏板一次。

3) 将驻车制动手柄拉紧2齿。

4) 拧紧调整螺母，直到用手不能拨动两个被制动的后轮为止。

5) 放松驻车制动手柄，观察两个后轮能否运转自如。

5. 制动系统放气

制动系统维修后或者制动系统进行清洗、换液后，均需对制动系统进行放气。制动系统放气需借助仪器，也可以人工进行。放气以制动主缸为中心，先远后近，顺序如下：右后制动轮缸、左后制动轮缸、右前制动钳、左前制动钳。人工放气时，将软管一端接在放气螺塞上，另一端插在容器中，用力踩制动踏板并保持压力，然后拧松放气螺塞，排出空气，再将放气螺塞拧紧，重复几次上述步骤。注意：检查制动主缸上方的储液罐是否有液体，随时添加直至空气全部排出，出现新的制动液为止。

6. 制动液的补充更换

位于前制动主缸上方的制动液储液罐上有代表制动液液面的最高（max）和最低（min）标记。如果发现制动液减少，应及时添加。制动液有毒性和腐蚀性，不可与油漆相接触。同时它还有较强的吸湿性，能吸收周围空气中的水分，过多的水分会降低制动液的制动效能，因此必须每两年更换一次制动液。

7.8.3　制动系统的维修内容

1. 维修注意事项

1）ABS 警告灯（K47）或驻车制动及制动液位警告灯（K118）点亮时说明系统发生故障。在车速低于 20km/h 时某些故障系统检测不到。

2）若警告灯不亮，但制动效果不良，则可能是液压制动系统有空气或常规制动系统存在故障。

3）对 ABS 进行维修前，为快速查明故障原因，应先用 VAG1552 故障诊断仪读取故障码。

4）拆开 ABS 线束插接器时，应先关闭点火开关。

5）维修前，必须关闭点火开关，并拆下蓄电池负极线。

6）拆装 ABS 元件时，应彻底清洁连接部位和支撑面，但绝不能使用汽油、稀释剂等类似的清洁剂。注意防止制动液流进线束插接器内。

7）拆下的 ABS 元件必须放在清洁处，若需维修时间较长时应覆盖好或用塞子封闭管口，防止润滑油、润滑脂等含矿物油的物质沾染元件或进入系统内。

8）制动压力调节器拆下后必须放在专用支架上，以防搬运中碰坏阀体。

9）系统拆开后，不要使用压缩空气，也不要移动车辆。

10）需更换元件时，应使用原厂配件。更换计算机或制动压力调节器后，应用 VAG1552 故障诊断仪对 ECU 进行编码，否则 ABS 警告灯闪烁，系统不能正常工作。

11）维修中若拆开过液压制动系统，维修作业完成后，应使用专用 VW1238A 制动液充放机和 VAG1552 故障诊断仪配合，对系统进行加液和排气。

12）在维修后试车时，应至少进行一次紧急制动。当 ABS 正常工作时，制动踏板会有反弹的感觉，且紧急制动时车速下降快速、平稳。

2. ECU 编码

更换 HCU（液压控制元件，即制动压力调节器）或 ECU（电控单元）后，应使用 VAG1552 故障诊断仪对 ECU 进行编码，其步骤如下：

1）将 VAG1552 故障诊断仪连接到诊断插接器上。

2）在地址输入处输入"03"，按"Q"键确认。

3）在功能选择处输入"07"，按"Q"键确认。

4）在编码输入处输入"04505"，按"Q"键确认。

5）显示已输入的编码正确后按"→"键确认。

6）在功能选择处输入"06"，按"Q"键确认。

7）编码完成后，从诊断插接器上拆下诊断仪。

3. 系统加液和排气

当备件为湿式 HCU 时，更换 HCU 后只需按普通液压制动系统进行加液和排气；若备件为干式 HCU，更换后除应按普通液压制动系统进行加液和排气外，还需对 HCU 的第二回路进行排气。使用 VAG1552 故障诊断仪进行排气的步骤如下：

1）按普通制动系统加液和排气，直到排气时无气泡排出为止。

2）将 VAG1552 故障诊断仪连接到诊断插接器上。

3）在地址输入处输入"03"，按"Q"键确认。

4）在功能选择处输入"04"，按"4"键确认。

5）在组号输入处输入"001"，按"Q"键确认。

6）踩下制动踏板并保持，液压泵工作，踏板回弹；松开制动踏板，将左、右前制动放气螺塞松开，按"→"键；踩制动踏板 10 次，将左、右前制动放气螺塞拧紧，按"→"键。

7）重复进行步骤 6）7 次。

8）排气完成后按"→"键回到"功能选择"菜单。

9）在功能选择处输入"06"，按"Q"键确认。

10）将 VAG1552 故障诊断仪从诊断插接器上拆下，结束。

4. ABS 控制器（制动压力调节器和 ABS 组件）**的维修**

ABS 控制器及其附件如图 7-25 所示。

(1) 拆卸控制器　具体操作步骤如下：

1）关闭点火开关，拆下蓄电池及支架。

2）从 ABS 处理器上拆下端子线束插接器。

3）踩下制动踏板，并用制动踏板架固定。

4）在控制器下方垫一块布，用以吸收拆卸制动液管时流出的制动液。

5）从制动压力调节器阀体上拆下制动液管 A 和 B（见图 7-26），并做记号，立即用密封塞将调节器阀体上的管口塞住。用软铅丝把制动液管 A 和 B 扎在一起，挂到高处，使其管口高于储液器的液面。

6）从制动压力调节器上拆下制动液管 1、2、3、4（见图 7-26），并做记号，立即用密封塞将调节器阀体上的管口塞住。在操作过程中必须特别小心，不能使制动液渗入 ABS 处理器壳体中，否则会使元件腐蚀而损坏系统。

7）从支架上拆下控制器。

(2) 分解控制器　具体操作步骤如下：

1）压下插接器侧的锁扣，拆开制动压力调节器上液压泵的线束插接器。

2）用专用套筒扳手拆下 ABS 处理器与制动压力调节器的四个连接螺栓。

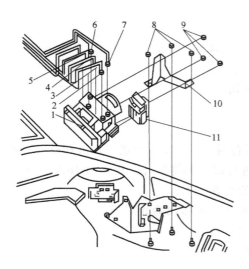

图 7-25　桑塔纳 ABS 控制器及其附件

1—ABS 控制器　2—调节器与左前制动轮缸连接的制动液管接头
3—调节器与右后制动轮缸连接的制动液管接头　4—调节器与左
后制动轮缸连接的制动液管接头　5—调节器与右前制动轮缸连接
的制动液管接头　6—制动主缸后腔与调节器连接的制动液管接头
7—制动主缸前腔与调节器连接的制动液管接头　8—控制器支架
紧固螺母　9—控制器安装螺栓　10—控制器支架　11—ABS 处理器
线束插接器（25 端子）

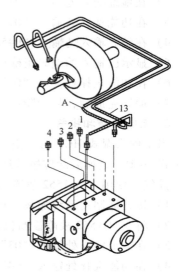

图 7-26　拆下制动液管 A 和 B

1、2、3、4—调节器与制动轮缸
连接的制动液管

3）将制动压力调节器与 ABS 处理器分离。注意：拆下制动压力调节器时要直拉，不要碰坏阀体。

4）在 ABS 处理器上盖一块不起毛的布，以防灰尘及脏物进入。将制动压力调节器安放在专用支架上，以免在搬运时碰坏阀体。

（3）装配控制器　装配场地必须清洁，不允许有灰尘及脏物。以下为装配步骤。

1）把 ABS 处理器与制动压力调节器装成一体，用专用套筒扳手拧紧连接螺栓，拧紧力矩不得超过 4N·m。

2）插上电动液压泵的线束插接器，注意锁扣必须到位。

3）安装控制器。安装时应注意调节器阀体管口处的密封塞，只有在制动液管要装上时才能拆下，以免异物进入制动系统。安装步骤如下：

①拆下相应的密封塞，依次装上连接各制动轮缸的四根制动液管，并在检查制动液管位置正确后，以 20N·m 的力矩拧紧管接头。

②拆下相应的密封塞，依次装上连接制动主缸前、后腔的两根制动液管，并在检查制动液管位置正确后，以 20N·m 的力矩拧紧管接头。

③插上 ABS 处理器线束插接器。

④对 ABS 充液和放气。

⑤若更换了 ABS 处理器或制动压力调节器，则必须对处理器重新编码。

⑥打开点火开关检查，ABS 警告灯应亮 2s 后再熄灭。

⑦ 使用 VAG1552 故障诊断仪，先清除存储的故障码，再读取检查有无新的故障码出现，以确定装配和安装是否正确。

⑧ 最后试车检测 ABS 功能。汽车应至少在 40km/h 的初始速度下紧急制动，若可以感觉到制动踏板有轻微的颤动，路面上基本没有轮胎拖痕，说明 ABS 工作正常。

5. 前轮速传感器的维修

桑塔纳前轮速传感器和前轮轴承的安装位置如图 7-27 所示。

（1）拆卸前轮速传感器 具体操作步骤如下：

1）抬起前轮使之离地，拆下前轮及前轮制动器。

2）如图 7-28 所示，拆卸带齿圈的前轮毂时，先用拉拨器的两个活动臂钩住前轮轴承壳的两边。

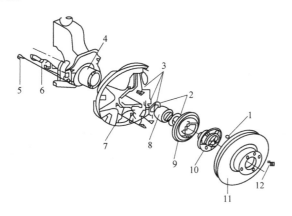

图 7-27　桑塔纳前轮速传感器和前轮轴承的安装位置
1—齿圈固定螺栓　2—前轮轴承弹性挡圈　3—防尘板紧固螺栓
4—前轮轴承壳　5—传感头固定螺栓　6—传感头　7—防尘板
8—前轮轴承　9—齿圈　10—轮毂　11—制动盘　12—十字槽螺栓

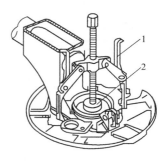

图 7-28　拆卸带齿圈的轮毂
1—拉拨器　2—专用压块

3）在前轮毂要压出一侧的中心放一专用压块，转动拉拨器上的螺栓使其顶住压块，直到将带齿圈的前轮毂顶出。

4）拆下齿圈固定螺栓，分开齿圈和轮毂。

5）拆下传感器线束插接器，拆下传感头固定螺栓，即可拆下传感头。

（2）安装前轮速传感器 安装步骤与拆卸时的顺序相反，但应注意以下事项：

1）左、右前轮速传感器的传感头零件不同，也不能互换。

2）安装传感头时，应先清洁传感头安装孔，并涂抹固体润滑膏 G000650。

3）传感头和防尘板固定螺栓拧紧力矩为 10N·m。

（3）检查齿圈 检查内容及方法如下：

1）顶起前轮使之离地，用手转动前轮感觉有无明显的轴向摆动，若有明显摆动，应检查齿圈的轴向圆跳动量。轴向圆跳动量应不大于 0.3mm。

2）若齿圈轴向圆跳动量过大，应检查前轮轴承是否损坏或轴向间隙过大。若轴承损坏或轴向间隙过大，则应更换前轮轴承。

3）齿圈轴向圆跳动量过大而引起齿圈与传感头碰擦时，应检查齿圈有无变形或断齿现象。齿圈变形或齿数残缺时，应更换齿圈。

4）检查齿圈齿隙中有无脏物，若有，应清除干净。

（4）检查前轮速传感器输出电压　检查方法如下：

1）检查前，先顶起前轮，松开驻车制动手柄，并检查前轮速传感器的传感头与齿圈间隙是否符合标准，标准间隙应为 1.10～1.97mm。

2）拆下 ABS 处理器线束插接器，用万用表或示波器在线束插接器处测量前轮转动时相应端子间的电压。测量时前轮以 30r/min 的转速转动。左前轮测量端子为 4 和 11，右前轮测量端子为 3 和 18。用万用表测量时，传感器输出电压应为 70～310mV；用示波器测量时，传感器输出电压应为 3.4～14.8mV/Hz。

3）若输出电压不符合标准，应检查前轮速传感器电阻是否符合标准，至少在四个位置检查传感头与齿圈间隙是否符合标准，线束和传感头的安装是否正确。

6. 后轮速传感器的维修

桑塔纳 2000GSi 型轿车后轮速传感器和后轮轴承的安装位置如图 7-29 所示。

（1）拆装后轮速传感器　具体操作步骤如下：

1）翻起汽车后座垫，拆下后轮速传感器的线束插接器。

2）拆下固定传感头的六角头螺栓，拆下传感头。

3）拆下后梁上的传感器线束保护罩，拉出线束和线束插接器。

4）安装时按与拆卸相反的顺序进行。但注意：左、右后轮速传感器零件不同，也不能互换；安装传感头时，先清洁其安装孔，并在安装孔内涂以固体润滑膏 G000650；传感头固定螺栓拧紧力矩为 10N·m。

（2）检查齿圈　检查内容及方法如下：

1）顶起后轮使之离地，用手转动后轮感觉有无明显的轴向摆动，若有明显摆动，应检查后轮轴承的径向圆跳动量。后轮轴承的径向圆跳动量应不大于 0.05mm。

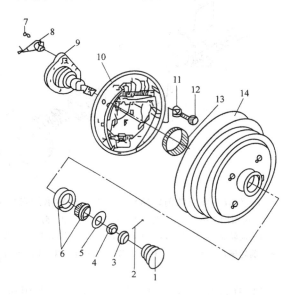

图 7-29　桑塔纳 2000GSi 型轿车后轮速传感器和后轮轴承的安装位置

1—轮毂盖　2—开口销　3—螺母防松罩　4—六角头螺母
5—止推垫圈　6—车轮轴承　7—传感头固定螺栓
8—后轮速传感器传感头　9—后轮短轴
10—后轮制动器总成　11—弹簧垫圈
12—六角头螺栓　13—齿圈　14—制动鼓

2）后轮轴承的径向圆跳动量过大或轴承损坏，会影响后轮速传感器的传感头与齿圈间隙。检查后轮轴承，若后轮轴承的径向圆跳动量过大，应调整轴承间隙；若轴承损坏，则应更换轴承。

3）若因后轮轴承的径向圆跳动量过大而引起齿圈与传感头碰擦时，应检查齿圈有无变形或断齿现象。齿圈变形或齿数残缺时，应更换齿圈。

4）检查齿圈齿隙中有无脏物，若有，应清除干净。

（3）检查后轮速传感器输出电压　检查方法如下：

1）检查前先顶起后轮，松开驻车制动手柄，并检查后轮速传感器的传感头与齿圈间隙是否符合标准，标准间隙应为 0.42~0.80mm。

2）拆下处理器线束插接器，用万用表或示波器在线束插接器处测量后轮转动时端子间的电压。测量时后轮以 30r/min 的转速转动。左后轮测量端子为 2 和 10，右后轮测量端子为 1 和 17。用万用表测量时，传感器输出电压应大于 260mV；用示波器测量时，传感器输出电压应大于 12.2mV/Hz。

3）若输出电压不符合标准，应检查后轮速传感器电阻是否符合标准，至少在四个位置检查传感头与齿圈间隙是否符合标准，线束和传感头的安装是否正确。

思　考　题

1. 离合器的失效原因有哪些？
2. 如何进行自动变速器的质量检验？
3. 传动轴的失效形式有哪些？
4. 驱动桥的失效形式有哪些？
5. 悬架系统的失效形式有哪些？
6. 转向系统的失效形式有哪些？
7. 转向系统的检查有哪些内容？

第8章

汽车电气设备维修

汽车电气设备是汽车的重要组成部分，其性能好坏直接影响汽车的动力性、经济性、可靠性与安全性等方面。汽车技术发展至今，几乎所有的机械装置都由电子装置或计算机控制。在维修汽车各系统时，很难将机械修理与电气系统修理完全分开，这就要求汽车机械修理人员必须掌握电气系统修理技能，而汽车电工也必须了解机械系统原理。在现在的汽车维修过程中，机械和电气系统故障的最终排除，基本上还是采用更换零件的方法，因此，与传统维修过程相比，准确判断故障原因就显得更为重要。

8.1 汽车电子点火系统故障诊断

电子点火组件也称电子点火系统。它是主要由半导体元件（晶体管、晶闸管、集成电路等）组成的电子开关电路，其主要作用是根据点火信号发生器发出的点火脉冲信号，接通和断开点火线圈初级电路，相当于传统点火系统中的断电器触点。

8.1.1 诊断电子点火系统故障的一般技巧

无触点电子点火系统一般不需要经常维修，只需定期做少量的维护工作。但如果发动机不能起动，怀疑是电子点火系统有问题时，可从分电器盖上拔出中央高压线，并使其距气缸体 5~7mm，起动发动机，观察其线端的跳火情况，若不跳火，说明该点火系统有故障。此时应对传感器和电子点火器以及点火线圈等进行检查，必要时，应修理和调整。

1. 检查、调整信号转子凸齿与传感铁心间的间隙

对于磁电式（磁脉冲式）传感器来说，其信号转子凸齿与传感铁心之间的空气间隙，因发动机的类型不同而有所差异，一般为 0.2~0.4mm。如图 8-1 所示，检查时，可用塑料塞尺测量。如图 8-2 所示，若其间隙不符合要求，可松开螺钉 A 和 B，并以 A 螺钉为支点，微微移动螺钉 B，直到符合规定为止。

2. 检测传感线圈电阻值

检测传感线圈的电阻值，应把线圈从线束插接器上拆下，用万用表欧姆档测量。不同类型的轿车，其传感线圈的电阻值可能不同。若电阻为无穷大，则表明有断路故障，首先应检查接插件的焊接处，然后再检测传感器是否断路；若其电阻过小，则表明传感器线圈有短路故障，应排除或更换传感器线圈。

3. 电子点火控制器的检测

（1）**一般检查** 一般检查包括外观检查和用欧姆表测量其输入端的电阻，以及用电流表测量线路电流等。

1）外观检查。将电子点火控制器从分电器或点火线圈上拆下，松开连接线或插接器，

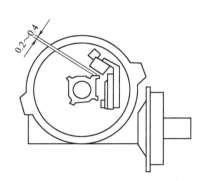

图 8-1　用塑料塞尺测量信号转子凸齿与
传感铁心间的间隙

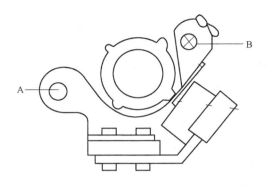

图 8-2　信号转子凸齿与传感铁心间的间隙调节

仔细检查各引出端导线，看其是否良好，有无异常现象。

2）测量输入电阻。不同型号的电子点火控制器电路各不相同，其输入电阻值因电子点火控制器电路不同而不同。例如 JKF 型晶体管点火器，其输入电阻为 3kΩ，检测时，若发现此电阻值很大，应检查各插接件的焊点是否良好，其屏蔽线有无断路；若发现此电阻值过小，应仔细检查电路的各个部分，并尽快判明是因某处搭铁还是由于电子元器件击穿损坏而短路。

（2）**用干电池检查点火线圈**　电子点火控制器的输入端接一节电压为 1.5V 的干电池，输出端接至点火线圈和点火开关，用万用表检测点火线圈初级绕组与附加电阻上的电压。如果此电压接近 0V 或者接近 12V，说明电子点火控制器良好；否则说明有故障。

（3）**用火法检查**　用螺钉旋具碰刮传感器，若每次碰刮，点火线圈高压总线都能跳火，则说明该电子点火控制器工作状况良好，否则，就要对该控制器做进一步检查。

4. 蓄电池点火系统故障诊断

汽车在运行中，蓄电池点火系统发生故障是汽油机比较常见的故障。其特点是故障发生得比较突然、比较复杂。常见故障是低压、高压电路和点火正时失准，致使发动机出现不能起动、动力不足、发动机工作异常、燃料消耗增加和行驶过程中熄火等现象。

（1）**发动机不能起动的故障诊断**　发动机因点火系统故障不能起动时，首先要确定故障是在低压电路还是高压电路，或是高低压电路综合故障，然后再找出故障的确切部位，予以排除。

1）低压电路故障诊断。低压电路出现故障会导致初级绕组电流断路或减弱，造成发动机不易起动。诊断方法是利用电流表动态值判定故障所在部位。具体操作方法：接通点火开关，起动发动机或摇转曲轴，观察电流表指针变化。若电流表指示放电 3~5A 并间歇摆回"0"位，表明低压电路工作正常。若电流表出现以下三种状态：指针停在"0"位不动、指针在 3~5A 不动、指针在 10A 以上，均可认为电流表动态异常，说明低压电路有故障。

2）高压电路故障诊断。将某一缸高压线在离火花塞上端 3~5mm 处试火，若无火或火花强且在起动期间有异常，如排气管放炮和曲轴反转等，即为高压电路故障。

3）高低压电路综合故障诊断。电流表动态正常，高压线火花甚弱，此时可拔去中央高压线（用起动机带动曲轴或手柄转动曲轴）试火，若火花强表明故障在高压电路，若火花弱表明故障在低压电路。

（2）**点火正时的检查与调整**　检查点火正时是否准确，这关系着发动机动力性和经济性的好坏。要使发动机获得最有利的点火提前角，必须经常检查断电器的点火装置，使之保持良好的技术状况，能随发动机工况（转速与负荷）的变化而做出相应变化。维修时必须正确核准点火正时。

1）点火正时的检查。检查方法一般有两种：动态正时法和静态正时法。

① 动态正时法。即根据发动机运转声响的变化来检查点火正时。

原地起动发动机，将发动机转速稳定在 600~800r/min。拧松分电器壳体固定螺钉，用手轻轻沿顺时针或逆时针方向旋动分电器壳体，仔细听发动机转速和声响的变化。如果发动机转速突然增高或降低，应立即将分电器壳体慢慢地反向回转，直至发动机声音正常、运转稳定，拧紧分电器壳体紧固螺钉。

汽车在行驶中突然加速，试听发动机声响。当汽车在平路上用直接档以 30~80km/h 的车速行驶时，突然踩下加速踏板，如点火正时准确，在突然加速时，可听到轻微的金属敲击声（爆燃声），瞬时声响消失；如点火时间过早，则在突然加速时爆燃声很大，且不消失；如听不到爆燃声，急加速时，转速不能立即增高，则表明点火时间过迟。

② 静态正时法。即在发动机不运转时进行点火正时的检查。

将发动机摇至第一缸压缩行程终了后，观察飞轮上的记号与飞轮壳正时记号是否对正；同时观察断电器触点是否正好被顶开，分火头是否正对第一缸的高压线接头，若不符合，应予以调整。

2）校准点火正时的操作步骤。校准点火正时的操作步骤如下：

① 先检查断电器触点间隙是否达到标准范围。触点间隙的大小，不但影响火花的强弱，而且影响触点闭合的早晚，也影响点火时间。若在调整点火正时后，再去调整触点间隙，即使是微小的变化，都会破坏已调整好的触点间隙，断电器触点的正常间隙为 0.35~0.45mm。

② 用手柄摇转发动机，使第一缸活塞处于压缩行程上止点的位置。具体方法是先拆下第一缸的火花塞，用手指堵住气缸盖上的火花塞孔，摇转曲轴，当感到有较大气压时，查看正时标记或指针是否与规定的符号对准。

③ 有辛烷值选择器的，应将辛烷值调整在"0"刻度位置上。

④ 拧松断电器壳体上的固定螺钉，并拔下分电器盖上的中央高压线，使其端头距缸体 3~4mm。接通点火开关，然后将分电器外壳沿轴的正常方向旋转，使触点闭合。再反向转动外壳，到总高压线端头和缸体之间跳火为止，此时触点刚刚处于分开位置。

⑤ 旋转分电器壳体上的固定螺钉，装回火花塞，查看分火头所处的位置。将第一缸高压线插入正对分火头旁电极的插孔内，然后按断电器轴的旋转方向和点火顺序，依次插好各缸的高压线。一般六缸发动机的点火顺序为 1-5-3-6-2-4。四缸发动机的点火顺序为 1-2-4-3 或 1-3-4-2。有的车型点火顺序与上述不同，以制造厂的说明书为准。

⑥ 发动机检查。起动发动机至正常冷却液温度，突然加速，若此时发动机不发出短促而轻微的爆燃声，则表明点火时间过迟；若爆燃声严重，则表明点火时间过早。此时，可稍微转动分电器外壳并予以调整，直到合适为止。

⑦ 汽车发动机的点火时间，必须按照具体的情况调整。当发动机的技术状况和汽车运行条件有变化时，应根据情况适当调整。

使用辛烷值较高的汽油（即优质汽油）时，应将点火时间略微提前；使用辛烷值较低的汽油时，则应推迟，以防爆燃；天气寒冷时点火时间应稍微提前，天气炎热时可适当推迟；发动机气缸压力降低后（如行驶已久未进行大修的发动机），点火时间应稍提前；发动机的压缩比提高后，应将点火时间适当推迟。

8.1.2　典型点火系统故障诊断

图8-3所示为别克轿车点火电路，该车点火系统采用了无触点式分电器（直接）电子点火系统，由点火控制模块（ICM）控制整个点火过程，ICM相对独立于动力控制模块PCM，它可向PCM提供燃油信号和点火信号。点火系统由3个点火线圈、火花塞、点火控制模块（在点火线圈组件下）、曲轴位置传感器、高压线等组成。为了更精确地控制点火正时，PCM通过发动机的2个曲轴位置传感器和1个凸轮轴位置传感器监控并测量发动机转速，然后计算出曲轴所转过的准确角度，在适当的时候经点火控制模块触发点火

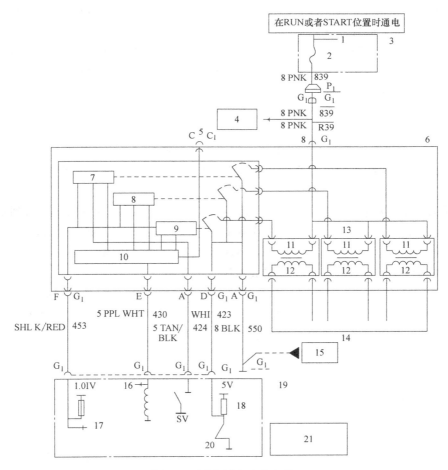

图8-3　别克轿车点火电路

1—电源　2—熔断器（20A）　3、4—熔断器盒　5—未用　6—电子点火系统　7—开关A　8—开关B　9—开关C
10—电子点火器（ECU）　11—初级绕组　12—次级绕组　13—点火线圈组件　14—至火花塞　15—搭铁分布
16—点火参考电压脉冲输入（高）　17—点火参考电压脉冲输入（低）　18—点火控制信号输出
19—动力控制模块（PCM）　20—点火控制旁路　21—接头识别

线圈，产生点火高压；爆燃传感器监测发动机的爆燃情况，并及时向 PCM 发出爆燃信号，以便延迟点火正时。每个点火线圈同时为 2 个气缸（即 1—4 缸、2—5 缸、3—6 缸）提供高压电火花。

（1）**低压电路故障诊断**　低压电路故障诊断步骤如下：

1）检查转速参考电路。关闭点火开关，装好诊断仪，拔下点火控制模块，将试灯与蓄电池电源连接，接通点火开关，短暂触及点火控制模块线束插接器上的转速参考线插脚端子，并观察诊断仪。当发动机起动时，若能显示转速，则表明点火控制模块失效或点火模块的连接线束松脱。若无转速显示，则可能是转速参考电路断路或 PCM 失效，应予以检修排除。

2）检查点火控制模块。切断点火开关，拔下两线点火控制模块插头，将测试灯连接在点火模块线束插头的两个插脚上，若测试灯亮，则检查曲轴位置传感器。若测试灯不亮，则可将其一端搭铁，另一端接点火模块插脚"B"，这时，若测试灯仍不亮，则表明点火模块电源供应电路有故障，应检修排除；若测试灯亮，则表明点火模块插脚"A"与发动机搭铁之间的线路有断路，应检修或更换。

3）检查曲轴位置传感器。拔下点火模块上的曲轴位置传感器两线插头，用欧姆表 R×1kΩ 档，测量曲轴位置传感器两插脚之间的电阻值，若电阻值在 900Ω ~ 1.2kΩ 范围内，则表明曲轴位置传感器良好；若低于 900Ω，则表明曲轴位置传感器导线短路或曲轴位置传感器有故障，应检修或更换；若电阻值大于 1.2kΩ，则是曲轴位置传感器连接线路断路或传感器失效，应检修或更换。

4）检查点火线圈初级绕组的电阻值。将点火开关置于"OFF"位置，用万用表 R×1kΩ 档测量点火线圈初级绕组的电阻值，其阻值应为 0.5~0.8Ω。若此值不符合规定，则应更换点火线圈。

5）检查 PCM 状况。关闭点火开关，拔下点火模块插头，装好诊断仪，接通点火开关，将与蓄电池电源连接的测试灯触及点火模块线束的转速参考插脚，观察诊断仪。当起动发动机时，若诊断仪上能显示转速，则可能是 PCM 失效，应更换 PCM。

（2）**高压电路故障诊断**　高压电路故障诊断步骤如下：

1）检查点火线圈次级绕组的电阻值。拆下点火线圈，用万用表 R×1kΩ 档测量点火线圈次级绕组的电阻值，其值应为 10kΩ，若电阻值不符合要求，则应更换点火线圈。注意，必须使用高阻抗万用表（万用表内阻不小于 10kΩ/V），否则，容易损坏点火控制器。

2）检查高压线的电阻值。用万用表测量点火线圈的两根高压线的电阻值，其电阻值均应小于 10kΩ。若电阻值不符合规定要求，则应更换高压线。

3）检查火花塞是否损坏。例如，将 1 缸的高压线接在火花测试仪上，并在起动发动机时观察测试仪的气隙是否跳火，若跳火，则说明 1 缸的火花塞损坏，应检修或更换 1 缸的火花塞。若不跳火，则应关闭点火开关，拔下 4 缸的火花塞高压线，使之在 4 缸火花塞位置附近搭铁，然后起动发动机，观察测试仪气隙处是否跳火，若跳火，则应更换 4 缸的火花塞。这是典型双缸同时点火控制系统检测火花塞故障的排除方法。

（3）**检查点火正时**　点火正时的控制是根据发动机转速、点火参考信号、冷却液温度、进气温度、节气门开度、爆燃状况、车速、进气流量和压力、变速器档位等信号来确定的。若点火正时不符合要求，则应按规定的程序调整。

8.1.3 点火装置常见故障原因与排除

点火装置常见故障原因与排除见表 8-1。

表 8-1 点火装置常见故障原因与排除

故障现象	故障原因	排除方法
火花塞跳火过弱	1. 接线头接触不良 2. 火花塞积炭严重或拧紧力矩过大引起裂纹 3. 火花塞绝缘体破损面漏电 4. 分电器盖烧蚀或有裂纹 5. 高压线绝缘皮被击穿漏电 6. 防干扰电容损坏	检查接线头,确保接触良好 清除积炭或更换火花塞 更换火花塞 修磨或更换分电器盖 更换高压线 更换防干扰电容
火花塞不跳火	1. 线路断路或接头松脱 2. 高压线未插到位 3. 点火模块损坏 4. 火花塞损坏	检修线路及接头 将高压线插好 更换点火模块 更换火花塞
离心点火提前装置工作不良	1. 拉紧弹簧拉力过大或过小 2. 弹簧折断	调节弹簧弹力 更换弹簧

8.2 汽车起动系统故障诊断

汽车起动系统包括蓄电池、起动机、继电器、连接导线等。其故障有电气方面的,也有机械方面的。

8.2.1 起动机不转动

1. 原因

1)蓄电池储电不足,电线接头松动或极柱太脏。

2)起动机电磁开关触点烧蚀或调整不当而未闭合。

3)磁场绕组或电枢绕组断路、短路或搭铁。

4)绝缘电刷搭铁,或电刷在电刷架内卡死,弹簧折断。

5)电磁开关中的吸引线圈断路、短路。

6)起动继电器的触点不能闭合,或触点烧蚀、油污,保护继电器的触点烧蚀、油污。

2. 故障诊断方法

1)首先检查蓄电池充电情况和导线连接情况。若蓄电池储电充足、接线良好,则故障出在起动机、电磁开关或复合继电器。

2)如图 8-4 所示,用螺钉旋具连接起动机两接线柱 1 和 2,起动机不转动,则故障在起动机内部,用螺钉旋具短接时无火花,表明起动机内部有断路。若有强烈火花,但起动机不转,则表明起动机内部短路或搭铁。应拆下起动机进一步检修。

3)检查起动机电磁开关。用螺钉旋具短接起动机

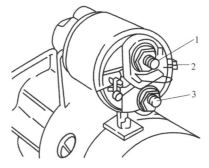

图 8-4 起动机不转动的故障诊断

1—30 接线柱（常火线） 2—50 接线柱（起动线） 3—磁场绕组接线柱

火线接线柱 1 与电磁开关接线柱 3，若起动机不转，说明电磁开关有故障，应拆开检修；若起动机转动，说明电磁开关正常，再检查复合继电器。

4）检查起动继电器。用螺钉旋具短接接线柱 S 与 B，起动机转动，说明起动继电器有故障，可用砂纸打磨其动合触点 K，或拆下检修。

8.2.2　起动机运转无力

若蓄电池储电充足，线路也正常，而起动机运转无力，则可能是如下原因：

1）换向器过脏。

2）电刷磨损过多或电刷弹簧压力不足，使电刷接触不良。

3）磁场绕组或电枢绕组局部短路。

4）起动机开关触点烧蚀。

5）发动机装配过紧或温度过低，使转动阻力过大。

8.3　汽车照明与信号装置的维修

8.3.1　照明装置故障诊断

1. 用试灯检查照明电路的方法

（1）照明电路断路的检查　检修照明电路时最好自制一个"测试灯"，根据实际需要，用一个 12V（或 24V）2.5W 的车用灯泡，一端引线焊一个铁夹，另一端引线焊一个硬触针。检查时，测试灯的一端夹在车架上（搭铁），接通照明灯开关，测试灯另一端依次与蓄电池正极至待检修照明灯之间各连接点接触。如果测试灯亮，再与下一个连接点接触直至发现测试灯不亮为止，则断路处即在最后测试灯亮的点与测试灯不亮的点之间。

（2）照明电路搭铁的检查　当接通照明灯开关时，熔断器立即烧断，说明电路有短路故障，其短路搭铁部位在灯开关与灯泡之间。

照明电路搭铁故障仍然可用测试灯检查。首先断开灯的搭铁线及灯开关连接处导线，然后将测试灯一端与蓄电池正极连接，另一端与待检修灯的线头相连。如果测试灯亮，说明有搭铁部位存在，此时可逐个拆开从灯开关到灯之间导线上的各个接点，如果测试灯熄灭，则搭铁故障发生在灯灭时拆开点与上一个拆开点之间。

2. 前照灯常见故障诊断

前照灯常见故障的诊断见表 8-2。

表 8-2　前照灯常见故障的诊断

故障现象	故障原因	排除方法
两侧前照灯都不亮	灯泡开关前电源线路断路或搭铁；主线路熔断器熔断或总开关熔断器触点接触不良	检查灯丝、熔断器、电路配线；修磨触点或者总开关总成
普通前照灯远近光不全	变光开关锁坏；导线断路；灯泡中某组灯丝烧断	按"变光开关—熔断器—灯丝线路及灯丝"的检修程序检查
左右前照灯亮度不同	双丝灯泡搭铁不良；灯泡插头松动或锈蚀；反射镜积有灰尘或被氧化；两侧灯泡的功率不同	检查左右两侧灯泡的功率；用电源短接法判断故障部位；用压缩空气消除灰尘或更换反射镜

（续）

故障现象	故障原因	排除方法
电子控制前照灯远近光不全	电子自动变光器损坏或工作不良;远光灯导线或近光灯导线有一根断路;双丝灯泡远光灯丝或近光灯丝有一根烧断	用螺钉旋具或导线将自动变光器上的电源接柱与不亮灯的导线接柱短接,判断故障是在自动变光器之后或之前,并进行检修
电子控制前照灯远近光都不亮	电子自动变光器损坏或工作不良;前照灯熔断器烧断;远光灯和近光灯连接导线全部断路或接触不良;前照灯搭铁不良	检查前照灯熔断器是否熔断;检查自动变光器是否损坏

8.3.2　信号装置常见故障诊断

1. 信号灯常见故障原因及排除方法

信号灯常见故障原因及排除方法见表8-3。

表8-3　信号灯常见故障原因及排除方法

故障现象	故障原因	排除方法
两侧转向灯同时亮	转向灯开关失效	检查转向灯开关
两侧转向灯频率不同	两侧灯泡功率不同;有灯泡损坏	检查灯泡
转向灯常亮不闪烁	闪光器损坏;接线错误	检查闪光器及接线
转向灯闪烁频率过高或者过低	低频功率不当;闪光器故障;电源电压不正常	检查灯泡;检查闪光器;调整电压调节器
倒车灯不工作	灯泡损坏;倒车灯开关损坏;线路断路	分别检查灯泡、倒车灯开关和线路
尾灯和牌照灯不亮	熔断器烧断;灯光控制开关故障;配线或搭铁故障	更换熔断器;检查灯光开关,必要时更换;检查线路
停车灯不亮	熔断器烧断;停车灯开关故障;配线或搭铁故障	更换熔断器;调整或更换开关;检查线路
仪表灯不亮	灯光控制变阻器故障;配线或搭铁故障	检查变阻器,必要时更换;检修线路
危险警告灯不亮	熔断器烧断;闪光器损坏;开关故障	更换熔断器;检修或更换闪光器;检修开关

2. 电喇叭常见故障原因及排除方法

电喇叭常见故障原因及排除方法见表8-4。

表8-4　电喇叭常见故障原因及排除方法

故障现象	故障原因	排除方法
喇叭不响	喇叭电源断路	找出断路处接好
	过载或电路短路	找出断路处,更换熔断器
	喇叭线圈烧坏或脱焊	更换或重新焊接
	喇叭触点烧蚀或不能闭合	打磨触点,重新调整触点
	喇叭导线端头与转向器之间的接线脱开	插紧或重接
	导线在转向器轴管里扭断	更换或重焊
	喇叭按钮上的连线脱焊或接触不良	重焊
	按钮搭铁或接触不良	检修
	继电器线圈断路,触点间隙过大,触点不能闭合	检修调整

(续)

故障现象	故障原因	排除方法
声音不佳	蓄电器亏电	充电
	喇叭触点烧蚀,接触不良	清洁并打磨
	喇叭膜片破损	更换
	膜片复位弹簧钢片折断	更换
按喇叭按钮,只发出"哒"的一声	调整不当,喇叭触点不能张开	重新调整触点
	喇叭触点短路	拆下触点固定螺钉
	电容器或灭弧电阻短路	更换或检修
触点容易烧蚀	调整不当或工作电流过大	重新调整
	喇叭线圈有匝间短路,触点电流过大	检修
	电容器或灭弧电阻短路	更换新件
喇叭长鸣不停	喇叭按钮线短路	检修
	喇叭继电器触点烧结在一起	检修或更换

3. 集成电路闪光器的检修

采用集成电路闪光器的转向灯电路形式较多,图 8-5 所示为一种典型的应用电路,下面以该电路为例,介绍集成电路闪光器故障的检修思路与方法。

(1) 转向灯不亮 接通转向灯开关,听不到继电器触点动作声,转向灯不亮。导致此故障的原因主要如下:继电器熔断,电源线路断路或接触不良;继电器触点接触不良,继电器线圈断路或短路;NE555P 集成电路组成的定时器电路损坏。

检查转向灯开关火线接柱是否有电。若没有电,说明闪光继电器 L 接柱与转向灯开关间的导线有断路之处;若有电,应进一步检查转向灯开关、转向灯灯泡及其连接线路。

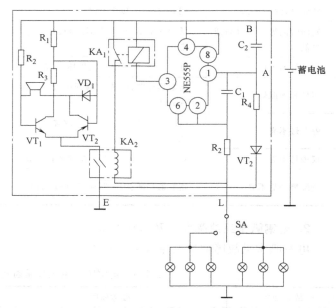

图 8-5 555 集成电路闪光器转向灯电路

(2) 转向灯亮而不闪 接通转向灯开关,转向灯亮,但不闪烁。导致此类故障的原因主要如下:继电器 KA_1 触点烧结或线圈断路,使触点不能打开;闪光器搭铁线断路或接触不良,使继电器 KA_1 触点不能打开;电容器 C_1 击穿损坏。

更换闪光器搭铁线,接通转向灯开关,若转向灯工作正常,说明闪光器搭铁线有故障;若转向灯亮而不闪,应进行下一步检查。

检查继电器 KA_1 触点是否烧结，线圈是否断路。若继电器 KA_1 触点烧结或线圈断路，应修理或更换；若继电器 KA_1 正常，应进行下一步检查。

在 NE555P 定时器②、⑥脚与搭铁间施加 8.6~9V 的电压。若转向灯可熄灭，说明电容器 C_1 击穿损坏，应予更换；若转向灯仍然亮而不闪，说明 NE555P 定时器集成电路本身损坏，更换新的集成电路。

8.4 汽车电子控制装置故障检测

8.4.1 安全气囊系统故障诊断

安全气囊系统故障的诊断方法，因车型和生产年代不同而异。

1. 利用扫描仪诊断故障的步骤

利用扫描仪诊断时，应先用维护提示灯确认系统是否有故障。如果有故障，再用扫描仪读取故障码，并根据所修轿车安全气囊系统故障码表中的提示检修。

1）断开点火开关，按规定将扫描仪连接在轿车上，再接通点火开关，查看扫描仪显示情况，并读取故障码。

2）断开点火开关，查阅所修轿车安全气囊系统故障码表，根据故障码表提示的故障部位和原因，检查并排除故障。

3）接通点火开关，用扫描仪清除故障码。最后断开点火开关，取下扫描仪。

2. 对系统进行解除处理

为避免发生气囊误爆事故，检修前一定要对系统进行解除处理。其具体方法如下：

拆下蓄电池负极搭铁线，拆下气囊组件与转向盘的紧固螺母；拔下驾驶人侧气囊组件插接器；用跨接线短接时钟弹簧连接气囊组件的连线端，使安全气囊系统仍保留自诊断功能；打开杂物箱，拔下乘员侧气囊组件插接器，用跨接线短接线束侧气囊接线端；接上蓄电池负极搭铁线。

3. 检修后的复原方法

拆下蓄电池负极搭铁线，取下时钟弹簧上的跨接线，装回驾驶人侧气囊组件插接器；按规定将驾驶人侧气囊装到转向盘上，调准位置并固定；取下插接器上的跨接线，装上乘员侧气囊组件插接器，关上杂物箱；接上蓄电池负极搭铁线，检查维护提示灯是否显示系统正常。

雷克萨斯 LS400 UCF20 型轿车采用了带机械式安全带预紧装置的 SRS 系统，该系统的控制电路图如图 8-6 所示，故障码见表 8-5。其诊断与检查过程可查阅该车维修手册进行。

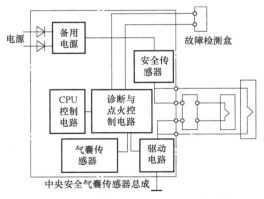

图 8-6 雷克萨斯 LS400 UCF20 型轿车的 SRS 系统控制电路图

表 8-5 雷克萨斯 LS400 UCF20 安全气囊故障码

故障码	故障内容	故障码	故障内容
53	副驾驶人侧引爆管电路短路	64	左侧安全带引爆管电路断路
54	副驾驶人侧引爆管电路断路	73	右侧安全带引爆管电路短路
63	左侧安全带引爆管电路短路	74	右侧安全带引爆管电路断路

8.4.2 中控门锁故障诊断

下面以丰田大霸王（Previa）汽车的电子门锁为例，介绍中控门锁常见故障的诊断方法。

1. 前车门钥匙控制开关的检测方法

如图 8-7a 所示，断开点火开关，拔开前车门钥匙控制开关线束插接器，将前门钥匙控制开关置于"打开"位置（门锁扳手在开门侧），用万用表欧姆档检查开关②、③端子（见图 8-7b）间应导通（电阻为 0）。将前门钥匙控制开关置于"锁止"位置（门锁扳手在锁门侧），用万用表欧姆档检查开关①、②端子间应导通。如果检查结果与上述规律不符，说明前车门钥匙开关有故障，应进行检修或更换。

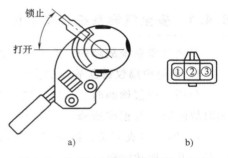

图 8-7 前车门钥匙控制开关示意图

2. 车门锁电动机检查方法

（1）**车门锁电动机工况的检查** 如图 8-8a 所示，用导线在线束侧将蓄电池正极与车门锁电动机插接器端子②相接，蓄电池负极与车门锁电动机插接器端子④相连，车门锁连杆应移至"打开"位置。如图 8-10b 所示，用导线在线束将蓄电池正极侧与车门锁电动机插接器端子④相接，负极与车门锁电动机插接器连接端②相连，车门锁连杆移至"锁止"位置。

（2）**热敏电阻工况的检查** 低电压、低电阻的 PTC 热敏电阻是一种电路保护器。正常状态下，其组织很小，而在诸如电动机闭锁或者短路等非正常情况下，电阻则会急剧增大，以抑制过流现象的发生。按如图 8-9 所示，用导线将蓄电池正极与车门锁电动机插接器端子②相连，并使电流表正极与车门锁电动机插接器端子①相连，负极与蓄电池负极相接。在 20~70s 内，电流表

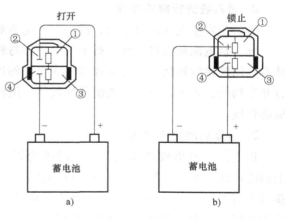

图 8-8 车门锁电动机工况检查

读数应从 3.2A 变化至小于 0.5A。然后取下连接导线和电流表，约 60s 后，再用导线在线束侧将蓄电池正极与车门锁电动机插接器端子④相接，负极与车门锁电动机插接器端子②相连，车门锁应移至"锁止"位置。

如果检查结果与上述规律不符，说明热敏电阻工作不良，应更换车门锁部件。

3. 车门锁控制继电器检测方法

断开点火开关和车门锁控制继电器线束插接器，如图 8-10 所示，接通点火开关，用

万用表电压档检测（以下方法相同）车门锁控制继电器线束插接器端子①与车身搭铁间的电压，该电压应为蓄电池电压。断开点火开关，用万用表欧姆档检测车门锁控制继电器线束插接器端子①与车身搭铁间应导通；将车门锁手动开关置于"中间"或"打开"位置，车门锁控制继电器线束插接器端子③与车身搭铁间的电阻应<1Ω；将车门锁手动开关置于"中间"或"锁止"位置，车门锁控制继电器线束插接器端子④与车身搭铁间的电阻应为∞。将车门锁手动开关置于"打开"位置，车门锁控制继电器线束插接器端子④与车身搭铁间电阻应为∞。

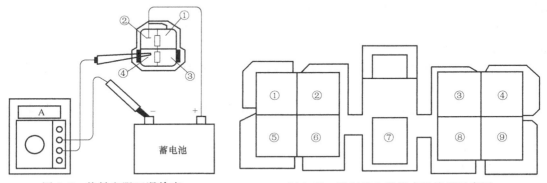

图 8-9　热敏电阻工况检查　　　　图 8-10　控制继电器线束插接器示意图

将车门钥匙控制开关置于"中间"或"打开"位置（车门钥匙未插入或转至"打开"位置），车门锁控制继电器线束插接器端子⑨与车身搭铁间的电阻应为∞；将车门钥匙控制开关置于"锁止"位置（车门钥匙转至"锁止"位置），车门锁控制继电器线束插接器端子与车身搭铁间的电阻应<1Ω；将车门钥匙控制开关置于"中间"或"锁止"位置（车门钥匙未插入或转至"锁止"位置），车门控制继电器线束插接器端子④与车身搭铁间的电阻应为∞；将车门钥匙控制开关置于"打开"位置（车门钥匙转至"打开"位置），车门锁控制继电器插接器端子④与车身搭铁间的电阻应近于 0。如果检查结果与上述规律不符，说明车门锁继电器控制电路有故障，应修理或更换。

8.4.3　防盗报警装置故障诊断

1. 常见防盗系统故障诊断

（1）**防盗系统的编程**　防盗系统编程主要包括附加钥匙的编程、发射器编程和发动机防盗锁止装置编程。对防盗系统进行编程有两种方法：一种是使用 Scan100 诊断仪；另一种是使用 Tech2 诊断仪。

（2）**安全防盗系统无法正常解除或启用的故障诊断**

1）检查是否能执行"防盗系统诊断系统检查"，如果不能执行，则检查诊断系统的电路；如果能执行，则进行下一步。

2）打开驾驶人侧和乘员侧车窗，从点火开关中拔出钥匙，关闭所有车门、行李舱盖和发动机罩，用发射器锁上各车门。检查安全防盗系统是否启用（当启用了安全防盗系统时，车辆将鸣响报警器并闪烁一次转向信号灯）。如果不能启用，则检查防盗警报器是否接触不良；如果能启用，则进行下一步。

3) 在防盗系统仍然启用时用钥匙打开车门锁，检查安全防盗系统是否被解除。当安全防盗系统被解除时，车辆将闪烁两次转向信号灯。

4) 测试防盗报警器是否接触不良。

5) 将顶灯切换至中间位置，用发射器打开所有车门锁，观察门控灯，打开并关闭每个车门。操作所有车门时，观察门控灯是否亮。如果亮，则进行步骤9）；如果不亮，则进行下一步。

6) 断开发动机罩开关，尝试启用安全防盗系统。如果安全防盗（CTD）系统能启用，则进行步骤10）；如果不能启用，则进行下一步。

7) 测试发动机罩开关信号电路是否搭铁短路。如果存在搭铁短路，则应修理或更换；如果没有搭铁短路，则进行下一步。

8) 测试智能开关单元是否接触不良。如果存在接触不良，则应修理或更换；如果不存在接触不良，则进行步骤12）。

9) 测试钥匙提示电路是否搭铁短路。如果存在搭铁短路，则应修理或更换；如果没有搭铁短路，则进行下一步。

10) 更换点火开关，然后进入步骤13）。

11) 更换发动机罩开关，然后进入步骤13）。

12) 更换智能开关单元，然后进入步骤13）。

13) 运行系统，检验修理效果。

（3）安全防盗系统不能用钥匙锁芯解除的故障诊断

1) 检查是否能执行"防盗系统诊断系统检查"，如果不能执行，检查诊断系统的电路；如果能执行，则进行下一步。

2) 接通点火开关，但不起动发动机，安装故障诊断仪。选择"ISU Central Door Locking Data Display（ISU 中央门锁数据显示）"。观察"Tamper Switch"（防撬开关）参数是否显示"INACTIVE"（未启动）。如果不显示，则进行步骤6）；如果显示，则进行下一步。

3) 用不工作的钥匙锁芯开锁，观察"Tamper Switch"（防撬开关）参数是否显示"AC-TIVE"（启动）。如果显示，则进行步骤8）；如果不显示，则进行下一步。

4) 断开不工作的防撬开关插接器，测试防撬开关搭铁电路是否开路。如果存在开路，则修理或更换后进入步骤11）；如果不存在开路，则进行下一步。

5) 测试门锁防撬开关信号电路是否开路。如果存在开路，则修理或更换后进入步骤11）；如果不存在，则进行步骤7）。

6) 测试门锁防撬开关电路是否搭铁短路。如果存在短路，则修理或更换后进入步骤11）；如果不存在，则进行下一步。

7) 测试不工作的门锁防撬开关是否接触不良。如果存在接触不良，则修理或更换后进入步骤11）；如果不存在，则进行步骤9）。

8) 测试智能开关单元是否接触不良。如果存在接触不良，则修理或更换后进入步骤11）；如果不存在，则进行步骤10）。

9) 更换不工作的门锁防撬开关，然后进入步骤门 11）。

10) 更换智能开关单元（ISU），然后进入步骤 11）。

11) 运行系统，检验修理效果。

（4）防盗报警器不工作的故障诊断

1）检查是否能执行"防盗系统诊断系统检查"，如果不能执行，检查诊断系统的电路；如果能执行，则进行下一步。

2）打开驾驶人侧和乘员侧车窗，从点火开关中拔出钥匙，关闭所有车门、行李舱盖和发动机罩。用发射器锁上各车门，检查转向信号灯是否闪亮，以确认安全防盗系统是否启用。

3）断开防盗报警器，在报警器蓄电池电路和搭铁点之间连接一个测试灯，检查测试灯是否亮。如果灯不亮，则进行步骤5）；如果灯亮，则进行下一步。

4）在报警器电路之间连接一个测试灯，打开驾驶人侧和乘员侧车窗，从点火开关中拔出钥匙，关闭所有车门、行车舱盖和发动机罩。用发射器锁上各车门，打开发动机罩，检查测试灯是否亮。如果灯不亮，进行步骤6）；如果灯亮，进行步骤7）。

5）测试防盗报警器的蓄电池供电电路是否开路或搭铁短路。如果存在短路，则修理后进入步骤11）。

6）测试防盗报警器的搭铁电路是否开路。如果存在开路，则排除故障后进入步骤10）；如果不存在开路，则进行步骤8）。

7）测试防盗报警器是否接触不良。如果存在接触不良，则排除故障后进入步骤11）；如果不存在，则进行步骤10）。

8）测试智能开关单元是否接触不良。如果存在接触不良，则进入步骤9）；如果不存在，则进行步骤10）。

9）更换智能开关单元，然后进入步骤11）。

10）更换防盗报警器，然后进入步骤11）。

11）运行系统，检验修理效果。

2. 防盗器常见故障与排除

防盗器常见故障与排除见表8-6。

表8-6 防盗器常见故障与排除

故障现象	故障原因	排除方法
遥控操作不起作用,按遥控器各功能按键时,遥控器的红色 LED 灯不亮	电池电量用尽;电池正、负极簧片生锈或接触不良;遥控器被雨淋或进水、油浸等	将电路板取出,用酒精清洗后,用家用电吹风机吹干或待其自然干燥后,就可以使用
汽车防盗系统工作正常,起动机运转正常,但车辆不能起动	报警器或汽车本身电器故障	切断点火继电器的两条粗线,并短接,若车辆能起动,说明防盗系统有故障,一般是继电器损坏;若车辆仍无法起动,则说明汽车本身有故障
遥控器某一功能键失效,按该键时 LED 灯不亮	该功能键损坏或按键引脚与电路板的焊点脱焊	拆开遥控器进行检修
未使用遥控器时,LED 灯经常自己亮,或只要装上电池 LED 灯即常亮,而操作遥控器没有反应	遥控器的按键没有弹性;按键有短路性损坏	更换遥控器按键导电胶皮

8.4.4 电动车窗升降系统故障诊断

电动车窗升降系统常见故障与排除见表8-7。

表 8-7　电动车窗升降系统常见故障与排除

故障现象	故障原因	排除方法
升降器不工作,无电流	1. 开关损坏,断路	1. 更换开关
	2. 20A 熔断器损坏,断路	2. 更换熔断器
	3. 电路线束损坏,断路	3. 维修断路线束
	4. 电动机与开关插接件接触不良,断路	4. 维修插接件
	5. 电动机线束损坏,断路	5. 更换电动机线束
	6. 电动机热保护器损坏,断路	6. 更换电动机
	7. 电动机电刷与电枢接触不良,断路	7. 更换电动机
升降器有时工作,有时不工作	1. 升降器开关接触不良	1. 维修开关
	2. 电动机与开关插接件接触不良	2. 维修插接件
	3. 电动机热保护器选型不当	3. 更换热保护器型号
升降器不工作,呈堵转状态,电流过大	1. 有异物阻碍玻璃或导轨	1. 排出异物
	2. 玻璃密封条严重变形,阻碍玻璃运行	2. 更换比例密封条
	3. 升降器行程与玻璃行程失配,阻碍玻璃运行	3. 更换玻璃升降器
	4. 升降器控制开关短路	4. 更换升降器开关
	5. 导轨严重腐蚀,阻碍玻璃运行	5. 更换玻璃升降器
	6. 升降器钢丝绳断股或断丝	6. 更换玻璃升降器
	7. 电动机热保护器损坏,短路	7. 更换电动机
	8. 电动机蜗轮、蜗杆失配,阻碍电枢运转	8. 更换电动机
	9. 电动机电刷架熔化,阻碍电枢运转	9. 更换电动机
	10. 电动机换向器腐蚀严重,阻碍电枢运转	10. 更换电动机
	11. 电动机绕组与电枢铁心之间绝缘击穿	11. 更换电动机
	12. 电动机电枢铁心片腐蚀严重,阻碍电枢运转	12. 更换电动机
升降器工作时噪声严重	1. 玻璃密封条严重变形导致与玻璃干摩擦	1. 更换玻璃密封条
	2. 升降器与车门系统失配,导致共振	2. 更换升降器
	3. 升降器与玻璃失配,导致玻璃与升降器摩擦	3. 更换升降器
	4. 升降器钢丝绳断股或断丝	4. 更换升降器
	5. 升降器滚轮与滚轮拖架之间干摩擦	5. 更换升降器
	6. 电动机电枢与磁钢干摩擦	6. 更换电动机
	7. 电动机换向器与电刷失配,导致较大电磁噪声	7. 更换电动机
	8. 电动机蜗轮与蜗杆失配,导致啮合噪声	8. 更换电动机
	9. 电动机轴向间隙过大,换向器端子与电刷摩擦	9. 更换电动机
电动机转动,升降器却不工作并有噪声	1. 钢丝绳破断	1. 更换升降器
	2. 滑动支架内传动钢丝夹与钢丝绳失配	2. 更换升降器
	3. 滑动支架与玻璃托板失配	3. 更换升降器
	4. 电动机蜗轮蜗杆失配	4. 更换电动机
	5. 电动机输出花键与卷丝筒失配	5. 更换电动机
升降器工作时,冲击噪声严重	1. 升降器缓冲区损坏,导致缓冲失效	1. 更换升降器
	2. 升降器安装螺栓松动,产生冲击噪声	2. 更换升降器
	3. 电动机电枢轴向间隙过大,导致换向冲击	3. 更换电动机

8.4.5　电动后视镜故障诊断

电动后视镜常见故障包括:左右后视镜均不工作;一个后视镜上下位置不工作;一个后视镜左右位置不工作;一个后视镜不工作等。

在检修任一故障之前,最好先对下述元件或部位进行一次检查,往往会收到"立竿见影"的效果,使故障迅速得以排除。

1）检查门控灯工作是否正常,蓄电池电压是否正常,电量是否充足。

2）检查电动后视镜系统 10A 熔断器是否熔断，电动后视镜系统搭铁是否良好。

3）检查各线束插接器是否可靠，接触是否良好。

一般来说，如果电动后视镜调节都不工作，往往是由于熔断器或电源线路、搭铁线路断路引起的，也可能是控制开关有故障。可以先检查熔断器是否正常，然后检查控制开关线头有无脱落、松动，电源线路或搭铁线路是否正常，最后检修控制开关。如果电动后视镜部分功能不正常，通常是由于个别电动机及控制开关对应部位有故障、对应线路断路或接触不良。可以先检查线路连接情况，再检查开关和电动机。

8.4.6 电动可调座椅故障诊断

电动可调座椅操纵系统不工作或出现噪声时，可按照下述方法诊断。

（1）**检查断路器** 用测试灯检查断路器，即使没有接通点火开关，测试灯在断路器两端测试时都应亮。如果听到电动座椅继电器有吸合声，说明断路器良好，故障可能出自继电器和电动机。

（2）**检查控制开关** 从座椅上拆下控制开关，检查控制开关是否有电压。

（3）**检查搭铁线** 检查变速器、离合器控制电磁阀与车身之间的搭铁线连接是否良好。经检查并排除故障之后，再接通电源，若出现电动机运转而座椅不能移动，则故障多出在电动机和变速器之间的橡胶联轴器，应进一步检查联轴器是否损坏。如果联轴器已严重磨损或损坏，应换用新件。如果接通电源，继电器有接合声而电动机不转，多是由于继电器与电动机之间的连接线路有故障，应进一步检查各连线是否有断路、短路或搭铁不良之处。

8.4.7 车载音响故障诊断

由于轿车影音设备使用环境的原因，在使用过程中比家庭影院更容易出现故障。车载影音设备一般都不带电路图，尤其是检修时比较复杂的拆装工序，确实是有一定技术难度。

1. 检修方案与常用检修方法

轿车音响不要急于拆、测、调、焊、修、换件，要掌握一定的故障规律，遵循一定的检修方法和步骤。正确的检修思路是了解情况、核实故障、分析判断。

检修步骤一般如下：先外表、后内部；先观察、后检修；先电源、后电路；先低频、后高频；先干扰、后测量；先电压、后电流；先调试、后更换。

（1）**轿车音响故障的一般规律** 在轿车音响故障中，机芯故障率高于电路故障率；电路故障中功放块和音量电位器的故障率高于其他电路的故障率，电源电路的故障率高于其他部分电路的故障率；电路中除功放块外，集成电路的损坏率极低。另外，虚焊元件常常是导致故障的罪魁祸首。

（2）**确认故障** 首先要询问故障现象，故障发生时的经过及是否修理过。

（3）**确定修理方案** 在确定修理方案时，应按照先外后内、先简后繁、先清洁调整后测量试换、先电源后负载的顺序。可按以下步骤进行：

1）打开机盖，根据机器所采用集成电路的型号，查找有关单元电路，对号入座。

2）根据天线接线，调谐电感的位置，即可找到 AM 处理电路和 FM 中频处理电路，并找到立体声解码电路。

3）根据磁头引线的去向确定磁带放音前置放大电路。

4）根据功放 JC 散热片和喇叭引线位置找到功放电路。

5）有必要时可将上述有关部分根据实物绘制电路草图。

（4）直观检查　打开机盖后，应先检查外观。

1）电路部分外观检查。

① 机内是否有烧焦、糊味。

② 各连线、插头是否松脱、断裂。

③ 是否有元器件如熔断器烧断、电容爆裂漏液、电阻烧焦变黑、功放 IC 烧裂变色。

④ 各元件是否有虚焊、开焊、松动，电路板是否有断线。

⑤ 通电检查看是否有冒烟或异味。

⑥ 手摸功放 IC 及散热片是否过热。

2）机械部分检查。

① 机芯内是否有异物。

② 磁头或激光头是否太脏或过度磨损。

③ 机械传动机构部件是否平行。

④ 传动带是否脱落、老化伸长、断裂。

⑤ 其他机械部件是否磨损变形、齿轮错位掉牙、间隙过大。

⑥ 各弹簧是否脱落、变形。

外观检查涉及面广，可根据具体故障有所侧重，并不一定要面面俱到。

（5）清洁调整　轿车音响中的运动机械部件，长期使用后可能出现严重磨损、发卡或脏污，有时清洁润滑一下就可能排除故障。例如，在调整音量时，喇叭发出"喀喀"噪声，说明音量电位器接触不良，可先用针头注入少许无水酒精，然后左右旋转几次，等酒精蒸发后试机，看故障能否排除。如果磁带放音声太小，声音低沉，高音不良，可先用药棉蘸酒精擦洗一下磁头，如果不行再调整磁头方位角。对于 CD/VCD/DVD 播放机，清洗激光头便可排除挑碟、图像偶尔有马赛克等故障。

（6）信号注入（干扰）法　信号注入法是指用信号发生器输出的信号，按照电路由后级到前级的顺序，分别将低频、中频、高频信号注入到相应测试点，观察喇叭的发声情况，以判断故障部位。如果没有信号发生器，可人为地给上述相应部位注入一个干扰信号，称为干扰法。常用干扰信号有以下三种。

1）只要有交流供电的地方，人体就会感应出 50Hz 的交流音频信号。可以手拿一个镊子去碰触电路中的测试点，喇叭会发出"喀喀"声。

2）选用指针式万用表的 10V 或 50V 直流电压档，使黑表笔搭铁，用红表笔断续碰触测试点，不仅可以达到注入干扰信号的目的，还能测量测试点的电压。

3）在电路的后级，如果采用上述第二种干扰方法，喇叭发出的"喀喀"声很小，可用万用表的电阻 R×1 或 R×10 档，用万用表内的电池作为干扰源，因其脉冲幅度大，正常情况下喇叭会发出较大的"喀喀"声。但要注意表笔碰触测试点的时间不要太长，以免损坏万用表头。对于喇叭只有"喀喀"声而没有电台和一侧声道无声的故障诊断，这种方法非常有效。

（7）电压测量法　电压测量法简单易行，在轿车音响检修中运用广泛。当已经判断故障可能出现的范围或故障范围被缩小到某一级电路时，可对该级电路的核心器件（晶体管

或集成电路）的引脚电路进行测量。测量时要先测电源（供电端）电压，再测关键点电路的电压，然后测量其他引脚电压。测量电压时应注意集成电路的有些引脚电压随工作状态的不同而不同，也有的与有无信号及信号的强弱有关。

（8）**电流测量法** 此方法是通过测量整机或某一部分的电流值，并与正常值比较，借此判断故障部位。电流测量按测量方式可分为整机测量和部分电路测量；按信号状态可分为静态测量与动态测量。测量结果可分为偏大和偏小（或无电流）两种情况。电流偏大，说明电路中有短路之处，动态电流偏大，常是电路中有自激造成的；电流偏小，说明电路中有断路之处。

（9）**电阻测量法** 电阻测量法可分为开路检查法和在路检查法。

1）开路检查法。开路检查法是指把元件的一个引脚或整个元件从电路板上焊脱下来，如测量喇叭、电阻、电容、二极管、晶体管等元器件的阻值，此法虽然比较麻烦，但不受周围电路影响，测量结果准确。

2）在路测量法。在路测量法是指在印制电路板上测量，单个元件的测量最好使用数字万用表；测量集成电路的在路电阻，最好使用指针式万用表，并且要分两次测量。第一次用一个表笔（如红表笔）接集成电路的搭铁脚，另一个表笔（黑表笔）测量其他各引脚的电阻；第二次两表笔互换。把两次测量结果与正常值比较，只要有一次测量值与正常值不符，就说明此集成电路或其外围元件有问题。

用电阻测量法检查时，应断开音响电源。这不仅是指要断开电源开关，而且是要断开音响的电源连接插座。

（10）**交流短路法** 交流短路法是指将音频信号交流短路到地，这种方法对排除噪声故障特别有效。

在试验时，为防止短路后破坏放大器的直流工作点，可用一 100pF 的电容将音频信号短路到地。测量时常以音量电位器的中间抽头为分界点，如果将音频信号短路后，噪声消失，说明故障在检波前的高、中频电路；如果噪声没有消失，说明故障在低频电路。

（11）**温差法** 轿车音响在使用过程中，尤其是在夏季，环境温度很高。采用升温法适用于开机工作一段时间后才能正常工作或开机一会儿才出现的故障。可用电烙铁或者电吹风机距被怀疑元件 5mm 左右对其进行烘烤加热，当烘烤到某元件时，故障消失或出现，说明该元件不良。

采用降温法适用开机工作一段时间后才出现的故障，可用镊子夹蘸有酒精的棉球，对怀疑的元件进行冷却。当酒精棉球放到哪一个元件上故障消失时，说明该元件不良。

（12）**元件替代法** 如果经上述检查能判断或怀疑哪个元件有问题，就应该替代该元件。对于开路性障碍的元件，如电阻、电容等，代换时不必焊下元件，可把新件并接在故障件上，或将新件焊在电路板背面，对于其他情况的元件如漏电的电容，损坏的二极管、晶体管，需先焊下元件，再更换新件。

2. 车载收放机常见故障诊断

车载收放机故障主要包括收音电路的故障、放音电路的故障、液晶显示电路的故障和机芯故障等，由于车载收放机的维修量正在逐渐减少，其典型故障的具体维修过程，这里就不再过多介绍。在维修车载收放机时，应注意以下问题。

1）必须确保维修直流电源电压高于收放机的工作电压，而且必须保证电源正、负极、喇叭等连线连接正确。否则，哪怕是瞬间的通电试机，都有可能损坏收放机内部元器件。

2）更换功放集成块后，必须保证集成块与散热板的良好接触。

3）维修时应输入正确的密码。部分高档车载收放机具有密码防盗功能，断开总电源后再开机需输入正确的密码，如果连续三次输入错误的密码，该机将自动锁定，显示屏显示"OFF"，此时则不要关闭电源，连续通电约2h后，直到显示"CODE"时，再输入正确的密码才可解锁。

4）注意焊接质量。焊点不能存在虚焊、假焊，同时要保证焊点既光滑，又不能用锡太多。

5）维修结束时必须清扫机内灰尘和杂物，清洗磁头、压带轮、主导轴等部件，捆扎好线束，才能封机盖。

6）安装收放机时必须将所有的固定螺钉拧紧，以降低收放机在行车途中的振动。同时在发动机运行状态下用万用表检查收放机的供电电压是否在正常范围内，否则，不能通电试机。

7）收放机上的电解电容都是使用体积小、质量好的正品元件，如无配件更换，可以从已经报废的计算机主板上拆件更换。

思　考　题

1. 如何检验汽车电子点火系统故障？
2. 汽车起动系统常见故障的现象和原因有哪些？
3. 汽车照明与信号装置常见故障的现象和原因有哪些？

第9章

汽车车身的修理

汽车车身的修理与其他总成的维修有很大不同，车身修理必须考虑到车身的造型、内部装饰、取暖通风、防振隔音等多方面的问题。车身的修理工艺涉及冷冲压、钣金、焊接、涂装等多方面的知识。

9.1　汽车车身常见的损伤形式

汽车车身是容纳驾驶人、乘客和货物的场所，车身壳体按照受力情况可分为非承载式、半承载式和全承载式三种。常见的损伤形式主要是碰撞损坏，但也存在疲劳、断裂及腐蚀失效。碰撞严重时，应分析碰撞的部位、损伤形式和修理方法。

9.1.1　非承载式车身的损伤

非承载式车身与车架是通过弹簧和橡胶垫做柔性连接，车架则承受发动机及底盘各部件的重力。碰撞时会造成车架变形，发生边梁左右弯曲、上下弯曲、断裂、扭转，有时是整体损伤，有时是局部损伤。

其他的损伤还有漆层变质或脱落；木质零件的挠曲、干裂、分层、腐蚀；金属构件的锈蚀、凹陷、撕裂、刮痕、弯曲变形等；附件的损伤和老化；其他构件的开裂、折断等。

9.1.2　承载式车身的损伤

承载式车身没有车架，车身就是发动机和底盘各总成的安装基础，车身承受全部载荷。它的损伤形式主要有车身漆层的损坏，金属构件磨损、变形、断裂、脱焊或锈蚀等。

易发生磨损的部位，主要包括钣金件相互搭接的部位；车身各铰链孔轴间的转动部位；门锁舌与锁扣间的撞击和滑动；锁舌台肩与限位板面间的间断撞击；发动机罩下表面与翼板上表面的振动接触和相对错动等部位。

钣金件的腐蚀，大多是因金属表面有泥水，发生氧化反应而引起的，钣金件发生腐蚀往往使钣金件表层产生锈斑而逐层剥落，最后导致穿孔，并逐渐扩大。一般在钣金件的夹层及接合部的缝隙和槽形部位的下端等部位易发生锈蚀。

钣金的机械损伤，大多是因为车身钣金件受到撞击和挤压引起的。对轻微的凹凸不平及皱曲损伤，当金属未发生延展时，属弹性变形；而严重的损伤会使金属发生延伸，属于塑性变形；当撞击和挤压严重到一定程度时，金属钣金件就会损坏或撕裂。

钣金件的变形损伤，主要是弯曲和扭曲变形，造成损伤的原因有很多，如上述的撞击和挤压；汽车行驶振动产生的交变载荷；突然加速、紧急制动、急转弯时的惯性，道路凸凹不平等都可能引起车身的变形，严重时会产生裂缝和断裂。

另外，还有其他的机构损伤，如风窗或门窗玻璃破碎、门锁及风窗升降机构损坏等。

9.2 车身尺寸的测量

为了保证修理质量，恢复汽车原有的几何形状和相对位置精度，车身尺寸的测量工作是车身修理必不可少的重要环节之一。特别是对于承载式车身，由于转向系统和悬架系统都是安装在车身的结构件上，因此车身的损伤和变形，会直接影响转向系统的几何特性。为了保证汽车具有正常的操纵性能，车身各测点之间的尺寸公差必须保持在 3mm 以内。

9.2.1 测量基准

车身尺寸的测量，是按照制造厂家提供的标准尺寸图表，按对角线测量方法进行检查的，如图 9-1 所示。

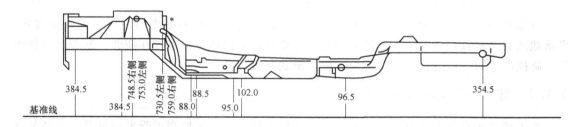

a)

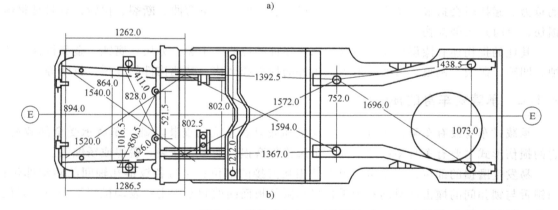

b)

图 9-1 承载式车身的下体尺寸

测量基准有水平基准面、中心面（线）及零平面（线）。检测评估时，可把车身架起来，人为假想一个与基准线（地板）平行的平面，这就是水平基准面，侧面看是一条平行于底面的线。维修时，可求出基准面尺寸与实际底面尺寸的差值，判定损伤程度，确定修复方法，检验修复质量。

9.2.2 测量仪器

根据车身损伤程度不同，测量仪器也有简单复杂之分，经常使用的有以下三种。

（1）**轨道式量规** 轨道式量规的左右测量销可沿轨道滑槽移动，销插入被测量孔中，从滑尺上即可读出两孔间的距离，如图9-2所示。

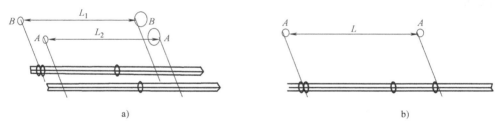

图9-2 用轨道式量规测量圆孔中心距

轨道式量规也可以测量两点之间的距离、点与基准线间的距离，如图9-3所示。

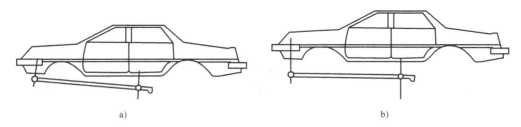

图9-3 测量点与点、点与基准线的距离
a）点与点的测量 b）点与基准线距离的测量

（2）自定心量规 自定心量规（见图9-4）也称中心量规，可测量和诊断车架的损坏程度。它的端部可做成垂直弯臂，取代挂钩，测量车架时更方便，稍作改进后，可测轴距、前束等。

如图9-5所示，车辆进行翘曲检查时，在两个基体无损伤的地方悬挂两个量规，在损伤区悬挂两个量规。正常情况下，这些量规应平行，且中心销在一条直线上。如检查到不平行及中心销错位，说明车辆已发生翘曲，可以据此测出损伤点与基准线的差值。

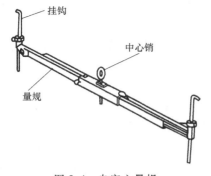

图9-4 自定心量规

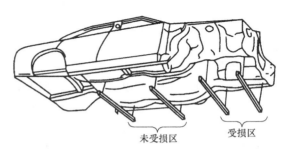

图9-5 自定心量规检查车辆

利用轨道式量规与自定心量规可以检查、诊断汽车扭转变形、菱形变形、断裂损伤、上下左右弯曲等变形。

（3）通用测量系统 把轨道式量规和自定心量规技术结合在一起，制成一个框架式带底平台的三维系统工作台，即为通用测量系统，如图9-6所示。这个通用测量系统有多个测量头，同时可测量汽车的前、后、顶、底与标准面（线）的距离，还可在系统中安置高精确度的基准线激光测量系统。

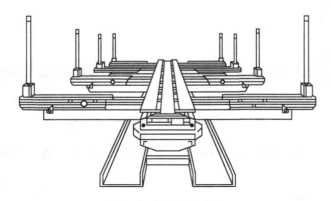

图 9-6 通用测量系统

各工厂生产的测量系统有一些差异，有简单的，也有复杂的，具体功能和操作可查阅说明书。另外，车身车架专用校正设备平台也可以测量受损车辆，有的校正设备本身就有检测系统，也是多功能的设备。

9.3 轿车车身的校正

9.3.1 校正注意事项

1）认真阅读设备使用说明书，了解设备的功能、操作方法，确定校正方法，注意安全。

2）制订校正工艺顺序，校正前应先拆去风窗玻璃、车门及附件，然后先校菱形损伤，再校弯皱、下垂、歪斜、扭曲等损伤。

3）拆卸有关部件。为了便于校正，必要时可拆掉保险杠、发动机及悬架系统，零件的校正应尽可能在车上进行，减少拆装工作量。

4）裂纹的焊接。校正前对有裂纹的车架、钣金件要先进行焊接，以免校正中裂纹进一步扩展。

5）校正方法。可注意以下几点：

① 施力方向与撞击力相反，以消除变形和损伤。一般采用拉而不是推的方法校正。

② 需加热时，应采用大喷嘴、中性焰对校正区域迅速加热到所需温度。

③ 拉伸校正时，为抵消回弹变形，可"矫枉过正"，但应掌握过度量，随时检查。

④ 校正量大时，可分阶段进行，即校正一段时间后放松，然后再校正。有时可用榔头锤击以消除变形和内应力。

9.3.2 校正设备

（1）**车身与车架校正系统** 这是多功能的校正系统，有精确的测量系统，设备配置齐全，并可与其他设备搭配，如图9-7所示。

设备数据库中，有世界各国汽车车身数据，并可不断升级；与四轮定位仪搭配，使校正车身及整车达到修复要求；配备手动液压、脚踏气动液压、全自动电动液压系统，可对车身、车架进行拉伸整形，工作可靠，可以移动。

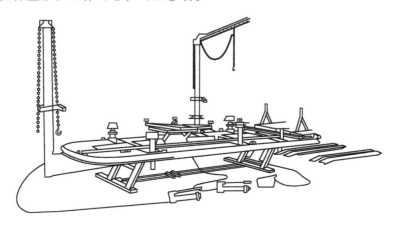

图 9-7　车身与车架校正系统

（2）**便携式车身牵拉器**　该牵拉器能在任意方向施加校正力，如图 9-8 所示。

校正时，主梁、可调支座、延伸支座和伸长梁常用于把汽车抬离地面，和下车身夹组合使用时，形成基座。摆臂用链条及自紧拉力钳与需校正的部分连接，用液压泵与支撑杆使摆臂运动，把变形的部位复原。

便携式车身牵拉器牵拉作业形式如图 9-9 所示。

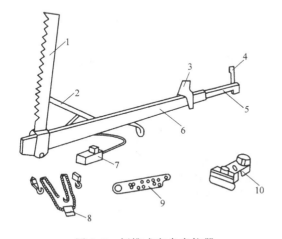

图 9-8　便携式车身牵拉器

1—摆臂　2—支撑杆　3—可调支座　4—延伸支座
5—伸长梁　6—主梁　7—液压泵　8—铰链
9—车架角钢拉力盘　10—自紧拉力钳

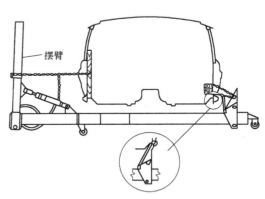

图 9-9　便携式车身牵拉器牵拉作业

（3）**轻便液压杆系统**　轻便液压杆系统，包括液压杆两端的连接装配附件，其装配与校正符号如图 9-10 所示。

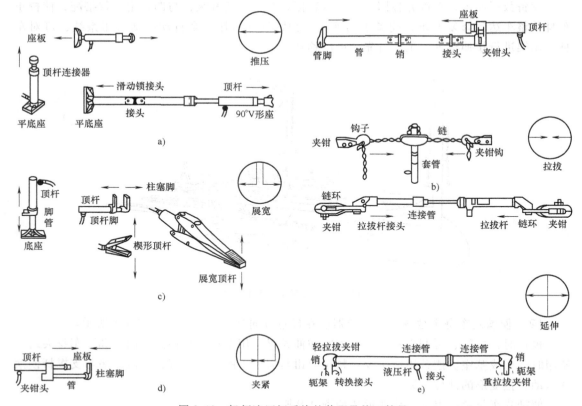

图 9-10　轻便液压杆系统的装配及校正符号

　　利用手动液压泵提供动力，使液压缸活塞杆运动，带动杆端附加装置，就可方便地对车身损伤部位进行推压、拉拔、夹紧、展宽和延伸，达到校正的目的。

　　轻便液压杆系统可与其他校正设备相结合，从而可以多方面、多角度完成车身各部分的校正操作，如图 9-11 所示。

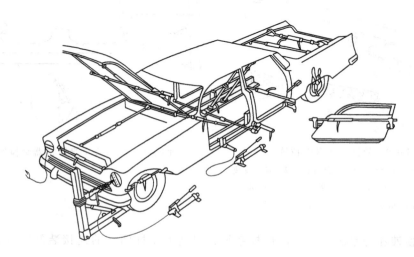

图 9-11　轻便液压杆系统对车身的校正

9.3.3 校正修理

（1）**支撑与夹紧** 在汽车校正施力前，一定要把车身牢固地支撑在校正设备上，利用专用、通用支撑夹具夹持车身，而支撑夹具与校正平台连在一起，以便车架、车身校正时车辆不会整体移动。

校正车身的牵引力通过夹紧装置施加到损伤部位。夹紧装置由螺栓固定夹夹持在某一部位，也可以在车身上焊接若干临时固定夹，待校正完毕后再除去，如图9-12所示。

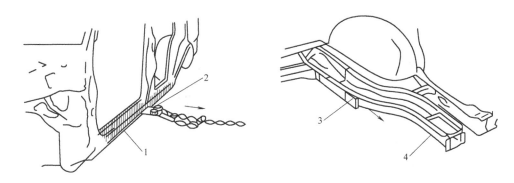

图9-12 焊接临时固定夹
1—车门槛板 2、3—临时焊接钢片 4—后侧梁

（2）**牵拉校正** 校正夹紧装置与张拉链条一端连接，链条另一端固定在校正平台支撑座上。如图9-13所示，链条通过液压缸中液压杆的推力被拉紧施力，起到校正牵拉作用。液压缸是由手动液压泵提供压力油，推动活塞运动。

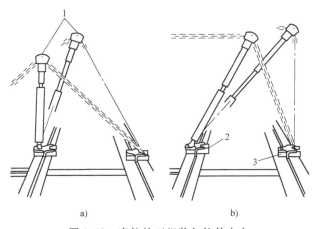

a)   b)

图9-13 牵拉校正组装与拉伸方向
1—链条头和横轴 2—液压缸座 3—链条座

链条位置及长度调整后，可以改变牵拉力的方向，使校正方位得以保证。校正时一般先校正长度方向，再进行倾斜校正，最后校正高度方向。根据校正方向和校正位移量确定固定点和牵拉方向，牵拉要考虑一定的回弹量。牵拉中，可分次牵拉，每拉一次都要卸力测量，直至修复为止，如图9-14所示。

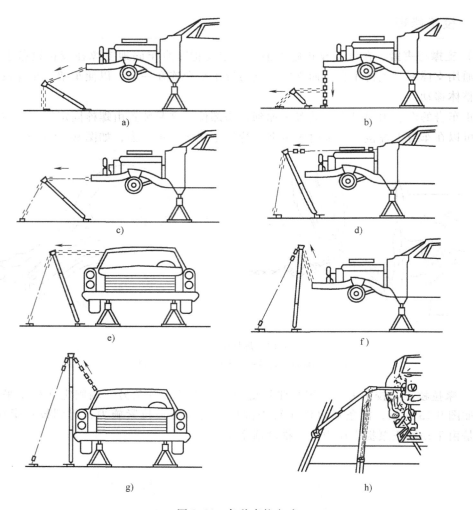

图 9-14　各种牵拉方式

a）向下向外牵拉　b）通过一根链条牵拉　c）向外直拉　d）加上伸长管进行校正位置的牵拉
e）通过带有伸长管的顶杆牵拉　f）向外向上的牵拉　g）车顶上的向上牵拉　h）典型的推压安装方式

9.4　车身钣金的修复

9.4.1　钣金件的成形工艺

　　汽车钣金工经常对有缺陷和损伤的钣金覆盖件进行修复或配制一些构件。手工钣金成形工艺包括弯曲、放边、收边、拔缘、起拱、卷边、咬缝和矫正等。这里仅以弯曲工艺为例加以说明。

　　弯曲就是把平面金属板料弯折成一定角度。操作方法：把下料的金属板件夹在台虎钳上，弯折线与钳口垫板平齐，用锤子从头到尾进行敲击，逐渐成形，若角弯折，则要用辅助规铁与台虎钳相结合进行弯制，如图 9-15 所示。

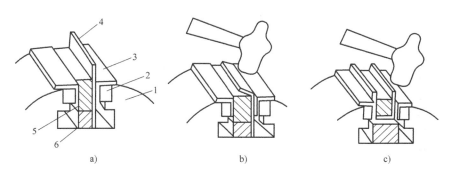

图 9-15 弯制件的钣金操作

a）金属板夹在台虎钳上 b）用锤子敲击 c）弯制

1—台虎钳 2—钳口 3—垫板 4—板料 5—规铁 6—垫块

利用不同形状的规铁，可以弯制成不同形状的钣金件，利用圆形规铁，可以弯出圆筒件。

9.4.2 钣金修理

汽车在擦刮、撞击时，钣金件受到外力作用而产生损坏，根据损伤情况不同，对钣金件进行冷热加工修复或更新。

（1）**钣金件的表面修整** 对于金属蒙皮表面产生的轻微损伤，如凹凸不平，需要用锤子进行敲击，恢复原来的几何形状。

1）用锤子和垫铁整形。图 9-16 和图 9-17 所示分别为凸起和凹陷部位的修整。

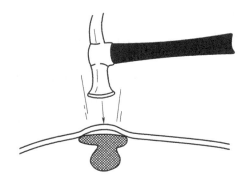

图 9-16 用锤子敲击凸起面

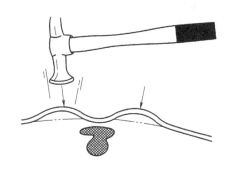

图 9-17 用垫铁修整凹陷面

用锤子修整凸起面时，将垫铁贴紧凸起的反面，用锤子敲击凸起部位，把凸起面压缩回原来的形状。锤击时用力要轻且连续。修整凹陷面时，锤击点不是在垫铁的上方，而是在蒙皮的凸起部位，即用锤子敲击凹陷面周围的凸起处；凹陷面积较大时，要从外围逐渐向内敲，使凹陷面慢慢消失。

2）用匙形铁撬平凹陷。在修整车门凹陷时，常用匙形铁进行修复，因为整铁有时达不到修复部位。匙形铁可作为垫铁，也可直接撬平凹陷处，如图 9-18 所示。

3）拉出凹陷。采用拉出装置，如滑动锤拉出器、吸环等装置，可以把凹陷的蒙皮拉出，特别是蒙皮背面不易到达的地方。有的用真空吸盘与滑动锤拉出凹陷，有的则在凹陷处焊钉或钻孔后拧入螺钉，再用滑动锤拉出凹陷处，如图 9-19 所示。

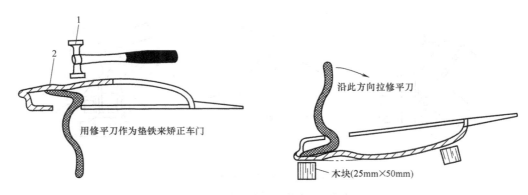

图 9-18　用匙形铁修复凹陷处

1—锤子　2—车门

敲击或拉出凹凸蒙皮后，还要修整平顺，须用专用锉刀锉平。锉削时，若发现不平高低点，可再进行敲平或拉平，直到高低一致平顺，达到要求为止。

（2）**金属表面收缩整形**　金属蒙皮受碰撞时产生变形，出现拉伸、隆起、凹槽，金属板变薄、硬化。利用收缩法，可把金属拉回原位置上，以消除应力。

1）收缩原理。金属受热膨胀，长度增加；冷却收缩，长度缩短，恢复原尺寸。如果金属棒（或板）两端被单向固定，对它先加热后冷却，金属棒就会缩短。因为加热时，金属棒膨胀，由于两端固定，纵向无法伸长，棒内部将产生很大压力，如图9-20a所示。

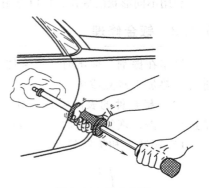

图 9-19　拉出凹陷

当加热温度进一步升高时，金属棒受热部分变软，在压力作用下，赤热部分直径增大变粗，而压力消失，如图9-20b所示。停止加热后，冷却使金属棒收缩，直径增大部分无法恢复原状，钢棒长度缩短，如图9-20c所示。由于钢棒单向固定，收缩不受影响，从而达到钢棒收缩的目的。

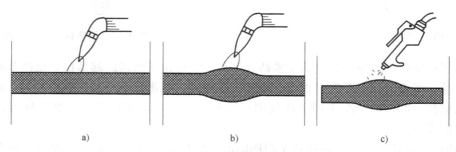

图 9-20　金属收缩原理

a）当膨胀力受到金属上刚性固定的限制时产生压力　b）受热变软的金属膨胀并变粗　c）冷却收缩后长度尺寸变小

2）金属板变形的收缩。把变形区一小部分加热至暗红色，随温度升高，金属板受热开始隆起，向受热范围外的地方膨胀。由于周边金属既冷又硬，金属板无法膨胀而产生压力；

继续加热后，受热部分变软，受压力作用而变厚；然后冷却，金属板会收缩而使面积缩小，消除了拉伸，不影响周围金属晶格的状态。根据上述操作原理，可以对板料损伤多处、较轻者进行局部加热，以达到收平的目的。

9.4.3　钣金件连接

（1）**螺钉连接法**　对于较薄的钣金件，可以用螺钉连接。修复时，可在底板上钻定位孔，孔径小于螺钉直径；拧紧时，螺钉附近的材料受到挤压而产生位移，位移变形就产生了紧密连接的效果，即相当于底板定位孔处受到挤压，形成一个螺母，如图9-21所示。

（2）**铆接法**　用铆钉把两块金属板或非金属零件连接起来的修复方法称为铆接法。铆钉有铜、铝、铁等材质，可用手工敲击或铆钉枪铆接。

（3）**金属黏结法**　除了金属焊接外，还可用非金属黏结剂涂在修复面上，加压固化后使金属黏结在一起。

图9-21　钻孔攻螺纹拧螺钉

黏结对所有材料都适用，特别是对于不能进行焊接与铆接的零部件尤为重要。黏结有多种黏结剂，经常用的包括有机黏结剂（环氧树脂与酚醛树脂）和无机黏结剂（氧化铜）。

9.4.4　钣金件的切割与修复

对于车身部件的局部损伤，可不必整体更换，只需局部切除修复即可，如车门槛板、后顶侧板、底板、前梁、后梁、行李舱地板以及立柱等。切割局部损伤件后，与新制备的同样构件重新焊接，以达到修复的目的。一般连接焊修的方法有以下三种。

（1）**插入平接**　对于封闭式截面构件，可将中间损坏部件割掉，插入一段修好或更换的中间物，有利于被连接件的对中、定位和焊接。该法适合于切割修理车门槛板、立柱、车身梁等，立柱插入件对接如图9-22所示。

（2）**交错平接**　两段之间不使用插入物，而是采用交错平接方式接在一起，要求两断口相互交错定位，保持对中精度。截面为矩形结构的可用此平接方式，如立柱、前梁等的修复（见图9-23）。

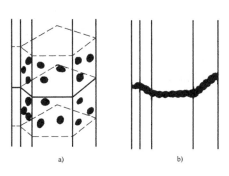

a)　　　　　　　　　　b)

图9-22　立柱插入件对接
a）铆焊　b）对焊

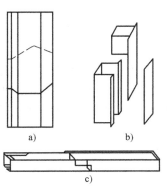

a)　　　　　　b)

c)

图9-23　交错平接
a）A柱　b）B柱　c）前梁

（3）**搭接** 金属板件一边搭在另一金属板件上进行焊接，称为搭接。后梁、底板、行李舱底板等，一般用搭接法修焊，如图9-24所示。

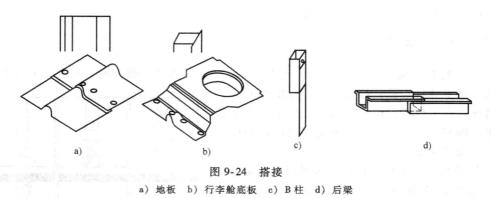

图 9-24 搭接

a）地板 b）行李舱底板 c）B柱 d）后梁

9.5 车身表面的漆工修复

汽车长时间受到日照、雨淋等恶劣使用环境的影响和不正确的护理均会使汽车表面涂层发生老化、开裂和失光，汽车轻微碰擦时最先受伤的也是汽车表面涂层，因此汽车表面涂层的修复是汽车修复过程中的重要工作。

9.5.1 表面涂层的重涂

汽车车身表面进行重新涂漆时，要进行清除旧漆、表面预处理、色漆调配和涂装等工序。

（1）**清除旧漆** 清除车身表面原旧漆，方法通常有火焰处理、机械消除、化学处理三种。

1）火焰处理法。利用火焰（如喷灯）加热使漆层变软，再用铲刀、钢丝刷等将其清除，这种方法适用于局部脱漆。

2）机械清除法。对于大面积的旧漆层，可采用刮刀、铲刀、钢丝刷等手工清除；也可用平形砂轮、钢丝轮和喷砂法机械清除。

3）化学清除法。即用化学药品使漆层和金属脱开，再将其除掉，常用的有碱液脱漆和脱漆剂除漆。

① 碱液脱漆。将拆下的钣金件浸入盛有5%的氢氧化钠的溶液槽中，浸泡时间为20~30min，溶液的温度为70~80℃。在碱液的作用下，使漆层和金属板件分离，再将钣金件取出浸入40~50℃的热水槽中，并仔细洗涤，用钢丝刷刷净，最后用冷水冲洗，去掉残留在钣件上的碱液。对于溶液槽浸泡不下的大型钣件，可用碱液刷涂软化的方法除漆。

② 脱漆剂除漆。常用的脱漆剂配方如下。

配方一：石蜡10%，甲醇30%，丙酮25%，苯20%，四氯化碳15%；

配方二：丙酮20%，酒精35%，石蜡油溶液35%，氢氧化钠10%；

配方三：石蜡6%，苯52%，甲醇42%。

脱漆剂中加入石蜡的作用是使溶液能在漆层表面保持一定时间，而不致迅速蒸发，从而能渗入漆层底部。

在使用脱漆剂时，要洗净车身表面的灰尘和污垢，并用蘸有汽油的抹布拭去钣金件表面的油脂；再用喷枪或毛刷在旧漆层表面涂抹一层较厚的脱漆剂；经一段时间后，让脱漆剂充分地渗入旧漆层，再涂敷脱漆剂，使漆层始终保持湿润状态。待漆层鼓起后，用铲刀铲净旧漆层，然后用稀释剂或热水擦洗，直至除去表面的蜡质或酸性化学介质。

（2）**表面预处理** 涂漆表面的预处理包括清除工件表面的油污、尘土、锈蚀，对涂漆表面进行磷化、钝化或氧化处理。

1）除油。可利用清洗剂清除油污，常用的方法是用有机溶剂除油和碱液除油。

2）除锈。除采用打磨方法除锈外，最常用的方法是除锈剂除锈。除锈剂是一种酸性溶液，可以用其擦洗，也可浸泡；清洗后必须用中和剂将酸性溶液中和，然后用清水冲洗干净。

3）磷化。用正磷酸溶液处理涂漆表面，使金属表面获得一层不溶于水的磷酸盐保护膜。磷化处理所用的溶液，是由磷酸锰铁和磷酸锌盐配制而成的，具体材料是磷酸锰铁盐和磷酸二氢锌。磷化膜是黑色金属最普通的保护层，其厚度一般为 $5\sim15\mu m$，具有较高的抗腐蚀性和电绝缘性，并能增加涂层的附着力。

（3）**色漆调配** 一般的色漆均为成品漆，维修时为了满足用户的不同需要，有时可自行调配。常见的色漆配比见表9-1。

表9-1 色漆的配比

参配色漆质量比配制色漆	绿漆	白漆	黄漆	浅黄色漆	蓝漆	铁红漆	黑漆
豆绿色漆	38	25	12	25			
草绿色漆		11	50		4	15	20
深绿色漆	80				20		
海蓝色漆		68		9	23		
天蓝色漆		94			6		
钢灰色漆		88			1		11
中灰色漆		92			0.5		7.5
橘黄色漆			78			20	2
草黄色漆			73		4	20	3
奶油色漆		97		3			
电机灰漆		95	2		0.3		2.7

调配色漆时应注意以下事项：

1）找出基本颜色。最基本的颜色是红、黄、蓝三种，称为三原色。用这三种颜色可以配成各种不同的基本颜色，而其本身不能被其他任何颜色调配出来。两种原色以不同比例混合就可形成间色。间色有紫、绿、橙三色。紫色为红色与蓝色相加；绿色为黄色与蓝色相加；橙色为红色与黄色相加。间色的色相偏向配比较大的一方，如紫色，当红色含量大时，即形成红紫色，呈现偏红色状态。两种间色混合或三原色之间以不同比例混合，即可形成各种各样的复色，通常见到的绝大多数是复色。原色和复色中加入白色冲淡，可得出深浅不同的颜色，加入不同比例的黑色时，可得到亮度和暗度不同的颜色。

2）调配小样。调漆时应仔细分析油漆样本的颜色，先配制小样，确定参配色漆的质量比，作为配大样的参考。

3）调配大样。配色时应先加入主色（用量大、着色力小的色漆），再慢慢地、间断地加入副色（着色力较强的色漆），不断搅拌，随时观察颜色的变化，并取样与小样比较，直至两者相符为止。注意，比较需在较好的光线下进行。

4）参配的色漆，基料必须相同。如醇酸漆类就不能与硝基漆类相配。另外，还必须考虑到色漆的颜色湿时较浅，干后颜色会较深。

5）调配大样时，应将色漆预留一部分（1/4～1/3）作为备料，以便在调色过头时有调整余地。大样调好后，还应预留少量样品，以备修车竣工时作补漆用。

（4）涂装的基本方法 涂装的基本方法是采用喷枪喷涂，可获得厚度均匀、光滑平整的漆膜。

1）空气压力。喷涂时，空气压力应根据油漆品种和喷涂面积来确定。例如采用丙烯漆进行局部喷涂时，空气压力为 0.2MPa；喷涂面积较大且为平面喷涂时，空气压力为 0.3MPa；喷涂面积较大的磁漆时，空气压力应调得更高一些。一般喷枪的空气压力为 0.3～0.6MPa。

2）喷雾形状。可通过试验进行调整，试验时把稀释的漆料放入漆罐中，喷枪距贴在墙壁上的纸 20～25cm，迅速按下扳机，就会在纸上形成喷雾形状。若喷雾粒子不规则，表明空气压力过低；若喷漆粒子过细，表明空气压力偏高，会导致涂层不光滑。上述情况可通过针阀进行调整。

3）喷枪的操作。喷涂时，喷枪应距喷涂表面 20～25cm，并垂直于被喷涂表面。当喷涂大平面时，喷枪应从上向下平行移动。除局部补漆外，喷枪不可做弧线运动。喷枪的最佳运动速度为 30～40cm/s，移动速度过高，漆膜的厚度不够；移动速度过低，漆面会产生滞流。

4）喷涂重叠。为了保证涂层厚度均匀，喷涂层必须有适当的重叠，重叠量过大或过小，都会导致喷涂面不平整，这是因为喷涂面外圈漆膜较薄所致。根据喷雾形状不同，喷涂时可采用 1/2 圆形直径作为重叠量，椭圆可采用 1/3 的喷雾宽度作为重叠量。

5）稀释剂。喷涂时要正确选择油漆稀释剂，并根据环境条件正确确定用量。当用量不当时，会引起色偏。喷漆时还要正确掌握溶剂的蒸发时间，并正确调整喷枪。

（5）涂装工艺过程 当汽车大修时，车身重新涂漆，一般按以下工艺过程进行涂装。

1）表面清理。用脱漆剂清除旧漆面、旧腻子。若经焊补，应清除焊渣、焊药，并使车身各构件无锈迹和油污。

2）磷化底层。在无锈迹、油污、灰尘和水分的情况下，刷涂 X06-1 磷化底漆一层，漆层的漆膜厚度不小于 30μm，应薄而均匀，在室温下干燥 60min。

3）喷涂底层。使用 H06-2 铁红环氧树脂底漆，喷涂厚度为 20μm，烘烤温度为 90℃时，烘干时间为 90min。

4）刮第一道腻子。使用 JRG 型腻子填平凸凹不平的钣金表面，厚度一般为 1～3mm。刮完后，常温下放置 20min，送烘干房干燥，烘干温度为 40～80℃，时间为 40min。

5）刮第二道腻子。填补不够平整的地方，厚度保持在 1～2mm。刮完后常温下放置 20min，送烘干房干燥，烘干温度为 40～80℃，时间不少于 40min。

6）打磨。用 2 号粗砂布垫上木板进行粗磨，粗磨完后除去灰尘。在涂刮腻子处刷涂 H06-2 环氧树脂底漆后，送烘干房干燥，干燥温度为 90℃，干燥时间为 90min。

7）刮第三道腻子。方法与刮第二道腻子相同，并同时清理车内的涂漆部位。

8）水磨。用 320 号水砂纸或油石湿磨腻子表面一次，边打磨边用水洗，最后将腻子浆冲洗干净。进行干燥的温度为 100℃，时间为 60min。

9）喷第一道面漆。喷涂已调好颜色的面漆，干燥温度为 100℃，干燥时间为 150min。

10）修饰打磨。用 500 号水砂纸湿磨涂层表面，达到平整光滑后，再用清洁软布擦拭干净。

11）喷第二道面漆。方法与喷第一道面漆相同。

12）清洁表面。去除胶带纸，用沾有汽油的软布将油脂擦拭干净。轿车应遮盖好。

9.5.2 喷漆修复设备

常用的喷漆修复设备包括喷枪、空气压缩机、喷漆房和烘干室。

（1）**喷枪** 喷枪可以把空气和油漆混合到一起，雾化油漆流，吹喷油漆到钣件上形成漆膜，从而保护钣件和起到美观作用。其结构如图 9-25 所示。

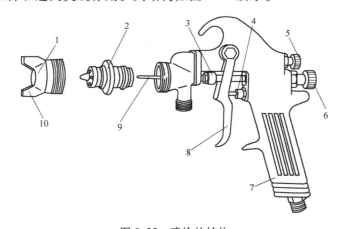

图 9-25 喷枪的结构

1—空气喷嘴 2—喷液嘴 3—液体针阀填料螺母 4—空气阀 5—图样控制旋钮
6—液体控制旋钮 7—枪身（或手柄） 8—扳机 9—针阀 10—触角

喷枪种类有很多，质量也不一样，要正确使用，经常清洁和保养，才能保证喷枪性能。

（2）**空气压缩机** 空气压缩机，简称空压机或气泵，是为喷枪提供压缩空气，也为打磨、清洁、除尘等设备提供气源。一般采用活塞式空压机，如图 9-26 所示。

（3）**喷漆房** 为喷漆时清洁干净、防灰尘、昆虫和气候的影响，喷漆一般在喷漆房内进行，这样也可以防止漆雾污染空气。喷漆房应有空气交换功能，具有排放烟道，能调整空气流速，照明良好。喷漆房是较大的维修设施，可自行制造，也可以购买标准的喷漆房。

1）干式喷漆房。采用折流板、滤网等干式过滤器过滤漆雾，横向抽风。喷漆过程中的漆雾，在通风机的作用下进入过滤器被黏附收集，而空气经通风管排到室外。干式喷漆房结构简单，通风量和风压小，涂料损耗小，涂覆效率高，不需做废水处理；缺点是清扫工作量大，过滤网需经常换，耗量大，易燃性大。

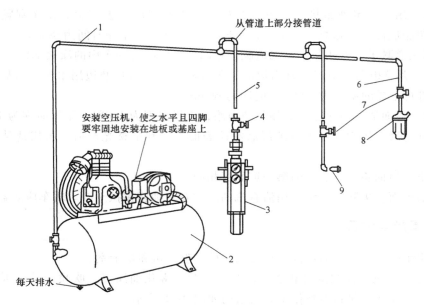

图 9-26 空压机及安装
1—主空气管道 2—空压机 3—变压器 4、7—球阀
5—降压管 6—输气管 8—自动排水器 9—快速接头

2）**喷淋式喷漆室。** 喷漆过程中产生的漆雾，在通风机的作用下从喷淋室正面的入口处吸入喷淋室，被喷嘴的两级水雾冲洗至下部水槽中存积，余下含水分的空气经水分离器脱水后排放。冲洗漆雾的水，经水槽过滤后，通过水泵循环使用，水污染后定期进行排放处理。还有一种较大型的水帘式喷漆房，其效率高，漆雾处理得干净，能够回收油漆，适用于连续作业、规模较大的维修企业使用。

（4）**烘干室** 为加快漆膜干燥，需要对漆膜进行红外线烘干。对于整车喷漆的车辆，可进

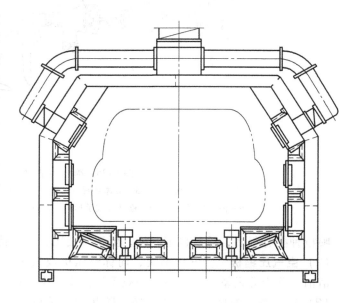

图 9-27 移动式烘干设备

入烘干室全车烘干；而对于局部喷漆的车辆，则可用便携式红外线灯组单元烘干。一般烘干温度为 40~100℃ 。

烘干的漆比常温自干的漆有更好的光泽，质地坚硬，寿命持久。由于烘干漆比自干漆价格便宜，质量又好，使用烘干设备在经济上是合理的。移动式烘干设备如图 9-27 所示。

思 考 题

1. 车身的损伤有哪些形式？

2. 车身损伤的测量仪器有哪些？

3. 轿车车身校正时应注意哪些问题？

4. 钣金件的连接有哪些方法？

5. 简述车身重新涂漆的涂装工艺过程。

第10章

汽车维修质量及评价

对汽车维修进行质量评价，首先可以使汽车服务企业更清楚地认识到决定汽车维修服务质量的关键因素以及对顾客认可度的影响，进而更加精确地对这些因素进行评价，从而制订正确的服务质量改进策略；其次，汽车服务企业应将提高服务质量的重点放在关键影响因素上，从而提高资金的利用效率，尽早产生效益。

质量是企业的生命，企业要想使自身得以生存和发展，在竞争中取胜，扩大市场占有率，提高质量是最有效的手段。企业的产品质量好、服务周到、价格合理，就会受到客户的好评和肯定，赢得更多的消费者，从而提高企业的经济效益，促进企业的加速发展。

10.1 汽车维修质量概述

10.1.1 质量的基本概念

质量是人们工作和生活中逐步形成的一种评价产品或工作优劣程度的概念。质量有狭义和广义之分。

1. 狭义质量

通常把质量定义为：反映实体满足明确和隐含需要的能力的特性总和。在这里，"需要"分为"明确需要"和"隐含需要"两类，而"特性"则是指产品所特有的，区别于其他产品的性质。无论是"明确需要"，还是"隐含需要"，都应将其转化为质量特性。

狭义质量是指产品的质量，即产品质量，指产品具有一定使用价值的质量特性。

如果把各种产品质量特性归纳起来则可以概括为产品的性能、寿命、可靠性、安全性、经济性五个方面。它们分别反映了产品的使用性能和外观性能，也反映了产品可靠、安全、及时和灵活的程度，以及与之相适应的顾客和社会所付出的代价。

（1）**性能** 它是指对产品使用目的所提出的各项要求。产品具有在不同目的、不同条件下使用的性能。

（2）**寿命** 它是指产品能够使用的期限。如灯管的使用小时数、汽车轮胎的使用里程数等。

（3）**可靠性** 它是指产品在规定的时间内和规定的条件下完成规定工作的能力。产品出厂时，不仅各项性能指标要达到规定要求，且产品在使用过程中还要做到经久耐用，能够在规定的使用期限内保持规定的功能。

（4）**安全性** 它是指产品在操作或使用过程中保证安全的程度，即对使用操作人员是否造成伤害，影响人身健康，产品公害及污染周围环境等的可能性。

（5）**经济性** 它是指产品的结构、重量、用料等制造成本和产品使用过程中的运转费用、维修费用、维持费用、运用费用等使用成本。产品的经济性，不仅取决于它的制造成本，而且要特别注意产品的使用成本，看产品寿命的总成本。

2. 广义质量

广义质量是指产品质量、工作质量和服务质量。

（1）产品质量 即产品适合一定用途、满足国家建设和人民生活需要所具备的自然属性或特性。对于汽车产品来说，通常是指它的使用性能，如动力性、经济性、可靠性、安全性、通过性、平顺性、排放与噪声等的优劣。

产品质量关系到产品的使用价值，即满足人们某种需要的属性。一般来说，产品的质量高，产品的使用价值也大，但质量过高，成本也高，反而影响使用价值的实现。

（2）工作质量 即企业为保证产品质量和提高产品的使用价值，所采取的技术组织管理工作的水平和完善程度。

在生产过程中，决定和影响产品质量的有六大因素，即人、设备、材料、加工、检测和环境。这些因素涉及企业的各个部门、各个环节及每个职工的工作，统称为工作质量。

（3）服务质量 即企业满足用户或顾客精神需求方面的特性。常用顾客对服务环境、服务设施、服务项目、服务时间、服务态度等满意程度来衡量。

服务质量反映了企业精神文明建设的情况，也反映了职工是否具有良好的职业道德和敬业精神，是企业各方面工作的综合体现。在企业公平竞争、顾客至上的时代，服务质量直接关系到企业经济效益。

10.1.2 汽车维修质量管理

汽车维修质量是指维修对象恢复所规定产品质量标准的程度，它的好坏决定了汽车能否保持良好的技术状态安全地行驶，也是汽修厂的生命。

汽车维修质量由许多因素决定，它既取决于汽车维修企业内部各个方面、各个部门和全体人员的工作质量，也与社会的经营环境、管理环境等外部条件相关。为了保证和提高汽车维修质量，需要从员工的维修技能、维修设备、配件质量、维修质量检验等方面采取措施。因此，必须对影响汽车维修质量的相关因素实施系统的管理。

汽车维修企业必须高度重视汽车维修质量管理，采取严格的技术手段和管理措施，保证和提高汽车维修质量，保障人们的生命和财产安全。

1. 汽车维修质量管理的目的和宗旨

（1）汽车维修质量管理的目的 完善工艺方法和维修组织形式，以保证修竣出厂汽车的技术状况及其使用性能为最佳水平。

（2）汽车维修质量管理的宗旨 综合运用现代管理手段和方法，通过建立完善的质量标准和体系，不断提高汽车维修质量的管理活动。

2. 汽车维修质量管理的任务

汽车维修质量管理工作主要包括维修质量标准管理、制度管理、人员管理、过程管理和保障管理等方面。

汽车维修质量管理的任务主要有以下4个方面。

1）加强质量管理教育，提高全体员工的质量意识，牢固树立"质量第一"的观念，做到人人重视质量，处处保证质量。

2）制定企业的质量方针和目标，对企业的质量管理活动进行策划，使企业的质量管理工作有方向、有目标、有计划地进行。

3）严格执行汽车维修质量检验制度。对维修车辆从进厂到出厂的维修全过程、维修过程中的每一道工序，实施严格的质量监督和质量控制。

4）积极推行全面质量管理等科学、先进的质量管理方法，建立健全的汽车维修质量保证体系，从组织上、制度上和日常工作管理等方面对汽车维修质量实施系统的管理和保证。

10.1.3 全面质量管理

质量管理是指在质量方面指挥和控制组织的协调活动，通常包括制定质量方针和质量目标以及质量策划、质量控制、质量保证和质量改进，确定质量方针、目标和职责。

我国从 20 世纪 50 年代起，所实行的质量管理制度基本上是单纯检验制度，20 世纪 60 年代初曾推行过统计质量控制制度，1978 年以后开始推行全面质量管理制度。

全面质量管理制度的突出特点是全员参加的、全过程的、全面运用一切有效方法的、全面控制质量因素的、力求全面经济效益的质量管理。

全员参加，是指质量管理不应由少数人（专家、检验人员）去做，而是由全体员工，上至厂长（经理）下至工人，都要参加质量管理，制订质量决策，确定质量目标，处理有关质量问题，分担质量责任。据统计，质量问题的 80% 左右是因为各级领导人员的质量管理失策，20% 左右归因于现场工作人员。因此，要想实现全员参加的质量管理并取得成效，必须搞好质量教育，强化全体员工的质量意识。

全过程，是针对过去的单纯质量检验与统计质量控制制度只限于某一环节所提出的。全面质量管理的全过程，包括市场调查、开发设计、研制试验、供应、生产、检验、销售、使用、维修、信息反馈等所有环节的质量管理。

全面运用一切有效方法，是指不能只运用数理统计这一种方法进行质量管理，还要运用现代科学的方法和手段（包括计算机、互联网等），达到质量管理的优化目的。

全面控制质量因素，是指对影响质量的人、机具设备、材料配件、工艺方法、检测手段、使用环境等因素，要全部予以事前控制，以确保产品质量的稳定。

全面经济效益，是指质量与成本、企业与用户的经济效益关系，也就是说产品应该质量好、成本低，寿命周期内总费用最少，产生的社会经济效益最大，用户满意度高。

全面质量管理体系可以用概括为：以市场需要为依据，以客户满意为标准，以科学方法为手段，以生产技术为基础，以经济效果为目的，以全员参加为保证，以使用价值为产品质量的最终评价。

在推行全面质量管理的过程中，一方面要努力学习国外的先进经验和科学方法，摸索出一套适用于我国情况的全面质量管理模式；另一方面要重视我国传统的质量管理经验，如专检、自检、互检相结合，首检、抽检、终检相结合，管理干部、技术人员、工人相结合，都是质量管理中行之有效的好形式。应坚持"以我为主，博众之长，融合提炼，自成一家"的原则。

10.1.4 全面质量管理工作的方式

全面质量管理（Total Quality Control，英文缩写 TQC）采用计划（Plan）、执行（Do）、

检查（Check）、处理（Action）（即 PDCA）循环的方式工作。四个阶段互相衔接，不停循环。

1. PDCA 循环方式

（1）**计划（Plan）阶段** 该阶段主要是通过市场调查、用户访问、主管部门计划指标等，弄清用户对产品质量的要求，确定质量政策、质量目标、质量计划等。上述内容的确定，应有事实根据，用数据说话。应制订达到目标的对策，其中包括对策方法、进度要求、负责部门或人。明确干什么、怎么干、何时干、在什么地方干、由谁干。

（2）**执行（Do）阶段** 该阶段的主要任务是实施计划阶段所规定的内容或项目，把计划和设施落实到质量管理的全过程中，其中包括执行计划之前的人员培训。

（3）**检查（Check）阶段** 该阶段的主要任务是检查执行过程中出现的情况和问题。即把执行的工作结果与预期的目标进行对比。例加，产品是否符合技术标准，用户对质量是否满意等。

（4）**处理（Action）阶段** 该阶段主要是根据检查的结果，采取相应的措施。对于成功的经验予以肯定，形成技术文件，进一步提高产品质量；对于失败的教训要认真总结，防止再次发生，把没有解决的问题转入下一循环。同时，对用户的反映要进行技术服务，并把情况反馈到下一循环中去。

2. PDCA 循环特点

全面质量管理的 PDCA 循环方式的工作特点如下：

1）PDCA 循环是动态循环，四个阶段应依次不停地反复运转，不允许次序错乱、中断和停顿。

2）大环套小环，相互促进。如图 10-1a 所示，从整个企业来看，PDCA 是一个大循环，而各部门、车间又有各自的 PDCA 循环，依次往下又有更小的 PDCA 循环。上一级循环是下一级循环制订的依据，下一级循环是上一级循环落实的具体化，也是上一级循环的组成部分和实现的保证。大环保小环，小环保大环，上下呼应，彼此协同，使产品质量与工作质量不断提高。

3）PDCA 循环不是单纯的周而复始运动，而是阶梯式的螺旋上升运动，如图 10-1b 所示。每循环一次，都应有新的内容与目标，都应前进一步，都应解决一部分质量问题。不能原地循环，踏步不前，否则，就意味着管理的失败。

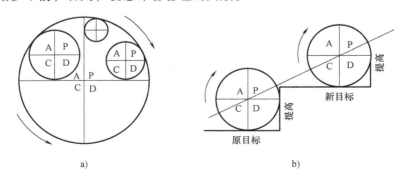

图 10-1 PDCA 循环的特点

a）大环套小环 b）阶梯式上升

4）处理阶段是前后两次循环的接合点，应作为关键阶段来抓。处理就是总结经验、肯定成绩、改正缺点、提高水平，防止错误重复出现，从而使产品质量提高一步。

3. PDCA 循环步骤

在全面质量管理的工作中，PDCA 循环分解为八个工作步骤，如图 10-2 所示。

图 10-2 PDCA 循环的四个阶段、八个步骤

1）分析现状，找出质量问题。可灵活运用排列图法、直方图法、控制图法、统计分析表法和分层法等。

2）分析质量问题因素的主要原因。可用因果分析图法。

3）找出影响质量因素的主要原因。可用排列图法和散布图法。

4）制订对策计划，拟定措施，并说明措施的目的、内容、执行部门、负责人员、起止期限、所用方法等。

5）执行计划，落实措施。

6）检查效果，核对比较。可用排列图法、控制图法、统计分析表法和分层法等。

7）巩固成绩，将经验标准化。

8）找出尚未解决的遗留问题，转入到下一循环的计划阶段。

上述 PDCA 的八个步骤，每一个步骤都需要有可靠的数据和资料，它是科学判断的依据，PDCA 循环最优设想的基础，因此，原始资料一定要准确。

10.2 汽车维修质量控制

在质量管理中，经常用质量数据对质量进行监控、分析。常用的有分类法、排列图法、因果分析图法、直方图法、控制图法、相关图法、统计调查分析表法、系统图法、关联图法等 9 种方法。

10.2.1 分类法

分类法也称分层法，它是通过分类把性质相同的、在同一条件下收集的数据归纳在一起，以便进行比较分析。因为在实际生产中，影响质量变动的因素有很多，如果不把这些因素区别开来，难以得出变化的规律。数据分层可根据实际情况按多种方式进行，例如，按不同时间、不同班次进行分层；按使用设备的种类进行分层；按原材料的进料时间、原材料成分进行分层；按检查手段、使用条件进行分层；按不同缺陷项目进行分层等。常用的分类方法有以下五种。

（1）**按时间分类** 如按日、旬、月、季、年分类；按白班、夜班分类；按班内各工作小时分类等。

（2）**按人员分类** 如按操作人员的等级、工种、文化水平、年龄、性别等分类。

（3）**按设备分类** 如按不同类型设备、新旧设备、设备不同总成、部位等分类。

（4）**按材料分类** 如按材料的规格、成分、产地、进料时间、批量、供应单位等分类。

（5）**按操作分类** 如按操作工艺、操作条件、操作方法等分类。表10-1所列为某汽车队统计的半年汽车小修频率，按七个总成对小修次数进行统计分类。

表10-1 汽车总成小修次数分类表

小修作业总成	小修作业次数	小修累计次数	累计百分数（%）
发动机	882	882	35.8
离合器	435	1317	53.6
后桥制动	410	1727	70.3
前桥制动	326	2053	83.6
变速器	192	2245	91.4
差速器	109	2354	95.8
转向器	101	2455	100

10.2.2 排列图法

排列图也称主次因素图。1906年，意大利经济学家巴雷特（Pareto）所首创，因而也称巴雷特图。

排列图是用来寻找质量差异的工具。在质量管理中，经常会遇到许多质量问题，而每个问题的原因又可能是多种多样的，为了找出主要矛盾，就需要作排列图。

排列图有一个横坐标，表示质量因素；两个纵坐标，分别表示频数和频数累计百分数。画图时，先在坐标上定好比例尺，然后根据分类表，按质量因素的主次，自左向右顺序排列；直方图的高度表示该质量因素的影响大小，曲线表示各影响因素累计百分数，可看出各因素影响的程度。通常根据累计百分数将影响因素分为三类：A类因素，为0~80%，也称主要因素；B类因素，为80%~90%，称一般因素；C类因素，为90%~100%，称次要因素。

图10-3所示为根据表10-1中的数据画出的汽车小修排列图。

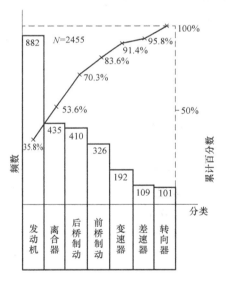

图10-3 汽车小修排列图

10.2.3 因果分析图法

因果分析图的形状像鱼刺或树枝，因此，有人把其形象地称为"鱼骨图"或"树形图"。

因果分析图提供了寻找质量问题原因的简便而有效的方法，也成为质量管理中经常采用的工具。

如图10-4所示，因果分析图可以按照以下方法画出。

1）明确要寻找的质量问题，即质量特性。

2）确定大原因，可按六大质量因素归纳，也可根据实际情况确定。

3）通过调查研究、周密分析、集体讨论，找出中原因、小原因，用箭线标在图上，小原因要具体到能直接操作为止。

4）标出重点原因，以便重点解决。

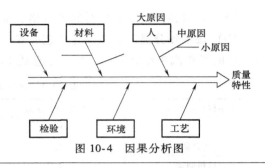

图 10-4　因果分析图

10.2.4　直方图法

直方图的作用是了解质量的波动特性，掌握质量特性的分布规律。它根据抽样检验原理，从所研究的事物总体中，抽出一定数量的样本，经过统计或测量，取得数据，再将数据进行适当的分组和计算，并绘出图形。直方图的横坐标为分组数据，纵坐标为各组出现的频数。作图时，先画出纵、横坐标，定好比例，然后从横坐标各组界点做横轴的垂线，并与相应的频数水平线相交，即得出直方图。

下面以故障平均维修时间为例，说明直方图的做法与应用。

1）收集超过 50 个数据。可在汽车某一使用期内，随机抽取故障维修时间 50 个，见表 10-2。

2）整理数据，找出数据中的最大值、最小值。可将 50 个数据按先后次序分成 5 行，每行 10 个数据，找出每行中的最大值、最小值，然后再找出全部数据的最大值、最小值，见表 10-2。

表 10-2　故障维修时间　　　　　　　　　　　　　（单位：min）

数据										每行最大值	每行最小值
40	58	43	45	63	83	75	66	93	92	93	40
71	52	55	64	37	62	72	97	76	75	97	37
75	64	48	39	69	71	46	59	68	64	75	39
67	41	54	30	53	48	83	33	50	63	83	30
86	74	51	72	87	37	57	59	65	63	87	37
最大值或者最小值										Max＝97	Min＝30

3）数据分组，一般 50~100 个数据可分成 6~10 组，100~200 个数据可分成 7~12 组。本例中的 50 个数据分成 7 组。

4）计算组距，即每组的数据范围。

$$组距 = \frac{最大值 - 最小值}{组数} = \frac{97 - 30}{7} \approx 9.57$$

为了统计方便起见，本例将组距定为 10。

5）确定组界，考虑不要漏掉数据，一般将末位数取为测量单位的 1/2，本例为 0.5。分组间隔见表 10-3。

6）记录频数，并统计出间隔内次数。

7）根据频数表作直方图。以分组边界为横坐标，各组的频数为纵坐标，画出直方图，并注明数据数 N，如图 10-5 所示。

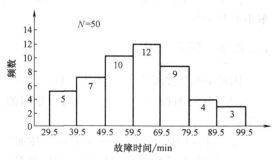

图 10-5　故障平均维修时间直方图

表 10-3　故障维修时间频数表

组号	1	2	3	4	5	6	7
分组间隔/min	29.5~39.5	39.5~49.5	49.5~59.5	59.5~69.5	69.5~79.5	79.5~89.5	89.5~99.5
频数	5	7	10	12	9	4	3

10.2.5　控制图法

控制图也称管理图，是分析判断生产过程中质量是否稳定的工具之一。在汽车维修质量管理中，它被用来反映汽车在使用维修过程中的动态，是对汽车维修状况进行分析、监控的一种重要手段。

控制图的种类繁多，有计量数据和计数数据控制图两大类十余种。计量式有单值控制图、算术平均数与极差控制图、中位数与极差控制图；计数式有不合格品数控制图、不合格品率控制图、缺陷数与单位缺陷数控制图。

下面主要介绍反映汽车维修质量的故障（缺陷）数控制图。

这种图的作法比较简单，定期抽样，记录每组样车的故障数 C，然后按下列公式计算出中心线及上、下控制限值。

中心线值
$$\overline{C} = \frac{各组故障数和}{组数} \tag{10-1}$$

上控制限
$$L_{c上} = \overline{C} + 3\sqrt{\overline{C}} \tag{10-2}$$

下控制限
$$L_{c下} = \overline{C} - 3\sqrt{\overline{C}} \tag{10-3}$$

（当 $\overline{C}<9$ 时，可不考虑下限）

【例 10-1】　已知某汽车发动机小修月统计频数，见表 10-4。试绘出小修频数控制图。

表 10-4　发动机小修频数

日期	1	2	3	4	5	6	7	8	9	10	11	12	13	14	15	16
小修次数	2	4	3	1	1	4	2	3	2	1	1	2	1	2	3	3
日期	17	18	19	20	21	22	23	24	25	26	27	28	29	30	31	计
小修次数	1	2	1	4	4	4	0	2	5	0	1	0	3	2	3	67

由表 10-4 中数据求出 $\overline{C}$、$L_{c下}$、$L_{c上}$，分别为

$$\overline{C} = \frac{67}{31} \approx 2.16$$

$$L_{c上} = 2.16 + 3\sqrt{2.16} = 6.57$$

因为 2.16<9，所以 $L_{c下}$ 可不考虑。

根据上面的数据绘图，如图 10-6 所示。

控制图的主要用途是判别质量是否处于稳定状态。判别的主要依据是控制图上点的分布状态。如点不越出控制界限，且在中心线两侧不规则排列，说明质量处于稳定状态。若点处于图 10-7 所示各种情况，则质量处于不稳定状态，具体情况如下：

1）点越出控制界限。

2）点在中心线附近连续出现 7 点以上，如图 10-7a 所示。

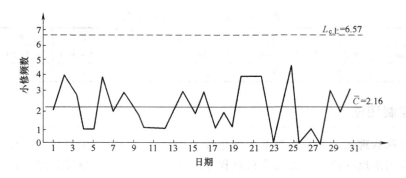

图 10-6　小修频数控制图

3）连续 7 个以上点上升或下降，如图 10-7b 所示。

4）点在中心线一侧多次出现，连续 11 点中有 10 点在中心线同一侧出现，如图 10-7c 所示。

5）点分布呈周期性变动，如图 10-7d 所示。

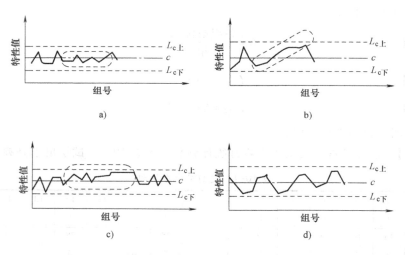

图 10-7　控制图的不稳定状态

a）在中心线附近连续出现 7 点以上　b）连续 7 点以上点上升

c）点在中心线一侧多次出现　d）点分布呈周期性变动

10.2.6　相关图法

在质量分析中，经常会遇到一些变量共处于一个统一体中，它们互相联系、互相制约，影响因素之间有一定的关系，但它们又不是一种严密的函数关系，这种关系称为相关关系。如淬火温度和零件硬度之间的关系、喷漆室温度与漆料黏度之间的关系等。

图 10-8 所示为钢的淬火温度与硬度的相关图。从图中可以看出，数据点近似于直线分布，可以用下列直线方程近似表示：

$$y = a + bx \qquad (10\text{-}4)$$

相关图的种类多种多样，可用图 10-9 所示的六种形式概括。

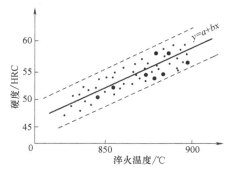

图 10-8　钢的淬火温度与硬度的相关图

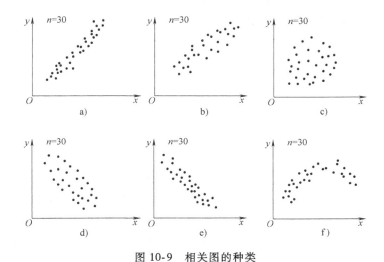

图 10-9　相关图的种类

a）强正相关　b）弱正相关　c）不相关　d）弱负相关　e）强负相关　g）非线性相关

10.2.7　统计调查分析表法

统计调查分析表法，就是利用统计调查表来进行数据整理和粗略的原因分析的一种方法。其格式多种多样，因调查的目的不同而异，常用的有以下几种。

（1）**调查缺陷位置用的统计调查分析表法**　调查时，将缺陷位置记在表中，见表 10-5。

表 10-5　调查缺陷位置的统计调查分析表

车型	××××	检查处	车身
工序	喷漆后检验	检查者	×××
调查项目	喷漆缺陷	检查时间	××××年××月××日

（2）**按不合格项目分类，列表进行分析**　表 10-6 为轴承修后的不合格品分类统计分析表。

（3）**其他形式**　统计调查分析表有很多，可根据需要自行设计。实践中，往往把分析表和分层法联合起来应用，可取得更佳的效果。

表 10-6　不合格品分类统计分析表

序号	规格型号	统计总量	不合格品品数	不合格品品率	尺寸精度		旋转精度					噪声	灵活性	残磁	游隙	硬度	其他
					外径	内径	内沟侧摆	内沟向摆	内沟面摆	外沟侧摆	外沟向摆						
1																	
2																	

10.2.8　系统图法

系统图法是一种系统地寻求所要达到的目标的方法，是把目标和达到目标的手段按系统展开，统观图形，明确重点。系统图的逻辑形式如图 10-10 所示。

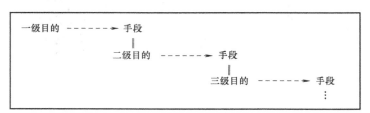

图 10-10　系统图的逻辑形式

为了达到某种目的（称一级目的），选择某种手段；为了采取这种手段，把这种手段作为目的（称二级目的），进而寻找达到二级目的的手段；为了采取二级目的的手段，再把这一手段作为目的（称三级目的），进而寻求达到三级目的的手段。如此逐级展开，直至能采取具体手段为止。这样，就能对问题的全貌有一个认识，对重点问题能够明确掌握，以便找出达到预定目标的最佳手段或策略。

例如，某修理厂修理质量不过关，因此，把提高汽车维修质量作为一级目的。为了达到这一目的，采取的手段包括：加强质量管理；提高操作工人的技术水平；严格执行技术规范；改进工艺设备。经过分析，在这四个手段中，质量管理是关键。于是，把加强质量管理作为二级目的。如何达到二级目的，即如何提高质量管理水平，采取的手段包括：加强质量检验和质量控制，层层把关，树立"下道工序即用户"的思想；建立健全质量管理机构；加强质量管理的基础工作。通过分析，加强质量检验和质量控制是关键手段，于是，把这一手段作为三级目的，进而寻找达到三级目的的手段。加强质量检验和质量控制的手段包括：加强工序检验和控制，不让不合格品流入下道工序；加强备件检验；加强竣工检验。经过分析，加强工序检验和控制最为关键，于是把这一手段作为四级目的，进而寻求达到该目的的手段。加强工序检验和控制的手段包括：设立专职关注检验员负责工序检验，发现不合格品，及时采取措施补修，避免流入下道工序；采取数理统计方法，实行工作质量控制，把废品消灭在产生之前。

这样，经过一系列的系统分析，找出达到预定目的的最佳方法。

10.2.9　关联图法

关联图法是以系统的连线图来表示事物的因果关系，谋求解决那些在原因和结果、目的和手段等方面存在复杂关系的问题的方式而采用的方法。对质量管理而言，它是用系统图的

形式，把影响质量的各种因素联系起来，研究应从哪里开始解决问题的方法。

关联图的基本模式如图 10-11 所示。该图中的字母符号表示各主要因素。

关联图法的主要操作步骤如下：

1）提出与问题有关的全部主要因素。

2）用确切而简明的词汇表达各主要因素。

3）用箭头把各因素的因果关系（逻辑关系）从理论上联系起来（即画出关联图）。

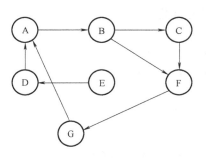

图 10-11　关联图的基本模式

4）根据图形，统观全局，进行分析和讨论，并检查有无遗漏或不确切的地方，复核认可各因素及其相互间的因果关系。

5）提出重点，确定从何入手解决问题，拟订措施计划。

10.3　汽车维修质量保证体系

10.3.1　质量保证体系概述

1. 质量保证体系

质量保证体系，就是从企业的整体出发，运用系统工程的原理和方法，按照质量保证的要求，把企业各部门、各环节有机地组织起来，规定它们各自的职责、任务和权限，定出各类标准，建立统一的管理机构和信息反馈系统，形成一个质量管理的有机整体。

汽车维修质量保证体系是指汽车维修管理部门为了保证本企业、本部门的汽车产品，在制造产品的方案论证、设计试制、批量生产、使用维修以及报废更新的全过程中，建立一套严密、协调、高效的质量管理系统，实现质量管理的标准化、程序化、制度化，从而使质量管理有条不紊地进行。

2. 建立质量保证体系的意义

建立质量保证体系是全面质量管理的需要。全面质量管理就是要进行全面的、全员的和全过程的管理，而不仅仅只是解决生产中的质量问题。如果质量管理仅从解决生产中的某些质量问题着眼，限于个别的工序控制，而没有统一的、各部门有机联系的有效系统，又缺少持续的企业内外质量信息反馈的推动，不可能取得显著效果，也难以推进。因此，要提高产品质量和工作质量，使全面质量管理深入发展，必须从系统的观点出发，建立一个完整的质量保证体系。在统一领导下，使质量管理循环地运转，使产品质量不断提高，这是巩固与深入开展全面质量管理的客观需要。

汽车维修企业的全面质量管理，是围绕汽车这个中心进行的。汽车管理也要应用系统理论，实行全面管理，其理论基础是相同的。

10.3.2　质量保证体系的构成

1. 质量目标系统

质量目标，是指企业在一段时间内，根据客户的要求，所制订的质量标准，根据所制订的标准稳步推动质量的提高。

汽车维修质量目标系统，包括不同的系统层次。首先从维修质量特性方面看，维修质量的优劣，体现在不同质量特性的好坏上，如可靠性、动力性、经济性、安全性、排放和污染等特性，构成了一个质量目标系统。其次从维修质量目标的实现方面看，它又涉及企业的各部门、各环节、各岗位承担的质量责任，形成了另一个层次的质量目标系统的体系。

构成质量目标系统的每一个目标，都要有具体的标准，而标准靠相应的指标来体现，这些指标必须是典型的、可度量的、可评价的。

2. 组织机构系统

汽车维修质量管理的各方面工作，都必须依靠各级组织机构所形成的机构系统来实施，只有组织机构系统正确地运转，才能推动质量保证体系这一大系统的运转。

质量管理的领导系统由质量管理委员会和各级领导小组组成。每一个级别的组织机构，都有各自的职能分工。高层的组织机构，主要是全面分析企业出现的质量问题，制订质量保证的总目标，提出解决质量问题的各种措施，分解目标到基层，并组织实施完成目标。同时，还要全面管理企业的质量教育、质量评价、质量监察，制订有关规章制度等。下层质量管理组织的职能是实施质量目标，分析质量问题，及时寻求解决对策，向高层质量管理部门提供信息，提出建议和措施，接受监督和检查，进行质量攻关等。组织机构的设置要贯彻体系健全、层次分明、人员精干、职能清晰、运转高效的原则。

3. 质量目标实施系统

质量目标的实施，涉及企业生产的各方面及全过程，因而形成了相互影响、相互制约的质量目标实施系统。其系统主要包括以下内容：

1）管理过程的质量控制。

2）生产过程的质量控制。

3）辅助生产过程的质量控制。

每一个质量实施过程都可细化为各种实施环节。在实施中，要求各生产部门、各工作岗位、各实施环节，都要按作业规程、作业方法、作业标准进行操作，保证质量实施过程正常、连续的运转。

4. 质量责任系统

质量责任系统是指质量管理机构在实施质量目标和质量管理活动中，对各级责任、职权和利益的约束和激励系统。有了责任，实施者才有压力；有了职权，实施者才能执行；有了利益，实施者才有动力。一般依责任定职权、定利益，但必须注意"责任明确、职权相应、利益适当"的原则。做到国家、集体、个人利益相统一，个人劳动所得与劳动的数量和质量、企业的经济效益相联系。

5. 质量的监察系统

质量的监督和检查，是为了及时发现问题和解决问题，把质量隐患消灭于萌芽之中，更好地保证质量目标的实现。质量的监察系统主要包括以下几方面：

1）监督和检查标准或规定，即监督和检查执行质量的依据或衡量尺度。

2）检查方法可采取通检与抽检相结合，经常和定期相结合，专检和自检相结合。检查手段主要是检查所用的设备、仪器等。

3）建立监督、检查和查处制度与网络。

6. 质量信息系统

质量信息系统是指表征客观事物的运动状态、相互联系的确定程度，为主体所认识和利用的信号与消息。质量信息通常包括市场动态、质量情报、信息流、信息库等，常用数据、图样、报表、指令、规章、制度、标准与规定等反映出来。

质量信息系统包括信息网络、信息获取手段、信息收集方法、信息分类、信息传输、信息储存、信息处理等。其周转过程，常用计算机进行，以实现数据资料的储存、检索、统计、汇编、分析与计算。

7. 质量教育系统

全面质量管理的特点就是要调动全体职工的积极性，发挥全员在质量管理中的作用。要想做到这一点，就必须抓好经常性的质量教育工作。因此，质量教育系统也成了质量保证体系的一个组成部分。

质量教育系统包括教育内容、教育方式、教育对象等要素。从教育内容方面看，包括政治思想教育、质量意识教育、职业道德教育、工作制度教育和职业技能教育等。教育的方式方法要灵活多样，讲求实施，针对性强。如理论教学与现场观察相结合，集中教育与指导自学相结合。教育对象为全体员工，但在实际教育中，要根据岗位、工作性质、学历等分别施教，力争取得最佳效果。

8. 质量评价系统

质量评价是指对质量保证工作的最终结果的总结、判断、评定。通过评价可以找出不足，巩固成绩，进一步改善质量保证工作。质量评价系统主要包括评价组织、评价方法、评价指标、评价结论等。

评价组织可由专家和用户代表组成，也可由专职机构和相关人员组成。评价者要求有专业知识，并且造诣较深，能坚持原则、办事公正。评价方法要能正确反映事物的本质，不但与国际接轨，还能紧密结合我国实际情况，为管理部门和客户所接受，方法力求简单易行。评价指标要全面，且能突出重点，要和国家标准相吻合，注意其稳定性、代表性和可比性。评价结论要反映质量的真实情况，具体细致、层次分明、等级合理，能调动生产单位的能动性。

10.4　汽车维修质量的评价

汽车维修质量评价是根据人们对汽车维修质量的具体要求，按照一定的评价标准和评价方法，对汽车维修质量进行定性或定量的评定。

进行汽车维修质量的评价可以确定汽车维修质量的主要影响因素，探讨提高汽车服务质量的最关键因素，有利于汽车维修服务企业对服务质量的决策管理，以集中人力、物力和财力对影响顾客评价的关键因素实施措施，促使汽车维修服务企业对维修服务质量进行自评，依据测评结果和服务质量管理规范，提高服务质量水平。国家监督机构可以依据规范对汽车维修服务企业所提供的汽车维修服务质量进行认证和评价，促使行业内开展竞争，提高服务质量。

10.4.1　汽车维修质量的评价指标体系

质量是企业生存之本，而汽车维修行业的质量关乎到客户的人身财产安全，更加重要。这就要求汽车维修企业要有健全的生产质量管理体系。

1. 维修质量标准

维修质量标准作为维修质量管理的依据，是指导维修作业和维护客户权益的具有法律意义的文件。汽车的质量标准常因对象不同所选指标各有差异，但最终总要体现在汽车的动力性、可靠性、安全性、经济性等质量特性上。

一般来讲，汽车所有质量特性，在设计阶段就已经决定。在汽车投入使用之后，一旦发生故障或性能劣化，通过维修能恢复到规定的性能水平，即达到了维修质量标准。但是，汽车技术的不断进步，对汽车质量的要求也是随时间、地点、条件而不断变化，因而制定的维修质量标准不可能一成不变，要根据具体情况不断地修改、提高和完善。与汽车维修质量相关的国家标准有 GB/T 3798—2005《汽车大修竣工出厂技术条件》、GB/T 18344—2016《汽车维护、检测、诊断技术规范》和 GB/T 15746.3—2011《汽车修理质量检查评定方法》等。

2. 评价指标体系

通常汽车维修质量可以通过维修后汽车性能的量化指标，即质量指标来评价。图 10-12 所示为表征汽车维修质量的评价指标体系。汽车维修质量不仅取决于维修后汽车和总成的初

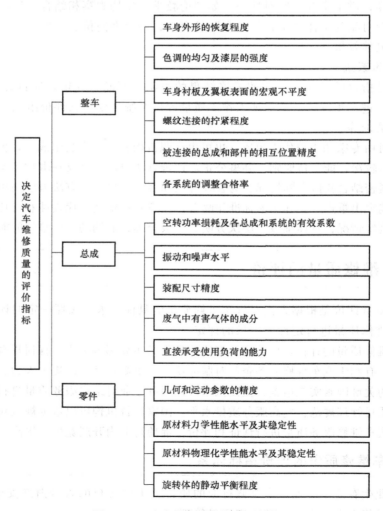

图 10-12　汽车维修质量评价指标体系

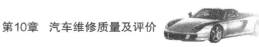

始指标，而且取决于汽车在整个使用期内保持这些指标的能力。

　　汽车维修质量的因素很多，包括汽车维修工艺规程、工艺设备、维修生产的组织和生产技术完善程度以及维修工作人员的劳动素质等，如图 10-13 所示。

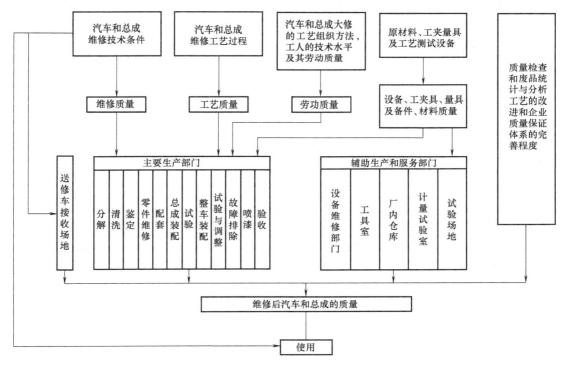

图 10-13　影响汽车维修质量的因素及质量保证体系

10.4.2　用单项指标评价汽车大修质量

　　采用单项指标评价汽车大修质量，主要依据是 GB/T 3798.1—2005《汽车大修竣工出厂技术条件　第 1 部分：载客汽车》，其主要内容如下。

1. 一般技术要求

　　1）装配的零件、部件、总成和附件应符合相应的技术条件。各项装备应齐全，并按现有设备的装配技术条件安装。允许在汽车大修中按经规定程序批准的技术文件改变某些零部件的设计，但其性能不得低于原设计要求。

　　2）主要结构参数应符合原设计规定，由于修理而增加的自重，不得超过原设计的 3%。

　　3）驾驶室、客车车厢、轿车车身的形状应正确，曲面圆顺，转角处无折皱，车身表面平整，无松弛、污垢及机械损伤等缺陷。

　　4）喷漆颜色协调、均匀、光亮，漆层无裂纹、剥落、起泡、流痕、皱纹等现象。不需涂漆的部位，不得有漆痕。刷漆部位允许有不明显的流痕和刷纹。

　　5）车身两边的结构应左右对称。各对称部位离地面的高度应相等，相差值轿车不得大于 3mm，客车车厢和货车驾驶室不得大于 10mm，货厢不大于 20mm。

　　6）座椅的形状、尺寸、座间距及调节装置应符合原设计要求。

7）门窗启闭应灵活，关闭严密、锁止可靠，合缝匀称，不松旷。风窗玻璃透明，不眩目。

8）转向机构各连接部位不松旷，锁止可靠，合缝匀称、不松旷；转向盘自由转动量（带转向助力器者除外），总重不小于4.5t的汽车，不大于30°；总重小于4.5t的汽车，不大于15°。

9）离合器踏板、制动踏板的自由行程和驻车制动的有效行程应符合原设计要求。

10）仪表、灯光、信号等标志齐全、工作正常。

11）轮胎充气气压应符合原设计要求。

12）限速装置应铅封。

13）各部润滑应符合原设计要求。

14）各部运行温度正常，各处无漏油、漏水、漏气、漏电现象。但润滑油、冷却液密封接合面处，允许有不致形成滴状的浸渍。

2. 主要性能要求

1）发动机起动容易，在各种转速下运转正常，无异响。

2）传动机构工作正常，无异响。离合器接合平衡、分离彻底、操纵轻便、工作可靠。

3）转向机构操纵轻便。行驶中无跑偏、摆头现象。前轮定位、最大转向角及最小转弯半径应符合原设计要求。

4）制动性能应符合《中华人民共和国机动车制动检验现范》或 GB 7258—2017《机动车运行安全技术条件》中有关制动性能的规定。

应急制动性能要求见表10-7。

表 10-7　应急制动性能要求

参数\车辆类型	制动初速度/（km/h）	制动距离/m	充分发出的平均减速度/（m/s²）	允许操纵力不大于/N	
				手操纵	脚操纵
座位数≤9的载客汽车	50	≤38	≥2.9	400	500
其他载客汽车	30	≤18	≥2.5	600	700
其他汽车	30	≤20	≥2.2	600	700

5）汽车空载行驶初速度为30km/h，滑行距离应不少于220m。

6）带限速装置的汽车，以直接档空载行驶，从初速度20km/h加速到40km/h的时间应符合表10-8的规定。

表 10-8　加速时间的规定

发动机标定功率与汽车自重之比/（kW/t）	6.25~9.375	9.375~12.5	12.5~15.625	15.625~31.25	>31.25
加速时间/s	<30	<25	<20	<15	<10

7）带限速装置的汽车，以直接档空载行驶，在经济车速下，每百公里燃油消耗量应不高于原设计值的85%。汽车走合期后，每百公里燃油消耗量不高于原设计规定。

8）汽车车身车厢各部不得漏水，汽车在多尘路上行驶，在所有门窗都关闭的情况下，当车外空气含尘量不低于200mg/m³时，车厢和驾驶室内的含尘量不得高于车外含尘量的25%。

9）汽车噪声应符合《机动车辆允许噪声》的规定或 GB 7258—2017《机动车运行安全技术条件》的规定。客车车内噪声级应不大于 82dB（A），汽车驾驶人耳旁噪声声级不大于 90dB（A）。

10）汽车排放限值应符合国家有关规定。排放限值及测量方法应符合《车用压燃式、气体燃料点燃式发动机与汽车排气污染物排放限值及测量方法》（GB 17691—2005）、《轻型汽车污染物排放限值及测量方法》（GB 18352.5—2013）

10.4.3　用整体指标评价汽车大修质量

采用整体指标对汽车大修质量进行评价是在单项指标的基础上，对汽车维修质量的综合评价，它能较为真实地反映汽车整车的维修质量，也便于不同企业、不同车型之间维修质量的比较。

1. 评价的原则

（1）客观性原则　为了使评价工作真实、准确，使评价结果客观化，避免随意性，评价必须尊重客观事实，一切从客观实际出发，不能主观臆造。对企业的维修检测手段和技术水平，要求其具有先进性和可能性，在符合当前我国维修行业的状况下，既先进又能努力达到。评价方法要简单易行，既科学正确，又便于实施执行。

（2）典型性原则　在评价指标的选取上，尽量选取那些已被社会做出评价和承认、反映企业主要成绩和水平的工作为典型指标，忽略对次要工作的评估。典型集中才能真正反映事物的本质。因此，对评价指标体系不追求其完整性、全面性，以避免分散、烦琐，保证突出重点。评价结果是否正确，取决于评价指标是否典型、正确，在某种意义上讲，它是评价工作成败的关键。

（3）定量化原则　要求评估指标具有可度量性，并且尽量做到定量化。任何事物，如产品的质和量都有其内在联系的规律性，要使被评估对象既反映质又反映量，既有定性分析又有质量分析，是存在一定困难的，但随着科学的进步和发展，评估工作完全可以在系统分析的基础上，采用模糊数学、数理统计和最优化等数学方法，对评估对象进行综合评价，使评价指标能度量、能计算，并经过计算机处理后得出定量的结果。

（4）可比性原则　评价指标应能使不同车型、不同企业便于比较，否则不能选为评估的指标。汽车维修质量评价的指标，应依据国家标准、部颁标准和其他有关技术文件，使其做到规范化、标准化、统一化，便于指标本身在企业之间进行比较，为企业间的公平竞争、奖励惩罚、改革挖潜等找到可靠的依据。

（5）指向性原则　汽车维修评价指标、评价方法，应能对我国维修行业的各项工作起到指向作用。指标体系应能体现国家、有关部委对今后行业发展的预测和要求。应结合国内外的先进水平、发展趋势，引导国内汽车维修企业逐步向正确目标前进，使我国维修行业的发展赶上或超过世界先进水平。

2. 评价的方法

利用整体指标对汽车维修质量进行综合评价，常采用如下几种方法。

（1）缺陷系数法　该种方法，用一个指标"产品缺陷系数"来评价汽车大修竣工质量的好坏。即计算大修汽车出厂前（检验部门检查）、后（保修期内）汽车出现的故障以及排除故障每车所发生的费用，费用越少修车质量越好。

$$g = \frac{1}{n}\left(\sum_{i=1}^{a} m_i r_i + \sum_{j=1}^{b} m_j r_j \right) \text{（元／车）} \tag{10-5}$$

式中，g 为平均检每车排除缺陷的费用；n 为抽检的样车数；a 为竣工车出厂前要求排除故障的数量；m_i 为被检车上第 i 种故障的数量；r_i 为排除第 i 种故障所产生的费用；b 为竣工车出厂后所发生的缺陷数量；m_j 为使用中第 j 种缺陷的数量；r_j 为排除第 j 种故障所产生的费用。

这种方法，用平均每车产生排除缺陷的费用来评价汽车大修竣工质量，比较直观。但出厂后车辆的保修期时间长，不便统计缺陷数量，因此，专家建议一个月统计一次，每月月末计算出缺陷系数。

（2）总分法 用几个评价指标来评价汽车修竣后的整体维修质量。设每个指标的最高分为 S_{io}，则对汽车修竣整体质量的综合评价最高分为

$$S_o = \sum_{i=1}^{n} S_{io} \tag{10-6}$$

这种方法和体育中五项全能的计分方法相似。实际中，用接近最高分的程度来衡量被检车辆的优劣。如果维修车辆的实际评分为 S，则 S 越接近 S_o，维修车辆的质量就越好，反之越差。

有时为了便于比较，常用质量评定系数 β 来评价修车质量，有

$$\beta = \frac{S}{S_O} = \frac{\sum_{i=1}^{n} S_i}{\sum_{i=1}^{n} S_{io}} < 1 \tag{10-7}$$

β 越接近 1，表示修理质量越好，反之越差。

（3）系数相乘法 选取评定汽车大修竣工质量的若干指标，设新车的这些指标值为 1，用大修车的同项指标值与新车的指标相比，得出各比例系数 $\eta_1, \cdots, \eta_n$，则修理质量的整体指标对可用下式表示：

$$\eta = \eta_1 \eta_2 \cdots \eta_n = \prod_{i=1}^{n} \eta_i \tag{10-8}$$

一般情况下，各指标的比值都小于 1，因此 η 值也小于 1，越接近 1 表示质量越好。总分法和系数相乘法两种方法中各评价因素都同等对待，没有突出主要因素，使大修质量评价结果具有一定的片面性。

（4）加权平均法 总分法、系数相乘法在评价中各指标都一视同仁，没有主次，这是不符合实际情况的。为了消除上述弊病，评价时可根据对每个指标重视程度的不同，给每个因素都赋予一定的"权"，也就是各因素在评价中所占的百分比，设权为 a_i，则有

$$S = \sum_{i=1}^{n} a_i S_i \tag{10-9}$$

$$\eta = \prod_{i=1}^{n} a_i \eta_i \tag{10-10}$$

其中， $$\sum_{i=1}^{n} a_i = 1 \tag{10-11}$$

这样就避免了"一视同仁",突出了重点因素,使评价结果更准确、合理。

(5)综合评定法 综合评定法是用模糊数学研究和处理模糊现象的一种评估方法,即用定量的数学方法处理那些对立或有差异、没有绝对分明界限概念的新兴学科。综合评定法的优点是,能考虑多方面的因素,体现多数人的意见,方法简单,评价结果准确可靠。对汽车维修质量整体指标的评估,这是一种比较理想的方法,主要步骤如下。

1)确定因素集 U。评定因素取多少要适当。取多了会增加统计工作量,且次要因素冲淡了主要因素;取少了不全面,不能反映事物本质。一般来说,必须抓住对汽车维修质量影响较大的评价指标,找出主要影响因素,通常选五个左右为宜。

$$U = \{u_1, u_2, \cdots, u_n\} \tag{10-12}$$

2)确定评语集 V。确定了评定因素后,还要把每个因素分级。分级太少,拉不开档次;分级太多,评价结果过于分散。一般把评语分成 4~5 档比较合理。

$$V = \{v_1, v_2, \cdots, v_n\} \tag{10-13}$$

3)确定模糊关系矩阵 R。这一步主要是聘请"专家委员会"或"评判小组"按逐项因素给予评语,然后统计出各项评语的百分比 r_{ij},组成模糊关系矩阵 $R = [r_{ij}]$。

专家委员会或评判小组,即评委会的组成要具有权威性、代表性、公正性。其成员应具有丰富的专业知识、严谨的科学态度、实事求是的工作作风。成员人数以 10~20 人为宜。

$$R = [r_{ij}] = \begin{pmatrix} r_{11} & r_{12} & \cdots & r_{1n} \\ r_{21} & r_{22} & \cdots & r_{2n} \\ \vdots & \vdots & & \vdots \\ r_{m1} & r_{m2} & \cdots & r_{mn} \end{pmatrix} \tag{10-14}$$

式中, $i = 1, \cdots, m$; $j = 1, \cdots, n$。

4)确定权重系数 A。对影响汽车维修质量的评价指标不能同等看待,因其影响程度不同,在评价时要赋予每项指标一权重系数。分配权重系数时,一定要注意权重系数 a_i 之和等于1,即

$$\sum_{i=1}^{m} a_i = 1 \tag{10-15}$$

$$A = (a_1, a_2, \cdots, a_m) \tag{10-16}$$

5)进行矩阵乘法运算。把权重系数 A 与评价矩阵 R 相乘,作模糊变换 $B = A \cdot R$。矩阵运算有两种方法:一种是"最大最小运算法"(即相加时取最大值为和,相乘时取最小值为积);另一种是按普通矩阵乘法进行运算。为了不丢掉信息,多数情况下按一般矩阵乘法进行运算。

$$B = (a_1, a_2, \cdots, a_m) \begin{pmatrix} r_{11} & r_{12} & \cdots & r_{1n} \\ r_{21} & r_{22} & \cdots & r_{2n} \\ \vdots & \vdots & & \vdots \\ r_{m1} & r_{m2} & \cdots & r_{mn} \end{pmatrix} = (b_1, b_2, \cdots, b_n) \tag{10-17}$$

其中, $\sum_{i=1}^{m} a_i = 1$, $b_j = \sum_{i=1}^{m} a_i r_{ij}$。

6）归一处理。如果 $\sum\limits_{j=1}^{n} b_j \neq 1$，则要用 $\sum\limits_{j=1}^{n} b_j$ 去除各项值，得到 $\boldsymbol{B} = (b_1 / \sum b_j, \ b_2 / \sum b_j, \ \cdots, \ b_n / \sum b_j)$，显然括号中各项值之和为 1。归一化各项值，就是综合评判的结果。注意，采用"最大最小运算法"进行矩阵乘法运算时，必须进行归一处理。

7）计算评分 D。为了使评价结果更直观，更便于比较，往往给每级评语赋予一分值。设评语分四级，"好"为 90 分，"较好"为 80 分，"一般"为 60 分，"差"为 0 分，那么上述评价的计算得分为

$$D = 90b_1 + 80b_2 + 60b_3 + 0 \tag{10-18}$$

将抽检大修竣工车的得分用式（10-18）算出，就可以排出名次，分出优劣。

8）评分标准。可根据我国维修行业的现状，经过充分调研后确定。质量评价标准见表 10-9。

表 10-9　汽车大修质量等级标准

质量等级	好	较好	一般	差
质量评分 D	$85 \leqslant D < 100$	$70 \leqslant D < 85$	$60 \leqslant D < 70$	< 60

下面举例说明综合评定法的应用。

向专家征询意见，整理后，汽车大修竣工质量评价因素确定为 $U = \{$可靠性，动力性，经济性，车容，噪声和排放$\}$，评语集为 $V = \{$好，较好，一般，差$\}$，$A = \{0.33, 0.27, 0.25, 0.10, 0.05\}$。20 人专家组对某车的评价矩阵如下：

$$\boldsymbol{R} = \begin{pmatrix} 0.25 & 0.70 & 0.05 & 0 \\ 0.90 & 0.05 & 0.05 & 0 \\ 0 & 0.35 & 0.40 & 0.25 \\ 0.25 & 0.50 & 0.25 & 0 \\ 0.60 & 0.35 & 0.05 & 0 \end{pmatrix}$$

进行矩阵乘法运算：

$$\boldsymbol{B} = \boldsymbol{A} \cdot \boldsymbol{R} = (0.381, 0.399, 0.157, 0.062)$$

计算评分 D：

$$\begin{aligned} D &= 90b_1 + 80b_2 + 60b_3 + 0 \\ &= 90 \times 0.381 + 80 \times 0.399 + 60 \times 0.157 + 0 \\ &= 75.63 \end{aligned}$$

根据表 10-9 的等级标准，该大修竣工汽车质量为较好等级。

（6）综合项次合格率法　按照 GB/T 15746—2011《汽车修理质量检查评定方法》所推荐的评估方法。

1）评定因素。

① 基本技术文件。以"三单一证"，即汽车大修进厂检验单、汽车大修工艺过程检验单、汽车大修竣工检验单、汽车大修合格证为中心内容的必备修理质量评定文件，缺一不可。

a. 汽车大修进厂检验单是大修汽车进厂时，由汽车维修技术检验人员对送修车技术状况和装备齐全状况进行检查和鉴定，记录相关内容，承托修双方代签章。

b. 汽车大修工艺过程检验单。汽车大修过程中，汽车维修检验技术人员对规定的九大总成维修工艺过程进行检验鉴定、给出处理意见等，主修人及检验员须签字盖章。

c. 汽车大修竣工检验单。汽车大修竣工后由汽车维修检验员对车辆竣工进行检验、记录，给出结论，并在检验单上签字盖章、填写日期等。

d. 汽车大修合格证是承修单位对大修竣工出厂车辆开具的质量凭证。合格证中规定了磨合期、保证期的时间，须由总检验员签字、盖章、填写日期。

② 一般技术要求。除发动机外，对车身、底盘、电器仪表等共17大项30条提出要求，详见 GB/T 15746—2011《汽车修理质量检查评定方法》。

③ 主要性能要求。提出动力性、经济性、滑行性能、转向操纵性、制动性能、前照灯、车速表、排放和噪声、密封件、发动机运转、传动机构工作状况共11大项30条。

在对汽车大修竣工质量的评定中，把一般技术要求和主要性能要求分成一般项和关键项。

2）评定方法。汽车大修竣工质量的评定，采用综合项次合格率法，其计算公式如下

$$\beta_0 = \sum_{i=1}^{3} K_i \beta_i \tag{10-19}$$

$$\beta_i = \frac{n_i}{m_i} \times 100\% \tag{10-20}$$

式中，β_0 为综合分布项合格率；β_i 为项次合格率；n_i 为检查合格的项次数之和；m_i 为检查的项次数之和；i 为角标，取 1、2、3，分别代表"三单一证"、一般项、关键项；K_i 为权重系数，分别取 $K_1 = 0.2$，$K_2 = 0.6$，$K_3 = 0.2$，$\sum_{i=1}^{3} K_i = 1$。

3）评定标准。综合项次合格率法，把汽车大修竣工质量评定分为优等、一等、合格、不合格四级。具体规定见表10-10。

表 10-10　汽车大修质量分级规定

等级 项目	优等	一等	合格	不合格
关键项次合格率(%)	$\beta_3 = 100$	$\beta_3 = 100$	$\beta_3 = 100$	$\beta_3 = 100$
综合项次合格率(%)	$95 \leq \beta_0 < 100$	$85 \leq \beta_0 < 95$	$70 \leq \beta_0 < 85$	$\beta_0 < 70$

综合项次合格率法要求比较严格，关键项只要有一项不合格，整车大修质量即为不合格，一般项目合格率再高也无须评定，即实行"一票否决"制。

思　考　题

1. 何谓质量？它包括哪些内容？

2. 简述全面质量管理的特点及工作方式。

3. 画图说明 PDCA 循环的四个阶段、八个步骤。

4. 质量分析常用哪些方法？

5. 质量分析的分类法是如何分类的？

6. 请画出因果分析图并标出质量因素。

7. 说明控制图法质量处于不稳定状态时的各种情况。

8. 说明质量保证体系由哪些系统构成。

9. 用整体指标评价汽车大修质量的评价原则是什么？

10. 用整体指标综合评价汽车大修质量，常采用哪些方法？

11. 用综合评定法评价汽车的大修质量，具体步骤是什么？

12. 综合项次合格率法的评定因素有哪些？

13. 用综合项次合格率法评价汽车大修质量的具体方法、标准是什么？

参 考 文 献

［1］ 杨万凯. 可靠性技术与管理［M］. 北京：人民交通出版社，1989.

［2］ 郭可察，蔡俊. 汽车运用与修理［M］. 北京：人民交通出版社，1990.

［3］ 戴冠军. 汽车维修工程［M］. 北京：人民交通出版社，1999.

［4］ 张金柱，司传胜. 汽车维修工程［M］. 北京：机械工业出版社，2005.

［5］ 关文达，张凯良. 汽车修理工（技师、高级技师）［M］. 北京：机械工业出版社，2007.

［6］ 丛守智. 汽车维修技术及设备［M］. 北京：机械工业出版社，1999.

［7］ 曹建国. 汽车维修实用技术［M］. 重庆：重庆大学出版社，2003.

［8］ 左付山. 汽车维修工程［M］. 南京：东南大学出版社，2008.

［9］ 徐立友，等. 汽车维修工程［M］. 北京：人民交通出版社，2014.

［10］ 司传胜，沈辉. 汽车维修工程［M］. 北京：国防工业出版社，2012.

［11］ 陈黎卿. 汽车维修工程［M］. 合肥：合肥工业大学出版社，2011.

［12］ 司传胜，张金柱. 汽车维修工程实习指导［M］. 北京：机械工业出版社，2005.

［13］ 吴明. 汽车维修工程［M］. 北京：机械工业出版社，2012.

［14］ 储江伟. 汽车维修工程［M］. 2版. 北京：人民交通出版社，2013.

［15］ 王海林，彭樟林. 汽车维修工程学［M］. 北京：中国林业出版社，2014.

［16］ 王耀斌，宋年秀. 汽车维修工程［M］. 北京：北京理工大学出版社，2007.